本书系国家社会科学基金2014年度一般项目
"农村低龄寄宿儿童生存境遇及国家干预机制研究"
（课题批准号：14BSH085）的研究成果

农村低龄寄宿儿童生存境遇及国家干预机制研究

董世华 ◎ 著

中国社会科学出版社

图书在版编目（CIP）数据

农村低龄寄宿儿童生存境遇及国家干预机制研究／董世华著.—北京：
中国社会科学出版社，2021.1

ISBN 978 – 7 – 5203 – 7744 – 7

Ⅰ.①农… Ⅱ.①董… Ⅲ.①农村学校—小学生—学生生活—行政
干预—研究—中国 Ⅳ.① G625.5

中国版本图书馆 CIP 数据核字（2021）第 018988 号

出 版 人	赵剑英	
责任编辑	刘晓红	
责任校对	周晓东	
责任印制	戴 宽	

出 版	中国社会科学出版社	
社 址	北京鼓楼西大街甲 158 号	
邮 编	100720	
网 址	http://www.csspw.cn	
发 行 部	010 – 84083685	
门 市 部	010 – 84029450	
经 销	新华书店及其他书店	

印 刷	北京君升印刷有限公司	
装 订	廊坊市广阳区广增装订厂	
版 次	2021 年 1 月第 1 版	
印 次	2021 年 1 月第 1 次印刷	

开 本	710 × 1000 1/16	
印 张	24.25	
字 数	410 千字	
定 价	138.00 元	

凡购买中国社会科学出版社图书，如有质量问题请与本社营销中心联系调换
电话：010 – 84083683

目录

第一章

导　论

第一节　研究背景

近年来，我国农村义务教育阶段学生寄宿低龄化趋势明显。截至 2017 年年底，全国农村小学寄宿生人数达到 934.6 万人，占农村在校生总数的 14.1%。[①] 农村小学寄宿生多集中在中西部地区，中部地区寄宿率为 15.11，西部地区寄宿率更是高达 20.53%。从省际分布情况来看，云南、青海农村小学生寄宿率为 40% 以上，西藏地区农村小学生寄宿率高达 69.36%；中部地区的湖南、湖北、山西三省寄宿率都在 20% 以上。2007—2016 年，全国农村小学生寄宿率从 8.12% 上升至 14.18%，西部地区从 11.62% 上升至 20.53%，十年增长了将近 1 倍。农村低龄寄宿儿童规模正逐年扩大，未来还将持续相当长一段时间。

长期以来，我国农村寄宿制小学的资源配置与顶层设计多以学校硬件设施建设和学生成绩为中心，理论研究与实践层面对儿童的生存状况关注不够，农村低龄寄宿儿童成为被忽视的社会弱势群体。显然，低龄寄宿儿童作为学生，首先是一个身心发展尚不成熟的个体，应该把学生健康成长、快乐生活作为制度设计的基本价值取向。低龄儿童过早离开父母独立生活，吃、住、学、乐、行诸多方面都会产生不适应，学校在硬件设施、人员配备、财力保障以及管理等方面均要做特殊考虑与安排。目前，我国农村寄宿制小学发展过快，很多问题还没有来得及思考，寄宿制小学大多借鉴了寄宿制初中办学模式，对"低龄"特征关照不足。国内关于农村寄

[①] 谢沂楠：《解读〈国务院办公厅关于全面加强乡村小规模学校和乡镇寄宿制学校建设的指导意见〉介绍有关工作开展情况文字实录》，教育部网站，http://www.moe.gov.cn/jyb_xwfb/xw_fbh/moe_2069/xwfbh_2018n/xwfb_20180511/wzsl/。

宿制小学的研究也多采用"学校中心"的研究范式，围绕寄宿制学校及办学效果展开，偏向于关注寄宿制学校和学习两个维度，缺少对农村低龄寄宿儿童生存状况的整体把握。

寄宿制办学模式可以解决学生家校距离太远的问题，便于学校集中布局。与此同时，原来属于家庭的抚育责任必将转嫁给学校，从某种意义上说，寄宿制学校新增职能就是为了完成儿童的抚育重任。撇开农村寄宿制小学规模扩张问题，单就已经形成的近 1000 万人的低龄寄宿儿童群体，其吃饭、睡觉及行为习惯养成就是必须面对的现实问题。2018 年 4 月 12 日，李克强总理召开国务院常务会议时强调："对地处偏远、生源较少的地方，一般在村设置低年级学段小规模学校，在乡镇设置寄宿制中心学校，方便农村孩子就近入学和留守儿童照护。"[1] 可以看出，国家层面已经承认并关注农村寄宿制小学问题，并赋予了农村寄宿制中心学校解决留守儿童问题的职能。农村寄宿制小学能否承担低龄寄宿儿童与低龄寄宿留守儿童生活关照的责任？解决这类问题是否有历史经验和国际经验可资借鉴？全国各地农村举办的寄宿制小学中低龄儿童生存状况如何？农村低龄寄宿儿童生存现状面临的主要问题是什么？什么原因导致了农村低龄寄宿儿童生存处境问题？如何从国家层面解决这些问题？本书以低龄寄宿儿童群体生存境遇为研究的切入点，全面梳理农村低龄寄宿儿童产生的历史背景及政府干预的经验，了解农村低龄寄宿儿童的生存状况，发现问题，分析问题，探索低龄寄宿儿童弱势群体生存的国家干预机制，旨在为促进农村低龄寄宿儿童健康成长政策提供参考。

第二节 研究意义

本书的研究结合义务教育均衡发展的背景，从教育社会学和人口学的角度关注农村低龄寄宿儿童群体，对于坚持社会的公平正义有重要的理论价值和现实意义。

---

[1] 刘淼：《李克强主持召开国务院常务会议，确定发展"互联网＋医疗健康"措施等》，中华人民共和国中央人民政府网，http://www.gov.cn/xinwen/2018-04/12/content_5282000.htm。

一 理论意义

第一，主张"学校中心"向"儿童中心"回归，为义务教育资源配置和寄宿制学校管理向人性化方向发展奠定理论基础。长期以来，我国农村学校寄宿制办学基本就是非寄宿制学校在时间上的延伸与空间上的转移，将寄宿服务的重点定位在延长学生学习时间和提高教学质量上，忽略了家庭抚育功能替代的主要目的。结果适得其反，很多研究表明，现有农村寄宿制小学学生的成绩与走读生并无显著差异。按理说，寄宿制教育充分保证了农村儿童学习时间，克服了农村儿童特别是留守儿童学习环境的弱势，学习成绩应该有明显提高。寄宿生与走读生成绩差异可能要到"低龄儿童学校生活"中寻找答案，单纯以应试教育为目的，割裂学习与生活的有机结合，只会导致学生生活枯燥，影响内驱力，最终影响学习成绩。低龄儿童寄宿学习制度设计，更应该尊重其身心发展规律。本书的研究主张"学校中心"向"儿童中心"回归，将改变以往"见物不见人"的思维模式，为保障低龄儿童完整生活提供了制度设计的理论基础。

第二，主张"学习中心"向"生活中心"回归，为低龄寄宿儿童管理从"管人"向"保育服务"转变提供了新的理论视角。寄宿制与非寄宿制办学模式的最大区别在于学生下午放学后至次日早上起床的时间段，这一时间段的主要任务就是寄宿生的课余活动、课外作业辅导、进餐及睡觉，这些工作的完成情况直接关系到寄宿制办学模式的成败。一般来说，17—19时，寄宿生的主要活动是进餐与娱乐；19—21时，主要活动是课外作业辅导；21时至第二天早上7时这段时间的主要活动是休息及起床。从早上出操到下午放学，其间活动为寄宿生与走读生共有。也就是说，当天17时至第二天上午7时的近15个小时的时间属于寄宿制学校特殊管理的时间段。显然，这段时间集中了寄宿生的早晚餐、睡觉和娱乐等内容，其主要任务是生活服务与养成教育。农村小学寄宿生年龄小，生活自理能力不强，生活管理的最佳方式就是服务式管理，或者叫"保育服务"。低龄寄宿儿童生活服务必须有别于白天的纯粹的教学活动，既不能用日间的大课间操代替放学后的课余活动，也不能用"管人"的理念设计晚间课业辅导和就寝，寄宿制学校家庭抚育替代功能的优势正好在这一时间段发挥作用。丰富的课余生活与良好的休息状态是增强寄宿制学校吸引力和提高教学质量的重要保障。

第三，主张农村寄宿制小学教育要充分利用乡村教育优势资源，尊重儿童生活经验，在封闭管理与亲近自然之间寻求平衡。农村小学一般都远离城镇，人员关系相对简单，交通安全并不复杂，充分利用田野、山川、河流、花草等自然资源优势，探索属于农村自我的独特教育教学方式。城乡学生在需要掌握的现代知识与技能方面不能设置双重标准，城乡融合已经成为必然趋势，国家政策也在逐步引导城乡融合发展。农村的学生需要了解并掌握城市生活方式，为未来进城谋生和发展奠定基础，更需要熟悉与传承农村文化，为农村可持续发展奠定基础。城市学生未来生活范围会逐步延伸至乡村，节假日及旅游等都需要了解农村文化，以便进入农村后理解与尊重农村、农业、农民。鉴于城市环境的复杂性，学校实行封闭管理无可厚非，况且，城市学生完全可以充分利用现代技术设备突破空间束缚。农村学生的优势在于大自然与田野，农村土地资源相对充足，利用农民闲置土地完全可以实现空间突破，在封闭管理中实现亲近自然，于田野寻找数学原型与文学灵感，在农耕文化中寻找快乐生活。

二　实践意义

第一，对低龄寄宿儿童群体的剖析，有助于社会了解这一群体和唤醒政府层面的关注。在基层教育实践中，寄宿制教育模式作为布局调整的配套措施，被各级政府广泛应用，由此悄然形成了将近1000万人的小学寄宿生群体。在整合教育资源、提高教育教学质量的理念指引下，人们忽略了低龄儿童身心发展尚不成熟的基本事实，对农村寄宿制小学的人力配置、硬件设施建设及管理策略等方面并未过多考虑这一特殊性。社会群体从形成到进入大众视野需要学者持续的关注和宣传引领，本书的研究针对农村寄宿制小学展开广泛调查，全面了解低龄寄宿儿童在衣食住行、安全、心理健康等方面的情况，有助于各级政府将低龄寄宿儿童问题纳入教育政策议题。

第二，构建低龄儿童生存境遇改善干预机制，为政府改进儿童福利提供政策参考。改善弱势群体的不利地位是社会公平正义的表现，如何改进则需要学者的理性与管理者的激情。农村寄宿制教育既是义务教育的特殊形式，也是为完成义务教育而采取的便捷措施，其性质理当属于公共服务。寄宿制小学教育不同于寄宿制中学，其对人力、财力、物力及管理均有特殊要求，从某种意义上说，寄宿制小学教育是一种更高成本的办学模式。囿于现有义务教育管理体制，已有农村寄宿制小学大多投入不足，因陋就简，或是硬件设施落后，或是生活教师配备不足。可以说，单凭县级政府的力量基本难以改变现状，必须加大县级以上财政转移支付力度，广泛动员社会力量，构建完善的社会干预机制，方能克难攻坚。本书试图为构建低龄儿童生存境遇改善干预机制提供实践指导。

第三，关注农村低龄寄宿儿童群体，为推进义务教育城乡群体均衡发展提供了新思路。关注农村弱势儿童成长的境遇，关注儿童的全面发展，改善低龄寄宿儿童不利处境，有利于缩小城乡义务教育质量差距。农村教育是义务教育的"短板"，乡村学校衰败是城乡义务教育发展失衡的症结所在。受农村城镇化、农村学生合法与变相择校、乡村人口出生率降低等因素影响，乡村学校生源数量锐减，质量堪忧，乡村学校实际上已经成为政府在乡村举办的普通学校，城镇学校自然成为重点学校。初中早已形成"一乡一校"的基本格局，而乡村小学目前正处于动荡整合时期。由于地理位置偏远，教师与学生的弱势相对更为明显，乡村小学成为我国农村教育发展的"硬伤"。举办寄宿制小学可以缓解乡村小学成校率、成班率不足的问题，产生了"范围经济"，对开齐开足课程起到了决定性作用。举办寄宿制小学当以提高乡村儿童综合素质和生活品质为第一要务，改善低龄儿童生存境遇是关键所在。

第三节 文献综述

国内外关于寄宿制教育的研究文献十分丰富，内容涵盖了寄宿制学校的人、财、物、管理等方面。但是，直接以"低龄寄宿儿童"为研究对象的文献很少，国内相关研究多以"寄宿制小学"为主题呈现，国外研究内容也只能在以"boarding school""boarding primary school""boarding elementary school"等为标题的文献中挖掘。

一 国内相关研究

以"低龄寄宿""小学寄宿生""农村寄宿制小学""农村寄宿制学校"为篇名，采用"同心圆法"展开文献搜索，按照研究成果的时间顺序，关照小学寄宿生的住宿、饮食、娱乐、课外学习辅导、心理健康及安全卫生六个方面，重点对人力、物力、财力和管理四个维度的研究加以梳理。

（一）关于农村小学寄宿生住宿问题的研究

学生宿舍是寄宿制教育的重要物质基础，宿舍条件、宿舍设计理念、宿舍文化及宿舍管理是影响学生寄宿生活的重要因素，已有研究在不同程度上涉及这些内容。

第一，农村寄宿制小学宿舍条件普遍简陋。卜文军（2007）发现，学生生活条件差。许多寄宿学校学生宿舍简陋，有的学校 20 平方米的宿舍住着 20 余个学生，往往是学生们挤在一个大通铺上。一些学校没有浴室，学生住校期间无法洗澡。[①] 王利（2014）对内蒙古的研究发现，存在农村寄宿制小学生的住宿条件有待改进，住宿管理力度不大，生活用热水供应不足等问题。[②] 黄启明等（2015）对广西山区寄宿制学校的研究表明，学生宿舍不足，配套设施不完善，住宿条件滞后。[③] 李慧敏（2017）认为，农村寄宿生生存状况不容乐观，宿舍的床铺、洗浴、个人卫生、寝室布置等设施普遍不达标。[④]

第二，农村学校宿舍建筑设计理念有待创新。蒲培勇等（2010）认为，寄宿制学校宿舍的"大通铺"空间、"水泥"空间及无用空间等难以营造一个归属感的空间，无法慰藉儿童的心理，反而增添了一丝忧愁、苦闷。宿舍设计要营造温暖、适用、方便像家一样的宿舍空间，才能使寄宿留守儿童有归属感和心灵寄托。[⑤] 蒲培勇等（2012）认为，农村留守儿童寄宿制学校建设不能脱离当地固有的文化根脉，要借助于当地特色建筑，民居的构造、组合及空间序列等环境，与现代学校建筑空间营造的整合，体现乡村民居传统建筑的精神，是新形势下农村学校自信力、凝聚力的重要表现。[⑥] 李德新等（2012）认为，寄宿制学校学生宿舍多与教学空间紧密相连，

---

① 卜文军：《农村贫困地区中小学布局结构调整存在的问题与对策》，《教育与经济》2007 年第 4 期。

② 王利：《内蒙古农村寄宿制学校学生管理中的问题分析及对策研究——基于凉城县六所学校的调查》，《内蒙古师范大学学报》（教育科学版）2014 年第 12 期。

③ 黄启明等：《生活教育视域下的寄宿制学校生活管理——基于桂东山区寄宿制小学的调查》，《教育研究与实验》2015 年第 4 期。

④ 李慧敏：《农村寄宿生生活现状及改善对策探究》，《教学与管理》2017 年第 12 期。

⑤ 蒲培勇：《论农村留守儿童寄宿制学校室内设计空间模式》，《江西科学》2010 年第 6 期。

⑥ 蒲培勇等：《乡村教育发展留守儿童寄宿制学校建设问题与对策研究》，《科学·经济·社会》2012 年第 6 期。

宿舍多为单人间和双人间，宿舍内部还配有多功能餐厅、活动室、洗衣间和浴室等，并由专门人员 24 小时管理。我国寄宿制学校生活空间的规划模式与建筑内部功能布局模式都相对单一、缺少变化和创新。宿舍区主要由多栋"一"字形的宿舍楼组成，内部空间布置经济合理，但缺乏趣味。楼内的主要功能空间就是各独立宿舍、集中的盥洗室、管理室一间。少数情况下宿舍楼内还会有公共活动室、洗衣房。[①]蒲培勇（2012，2017）认为，农村寄宿制学校对生活空间缺少科学合理的研究、设计和建设，其功能也只是停留在"庇护场所"的层面，实用性、地域性和教育功能远没有发挥出来。建议吸收留守儿童及其家长参与宿舍规划，营造地域性的空间环境，从建筑空间的视野提出有利于寄宿生身心健康发展宿舍环境，强调外廊式设计、重视室内"亲情化"的设计。[②]

　　第三，作为宿舍管理员的生活教师数量不足，素质偏低，工作内容简单，没有发挥其应有的作用。我国农村寄宿制小学宿舍管理基本以生活指导教师为主，而生活指导教师整体状况堪忧。刘欣（2006）指出，由于寄宿制学校的保育员没有编制，许多学校无法配备专职保育员，只能由任课教师和班主任兼任，影响了学生生活服务质量。[③]叶敬忠、潘璐（2008）认为，农村寄宿制学校的生活教师，学校要么没有配备，要么配备了素质不高的低成本人员，员工缺乏动力，影响了管理质量。[④]贾建国（2009）从制度互补视角提出，通过动态核定农村学校合并后的教师编制，按比例给农村寄宿制学校配备专门的生活教师，全面改革教师编制制度。[⑤]翟月（2011）认为，农村寄宿制学校生活教师普遍存在待遇低、数量不足和队伍不稳定、聘用不规范、年龄结构不合理、专业素质低等问题。倪建雯（2012）对甘肃的研究认为，大多数农村寄宿制学校缺少生活指导教师，生活教师的聘用、考核标准不完善，学校以低工资聘用当地农妇或学生家长做生活教师，无法给予学生足够的心理关爱。[⑥]杨兆山、姚姿如（2012）

---

① 李德新等：《国内外寄宿制学校生活空间特征分析研究》，《安徽建筑》2012 年第 2 期。
② 蒲培勇等：《中西部地区农村寄宿制学校宿舍现状与对策研究》，《江西科学》2017 年第 4 期。
③ 刘欣：《农村中小学布局调整与寄宿制学校建设》，《教育与经济》2006 年第 3 期。
④ 叶敬忠、潘璐：《农村小学寄宿制问题及有关政策分析》，《中国教育学刊》2008 年第 2 期。
⑤ 贾建国：《农村寄宿制学校建设分析：制度互补性的视角》，《教育发展研究》2009 年第 7 期。
⑥ 倪建雯：《西北农村地区寄宿制学校建设存在的问题与发展建议——基于甘肃省 A、B 两县的调查》，《基础教育研究》2012 年第 1 期。

认为，农村寄宿制学校生活指导教师存在数量不足、年龄偏大、缺少岗位培训等问题，只能在生活上对学生进行基本的照顾和管理，对学生的心理健康和文化知识学习以及课外娱乐生活等难以提供必要的帮助和指导。生活教师则必须经过专门的培训和考核方可进入工作岗位。[1] 范先佐（2013）认为，小学低年级学生生活自理能力差，应按一定比例给寄宿制学校配备专门的生活教师。生活教师的职责不仅是照顾孩子的饮食起居，还应树立"保教结合"意识，身体力行、言传身教，担负起对孩子的教养责任。[2] 朱忠琴（2013）对河北省的研究表明，学校对于生活指导教师的认识不到位，对于生活指导教师的聘用及职责没有严格的标准；生活指导教师普遍存在任务量大，待遇报酬低的问题；生活指导教师专业素质不高，对于学生仅停留在管理上，而远非具有教育的含义。[3] Yue Ai（2014）对生活教师在职培训是否能提高小学寄宿生的健康、行为和学业成绩的问题进行实证研究，旨在探索如何通过寄宿教师提高寄宿生的福利。结果表明，寄宿制学校生活教师在职培训对寄宿生的健康和行为习惯改善显著。[4] 袁玲俊等（2014）认为，农村寄宿制学校专任教师工作满意度普遍不高。需要增加生活教师编制以减轻专任教师负担。[5]

（二）关于农村小学寄宿生餐饮问题的研究

第一，农村小学寄宿生就餐条件普遍较差。盛荣永（2003）认为，寄宿制小学要强调"以校为家"，强化学校后勤服务优质化，注重硬件投入，扩建小学生食堂，提高容纳能力。[6] 罗仁福（2009）对我国西部农村寄宿制小学学生营养摄入及营养不良状况进行了比较研究。结果表明，寄宿制学

---

① 杨兆山、姚姿如：《农村寄宿制学校生活教师队伍建设研究》，《教育探索》2012 年第 6 期。

② 范先佐：《义务教育均衡发展与农村教育难点问题的破解》，《华中师范大学学报》（人文社会科学版）2013 年第 3 期。

③ 朱忠琴：《农村寄宿制学校生活指导教师研究——基于河北省青龙县的调研》，《教学与管理》2013 年第 8 期。

④ Yue Ai,"Dormitory Management and Boarding Students in China's Rural Primary Schools", *China Agricultural Economic Review,* 2014,Vol.6, Issue.3, pp.523-550.

⑤ 袁玲俊：《西南农村寄宿制学校教师满意度现状及其原因分析》，《教师教育研究》2014 年第 5 期。

⑥ 盛荣永：《关于江苏省大丰市农村小学实行"寄宿制"的调查与思考》，《江苏教育》2003 年第 10 期。

校的学生食堂设施不足，服务质量差。寄宿生营养摄入不足导致学生按年龄计算的相对高度分数（height-for-age Z）偏低。改善农村寄宿制学校的生活服务设施，提高生活服务质量是降低健康状况不平等、营养不良及城乡人力资本悬殊的有效途径。[1] 叶庆娜（2012）研究表明，1/3 的学生家长对农村学校寄宿环境表示不满意。其中，"伙食不好"在所有不满意原因中排在第一位。[2] 杜艳芳（2013）对山西的研究发现，学校没有建设餐厅，饭菜质量也很平常，因为没有足够的资金来保证营养，学校唯一能做的就是尽量保证饭菜的干净、卫生，争取让每个学生都能吃饱。[3]

第二，农村小学寄宿生膳食结构不尽合理。陈建平（2004）对江苏射阳县 22 所小学 6908 名寄宿生的综合素质开展了研究，结果表明，农村小学寄宿生相对于走读生膳食营养成分丰富，饮食结构相对合理，且供给的总热量每天生均高出走读生 100—300 千卡，生均摄入的脂肪、蛋白质高出走读生 10—15 个百分点。[4] 孙瑜（2015）对云南哈尼族寄宿制小学学生的饮食行为的研究发现，寄宿生早餐以谷类为主，豆制品、蛋类、奶类、水果类食物则摄入较少，寄宿生经常吃零食的比例高达 78.8%，19.9% 的寄宿生反映吃不饱。云南哈尼族小学生的饮食行为不尽合理，可能会影响其长期的营养及健康状况，学校应从低年级阶段注重对学生及其家长的营养教育。[5] 朴玮等（2016）研究认为，寄宿制学校学生营养同时面临着糖类、脂类、蛋白质等营养素摄入不足和过剩问题。[6] 魏丽艳等（2017）对全国 16 省农村寄宿制学校膳食营养及贫血状况进行调查，结果表明，谷薯类与畜禽类摄入量均超过营养指南推荐，西部地区膳食摄入中乳、蛋、鱼虾类等食物摄入量均低于指南推荐，寄宿制学校学生的膳食结构有待调

[1] Luo Renfu, "Malnutrition in China's Rural Boarding Schools: The Case of Primary Schools in Shanxi Province", *Asia Pacific Journal of Education*, Vol.29, No.4, pp.481-501, Dec. 2009. 21.

[2] 叶庆娜：《农村中小学布局调整的评价：家长视角》，《教育发展研究》2012 年第 12 期。

[3] 杜艳芳：《农村寄宿制小学生活管理现状的调查与分析——以山西省榆社县农村小学为例》，《基础教育研究》2013 年第 12 期。

[4] 陈建平：《农村小学寄宿制对学生综合素质发展影响的调查与研究》，《基础教育研究》2004 年第 11 期。

[5] Sun Yu, "Eating Behavior Survey of Western Minority Pupils", *Journal of Kunming Medical University/Kunming Yike Daxue Xuebao*, 2015, Vol.36, Issue 11, pp.56-59.

[6] 朴玮等：《农村寄宿制学校学生能量和宏量营养素摄入状况调查及分析》，《卫生研究》2016 年第 5 期。

整。① 综合文献发现，农村寄宿制小学的餐饮服务水平总体在上升，但相对于增幅更快的农村家庭生活水平，寄宿制学校的营养结构优势并没有凸显出来。这种规律在多大程度上、多大范围内存在，还需进一步考证。

第三，农村寄宿制小学寄宿生营养状况普遍堪忧。李文（2008）研究发现，寄宿生在学校平均一日的营养素摄入量大体上均低于周末在家平均一日的摄入量，农村学校寄宿制的实施对寄宿生的营养摄入具有一定的负面影响，寄宿制造成了寄宿生大多数营养素摄入量下降。② 段一凡等（2010）采用问卷调查方法收集了 25270 名学生的营养知识信息掌握情况，结果表明，小学生对基本营养知识的掌握情况较初中生差。需要加强营养相关知识的宣传教育力度，从小学生抓起。有关粗粮、维生素 A、维生素 C、膳食铁相关营养知识应成为日后农村学生宣传教育的重点。③ 张芯等（2010）研究表明，农村寄宿制学校学生肉、蛋、奶、豆类、水果的食用率及食用频率都较低，应进一步改善。④ 徐海泉等（2014）研究发现，在"营养改善计划"实施地区，寄宿生就餐状况有所改善，但营养状况仍略差于走读生。寄宿生 BMI-Z（体重指数 Body Mass Index）评分低于走读生，贫血率略高于走读生。寄宿生营养不良率及超重／肥胖率均低于走读生。建议加强寄宿制学校食堂的建设及食堂工作人员的营养技能培训，加强对寄宿制学校周边饮食环境的规范治理，加强对学生食育教育力度，使其树立科学的营养观等。⑤ 时维娟等（2014）对四川省金堂县 5 所农村寄宿制小学的研究发现，学生营养不良检出率较高，膳食结构不合理，摄入的蔬菜也多为浅色蔬菜，肉类品种单一，未提供奶类食物，膳食中油和盐使用量过多。学生膳食能量摄入基本足够，但蛋白质和维生素 A、硫胺素、核黄素以及钙和锌不足。应加强营养教育，指导学校营养配餐，改善小学校学生

---

① 魏丽艳等：《中国寄宿制学校初一学生膳食营养及贫血状况》，《中国学校卫生》2017年第 5 期。

② 李文：《贫困地区农村寄宿制小学儿童膳食营养状况评估》，《中国农村经济》2008 年第 3 期。

③ 段一凡等：《我国农村寄宿制学校学生营养知识现状分析》，《中国学校卫生》2010 年第 9 期。

④ 张芯等：《我国农村寄宿制学校学生食物消费现况》，《中国学校卫生》2010 年第 9 期。

⑤ 徐海泉等：《农村义务教育营养改善计划寄宿生膳食行为及营养状况分析》，《中国学校卫生》2014 年第 12 期。

膳食营养健康状况。[1]李艳（2017）研究表明，寄宿生总体营养状况较非寄宿生较差，主要表现为寄宿男生学龄阶段体重低于非寄宿男生，寄宿生生长迟缓、肥胖、贫血、VA 和 VD 亚临床缺乏比例均高于非寄宿生，而血清 VA 和 VD 含量低于非寄宿生。食堂普遍存在工作人员营养知识匮乏、烹饪方式单一、膳食搭配不合理等问题，寄宿生在校期间购买零食的约束力明显不足，这些因素势必会影响寄宿生饮食质量和次数，进而导致寄宿生的营养状况相对较差。建议加大营养补贴力度、加强营养膳食教育、加强寄宿生营养状况监测等。[2]

第四，农村寄宿制学校膳食营养干预效果明显。刘建平（1997）研究表明，青少年贫血率较高的重要原因是营养失调与营养缺乏，利用集体伙食的膳食调控对缺铁性贫血补充维生素 C 可以达到明显的防治效果。小学寄宿生贫血率初期在 11% 左右，一年后已降至 2.6%。进行小学生膳食监控，从食物构成方面宏观监测学生营养，进行膳食干预，是寄宿制学校营养工作的重心。[3]刘玉平（2002）认为，寄宿制学校的营养膳食应该合理制定营养食谱、课间餐的配比（按一般情况早餐与午餐的间隔时间近 5 小时）、花色品种常翻新、膳食质量管理与标准、严格把好膳食卫生关及开展优质服务。[4]李文（2008）认为，学校的配餐方案和学生的进餐习惯等对寄宿生的营养素摄入量有明显影响。建议贫困地区农村寄宿生的营养问题应当引起政府和全社会的严重关注，同时要加强贫困地区农村寄宿制学校的食堂建设。[5]丁步洲（2009）对苏北农村的研究表明，农村寄宿制学校学生饮食习惯矫正难度大，吃零食现象屡禁不止，学校食堂承包后失控，学生饭菜数量和质量得不到保证。[6]汪三贵（2009）对"贫困地区寄宿制小学生营养改善项目"结果评价发现，住宿小学生接受建立学生食堂（包括配备厨具、聘请厨师等）、伙食补贴、免费"营养午餐"等干预一个学期后，学生在体质体能等方面发生了较明显的变化。学生普遍反映，吃营养餐后

---

[1] 时维娟等：《金堂县农村寄宿制小学学生膳食与营养状况调查》，《预防医学情报杂志》2014 年第 10 期。

[2] 李艳：《贫困地区小学寄宿生与非寄宿生的营养状况对比》，《广西医学》2017 年第 9 期。

[3] 刘建平：《全寄宿制小学生贫血监测及营养干预》，《中国学校卫生》1997 年第 6 期。

[4] 刘玉平：《寄宿制学校学生膳食科学管理模式》，《中国学校卫生》2002 年第 6 期。

[5] 李文：《贫困地区农村寄宿制小学儿童膳食营养状况评估》，《中国农村经济》2008 年第 3 期。

[6] 丁步洲：《农村寄宿制小学如何解决内部管理问题》，《中小学管理》2009 年第 9 期。

不仅身高体重有所增加，而且身体的抵抗力也有相应的提高。另外还发现，
女生体质的改善效果比男生明显，寄宿生的效果强于走读生。[①] 齐良书等
（2012）研究发现，校园餐能显著改善寄宿生的体质和体能，提高他们的
学习成绩。随着补贴力度的提高，营养干预的效果也有所提高；营养干预
的效果存在一定的性别差异，对女生的部分体质和体能指标有着更强的正
向影响；营养干预的效果还存在一定的年龄差异，对 12 岁以上学生的效
果略强一些；没有发现营养干预的效果在不同家庭背景的学生之间存在任
何显著差异。这些结果意味着，营养干预的对象应覆盖贫困地区的全体中
小学寄宿生，而不应只瞄准其中的一部分学生。[②] 孟丽苹等（2013）对陕
西省两县农村寄宿制学生营养干预进行效果评价发现，营养干预改善了农
村寄宿制学校学生的膳食营养素状况，降低了中、重度低体重率，在一定
程度上改善了学生血液微量营养素的营养状况。[③] 赵宏等（2014）对青海
省藏区研究发现，牧区寄宿制学校中小学学生营养知识知晓率低，饮食行
为存在误区，应加强饮食营养知识的宣传教育。[④] 李晓辉等（2015）研究
发现，食育干预对寄宿生的营养健康态度、食物喜好改变、饮食及健康相
关行为方面的改善效果明显，而且食育干预效果优于普通营养教育对照学
校。[⑤] 朴玮（2016）认为，食堂供给的膳食是寄宿生营养的主要来源，学
校应该通过以食物多样性为基础的食谱化食堂集中供餐进行膳食的指导与
营养的保障。[⑥]

（三）关于农村小学寄宿生课余活动问题的研究

第一，寄宿生课余活动形式单调。吕昆池（1997）认为，学生由于住
宿集中，延长了在校学习、活动的时间，开展适合他们心理特点，适合各

① 汪三贵：《贫苦地区农村寄宿制学校儿童营养状况和干预政策的效果评估》，中国发展
出版社 2009 年版，第 191—193 页。
② 齐良书等：《营养干预与贫困地区寄宿生人力资本发展——基于对照实验项目的研
究》，《管理世界》2012 年第 2 期。
③ 孟丽苹等：《陕西省两县农村寄宿制学生营养干预的效果评价》，《中国儿童保健杂志》
2013 年第 6 期。
④ 赵宏等：《寄宿制学校学生营养知识及饮食行为调查》，《中国公共卫生》2014 年第 9 期。
⑤ 李晓辉等：《四川省西部山区农村寄宿制学校食育干预效果评价》，《预防医学情报杂
志》2015 年第 3 期。
⑥ 朴玮：《农村寄宿制学校学生能量和宏量营养素摄入状况调查及分析》，《卫生研究》
2016 年第 5 期。

种少数民族风俗习惯的丰富多彩的活动，使丰富多彩的课外活动为民族小学生健康成长创造有利条件。[1] 袁振国等（2008）对广西的调查发现，由于学校缺乏课余活动资源，农村寄宿制学校学生课余活动形式单调，教师组织学生开展课余活动的积极性不高。[2] 姚姿如（2011）认为，农村寄宿制学校生活单调，学习活动几乎成了学生生活的全部，学习生活单调，日常生活简单，娱乐生活缺乏，难以适应学生对寄宿生活的多样化要求。[3]

第二，农村寄宿制学校课余活动缺乏组织。廉恒鼎（2012）对山西平遥和河北丰宁两地农村寄宿制学校留守儿童的调研发现，部分农村寄宿制学校留守儿童对课余活动的认识亟须引导，农村寄宿制学校留守儿童课余活动单调贫乏，呈无组织、无秩序、无规章、无计划状态，且无法形成系统的经验。[4] 谢治菊（2012）对贵州的研究发现，寄宿生课外活动形式单一，参加以体育为主的课外活动成为学生的无奈选择。组织松散，课外活动无明显的组织规划，比较零散，大多处于自发状态。[5]

第三，寄宿制学校课余活动育人功能没有充分体现。王栋（2011）对内蒙古农牧区寄宿制学校研究认为，寄宿制学校课余活动具备四项功能：一是家庭教育的功能；二是预防和减少学生危险行为的功能；三是丰富学生课余生活的功能；四是多元文化教育的功能。[6] 李红（2014）研究认为，农村寄宿制学校学生课余生活存在硬件设施不足、管理观念滞后、师资力量欠缺及情感关怀缺位等一系列问题。[7] 黄启明等（2015）对广西山区寄宿制小学的研究表明，寄宿生课余生活的方式和内容受到很大局限，严重

---

[1] 吕昆池：《抓住特点办出特色——寄宿制民族小学学校管理点滴》，《中国民族教育》1997年第8期。

[2] 中央教育科学研究所课题组：《贫困地区农村寄宿制学校学生课余生活管理研究——基于广西壮族自治区都安县、河北省丰宁县的调研》，《教育研究》2008年第4期。

[3] 姚姿如：《丰富农村寄宿制学校生活的思考》，《东北师范大学学报》（哲学社会科学版）2011年第3期。

[4] 廉恒鼎：《农村寄宿制学校留守儿童的课余活动研究——基于山西平遥、河北丰宁的调研》，硕士学位论文，北京邮电大学，2012年。

[5] 谢治菊：《边远贫困山区农村寄宿制学校建设研究——基于贵州省黔东南州"两山"地区的实证调查》，《中国教育学刊》2012年第8期。

[6] 王栋：《重视开展寄宿制学校课外活动，促进学生健康成长》，《中国民族教育》2011年第5期。

[7] 李红：《农村寄宿制学校学生课余生活管理的"忧"与"思"》，《教学与管理》2014年第5期。

制约着课余活动育人功能。①

综上所述，已有研究忽略了课余活动的安全问题研究，也许这正是学校没有开展过多活动的主要原因之一。

（四）关于农村小学寄宿生身心健康问题的研究

关于农村小学寄宿生的心理健康问题存在三种结论：一是小学寄宿生心理状况普遍不佳，这是主流观点；二是寄宿生与非寄宿生的心理状况并无多大差别；三是实施心理干预效果明显。

观点一：农村小学寄宿生心理健康状况普遍不佳。叶敬忠等（2007）认为，农村小学寄宿生在校期间普遍有"想家"情绪，但是，如果学校生活设施设备相对较好，学校管理比较人性化，学生思家情绪相对较轻。②肖利敏等（2008）研究表明，农村学校寄宿生有抑郁、焦虑症状的危险均高于走读生，小学五年级到初中二年级学生发生抑郁的危险性更大。③武海英等（2011）研究发现，农村寄宿制小学儿童社会焦虑水平整体偏高，面对人际冲突时较多采用问题解决策略，较少采用求助、逃避、内倾化、外倾化等方式。④王粉东（2011）对山西阳城县70所寄宿制小学调查发现，小学寄宿生在人际交往、自我接纳、情绪控制等方面问题突出。究其原因主要是寄宿生与家人沟通较少、低龄儿童从家庭呵护中转换遇阻、学习困难以及家庭条件优越等。⑤杨兆山（2012）研究发现，低龄寄宿儿童在心理发展上对熟悉的家庭和社区环境具有较强的依赖性，长期处于陌生的寄宿环境，其孤独感和恋家情结都较为强烈。许多低龄寄宿生在入学后很长一段时间内仍会出现哭闹、无法入睡、想家等问题。⑥刘雪珍（2012）研究发现，农村寄宿小学生心理健康水平显著低于非寄宿小学生，主观生活总体满意度显著低于非寄宿小学生。农村寄宿小学生的主观生活质量与心理健

---

① 黄启明等：《生活教育视域下的寄宿制学校生活管理——基于桂东山区寄宿制小学的调查》，《教育研究与实验》2015年第4期。

② 叶敬忠等：《农村寄宿制小学生的情感世界研究》，《教育科学研究》2007年第9期。

③ 肖利敏等：《安徽省农村寄宿制学校学生抑郁焦虑症状及其影响因素分析》，《中国学校卫生》2008年第9期。

④ 武海英等：《农村寄宿制小学儿童个性与社会性发展状况研究》，《河北师范大学学报》（教育科学版）2011年第7期。

⑤ 王粉东：《寄宿制小学学生心理问题及对策》，《中国农村教育》2011年第12期。

⑥ 杨兆山：《农村寄宿制学校低龄学生的适应问题与对策——基于中西部三省区的调查》，《现代教育管理》2012年第7期。

康问题呈显著的负相关。实践中，既可以通过加强心理健康教育来提高寄宿生的主观生活满意度；也可以通过提高主观生活满意度来提高寄宿生的心理健康水平。[1]NGO公益组织歌路营调查（2014）显示，农村寄宿学生中有47.3%的孩子常有负面情绪困扰，63.8%的孩子有孤独感。[2]曹宇（2015）研究发现，乡镇寄宿制小学生心理健康状态较差，在强迫、偏执、人际关系、焦虑和情绪不平衡方面达到轻微心理问题。究其原因主要是寄宿制小学生不善于求助，亲子沟通较少。学校应采取团体辅导与个别辅导相结合的形式主动干预，同时，还需构建朋辈支持体系。[3]张高产（2016）认为，低龄寄宿对儿童产生很多负面影响，包括孤独感、社会焦虑、性格缺陷、认知偏差、行为偏差、人际关系问题、情感缺失问题等。通过开展丰富多彩的课外活动、提供条件让学生与父母加强联系，积极开展心理辅导等可以提升心理健康水平。[4]李钰等（2017）调查发现，农村寄宿制学校学生（尤其是低年级学生）有亲情缺失的问题。52.4%寄宿生提到会经常想家、想念自己的爸爸妈妈。[5]杜红蓉等（2017）研究表明，低龄寄宿儿童明显焦虑障碍比例达到17.5%。产生焦虑的原因包括开学与放假的情绪波动、缺乏安全感、学习压力重、留守儿童自卑感严重等。[6]

观点二：农村小学寄宿儿童心理健康水平并不比非寄宿儿童差，有些方面甚至比非寄宿儿童好。黄加文等（1998）研究发现，寄宿生的心理健康状况比非寄宿生要好；意志的坚定性、交际的广泛性和合群性、情绪的稳定性、工作的独立性和主动性等方面寄宿生明显优于非寄宿生。[7]王玲等（2008）研究发现，寄宿制小学男生在活动情况、社交情况、学校情况上均较非寄宿生差，攻击性及违纪行为比非寄宿生问题少；寄宿女生在活

① 刘雪珍：《农村寄宿小学生主观生活质量与心理健康研究——基于环江县4所农村小学的调查分析》，《内蒙古师范大学学报》（教育科学版）2012年第6期。

② 歌路营：《歌路营推出〈中国农村住校生调查报告〉》，中国发展简报网，http://www.chinadevelopmentbrief.org.cn/news-17101.html。

③ 曹宇：《内蒙古乡镇寄宿制学校学生心理健康状况调查及干预措施》，《北京教育学院学报》（自然科学版）2015年第9期。

④ 张高产：《低龄寄宿对儿童心理健康的影响》，《2016年第一届今日财富论坛论文集》2016年第3期。

⑤ 李钰等：《西北农村地区寄宿制学校问题研究——基于甘肃省S县的调查与分析》，《学术探索》2017年第9期。

⑥ 杜红蓉等：《贫困地区低龄寄宿制儿童心理焦虑研究》，《教育现代化》2017年第9期。

⑦ 黄加文等：《农村小学寄宿制管理模式综合实验研究报告》，《教育研究》1998年第8期。

动情况上较非寄宿生差，在体诉、社会退缩、多动、性、违纪方面的问题
比非寄宿生多，寄宿制小学教育对男女生的行为都有影响。另外，寄宿女
生的父母往往给孩子严厉的惩罚、过多的干涉、较多的拒绝否认，寄宿男
生与非寄宿男生并无显著差异。父亲惩罚严厉、过分干涉和寄宿女生社交
退缩、抑郁、体诉、多动、违纪、攻击性均呈正相关。[1] 武海英等（2011）
研究表明，与走读生相比，农村寄宿制小学儿童的心理健康、自我意识、
人际冲突解决策略和学习适应性等状况良好，只是心理发展状况年级差异
与个体问题突出。创设丰富的微观文化环境、配备心理健康教育教师及定
期开展家庭教育指导等可以提高寄宿儿童心理健康水平。[2] 王春平（2011）
应用《儿童社交焦虑量表》对 800 名农村小学生进行社交焦虑的测评。结
果发现，寄宿生与走读生的社交焦虑水平不存在明显差异；不同年级儿童
社交焦虑存在明显差异；公立学校中儿童社交焦虑水平高于私立学校。[3]
陈凤英等（2013）研究表明，农村寄宿制小学学生的孤独感处于中等水平，
并且存在年级差异。孤独感性别差异并不显著。另外，老师重视情感世界
的程度、寝室人际关系对学生孤独感的影响最大。[4]

观点三：心理干预对农村小学寄宿生有明显效果。陈佳（2011）提出，
社会工作介入农村寄宿制小学，运用社会工作的理念、技巧、方法和原则
解决农村寄宿制小学面临的问题。在这一过程中，学校社会工作应扮演践
行者、合作者、支持者、引导者、倡导者的角色。[5] 王定伟（2012）对寄
宿制小学的比较研究发现，通过寄宿学习后，寄宿生个性心理品质中的求
知欲、独立性、合群性都得到了很大提高，个性心理品质总体也有较大提
升。[6] 黄颖（2014）对四川省 30 所农村寄宿制学校进行追踪干预研究发

---

① 王玲等：《寄宿制小学生行为与父母教养方式的研究》，《中国心理卫生杂志》2008 年
第 8 期。

② 武海英等：《农村寄宿制小学儿童心理发展状况调研报告》，《河北北方学院学报》（社
会科学版）2011 年第 4 期。

③ 王春平：《中部地区农村小学寄宿生社交焦虑研究》，《中国健康心理学杂志》2011 年
第 3 期。

④ 陈凤英等：《农村寄宿制小学学生孤独感的现状调查》，《基础教育研究》2013 年第
10 期。

⑤ 陈佳：《学校社会工作介入农村寄宿制小学的探讨》，《赤峰学院学报》（科学教育版）
2011 年第 9 期。

⑥ 王定伟：《民族地区寄宿制小学学生心理品质现状调查》，《学校党建与思想教育》
2012 年第 9 期。

现，全体学生在亲子关系、思想政治、心理健康方面都发生了较为显著的改善，尤其是心理状况，其干预效果数倍于学生在亲子关系和思想政治方面的改善情况。[①] 王海英等（2015）认为，农村寄宿制学校面临的留守儿童、低龄儿童及心理健康问题，对学校社会服务有现实需求，而社工的服务理念、专业化的工作方法可以有效助力寄宿学生健康成长。同时，政府部门的日益重视和民间力量的积极作用，为驻校社工服务提供了一定发展空间。[②]

（五）关于农村小学寄宿生学习效果问题的研究

一般来说，学习时间延长、课外辅导力量加强会提高学生学业成绩。因此，寄宿制教育应该有提高寄宿生学业成绩的功能，规范研究者多持这一观点。然而，诸多实证研究并没有发现寄宿制教育模式与学业成绩之间存在明显的正相关关系。

观点一：寄宿制小学教育可以提高寄宿生学业成绩。新疆哈巴河文教科（1982）、涪川（1983）认为，牧区寄宿制小学学习时间每年要多出 8 周，按年级分班教学改变了以往复式教学的无计划局面，教学质量明显提升。[③] 黎琳（1985）认为，寄宿制民族学校适应少数民族儿童的心理特点，有利于提高教学质量。[④] 苏林强（1995）认为，举办寄宿制小学提高了山区小学的教学质量，提高了山区小学的入学率和巩固率。[⑤] 黄爱逊（1994）认为，广西百色地区推行农村寄宿制小学，财力、物力、人力相对集中实施规范化科学化管理，教学质量得到了保证。凌云县泗城镇的百花、那甲、旦村、百坎、百全五个自然屯，在 1986 年以前屯屯办校，在校学生累计 124 人，历年初考升学率仅达 20%—30%，1986 年秋，五个屯在那甲屯创办寄宿制民族小学，在校生 350 人。六年来，小升初率取率逐年上升，从

① 黄颖：《人口流动背景下农村小学生心理及行为发展的追踪干预实践——以四川省 30 所农村寄宿制学校为例》，《中国农村教育》2014 年第 3 期。
② 王海英等：《驻校社工"嵌入"农村寄宿制学校：问题与策略》，《当代教育科学》2015 年第 11 期。
③ 新疆哈巴河文教科：《筹建牧区寄宿制小学的做法和体会》，《人民教育》1982 年第 12 期。
④ 黎琳：《寄宿制民族学校刍议》，《民族论坛》1985 年第 1 期。
⑤ 苏林强：《关于山西省吕梁地区兴办寄宿制小学的调查与思考》，《教育理论与实践》1995 年第 10 期。

1987 年的 69.2% 逐年上升到 1992 年的 85.2%，教学质量有了明显提高。[①]
怀柔县教科所（1996）在全县随机抽取 50 名学生，进行寄宿前与寄宿后期
末考试对比统计，发现寄宿后学生学习总体水平提高；对汤河口中心小学
12 名寄宿学生与本年级总体水平进行对比统计，发现寄宿学生学习水平高
于本年级总体水平。[②]黄加文等（1998）研究发现，小学寄宿生的认知能
力发展速度要比非寄宿生快，寄宿制管理模式在促进儿童认知能力发展方
面优于一般的走读制。[③]陈建平（2004）研究发现，小学寄宿生的语、数
学科人均成绩及上升幅度普遍高于走读生。[④]林祥（2005）认为，寄宿制
的办学明显促进了学生全面发展，提高了学习成绩。[⑤]葛丰交（2009）认为，
举办牧区寄宿制学校，是发展民族教育的一种好的办学形式，有利于牧区
教育质的提高，使学生在德、智、体三方面得到全面发展，培养一定数量
的合格的毕业生。[⑥]杜屏等（2010）研究发现，农村小学四年级寄宿生的
数学成绩好于四年级学生总体，语文成绩没有显著差异。学校因素、寄宿
生家庭状况对学生成绩的影响不容忽视，尤其是学校寄宿条件对此有着
显著的积极影响。[⑦]刘诗波等（2014）的行动研究表明，在提供生活保障
的基础上，开设健康、品德、学习和生活四个方面的活动课程，对农村寄
宿制小学留守儿童的身心健康、学习支持、社会认知、生活际遇四个方面
进行全面关护，以实现家庭教育功能缺失补偿。补偿实践提高了农村留守
儿童学习成绩。[⑧]贺武华等（2012）对山东蒙阴县 8 所寄宿制小学的研究
表明，寄宿制教育增加了学生在校学习的时间和机会。学生寄宿以后，在
校生活时间几乎是原来的 2 倍，有 30% 左右的学生认为住校学习可以提高
成绩，做起作业来更方便，不懂的可以随时问老师和同学。还可以利用晚

---

① 黄爱逊：《百色地区发展寄宿制民族小学的思考》，《中国民族教育》1994 年第 8 期。
② 怀柔县教科所：《怀柔县兴办山区寄宿制小学经验报告》，《教育科学研究》1996 年第 3 期。
③ 黄加文等：《农村小学寄宿制管理模式综合实验研究报告》，《教育研究》1998 年第 8 期。
④ 陈建平：《农村小学寄宿制对学生综合素质发展影响的调查与研究》，《基础教育研究》
2004 年第 11 期。
⑤ 林祥：《寄宿制小学：农村教育资源优化配置的好形式》，《人民教育》2005 年第 2 期。
⑥ 葛丰交：《从马背小学到寄宿制学校的跨越发展——新疆牧区教育 60 年发展巨变》，
《中国民族教育》2009 年第 6 期。
⑦ 杜屏：《西部五省区农村小学寄宿生的学业成绩与学校适应性研究》，《教育学报》
2010 年第 12 期。
⑧ 刘诗波等：《农村寄宿制学校留守儿童家庭教育功能补偿探索——以江西 A 县 B 小学
的实践为例》，《中国教育学刊》2014 年第 10 期。

自习看很多课外书。[①]展顺俊（2017）认为，寄宿制为农村留守儿童提供更好的学习环境的优势，留守儿童住校得到了教师学习上的就近辅导，有利于学生成绩的提高。[②]

观点二：寄宿制小学教育并不能提高学生学业成绩。李勉等（2006）研究发现，寄宿生学业成绩显著低于走读生；寄宿制小学的基础设施显著好于非寄宿制小学，但师资充足率显著低于非寄宿制小学；寄宿生的学校感受和所感知到的教师责任心显著差于走读生。[③]于晓康等（2015）认为，农村寄宿制学校普遍满足不了低龄寄宿生学习和生活的需求，低龄寄宿生面临学习任务重、学校适应性较差以及家庭教育缺失等问题，教育结果表现为学习成绩差、学业完成率低。[④]

寄宿制办学模式为什么没能提高教学学生成绩？或许是寄宿生中基础较差学生原本就比较多，或许是寄宿制学校条件落后抵消了寄宿制教育模式的优势，抑或是学校没能充分发挥课外学习辅导的功能？为什么民族地区的寄宿制小学大多有提升教学成绩的功效？为什么寄宿制教育对寄宿生的学习成绩正面影响力呈逐年下降趋势？这些都是值得进一步探讨的问题。

（六）关于农村寄宿制小学安全卫生问题的研究

第一，农村寄宿生群体性安全卫生隐患凸显。刘建平（1998）研究发现，小学生寄宿在校期间，患病人数呈波峰出现，随着寄宿时间的增加，患病波峰可出现1至数个。一般情况下，当寄宿时间超过2周时，学生患病时间有2个以上高峰，寄宿时间越长，波峰相应增多。这些波峰的出现是校外因素、校内因素、个人自身因素等共同影响的结果。[⑤]徐永生（2005）认为，农村寄宿制学校校园存在很多安全问题，具体包括：大量危房存在；

① 贺武华等：《透过孩子眼睛看农村寄宿制小学：办学现状及发展建议——基于山东蒙阴县8所小学的调研》，《教育学术月刊》2012年第7期。
② 展顺俊：《办好农村寄宿制小学不失为解决留守儿童问题的一条途径》，《中国社会报》2017年5月23日第3版。
③ 李勉等：《农村寄宿制小学的学校资源、学校氛围状况及其对学生学业成绩的影响：与非寄宿制小学的对比》，《中国心理学会发展心理专业委员会第十三届学术年会摘要集》2015年第7期。
④ 于晓康等：《义务教育群体均衡视角下农村低龄寄宿生的问题与对策》，《领导科学论坛》2015年第7期。
⑤ 刘建平：《寄宿制小学生在校患病时间及频度》，《中国校医》1998年第4期。

交通安全隐患；伪劣食品隐患；消防设施欠缺；建筑工地与学生活动区域没有严格区分。应对策略：加大资金投入，及时排查、整改并拆除危房；完善校园安全管理机制，推行校长负责制；狠抓落实安全管理制度的措施；积极配合相关部门，加大对周边环境的治理；强化自身管理，保障师生安全。① 梁利花等（2011）研究发现，农村寄宿制中小学校宿舍人均面积合格率较低，安全卫生设施不足，居住环境不能完全达到相关卫生学要求。② 杨卫安等（2014）认为，学生在学校寄宿以后，食品安全、住房安全、饮水安全、卫生安全、交通安全、治安安全以及北方地区的取暖安全等安全隐患也随之转移或增加。由于大量的学生住宿集中在一起，使安全问题涉及面更广，呈现出群体性，因此也更凸显。③

第二，农村寄宿制小学校园欺凌日趋严重。贺武华等（2012）认为，农村寄宿制小学寄宿生相处时间长，同学间摩擦与矛盾有所增多。④ 吴方文等（2016）研究发现，四川、河北两省的部分农村寄宿制学校有16%左右的学生有过受欺负的经历，这一水平超过了城市寄宿制学校。长期遭受欺凌会影响学生的心理健康状况，很多受过欺负的学生不敢和别人说话，郁郁寡欢，有的甚至出现焦躁不安的情绪。⑤ 陆伟（2017）研究发现，农村寄宿制学校中的霸凌水平高达31.5%，高于国内城市中小学校，也远超过国际平均水平。农村学生住校显著提高了遭遇霸凌的可能性。⑥ 黄晓婷（2017）认为，相比非寄宿制学校，农村寄宿制学校同伴侵害现象较为严重，农村寄宿制学校是一个相对封闭的环境，为同伴侵害现象的发生提供了更多的机会和场合。可以通过提高学生的心理弹性和自尊水平，来减少同伴侵害带来的负面影响。学校相关实践工作有必要关注父母和家庭在缓

① 徐永生：《对当前农村寄宿制学校校园安全的思考》，《中国农村教育》2005年第5期。
② 梁利花等：《河南省农村寄宿制中小学校宿舍卫生学评价》，《现代预防医学》2011年第8期。
③ 杨卫安等：《农村学校布局调整后寄宿制学校利弊的总体判断与政策选择》，《教育导刊》2014年第9期。
④ 贺武华等：《透过孩子眼睛看农村寄宿制小学：办学现状及发展建议——基于山东蒙阴县8所小学的调研》，《教育学术月刊》2012年第7期。
⑤ 吴方文等：《校园欺凌：让农村寄宿生更"受伤"——基于17841名农村寄宿制学校学生的实证研究》，《中小学管理》2016年第8期。
⑥ 陆伟：《农村寄宿制学校中的校园霸凌研究》，《北京师范大学学报》（社会科学版）2017年第5期。

解同伴侵害中的作用。① 吴要武（2017）研究发现，寄宿生尤其是低龄寄宿生卷入校园欺凌的风险更高；卷入欺凌对小学生的心理健康和学习成绩有显著的负面影响。班主任和生活老师的学历和责任心与欺凌发生率显著负相关，提高班主任和生活老师的工作能力与责任心是降低校园欺凌风险的途径。②

第三，寄宿制教育对学生的伤害发生有保护作用。程代娟等（2008）研究发现，不同住宿类型的学生伤害发生情况不同，交通事故和动物咬伤以住家学生多见。性别、学习阶段和地区是住校和住家两种住宿类型学生伤害发生的共同影响因素。寄宿生活可能是交通事故和动物咬伤的保护因素。③

（七）关于农村寄宿制小学养成教育问题的研究

农村小学寄宿生养成教育主要涉及文明生活习惯养成与集体生活规范教育两个方面的问题。

刘玉兰等（2016）认为，童蒙养正教育关乎学生基本素养的形成，是奠定孩子一生幸福的基础，也关系整个国民素质的提高。通过培养让寄宿生形成生活自顾能力，训练学生的文明习惯和学习自主习惯，养成强身健体的习惯等方式，将童蒙养正教育贯穿于寄宿教育的全过程。④ 黄启明（2017）认为，有效践行生活教育有利于寄宿生在校生活的教育性与教育的生活性的有机回归，是实现寄宿学生身心健康、自由全面发展的重要途径。调查发现，农村寄宿制小学生活教育理念欠缺，生活基础与配套设施以及生活后勤服务人员等生活教育基础条件薄弱；生活教育管理低效。牢固树立"以人为本"的生活教育理念、有效激发生活场域的育人功能、积极推进生活教育管理制度，建设适切于农村寄宿制学校生活教育的有效生成。⑤

① 黄晓婷：《农村寄宿制学校同伴侵害对内化行为的影响：一个有调节的中介模型》，《华东师范大学学报》（教育科学版）2017年第1期。
② 吴要武：《校园欺凌的影响与对策——来自农村寄宿制小学的证据》，《劳动经济研究》2017年第6期。
③ 程代娟等：《安徽省农村寄宿制学校学生伤害发生情况》，《中国学校卫生》2008年第9期。
④ 刘玉兰等：《从寄养到教养：让住校生幸福成长——北京小学寄宿制教育的全面探索》，《中小学管理》2016年第11期。
⑤ 黄启明：《农村寄宿制学校生活教育的有效生成——基于桂东山区寄宿制小学的调查》，《教育导刊》2017年第1期。

（八）关于社会参与农村寄宿制教育主要研究

第一，关于学校社会参与相关概念的界定。范明林（2005）认为，学校社会工作是社会工作者依据社会工作的专业理论和方法，在学校教师和管理人员的密切配合下，主要以学校为工作范围，以帮助学生解决问题和促进学生发展为工作重点，为学生、家长、教师及相应的学校环节提供服务的一种专业活动。[①] 侯志阳（2004）从社会福利组织视角将社会参与主体分为政府、政府化的社会团体（共青团、全国妇联、全国总工会、红十字总会、残疾人联合会、老龄协会等）、民间化的社会团体（半民间化社会团体，如中国青少年发展基金会、中华慈善总会、中国社会工作者协会等；纯粹民间化的社会团体，包括宗教服务团体、自发服务团体和自助团体等）和普通民众四类。[②] 詹承豫（2011）将社会参与主体划分为公民个体、非营利组织、新闻媒体和医疗机构等。[③] 贾利亚（2015）将社会参与的主体界定为政党、政府之外的公民组织或个人，包括公民个人、社区组织、社会团体、私人组织等。[④]

第二，关于社会组织参与公共服务角色定位、工作模式及意义。陈佳（2011）提出，社会工作介入农村寄宿制小学，运用社会工作的理念、技巧、方法和原则解决农村寄宿制小学面临的问题。在这一过程中，学校社会工作应扮演践行者、合作者、支持者、引导者、倡导者的角色。[⑤] 林娜（2012）认为，学校社会工作的方法主要包括个案工作法、小组工作法和社区工作法三类。社会工作在介入学校实务的工作模式主要有个案辅导服务、小组及团体活动、社工课堂、希望小书吧、希望电影院、主题联欢活动等一系列服务。[⑥] 曾富生（2014）认为，社会工作以其专业的价值理念、技能和方法，通过危机干预模式、增权模式和生态系统模式解决农村

---

① 范明林：《社会工作方法与实践》，上海大学出版社 2005 年版，第 229 页。

② 侯志阳：《社会福利工作的社会参与机制研究》，《社会福利》2004 年第 8 期。

③ 詹承豫：《食品安全突发事件预警中的社会参与机制》，《山东社会科学》2011 年第 5 期。

④ 贾利亚：《当代中国反腐败社会参与机制构建研究》，博士学位论文，北京科技大学，2015 年。

⑤ 陈佳：《学校社会工作介入农村寄宿制小学的探讨》，《赤峰学院学报》（科学教育版）2011 年第 9 期。

⑥ 林娜：《社会工作在农村寄宿制学校的介入——基于中国青少年发展基金会希望社区项目的前期服务经验》，硕士学位论文，西北大学，2015 年。

寄宿制学校面临的问题，能有效弥补寄宿制学校的缺陷。[①]郑会霞（2014）认为，社会组织参与公共服务的意义在于：提供多元服务，满足社会需求；改善民生福利，促进公共服务；缓解矛盾冲突，促进社会和谐。[②]王海英等（2015）认为，农村寄宿制学校面临的留守儿童、低龄儿童及心理健康问题，对学校社会服务有现实需求，而社工的服务理念、专业化的工作方法可以有效助力寄宿学生的健康成长。同时，政府部门的日益重视和民间力量的积极作用，为驻校社工服务提供一定的发展空间。[③]

综上所述，从农村寄宿制小学教育的视角来看，已有研究覆盖了低龄寄宿儿童在校的吃、住、学、乐、行、心理、安全卫生、养成教育等诸多方面，并对各个方面的现状、问题、成因及对策进行了较为深入的探讨。但是，已有研究大多属于经验性总结，规范性的专业探讨文章相对较少。国内研究的不足主要表现在以下五个方面：一是研究的样本容量大多偏小，研究结论代表性不强；二是部分研究结论不一致，如寄宿生心理健康问题、寄宿制教育对学生成绩的影响力就存在很大的争议；三是对已经达成一致问题提出的对策建议可操作性不强，致使有些问题从有寄宿制学校开始到现在仍然得不到解决。如生活教师问题；四是对农村寄宿制小学教育的发展目标提升不够，没有发挥农村寄宿制小学教育在提升农村儿童生活品质与综合素质方面的优势；五是研究问题的视角并没有围绕学生生活展开，即使有相关内容，也大多以学校和学习为中心组织材料。

二 国外相关研究

国外对寄宿制学校问题研究成果相当丰富，近年来呈现增加的趋势。已有研究多采用实证研究方法，主要涉及寄宿制学校教育对学生身心发展的影响、对学生社会化的功用以及寄宿制学校家庭抚育替代性功能的研究等，旨在探讨寄宿制教育存在的合理性。由于国外研究范式不同，已有研究少有提及对策建议，但其研究结论可以为解决我国农村寄宿制学校问题提供借鉴。

---

① 曾富生：《社会工作介入农村寄宿制学校的模式建构》，《江苏师范大学学报》（教育科学版）2014年第5期。

② 郑会霞：《社会组织参与公共服务的机制研究》，《社会研究·学理论》2014年第8期。

③ 王海英等：《驻校社工"嵌入"农村寄宿制学校：问题与策略》，《当代教育科学》2015年第11期。

（一）关于寄宿生身心健康问题的研究

朱迪斯·克莱菲尔德（Judith Kleinfeld, 1977）、玛莎·威辛勒斯（Martha Vicinus, 1984）研究表明，低龄学生对父母的情感依赖向宿舍管理人员迁移对其今后踏入社会后会产生负面影响。全封闭式管理会给学生的心灵带来创伤，影响学生性格及价值观的形成，也会影响学生今后的行为。雪莉·费歇尔（Shirley Fisher, 1986）认为，寄宿生"想家"被认为是一种复杂的认知、动机和情绪状态。采用回顾报告的方法对 115 名小学生学期末的调查发现，71% 的学生在住宿上学期间有过"想家"的经历。曾经的住校经历有助于缓解寄宿生"想家"的情绪。通过日记式方法研究发现，寄宿生"想家"的情绪状态在两周以后开始减弱，男生与女生存在显著差异，"非常想家"的学生的每日和每周报告都有特殊性。研究表明，地理位置改变是"乡思"的必要条件而不是充分条件，很多细节和生活状态扮演着情绪调节"守门员"的角色。[①]

达夫尔（Duffell, 2000）研究发现，早年有寄宿经历的成人比一般人更容易表现出焦虑、抑郁等情绪障碍、精神疾病，同时也更容易抗拒与人建立亲密关系（包括婚恋关系）。尼克米（Niknami, 2001）对伊拉克的一项研究发现，寄宿生的心理发展状况差于走读生，其更容易有强迫性精神失调症状，表现出人际关系的过度敏感，并出现抑郁、焦虑、偏执等负面情绪。[②]沙夫里恩（Schaverien J., 2004）认为，把低龄孩子送到寄宿制学校被称为"英国式"虐待儿童和社会控制的方式。与家庭隔离的痛苦经历可能会伴随出现情感剥夺，甚至是身体与性的虐待。寄宿制度下常常出现的情感表达受限可能会导致儿童的自我封闭。本应该活跃的孩子却无意识地按照成人的方式生活。这种情况又可能被成功的社交形象掩盖，心理与人格的互动还会伤害亲密关系。在现实中，学生渴望与家人的亲近与长期隔离之间的冲突经常出现。[③]阿里·居内斯（Ali Gunes, 2009）研究发现，夜间尿床是一个常见的问题，学龄儿童，尤其是低收入家庭儿童、低龄儿童、

---

① 董世华：《我国农村寄宿制学校问题研究》，博士学位论文，华中师范大学，2012 年。

② 李勉：《国外中小学寄宿制学校的办学管理经验及其影响》，《河北师范大学学报》（教育科学版）2017 年第 9 期。

③ Joy Schaverien J., "Boarding School: The Trauma of The 'Privileged' Child", *The Journal of Analytical Psychology*, 2004 Nov., Vol.49 (5), pp.683-705.

"尿床"遗传病史及尿路感染史儿童更容易"尿床"。儿童夜间"尿床"现象随着年龄的增长而下降。日间学校的孩子比寄宿制学校的孩子更容易"尿床"。[①] 秋山武石（Takeshi Akiyama, 2013）研究发现，在泰国塔克萨斯州，许多寄宿生心理健康状况不佳，他们所经历的创伤数量超出了预期，而这些创伤经历往往又与较差的心理健康状况有关。[②]

哈莱利（Khaleelee, 2016）认为，英国领导阶层关于"脱欧"的错误决策与情商有关。低下的情商表现缘于创伤性的成长经历，年幼的孩子被送到寄宿制学校与父母长时间分居，失去了感情。比较寄宿制学校与非寄宿制学校高级管理人员的测试结果样本，可以证明这些长期分居的经历如何影响情商。[③] 曼德·大卫（J. Mander David, 2017）对澳大利亚学生从寄宿制小学到中学的心理变化的研究表明，寄宿与非寄宿学生的抑郁、焦虑以及情绪症状和多动症随着时间的推移显著增加，亲社会行为显著下降。考察"寄宿生 × 时间"交互作用发现，寄宿生在八年级结束时焦虑和压力明显高于非寄宿生，在八年级和九年级时，寄宿学生的情绪症状明显高于非寄宿学生。这些在寄宿制学校背景下得出的结论可能对预防学生心理健康问题有一定帮助。[④] 厄休拉·朗宁贝尔（Ursula Running Bear, 2017）研究发现，寄宿制学校就学和身体健康状况有着直接和间接的关联。寄宿制学校通过一系列的健康条件间接导致了较低的健康状况。就读寄宿学校的美国印第安人的身体健康状况低于没有进入寄宿学校的人。[⑤] 厄休拉·朗宁贝尔（Ursula Running Bear, 2018）进一步研究发现，初次寄宿年龄、家长探视受限、强迫参加教堂祈祷、禁止接触印第安人文化与传统，以及禁止使用印第安土著语言五项规定与寄宿生身心健康状况不佳有关。应该将寄

① Ali Gunes, Gulsen Gunes, The Epidemiology and Factors Associated with Nocturnal Enuresis among Boarding and Daytime School Children in Southeast of Turkey: A Cross Sectional Study, *BMC Public Health*, 2009, 9:357, http://www.biomedcentral.com/1471-2458/9/357.

② Takeshi Akiyama, "Mental Health Status among Burmese Adolescent Students Living in Boarding Houses in Thailand: a Cross-sectional Study", *BMC Public Health*, 2013, 13:337.

③ Khaleelee, Olya, "Boarding School, Brexit, and Our Leaders' Judgement", *Organisational & Social Dynamics,* 2016, Vol.16 Issue 2, pp.271-276.

④ Mander, David J., "A Longitudinal Study Into Indicators of Mental Health, Strengths and Difficulties Reported by Boarding Students as They Transition From Primary School to Secondary Boarding Schools in Perth, Western Australia", *Journal of Psychologists & Counsellors in Schools,* Dec2017, Vol.27 Issue 2, pp.139-152.

⑤ Ursula Running Bear, "Boarding School Attendance and Physical Health Status of Northern Plains Tribes", *Applied Research Quality Life*, July(2017).

宿制教育引发某些疾病的事实告知印第安居民。①

（二）关于寄宿制学校安全卫生问题的研究

法伊弗·詹斯（P. Pfeiffer Jens, 2014）认为，寄宿制学校学生之间相处的时间要比非寄宿制学校长，相应就增加了学生之间欺凌的机会。对德国寄宿制学校与非寄宿制学校706名样本的研究表明，寄宿制学校的学生比日间学校的学生表现出更高的欺凌水平。研究还发现，被公然欺凌的寄宿生的生活满意度远远低于在家居住的学生。②西迪奇·安南（Siddiqi·Anam, 2016）对寄宿生遭受欺凌后果的研究表明，在宽恕、韧性和同情三个变量中，受欺凌和非受欺凌的学生在韧性和同情方面存在显著差异，被欺凌的学生需要在这两个方面得到提升。在宽恕方面，二者并没有显著差异。③伊曼纽尔·阿曼德（Emmanuel Armand Kouotou, 2016）对喀麦隆寄宿制学校的研究显示，寄宿生的疥疮发病率是17.8%，刚进入寄宿制学校的男生，每间宿舍住宿人数不超过10人，一般没有机会到校医务室就诊，这是疥疮发病率高的主要原因。④

（三）关于寄宿制教育与学生成绩关系的研究

卢克·贝哈格尔（Luc Behaghel，2017）研究发现，寄宿制学校学生的数学成绩在入校两年后才得到提高，学生的幸福感与其学习条件相互作用的教育生产函数可以解释这种模式。入住一年后寄宿生的福利水平较低，入学两年后，寄宿生似乎已经适应了新环境，开始表现出更高水平的动力。两年后成绩比较好的寄宿生大多来自基础比较好的学生，对于基础较差的学生而言，两年后的测试成绩几乎没有什么增长。寄宿制教育只适合

① Ursula Running Bear, Calvin D., CroyCarol E., KaufmanZaneta M., ThayerSpero M., Manson, "The Relationship of Five Boarding School Experiences and Physical Health Status among Northern Plains Tribes", *Quality of Life Research*, January 2018, Volume 27, Issue 1, pp.153–157.

② Pfeiffer, Jens P., "Bullying in German Boarding Schools: A Pilot Study", *School Psychology International,* Vol.35 N.6 pp.580-591 Dec. 2014.12.

③ Siddiqi, Anam, "Forgiveness, Resilience and Compassion as Measures of Personal Growth among Bullied Boarding School Students", *Indian Journal of Positive Psychology,* 2016, Vol.7 Issue 2, pp.218-220.

④ Emmanuel Armand Kouotou,"Prevalence and Drivers of Human Scabies among Children and Adolescents Living and Studying in Cameroonian Boarding Schools", Kouotou et al., *Parasites & Vectors,* (2016) 9:400.

那些基础较好的学生，对于学习处于弱势的孩子并没有多大帮助，改善家庭环境可能是更好的办法。[1]

（四）关于寄宿制教育促进学生社会化的研究

伯杰斯（R.G. Burgess, 1983）、爱德华·斯瑞恩（Edward Thring, 1993）、怀特（Mathew A.White, 2004）等研究认为，宿舍在寄宿生的教育中扮演着重要角色，宿舍具有凝聚学生的功能，有利于学生接受多元文化的熏陶。艾瑞克·肖恩（Eric Shane, 2007）对军事化管理的寄宿制学校动机研究发现，父母希望孩子获得纪律训练、责任意识、自理能力和上大学的准备等方面的收获。同时，也有传统的寄宿制学校管理不严的原因。[2]费恩斯德兹（Gaztambide-Fernsndez, 2009）认为，寄宿制学校教育帮助学生习得与所处社会阶层相符合的行为与观念的场所，通过课程和日常教养向学生渗透权贵阶级关于生活方式、社会交往、道德信仰等各个方面的处世哲学，潜移默化地塑造新一代的"权贵气质"，这将进一步加剧社会分层，并对正常的代际流动产生影响。[3]丽莎·贝丝（Lisar. Bass, 2016）认为，寄宿制教育模式通过满足弱势青年特别是非裔美国青年交往和教育需求，成为改善人生机会的一种选择。寄宿制学校教育模式在增加学生对社会交往、文化和教育资本的方面是成功的。[4]瑟菲斯·埃文斯（Sarah L.Surface-Evans, 2016）研究表明，19世纪美国建立的印第安人寄宿制学校是种族同化的工具，当局希望通过这种方式使印第安人吸收美国主流文化。与此同时，印第安学生也通过各种方式予以抵制。[5]

① Luc Behaghel, Clément de Chaisemartin,"Ready for Boarding? The Effects of a Boarding School for Disadvantaged Students", *American Economic Journal: Applied Economics*, 2017, 9(1): 140–164.

② Eric Shane, Military Boarding School Perspectives of Parent Choice: A Qualitative Inquiry, http://www.eric.ed. gov/contentdelivery/servlet/ERICServlet?accno=ED496565.

③ Gaztambide-Fernsndez,R.A, The Best of the Best:Becoming Elite at an American Boarding School, *Cambridge MA:Harvard University Press,* 2009, p.153.

④ Lisar R. Bass, "Boarding Schools and Capital Benefits：Implications for Urban School Reform", *The Journal of Educational Research,* 107:16–35, 2014.

⑤ Sarah L.Surface-Evans, "A Landscape of Assimilation and Resistance: The Mount Pleasant Indian Industrial Boarding School", *Int J. Histor Archaeol*, 2016, p.210.

（五）关于寄宿制教育与家庭教育关系的研究

阿米斯·大卫（Amith Ben-David, 2001）认为，在家庭和学校这两个影响学生情感及行为的主体中，一方的强势必然影响另一方对教育对象的影响。沙夫里恩（Schaverien, 2011）研究表明，儿童过早在学校寄宿直接导致了原始依恋对象（家人）的缺失，而在学校中新的依恋对象没有及时建立（或者无法信任），这很可能造成寄宿生的自我退缩和自我封闭，甚至成为伴随终生的心理创伤，对个体造成无法挽回的损失。[①] 奥卡迈（Okamay, 2014）对土耳其寄宿制学校的研究表明，寄宿经历对于学生发展的影响具有较大的个体差异，往往与学生的受教育经历和家庭背景有关。寄宿制学校教育对于低收入子女的促进作用更为明显。[②] 朱莉·霍奇斯（Julie Hodges, 2015）研究表明，充当父母角色的宿管人员在寄宿生的发展中起着不可或缺的作用。青年学生比他们的父母更负面地看待家庭环境，他们常把寄宿环境作为家外之家。[③] 法伊弗、延斯（Pfeiffer Jens P., 2016）研究发现，寄宿生更容易从父母那里获得自主权，因而比走读生更容易与父母之间形成一种浪漫的关系。但是，寄宿生更倾向于从老师和同伴那里获得更多的支持。因此，父母应该加大对寄宿生的支持力度。[④] 朱莉·霍奇斯（Julie Hodges, 2016）对家庭功能领域的研究发现，青少年往往比父母更消极地看待家庭环境，两者这些差异性的认知与青少年内在化和外在化障碍有关。为了进一步厘清寄宿学校管理人员的育儿角色和寄宿环境的影响，研究选取了澳大利亚昆士兰寄宿制学校的 121 名员工和 415 名寄宿生，并要求他们从冲突、社会支持和氛围三方面评价寄宿环境。结果表明，与对家庭环境评价一样，寄宿生对寄宿环境的评价的负面性高于寄宿制学校员工。研究结论进一步支持了寄宿制学校环境根本达不到替代家庭功能

---

① 李勉：《国外中小学寄宿制学校的办学管理经验及其影响》，《河北师范大学学报》（教育科学版）2017 年第 9 期。

② Okamay, G., Avdar, D. & Ok, F., "Students' Developmental Needs and Life Conditions in Regional Boarding Schools: An Investigation Based on Teachers' Views", *Journal of Faculty of Educational Sciences*, 2014, 7(1):19-42.

③ Julie Hodges, "Staff and Boarders Perspectives of The Boarding Environment", *Journal of Child and Family Studies* (2016) 25:1045–1056.

④ Pfeiffer, Jens P., "Social Relationships, Prosocial Behaviour, and Perceived Social Support in Students from Boarding Schools", *Canadian Journal of School Psychology*, Vol.31 No.4 pp.279-289, Dec.2016.11.

要求的观点。研究还认为，寄宿制学校迫切需要对寄宿工作人员进行基于技能的培训，以便提供一个边界明确的支持性、响应性环境，培养快乐的开放式交流方式，以及年轻人自我调节的灵活方式。[①]

（六）关于寄宿生膳食营养状况的研究

联合国教科文组织 2005 年的一份报告显示，在墨西哥、蒙古、越南等国，寄宿制学校学生的营养健康状况优于非寄宿制学校学生。优质的寄宿制学校应该能为学生提供良好的膳食营养、健康卫生的环境、帮助学生养成良好的作息习惯、为学生提供良好的教育、与所在社区建立较好的关系、合理安排学生在校的运动与休闲时间、帮助学生个体甚至其家人养成良好的学习习惯。在非洲，在寄宿制学校就读也是学生接受初等教育的重要方式。同时，由于政府为寄宿生提供了伙食补助，既改善了学生的营养膳食水平，也大大减轻了家长的伙食支出，甚至有家长认为，照顾子女饮食起居等问题上，寄宿制学校起到的作用好于家长自身。[②]克鲁修里（Gajdoš Kljusurić，2016）对寄宿制学校学生食谱的研究表明，学生饮食的区域性特征十分明显，亚得里亚海（沿海）地区突出了沿海饮食结构，蔬菜、水果和饮食产品的摄入量明显较高。对早餐、午餐和晚餐的菜单进行了单独的分析，结果发现晚餐的区域聚集特征，早餐菜单的区域性特征不显著。[③]

三 已有研究评述

国内外已有研究对寄宿制学校教育现存问题进行了深入细致的探讨，内容覆盖了寄宿制学校、寄宿学生、专任教师及后勤服务人员、寄宿制教育模式、财力支持等方面。针对目前寄宿制学校教育客观存在的问题，学界提出了很多对策建议，对解决问题或缓解矛盾发挥了很大作用。受制于思维定式，现有研究对于解决寄宿生生存境遇的对策可操作性不强，致使

---

① Julie Hodges, "Staff and Boarders Perspectives of the Boarding Environment", *Journal of Child and Family Studies*, April 2016, Vol. 25, Issue 4, pp.1045–1056.

② 李勉：《国外中小学寄宿制学校的办学管理经验及其影响》，《河北师范大学学报》（教育科学版）2017 年第 9 期。

③ Gajdoš Kljusurić, "Establishing Energy-nutritional Variety of Boarding School Daily Menus as a Result of Regional Differences Using Multivariate Analysis", *Journal of Food Composition & Analysis*, Aug.2016, Vol.51, pp.61-68.

寄宿生学校生活仍处于一种粗放关注状态，这也为今后研究留下了拓展空间。已有研究不足具体表现在以下方面：

（一）寄宿制教育与非寄宿制教育特征剥离不够

已有研究大多囿于"学校""学习"中心思维，疏于区分寄宿制教育与非寄宿制教育模式的本质区别，很多研究将两者混为一谈。其实，寄宿制学校教育模式真正多出的部分就是学生生活，其他为寄宿与非寄宿制学校共有矛盾。因此，今后的研究应更加关注"学生"及"学生生活"，解决问题的思路应围绕改善学生的生活处境展开。

（二）过多关注寄宿生整体需求而忽视个性需求

随着乡村教育生态环境的进一步恶化，留守在乡村学校的孩子大多处于社会弱势地位，留守儿童、低龄寄宿儿童、少数民族儿童、贫困儿童、心理障碍儿童、"三残"儿童、厌学儿童以及单亲家庭儿童等齐聚寄宿制学校，使寄宿制学校教育面临前所未有的挑战。个性化关注学生生存问题已经成为一种社会责任，政府提供的整齐划一的教育服务难以关照个性化的需求。

（三）对策囿于"自上而下"推动思路，执行效果不佳

目前，已经提出和正在实施的措施基本回应了寄宿制学校教育的困难，如增加生活教师编制、后勤服务人员工资、食堂建设、宿舍条件改善、娱乐活动开展、安全卫生保障等方面都有了一些进展。但是，所有这一切都寄希望于政府财政解决，最终必然造成政策打折执行。"以县管理为主"的体制最终将财政压力转给了财力最弱的县级政府，而农村寄宿制学校教育已经逐步承担起了劳动力转移和乡村衰败的全国性责任，中央与省级财政的转移支付成为最终的依靠。即使财政能解决"学校""教职工"的问题，特殊儿童的个性化需求却是政府难以关照的部分。因此，"自下而上"的配合将成为解决问题的新思路，发动社会组织的力量帮扶寄宿制学校教育势在必行。

（四）已有研究回应乡村小学教育现实稍显迟钝

乡村学校生源大幅下滑仍将是未来一段时期的特征，小规模学校与乡镇寄宿制学校将长期并存，相关研究还没有触及小规模寄宿制学校的办学模式，而实践中早已经产生很多典型。2018 年 4 月 25 日，国务院办公厅发布《关于全面加强乡村小规模学校和乡镇寄宿制学校建设的指导意见》（国办发〔2018〕27 号）提出乡镇寄宿制小学的布局要求，没有强调 100 人以下的小规模学校举办寄宿制学校的问题，实际上，很多地区即使周边几个村联办村级完小，人数也难以超过 100 人，仍然有寄宿的需求，已有研究很少探索这一领域。

第四节 核心概念界定

一 农村范围界定

农村是从事农业的人口居住区域，是一个产业概念。与农村概念相近的还有一个词叫"乡村"，这是一个地域概念，泛指省、地（州、市）、县政府所在地之外的地区，包括镇、乡、村等地域。一般来说，农村小学就是指建在镇及以下区域的学校，因此，本书研究中的"农村"与俗称中的"乡村"接近。从国家统计局的统计口径来看，"城区"的概念并不完全与"县及以上政府居住地"吻合，部分小县城并没有按"城区"统计，充其量只能算作"镇区"。为了保证实地调研数据与国家统计数据的可比性，考虑城镇化过程中大量农村学龄儿童迁入县镇就读的事实，本书对小县城的归属进行了调整，将其归为"镇"进行统计。据此，本书中的农村是指镇、乡、村所在的广大区域，以及部分规模较小的县城所辖区域。这种范围界定相当于 2011 年编制的《统计用区划和城乡划分代码》中的"镇区"与"乡村"。

2011 年，国家统计局在《统计用区划和城乡划分代码》中使用新的城乡划分标准，将原来的城市、县镇、农村三个层次调整为城镇（100

与乡村（200）两大类，城镇又包括城区（110）与镇区（120）。^①镇区及以下区域编码方式如下："121"表示镇中心区，"122"表示镇乡结合区，"123"表示特殊区域；"210"表示乡中心区，"220"表示村庄。因此，本书定义的"农村"具体指《统计用区划和城乡划分代码》中城乡分类代码为"121""122""123""210""220"指代的区域，相当于"街道办事处"以外的广大区域。

二 低龄寄宿儿童

关于低龄寄宿儿童的界定学界目前尚未统一，现有文献中有学者直接定义了这一概念，大部分关于"低龄寄宿"的理解体现在抽样范围中。从实践层面来看，目前大致有三种观点：一是把"低龄寄宿"等同于小学生寄宿。王建民（2010）认为，学生寄宿上学，在中学尤其是高中阶段是一个司空见惯的现象。对于农村小学生来说，寄宿的学习和生活方式是近年来才兴起的一个现象。小学生到学校或学校附近的居民家寄宿，意味着他们比较早地离开了家庭，同时也在一定时间内失去了父母的全面照顾。"低龄寄宿"农村小学生的社会化问题已经成为一个比较突出的社会问题。显然，这里的"低龄寄宿儿童"是指全部小学住校生。^②二是把低龄寄宿儿童界定为小学一年级至三、四年级寄宿生。如杨昌富（2011）提出，由于农村适龄儿童人数的减少，许多村级小学被撤并，相当部分适龄儿童集中到乡镇中心校就读，并且寄宿在学校。这样就产生了低龄寄宿生，低龄寄宿生年龄一般都在6—7岁。^③张竹星（2013）将低龄寄宿生界定为"小学一至三年级，年龄在5—10岁，他们由于上学远、家庭贫困、父母外出务工等原因，不得不选择寄宿。"^④赵丹（2017）明确将农村小学一至四年级住校学生定义为低龄寄宿儿童。^⑤三是认为寄宿制幼儿园和寄宿制小学的寄宿生都可称为"低龄寄宿儿童"。如杜红蓉（2017）提出，云南民族贫

---

① 《2011年统计用区划代码和城乡划分代码》，中华人民共和国国家统计局网站，http://www.stats.gov.cn/tjsj/tjbz/tjyqhdmhcxhfdm/2011/index.html。

② 王建民：《农村小学生"低龄寄宿"现象的成因、影响与对策》，《创新》2010年第2期。

③ 杨昌富：《规训与惩罚——浅谈低龄寄宿生行为习惯的养成》，《基础教育研究》（A版）2011年第9期。

④ 张竹星：《我国农村寄宿制学校低龄寄宿生管理研究》，硕士学位论文，华中师范大学，2013年。

⑤ 赵丹：《农村小学低龄寄宿生学校适应性及影响因素研究——基于陕西省两县的实证分析》，《教育科学研究》2017年第5期。

困地区低龄寄宿儿童除了小学生外，还有一部分学前班幼儿。从儿童的心理发展角度看，5—7 岁的孩子心理上尤其依赖父母，需要家庭的温暖和亲人的关爱。不难看出，"低龄寄宿儿童"是指寄宿制小学的住校生和全托幼儿园的儿童。①

从国家政策层面来看，2012 年，国务院办公厅发布了《关于规范农村义务教育学校布局调整的意见》中指出："农村小学一至三年级学生原则上不寄宿，就近走读上学；小学高年级学生以走读为主，确有需要的可以寄宿；初中学生根据实际可以走读或寄宿。"2018 年 4 月 25 日，国务院办公厅印发了《关于全面加强乡村小规模学校和乡镇寄宿制学校建设的指导意见》再次强调："原则上小学一至三年级学生不寄宿，就近走读上学，路途时间一般不超过半小时；四至六年级学生以走读为主，在住宿、生活、交通、安全等有保障的前提下可适当寄宿，具体由县级人民政府根据当地实际确定。"显然，国家层面认为一至三年级学生不宜寄宿，如果寄宿学习，就算是低龄寄宿。从我国农村小学教育实践来看，基层学校一般将小学五、六年级称为"高小"阶段，将四年级以下称为"初小"阶段。长期以来，很多农村小学采取高小寄宿上学，初小就近入学的方式。另外，我国农村寄宿制小学的办学模式是一种"自下而上"的行为。

从发展心理学的角度分析，埃里克森的心理发展观认为，人的心理发展可划分为八个阶段，其中，第三阶段为学前期或游戏期，从 4 岁到 7 岁。这一阶段男女儿童对自己的异性父母产生了罗曼蒂克的爱慕之情，这种情结通过同伴的替代作用而最终获得解决。弗洛伊德也认为，这一阶段儿童变得依恋父母的异性一方，产生"俄狄普斯情结"的早期亲子依恋。第四阶段为"学龄期"，从 7 岁到 12 岁。本阶段的发展任务是获得勤奋感而克服自卑感，体验着能力的实现。埃里克森认为，学龄儿童的社会活动范围扩大了，儿童依赖重心已由家庭转移到学校、教室、少年组织等社会机构方面。这一阶段相当于弗洛伊德心理发展观的"潜伏期"（6—11 岁），儿童在前生殖期的恋母情结的各种记忆元素逐渐被遗忘，被压抑的性感差不多"一扫而光"，"潜伏期"是一个相当平静的时期。② 由此推断，幼儿寄宿确实不合适，7—12 岁的小学生寄宿学习虽具备了一定的心理基础，也

① 杜红蓉：《云南民族贫困地区低龄寄宿儿童学校适应状况研究》，《教育教学论坛》2017 年第 8 期。
② 林崇德：《发展心理学》，人民教育出版社 1995 年版，第 34—36 页。

就具备了一定的合理性。但整个阶段依然处于心理依恋的"脱敏期"，儿童对家庭的依恋消退是一个渐进的过程。就寄宿制教育而言，将这一阶段界定为"低龄寄宿"较为合理。

本书的研究依据发展心理学的基本理论，结合学界关于"低龄寄宿"的界定和国家相关政策，并考虑实地调研数据的可得性，将农村地区小学一至六年级的住校生界定为"低龄寄宿儿童"。根据经验，6—10岁的儿童生活自理能力相对较差，结合实际操作中"小学一至三年级就近入学"的具体规定，将农村小学寄宿生统称为"低龄寄宿儿童"，其中，一至四年级寄宿生统称为"超低龄寄宿儿童"。本书研究调查问卷设计主要针对三至六年级寄宿儿童，对一、二年级学生一般采取观察法和交谈法收集数据。

三　生存境遇

学界对"生存境遇"并无统一界定，经常与"生存状态""生活境遇""生存困境"等词等同使用。田丹婷（2016）认为，生存境遇可以被理解为环境对生存个体所施加的外部压力，与生存个体突破外在束缚的内在张力，结合而成的一种矛盾状态。[①]周彩珍（2018）认为，"生存境遇"指人在维持生命和追求有意义的生活时，所处的状况和遭遇到的经历以及面对这些状况、遭遇所表现出来的状态。[②]从构词角度分析，"生存境遇"是一个偏正词组，"生存"在《现代汉语词典》中被视为与"死亡"相对立的词语，指保持生命的存在，亦即生命存活的状态；"境遇"指境况和遭遇。本书研究的"生存境遇"主要指低龄寄宿儿童生存状况，暗含"遭遇"之意，包括物质生活与精神生活两个层面，涵盖低龄寄宿儿童在小学阶段的整个生存场域。就空间而言，生存场域覆盖了家庭、学校、社会三个场所；就生活内容而言，主要包括学生作为一个生物个体在成长过程中的食宿、娱乐、学习、安全卫生及身心健康等方面。本书的研究假设：农村小学寄宿生吃、住、学、乐、行、心理健康等基本生命活动与非寄宿生不同，相对处于弱势，需要国家层面的干预。

[①]　田丹婷：《人的现代化视角下本地农民工的生存境遇研究——以河北省高阳县乡村纺织业工人为例》，硕士学位论文，黑龙江大学，2016年。
[②]　周彩珍：《异化与复归：生命哲学视域下教师生存境遇研究》，硕士学位论文，华中师范大学，2018年。

四 干预机制

"机制"一词最早源于希腊文，本义原指机器的构造和动作原理，《辞海》中将其解释为"机器的构造和工作原理"。对机制的本义可以从两个方面理解：一是机器由哪些部分组成及为什么由这些部分组成；二是机器是怎样工作和为什么要这样工作。引申为有机体的构造、功能和相互关系，泛指一个工作系统的组织或部分之间相互作用的过程和方式。在社会科学中，机制是以一定的运作方式把事物的各个部分联系起来，使它们协调运行而发挥作用的。"机制"从属于制度，可以理解为机构与制度。"干预"就是过问或参与（其事），干预机制就是指参与的机构及其方式。本书拟以"儿童为主体、儿童生活为中心的教育资源配置"为抓手，致力于构建涵盖供需机制、激励机制、评估机制、社会参与机制在内的国家干预机制。

第五节　研究内容

第一，农村低龄儿童寄宿的历史回顾与经验。考察农村小学儿童寄宿学习产生的背景及发展的路径，聚焦农村低龄寄宿儿童问题核心，总结中华人民共和国成立以来农村小学实行寄宿制的经验与教训，为改善农村低龄寄宿儿童生存境遇提供实践支撑。

第二，农村低龄寄宿儿童群体总体特征分析。分析低龄寄宿儿童群体的人口学特征、社会学特征和异质性三个维度。人口学特征考察规模、地域分布、性别比例、民族、年龄结构、家庭结构、就读年级、家庭经济背景及身心发展九个因素；社会学特征维度主要阐述低龄寄宿儿童社会弱势群体特征；异质性分析缘于低龄寄宿儿童松散群体的特征，共性分析难以客观概括全貌，不同类型儿童还具有异质性，拟从东部、中部、西部空间区别划分为三种类型。

第三，农村低龄寄宿儿童生存境遇的实证调查。本部分拟从寄宿制学校、家庭和社会三个维度，分食宿、娱乐、安全、卫生、心理、社交、上学方式、学习八个因素考察低龄寄宿儿童生活状况，旨在对低龄寄宿儿童生存境遇进行客观描述。

第四，农村低龄寄宿儿童生存境遇的总体评价。本部分主要依据实证调查取得的数据和丰富个案，对低龄寄宿儿童生存现状从家庭、社会、学校三个维度，从有利因素和存在的问题两个方面进行综合评价；利用因素分析法析出农村低龄寄宿儿童生存境遇特征。

第五，农村低龄寄宿儿童生存境遇的影响因素。本部分基于实证调查资料，分别从政府、学校、家庭、社会、自然条件等方面来分析影响因素，拟从学校的管理模式和制度、政府资源配置、家庭背景和生活方式、农村社会变迁、地理位置等方面寻找根本原因。

第六，改善农村低龄寄宿儿童生存境遇的策略。构建以儿童为主体、以儿童生活为中心的国家资源配置机制；设计专项资金供给机制，实行各级政府按比例分担制度；制定农村寄宿制小学建设基本标准，设置准入门槛，防止盲目新增；创新学校管理机制，以宿舍为中心统筹儿童生活服务体系；实行生活部、教学部和业余活动部分块管理模式；设计社会支持激励机制等。

第六节　研究方法

一　历史研究法

我国农村有举办寄宿制小学的历史，低龄儿童寄宿有很多成功的典型可资借鉴。按照时间顺序，收集寄宿制小学发展政策、案例，纵向梳理中华人民共和国成立至 2015 年农村举办寄宿制小学（含幼儿园）的纵向发展脉络，分析历史背景，从中吸取经验教训，为当下农村寄宿制小学建设提供经验支撑。梳理文献，寻找研究理论基础，界定内涵，为调查问卷的变量设计提供依据。

研究过程中查阅并整理了《中国教育年鉴》中 29 省（上海、天津没有相关资料）有关寄宿制小学的资料。从 CNKI 网站收集了各地报纸关于寄宿制小学报道 151 篇。通过 17 省教育厅网站收集有关政策及报道 268 则。按照"同心圆法"检索国内期刊文献，分别以"低龄寄宿""小学寄宿生""农村寄宿制小学""农村寄宿制学校"为篇名检索文献 444 篇，经整理得到有效文献 113 篇。以"boarding school""boarding primary school""boarding elementary school"为关键词，检索 EBSCO 全文数据库、Springer Link 全文数据库两大数据库 122 篇英文文献，整理出有效文献 39 篇。

二 自然观察法

针对研究对象中超低龄儿童填写问卷不便的情况，本书对小学一至三年级的寄宿生和非寄宿生的研究采用自然观察法。通过对样本学校蹲点观察的方式，了解、记录超低龄儿童整体的学校生活、学习状态，为全面了解低龄儿童生存状况提供素材。

三 调查法

主要采用了问卷调查法和访谈法。原计划选取东部、中部、西部各两个典型省部分县市省为样本，选定山东、福建（东部）；山西、湖北（中部）；贵州、广西（西部）作为样本省。选定行政领导、教师、学生及家长，拟发放问卷3000份，访谈各类人群100人左右。收集数据，并使用统计软件进行数据分析，从中寻找规律。

实际研究过程中进行了部分调整。首先是对省份选择的调整，东部的山东省难以进入现场，已经联系到的蒙阴县某小学碰到学校一起安全事故而失去了进入现场的机会。通过与山东省教科院的电话沟通得知，全省原本有不少寄宿制小学，但近几年逐渐减少。考虑到大多数寄宿制小学集中在沂蒙山区，其基本情况与中部、西部地区农村相似，实际研究中以加大中部和西部地区样本量弥补。后来，利用马云基金会的工作关系更换为浙江省淳安县。福建省寄宿制小学办学历史较为悠久，由于缺乏沟通调查的基础，没有机会亲临现场。通过参加歌路营举办"共助农村寄宿制学校内涵发展研讨会"的机会，认识了2个农村寄宿制小学校长，了解了部分情况，并通过参与歌路营基金会和马云基金会组建的寄宿制学校交流群开展网络调查，获得较为丰富的资料。中部地区选择了山西、湖北两省，西部地区选取了广西、甘肃、贵州、四川、青海5个省份开展了实地调查。

四 个案研究法

选取比较典型的地区和学校，针对特殊的个体、团体和问题深度跟踪研究。主要选择贵州省为深度跟踪对象，选择典型学校设立观测点，建立合作关系。四年来，课题组共收集典型个案31个，分别涉及乡镇中心小学、乡村完全小学等类型，拍摄照片1000余张，文字记录10余万字，以叙事方式较为详细地描述了典型学校的具体做法。

五　比较研究法

寄宿生与走读生比较：本次调查采用整班抽样的方法，对每一所学校三年级以上各年级随机抽取一个班，针对住校生、走读生及校外借读生展开调查，利用 SPSS 软件对住校生与走读生生活、学习状况进行比较，用以判断研究问题属于寄宿制教育模式所致，还是所有学校的普遍问题。探索农村低龄寄宿儿童学校生活学习的真实状况及其与非寄宿同龄儿童的差异是本书研究的重点。东部、中部、西部及省际比较：利用各省的统计数据、课题组调研数据比较农村寄宿制小学教育规模、地域分布特征、共性问题与个性问题，从中探索出寄宿制小学办学规律。

第七节　创新与不足

一　研究创新

（一）研究对象创新

关注农村低龄寄宿儿童这一庞大的生存弱势群体。长期以来，学界对农村寄宿制小学与寄宿制初中寄宿生并没有做过多区分，对策建议也对小学寄宿生的特殊性关注不够。近十年来，我国农村小学寄宿生绝对人数长期保持在 920 万人以上，最高峰的 2007 年达到 988 万人。近 1000 万人的规模，虽然分布在全国各地农村，但是他们却面临着同样的问题。关注这一群体，进而关爱这一群体就是一种研究创新。

（二）研究视角创新

以往研究多单纯关注寄宿制学校的人力、财力、物力、管理等要素，目标指向学生的学业成绩，忽视了低龄儿童生活的关照。低龄寄宿儿童首先是一个人，其次才是学生和寄宿生，这样一个社会亚群体与同龄人在相同成长阶段到底面临着什么不同？这些不同对儿童成长的影响是积极的还是消极的？社会要如何构建关爱体系呵护儿童健康成长？本书认为，关注儿童生活要胜于学习、关注儿童发展要胜于学校发展，当我们改善了儿童生存状况，学生喜欢学校以后，最终可以达成提高质量的目标。

（三）应对策略创新

梳理农村寄宿制小学的发展历史发现，除寄宿制学校教学设施不断完善外，其他有关生活服务的问题一开始就存在，至今仍未解决。这些问题主要是宿舍床铺、澡堂、食堂就餐、充足的高素质生活指导教师配备、学生课余活动设施器材等。显然，顶层设计仍然围绕学生的学习进行资源配置，对于生活服务的相关要素总是因陋就简。特别是关于新增生活指导教师的职责简单、待遇过低，根本没有办法弥补家庭抚育功能的缺失。笔者认为，政策制定者应围绕儿童生活创新政策干预机制，改变传统资源配置模式，提供优于家庭的生活与娱乐环境，在幸福生活的基础上达成提高质量的目的。

二 不足之处

（一）样本选择的局限性

从样本数量上看，农村寄宿制小学一般地处偏远，交通不便，行程过长，耗费时间，样本学校数量稍显不足。课题组调研的最偏远的湖北省恩施市某乡离县城114公里，而且山路崎岖。贵州省六盘水市某乡距县城80多公里，道路泥泞，悬崖峭壁，危险重重，险象环生。这些自然因素给调研带来了很大困难。就样本结构而言，受制于学生理解力、阅读力，此次偏重于小学高年级段。这种状况在西部地区更为明显，如广西上思地区、贵州大部分学校，少数民族居多，很多孩子到了小学还不会普通话，每次问卷调查都必须读题，使调研效率大打折扣。当然，对小学生发放问卷的可信度倒是出乎意外，小学生一般不会撒谎，回答问题时主观臆断较少。

（二）身心健康与营养膳食两项指标测量相对简单

这两项指标在问卷设计时观测点相对简单，如心理健康方面，问卷只涉及想家、想家人、孤独感、精神状态、伙伴关系等方面的主观感受，专业心理测试难以开展。营养膳食结构也只能从就餐习惯、饮水、零食、能否吃饱、荤素搭配情况方面做一些调查，而真正涉及营养结构就需要有专业人员完成。针对这些问题，课题组借助已有专业研究结论来补充论证学生身心健康与膳食营养结构方面的问题。

（三）应对策略被迫略写社会干预机制构建

由于研究课题设计时限定了"国家干预"机制，应对策略多集中于解决学生吃、住、学、乐、安全卫生、心理健康等方面的问题，强调的是公共财政的责任。对于低龄寄宿儿童关爱体系构建的社会参与机制没有办法详细陈述。虽有涉及，也只能从政府鼓励社会组织参与角度展开。

第八节　数据来源

一　实证调查

课题组先后深入贵州、广西、湖北、山西、甘肃、四川6省（区）16县34所农村寄宿制小学开展田野调查（见表1-1）。调查以乡镇寄宿制中心小学、村级寄宿制完全小学为主。此次调查共发放学生问卷4500份，回收有效问卷4239份，回收率94.2%。发放教师问卷420份，回收有效问卷398份，回收率94.8%。访谈教师、校长及学生516人。由于农村寄宿制小学一般地处偏远，山高谷深，道路难行，课题组每到一个地方都要辗转倒车很多次，因此，实际能到的学校数量有限。再加上各地学校对调研接待较为谨慎，课题组选取样本学校偏重于工作所在地贵州省、家乡所在地湖北省，这两个省由于人缘关系，进入现场相对比较容易。贵州省集西部、山区、贫困、少数民族等特征于一身，具有较强的代表性。课题负责人还参与了贵州省教育厅与民宗委组织的关于20个极贫乡镇教育扶贫与学生发展的大型调研活动，此次调研覆盖20个乡镇50余所学校，其中绝大部分是寄宿制学校。调研深入一线，"零距离"接触了寄宿制小学低龄儿童生活状况，所见所闻成为问卷结论的有力佐证。

表1-1　　　　　　　农村寄宿制小学问卷调查样本分布情况

省份	县（市）	学校名称	问卷数量
山西	洪洞县	瓦窑头小学	241
		官庄学校	124
	吉县	王家垣九年制学校	49
		文城学校	74
	汾阳县	贾家庄九年制学校	观察、访谈

续表

省份	县（市）	学校名称	问卷数量
湖北	恩施市	乌鸦坝中心小学	92
		红土乡中心小学	285
		龙马乡中心小学	404
	秭归县	平睦河小学	103
		杨林桥小学	108
		周坪小学	98
		两河口小学	38
		郭家坝小学	11
		芦池湾小学	101
	宜昌市	分乡镇南垭小学	观察、访谈
		张家口完全小学	观察、访谈
		夷陵区分乡小学	观察、访谈
广西	上思县	南屏瑶族乡中心小学	130
		叫安镇中心小学	342
		华南镇九年制学校	151
甘肃	宁县	和盛镇九年制学校	496
贵州	水城县	北京电信希望小学	144
		黄果树小学	93
		肖坪小学	144
		盐井小学	289
		都格中心小学	263
	雷山县	大塘镇小学	203
	黄平县	谷陇小学	90
		山凯小学	166
	兴仁县	塘坊小学	专题访谈
	黎平县	寨头民族小学	观察、访谈
青海	互助县	南门峡镇麻其小学	观察、访谈
浙江	淳安县	梓桐镇中心小学	访谈
四川	广元市	范家小学	观察、访谈
合计	16	34	4239

二　公益基金组织

课题组与北京歌路营慈善基金会、浙江马云公益基金会、思源工程扬帆计划捐赠平台等取得联系，利用这些组织在全国构建的强大社交网络获取了丰富的信息。课题负责人兼任了北京歌路营慈善基金会特约专家顾问，通过基金会组织的各类活动广泛联络全国各地农村寄宿制小学校长和教师，收集低龄寄宿儿童生活与学习的信息。歌路营（Growinghome）慈善基金会开展的农村学校寄宿生心理干预项目"新一千零一夜"服务6544所农村寄宿制学校，建立了项目学校校长及教师交流群，利用这一社交优势，课题组获取了大量有用资料。课题组负责人还兼任了浙江马云公益基金会"马云乡村寄宿制学校计划"项目专家委员会主任委员，筹划乡村寄宿制学校支持路径，从中获得了大量数据。同时，课题组还利用马云乡村教师社区群的社交网络优势，与全国各地乡村教师建立联系，远程了解各地情况。另外，马云乡村优秀教师评选活动每年会收到全国各地乡村学校的申报资料，其中70%左右属于乡村寄宿制学校，经过基金会的甄别，信息相对真实。课题组还利用思源工程扬帆计划捐赠平台收集了大量关于受助学校的信息。该平台主要为全国县以下农村学校募集图书，在成为受阻对象前需要对学校基本信息进行审核并公示。2018年，平台发布了2272所农村学校的基本情况，其中，有近1/3的学校属于农村寄宿制小学。

三　官方统计数据

课题组充分利用教育部、各省教育厅、各地教育局以及部分学校网站，关注有关寄宿制学校的权威新闻网站，收集农村寄宿制小学信息，浏览网站500余个，收集整理文字记录10余万字。查阅了1949—2016年的全部教育年鉴，整理了60余年《中国教育年鉴》中关于农村寄宿制小学的数据，形成了20余万字的摘录。

第二章

农村低龄儿童寄宿制教育的演绎路径

我国农村低龄儿童寄宿的历史可追溯至 20 世纪 50 年代初期,至今已经有 60 余年的历史,农村寄宿制小学在关注低龄儿童身心健康、照料未成年人寄宿生活等方面留下了宝贵经验。回顾农村小学办学的历史,梳理农村寄宿制小学演绎路径,分析低龄寄宿儿童生活照料得失,对促进当下农村低龄寄宿儿童生活与学习环境的改善具有重要的指导意义。

第一节 低龄寄宿制教育困境中的辉煌
（1949—1977 年）

中华人民共和国成立至改革开放前夕,我国农村曾经举办过两种类型的低龄寄宿制学校。第一类为解放女性劳动力、推动生产发展、实现共产主义而举办。此类学校将低龄寄宿从小学延伸至学前教育,发轫于中华人民共和国成立初期,兴盛于"大跃进"阶段,湮没于"文化大革命"之中,"昙花一现"的历史却留下了低龄寄宿儿童生活照料的宝贵经验。第二类为适应少数民族地区、山区、牧区特点而举办的寄宿制民族小学。这类学校遍布全国各少数民族地区,肇始于中华人民共和国成立初期,在"文化大革命"前的 17 年里迅速发展,"文化大革命" 10 年中"反反复复",顽强生存,被家长和教育部门公认为民族地区普及初等教育的最佳教育形式。

一 "大跃进"时期农村地区低龄儿童寄宿教育的实践

"大跃进"时期对劳动力需求的急剧增加,以及对新生一代共产主义理想信念传承,农村低龄寄宿制学校走进了历史视野。

　　社会主义改造全面完成后,我国进入了全面建设社会主义时期,经济发展对劳动力产生了极大需求,此时我国正处于人口生育的高峰期。1949—1959 年,每年新增人口 1000 万以上,1964—1972 年,每年新增人口达到 2000 万以上。幼儿的哺育重任严重降低了妇女劳动参与率,解放妇女劳动力迫在眉睫。为此,国家大力提倡举办寄宿制幼儿园及小学,以达成通过规模养育解放妇女劳动力之目的。1956 年 2 月,内务部、教育部、卫生部发出《关于托儿所、幼儿园几个问题的联合通知》(以下简称《通知》) 提出:"随着国家经济建设和文化建设的日益发展,今后将有更多的妇女参加生产劳动和社会工作。为了帮助母亲们解决照顾和教育自己的孩子的问题,托儿所和幼儿园必须有相应的增加。在农村提倡农业生产合作社举办(主要是季节性托儿所和幼儿园)。"《通知》第 6 条规定:举办寄宿制幼儿园,供给、照顾幼儿的膳宿,以便利幼儿的父母工作。寄宿制幼儿园每班设教养员 2 人,保育员 2 人,夜班保育员、洗衣员及隔离室人员数人。炊事员按 40 名幼儿(一日三餐饭一次点心)设炊事员 1 人的比例配备。医务人员的配备是:寄宿制幼儿园,幼儿超过 100 名,设专职医师 1 人,护士或保健员 1 人。[1] 遵照《通知》精神,湖南、河北、四川等省农村纷纷举办寄宿制幼儿园。

　　湖南省洞庭围人民公社发动全民动手办园办所,开展幼儿教育大跃进。截至 1958 年 9 月 20 日,全社办起了 45 所寄宿制幼儿园,239 所托儿所,入园入所的儿童 3500 人,约占应受托儿童的 80%。全乡有 2984 名妇女从子女拖累家务琐事中解放出来,"双抢"时全社妇女最高出工人数从 4823 人提高到 6550 人。社员们一致认为,寄宿制是最好的托儿形式。[2] 1958 年 10 月底,湖南省湘阴县卫星人民公社举办了一所寄宿制幼儿园,寄宿幼儿 93 名,工作人员共 8 名。卫星人民公社得出经验:要办好寄宿制幼儿园,必须把孩子们的吃、穿、睡等具体生活安排好,使孩子们和家长们的情绪安定下来。在这个基础上,才能进一步开展教育活动。[3] 截至 1958 年年底,四川省南川县共创办幼儿园 714 个,托儿所 2034 个,共收托婴幼儿

　　① 张健:《中国教育年鉴(1949—1981)》,中国大百科全书出版社 1984 年版,第 115—120 页。
　　② 湘阴县教育科:《走全托制的道路　洞庭围人民公社幼儿教育办得好》,《湖南教育》1958 年第 7 期。
　　③ 评论员:《一个好幼儿园》,《湖南教育》1958 年第 9 期。

50679 人，幼儿园大多采取了寄宿制办学形式，解放妇女劳动力达 41258 人之多。[①]1959 年，河北省徐水人民公社针对全面"大跃进"和劳动力匮乏的现状，大力举办寄宿制幼儿园，把妇女劳动力全部由家务劳动中解放出来，实现家务劳动集体化、社会化。公社幼儿园招收 3—7 岁的孩子，全部实行寄宿制。绝大部分孩子是每周回家一次，吃饭、穿衣都由社内包，女孩穿着连衣裙，男孩统一穿工裤，被褥、蚊帐、毛巾、碗筷、脸盆等统一配备。每 3 个月在卫生所检查一次身体，有病上医院治疗。全部生活母亲不用操心。小孩子在幼儿园吃得好，穿得整齐、干净，又学了很多知识，妈妈们特别满意。[②]

依托寄宿制学校的集体教育优势，实现共产主义理想信念教育"从娃娃抓起"的目的，成为推动寄宿制幼儿园及寄宿制小学的强劲动力。1958 年 9 月，刘少奇在河南视察时指示："托儿所应当发展全托，小学也要向学生住校方面发展。对小孩子要强调社会教育，不能把重点放在家庭教育上。教员和保育员的水平要提高，要办师范学校训练小学教员和保育员。小学教员、保育员都应当是师范毕业。"在这一思想的指导下，湖南、安徽、江苏等省部分地区试点举办了较多寄宿制小学。1958 年，湖南省桂东县的中小学、湘潭黄龙桥小学，醴陵红旗人民公社等学校，在较短的时间内就做到小学生全部寄宿。由于加强了共产主义思想教育和在集体生活实践，不良习气很快绝迹。由于小学生住校，使农村妇女劳动力大大地得到了解放，妇女再不用为照顾子女影响出工和学习。[③]1959 年，安徽省芜湖市鸠江人民公社渔业大队创办了一所寄宿制渔民小学。开办后短短 3 个月时间里，大队 76 名学生全部寄宿在校，同吃、同住、同劳动、同学习、同活动。为了解决食宿及师资匮乏的困难，大队利用老人充当保育员，无微不至地照顾寄宿孩子的饮食起居。社里不仅包下了伙食费、学习费，还对个别家庭经济困难的学生给予生活费用补助，帮助他们制作被条缝棉衣。[④]学校每天除了上 5 节课之外，还安排了一定时间给孩子们从事自习、生产劳动和体育锻炼，由于学习、生产进行得很有节奏，寄宿生的学习成

---

① 南川县妇联：《南川县保教事业发展、巩固和提高的经验》，《人民教育》1960 年第 5 期。

② 祝士媛：《徐水人民公社幼儿园考察报告》，《北京师范大学学报》（社会科学版）1959 年第 1 期。

③ 评论员：《寄宿制学校是共产主义教育的萌芽》，《湖南教育》1958 年第 8 期。

④ 董世华：《我国农村寄宿制学校问题研究》，博士学位论文，华中师范大学，2012 年。

绩提高很快。寄宿生在敬老院的老年渔民的指导下，每天进行一小时左右的劳动。白天，孩子们一起学习、劳动、生活、唱歌，互相照顾，像兄弟姐妹一样愉快地生活着，晚上有20多位老年渔民照料着他们，替他们盖被、洗衣服，整个学校充满着关怀、友爱的气氛。[①] 江苏苏州水乡也在渔区举办寄宿制小学，选派热爱渔民子女的教师与学生同吃、同住、同学习、同劳动，并专门配备保育员帮助寄宿生料理生活，千方百计关怀渔民子女的学习生活。[②]

1949—1975年，我国小学生数量不断增长，1975年达到1.51亿人历史最高值。小学校数也相应增加到109.3万所，与小学生总数同时达到峰值。这一阶段农村基本处于"小学不出大队"的状态，除了牧区情况较为特殊外，举办寄宿制学校并非"上学远"所致。可以说，"大跃进"时期举办低龄寄宿制学校完全是政府与家庭的主动选择，其目的就是利用寄宿制学校集体教育之优势。当时举办的寄宿制学校在保障条件上有很多措施值得我们今天借鉴，甚至是反思。在艰苦的条件下，公社能够挤出资金，免费为孩子提供寄宿学习条件，充分利用失去劳动能力的老人照顾孩子，以无私的大爱哺育着每一个家庭的孩子，创造了优于家庭的生活与学习环境，处处给人以温馨、温暖的感觉，实在是难能可贵。时至今日，近2亿农民工奋战在国家经济建设的第一线，由于各种原因将自己的孩子留在家里，犹如当年情景再现。然而，政府、学校、社会并没能像当年那样形成完善的关爱服务体系，农村低龄寄宿儿童也许并不缺乏物质关爱，但是再难奢望昔日"大爱"，或许是我们在发展的道路上走得太忙，没有顾及孩子的脚步。

二 "普及初等教育"时期寄宿制民族小学的初步探索

20世纪80年代以前，普及初等教育一直是国家教育工作的重心。民族地区恶劣的自然条件与落后的经济基础阻碍了普及初等教育的进程，集中优势力量举办寄宿制民族小学成为当时的政策首选。寄宿制民族小学是党和国家根据少数民族牧区、边远山区以及经济不发达地区居住分散、交通不便和教育比较落后的特点而举办的专门性学校，分为全寄宿制民族小

---

① 芜湖市教育局:《共产党领导好，渔民也能办学校——一所渔民子弟小学的创办经过》，《安徽教育》1959年第9期。

② 张健:《中国教育年鉴（1949—1984）》，湖南教育出版社1986年版，第478页。

学和半寄宿制民族小学两种类型。全寄宿制民族小学学生食宿完全在学校，生源覆盖面广，大多建在县城或乡镇以上地方。半寄宿制民族小学一般设在乡和村所在地，部分学生集中食宿，离家较近的学生中午在校开伙，下午放学后则回家食宿，生活补贴一般也比全寄宿制的学生少。[①]1953 年 12 月，政务院发布的《关于整顿和改进小学教育的指示》指出："在办学形式上，根据民族地区的特殊情况，在经济困难和交通不便的少数民族边远山区和牧区，办好寄宿制民族中小学校。"1956 年 9 月，国务院发布的《关于少数民族教育事业费的指示》中进一步强调："今后一定时期内，民族地区的小学基本上仍由公办，民族小学的编制定额应予以适当照顾。有寄宿生的学校得根据需要设炊事员和保育员。"[②] 这一时期举办的寄宿制民族小学由国家（或地方政府和社队集体负担一部分）包学生的吃、住、学习，对特别困难的少数民族学生还给予衣服、棉被等补助。对寄宿制学校，国家在师资和办学条件方面给予特殊照顾。

20 世纪 50 年代初期，四川省藏、彝族地区专设的民族小学大多是由国家供给吃住的寄宿制小学，这类学校大多设在乡村，是我国农村最早的寄宿制小学。凉山州 1951 年开始举办寄宿制民族小学，对寄宿生实行"包吃、穿、住、用和医疗保健"等政策。1952 年，全州这类寄宿制小学达到 698 所，在校学生 68636 人全部食宿在校。[③]50 年代末期，新疆的伊犁、塔城、阿勒泰牧区先后办起了牧区寄宿制小学。[④]为解决寄宿生的生活供应，各地采取了一些强有力的措施。寄宿生粮油按定量由牧业大队直接拨给学校，肉食和奶酪由大队调拨牲畜给学校自养自用来解决，蔬菜由师生开荒自种。大队抽调不能放牧的社员到学校担负炊事工作和保育工作，其工资由大队记工分。牧区学校开展了勤工俭学，组织学生挖药材、拾鹿角、种植油料蔬菜、饲牧牛羊，用劳动收入来解决寄宿生的被褥衣服等，公社和大队也抽出一定资金来解决学生生活问题。[⑤]

1963 年 9 月，青海省人民政府批转了文教厅《关于在牧业区举办寄宿制民族小学的报告》（以下简称《报告》），对寄宿制小学的规模编制、学

① 教育部民族教育司：《寄宿制民族中小学》，《中国民族》2001 年第 2 期。
② 王铁志：《新中国民族教育政策的形成与发展》（上），《民族教育研究》1998 年第 2 期。
③ 吴明先：《凉山三类寄宿制民族班"瓦吉瓦"》，《民族教育研究》1997 年第 4 期。
④ 葛丰交：《从马背小学到寄宿制学校的跨越发展》，《中国民族教育》2009 年第 6 期。
⑤ 张健：《中国教育年鉴（1949—1981）》，中国大百科全书出版社 1984 年版，第 1315—1316 页。

生的条件和来源、学生待遇、教学计划、学校领导和管理、校舍、经费
7个方面都作了相应的规定。《报告》提出，寄宿生的生活和学习费用，原
则上由学生家庭负担。家庭生活贫苦的学生，部分或全部由国家负担。学
生享受助学金的比例，各校均为学生总人数的85%。学生口粮，按城镇居
民标准由国家供应，肉食、酥油等副食品的供应标准，应不低于当地牧民
群众的生活水平。[1]到1965年，牧区民族寄宿制小学已经发展到110所，
在校寄宿小学生达5163人。[2]"文化大革命"打断了青海教育事业发展进程。
到1970年，寄宿制民族小学比1965年减少了90%。1975年，国务院批转
了《教育部关于边疆和少数民族地区普及小学五年教育的请示报告》，寄
宿制民族小学得以恢复和发展，扭转了停滞倒退的局面，到1977年，全
省寄宿制民族小学由200余所发展到350多所。[3]

　　1952年，云南省政府在创源佤族自治县开办了6所寄宿制小学，学生
食宿、衣服及用具全由国家供给。[4]1957年以前，楚雄州就曾办过20所寄
宿制民族小学，后在"文化大革命"中被撤销了。"文化大革命"前，景
洪县基诺区也举办过1所寄宿制小学，3所半寄宿制小学，对巩固、普及
和提高基诺族的小学教育起到了极大的作用。[5]1957年以前，西藏学生实
行供给制形式的人民助学金。当时上学的学生不分贫富，不分住读、走读，
均实行免费教育，均发放助学金，小学生助学金标准是每人每月35块银
元，基本上是"包吃、包穿、包用"。住读生只发给本人少量零用金，其
余由学校统一掌握，用于生活和学习等。流浪街头的孤儿愿意上学的，由
学校收养住读，一切费用均由学校供给。[6]1959年，内蒙古额仁淖尔公社
为解决牧民子女上学远的问题，在公社所在地创建额仁淖尔寄宿制公办
小学，把公社所有各队的适龄儿童都收进来。学校为寄宿生配备2名专职
保育员，把孩子们的吃饭、睡觉、梳头洗脸、洗补衣服，直到讲卫生、防
疾病、文体娱乐等都精心管理起来，使他们适应环境、安心生活，保证了

　　① 高福寿：《青藏高原现代教育与党的民族教育政策》，《青海民族研究》（季刊）1998年
第3期。
　　② 张健：《中国教育年鉴（1949—1981）》，中国大百科全书出版社1984年版，第404页。
　　③ 青海省教育局：《从民族地区的实际出发办好民族教育》，《人民教育》1979年第12期。
　　④ 张俊芳：《绿色的云岭，青翠的事业——云南民族教育书简》，《云南教育》1984年第
8期。
　　⑤ 张健：《中国教育年鉴（1949—1984）》，湖南教育出版社1986年版，第1110—1112页。
　　⑥ 张健：《中国教育年鉴（1949—1984）》，湖南教育出版社1986年版，第1136页。

入学的稳定性。办小牧场，养羊 700 多只，牛 70 多头，马、骆驼 50 多匹（峰），保证让孩子们吃到肉和奶食品。一系列以生活环境改善为中心的举措赢得了广大牧民欢迎和社会舆论支持。"文化大革命"期间，寄宿制民族小学被解散，变为"马背小学"和"巡回小学""生产队小学"等形式，教学质量和学生入学率都大大下降。[①]

由于少数民族大多居住在山区、牧区等广大农村，针对民族教育的一系列政策措施受益最多的就是农村。这一时期的民族寄宿制小学实行"三包"政策，从物质条件保障、人员配备、经费支持及管理等各方面都围绕寄宿生生活照料展开，在当时农村家庭经济条件普遍较差的情况下，学校无疑是孩子们向往的地方。也正是这样，寄宿制小学吸引大批学生就读，并保障了教学质量。

三 低龄寄宿的经验：提供优于家庭的生活与学习环境

改革开放以前，我国农村家庭普遍生活水平不高，小学生甚至是幼儿园的孩子寄宿学习却得到了大众认可。究其原因，全社会参与，提供较为优于家庭的学习和生活环境乃制胜之根本所在。具体来说，有以下三条经验值得借鉴：

第一，配备数量充足且充满爱心的保育人员。生活自理能力差、亲情缺失是低龄寄宿的两大障碍，充满爱心的保育人员是"代理家长"的理想人选。保育人员全面照顾寄宿儿童的吃饭、睡觉、穿衣、梳头洗脸、卫生、起夜乃至晚上盖被子，无微不至的关心既可以弥补孩子生活自理能力的不足，又可以补偿亲情缺失。受制于当时的经济条件，虽然公社和大队的学校无法配备专职的保育员，但是，充分利用敬老院老人发挥余热，节约了劳动力，保育员数量也可以得到保障。安徽省芜湖市鸠江人民公社渔业大队 76 名寄宿生，20 名老人照顾，保育员与寄宿生的比例将近 1∶4，可谓数量充足。在那样一个"儿多母苦"的大集体年代，一群充满爱心的老人专职照顾孩子，儿童享受到的关爱甚至超过家庭。计划经济体制下农村寄宿制学校这个大家庭为何充满温暖与和谐？市场经济体制下，怎样的一种制度安排才能激发人们的爱心？这是一个值得探讨的问题。

第二，提供优于家庭的食宿条件是吸引低龄儿童寄宿的关键。吃饭、

---

① 内蒙古自治区教育局：《额仁淖尔寄宿小学》，《中国民族》1981 年第 3 期。

睡觉是困扰大集体时代农村家庭生活的两大因素，吃不饱、吃不好、生活用品缺乏是农村家庭的生活常态，西部民族地区生活更是艰辛。就是在这样一种背景下，寄宿制民族小学却能够保障学生衣食无忧，河北省徐水人民公社能够为孩子提供衣服、被褥、毛巾、蚊帐、脸盆甚至碗筷，可以说事无巨细。不仅如此，寄宿生还能享受柴米油盐的按时供应，上寄宿制学校就相当于吃"商品粮"，这在当时就是一种"奢侈"。如此一来，减轻了家庭生活压力，父母必然支持寄宿制学校。

第三，适当开展勤工俭学，培养劳动习惯，丰富学校伙食。在保证寄宿生享受相对优越的学习生活条件时，适时通过劳动教育孩子、丰富餐桌，是早期低龄寄宿实践留下的宝贵经验。在生产力较为低下的时期，小学生上学就产生机会成本，寄宿就意味着孩子不能帮助家庭做家务。学校统一组织勤工俭学活动，领导孩子做一些力所能及的事情，以此可以减轻社队的负担。同时，此举可以引导孩子分享劳动收获的喜悦，养成热爱劳动的良好品质。

今天的经济发展同样需要大量的农村劳动力，外出务工引发的留守儿童问题缠绕着整个社会，怎样才能照顾好留守儿童，或许寄宿制教育仍然可以助一臂之力，只是我们没有做到合理的制度设计，缺少了激发全社会爱心的激励机制。乡村社会的衰败，孤苦伶仃的孩子散落在广袤的乡村大地，或许寄宿制教育可以促进孩子们抱团取暖。中华人民共和国成立初期至20世纪70年代中期以前，在物质极为匮乏的背景下开展的低龄寄宿探索，留给我们深深的思考。全社会不应纠缠于寄宿制教育形式优劣的争论，面对既已形成且事实上还在不断扩大的低龄寄宿规模，如何为庞大的低龄寄宿群体提供一个优越的生活环境，不仅需要冷静地分析现实，也需要从历史中寻找智慧。

第二节　寄宿制民族小学破冰后的春天
（1978—1993 年）

1978—1985 年，我国正处于"拨乱反正"时期，"调整、充实、巩固、提高"是这一阶段的基本方针。为了改变"村村办小学"的低效率局面，各地适当撤并了一些规模较小的学校，开始了农村小学第一轮布局调整，该轮调整一直延续到20世纪90年代初期。统计数据显示，1978—1993年，我国农村小学生数量从12878.7万人下降到8969.5万人，减少了30.4%。与此同时，农村小学数量也从91.6万所减少到58.4万所，下降了36.2%；校均规模仅从1978年的140.6人增加到153.6人，增幅较小，而且绝大部分时间基本维持在140人左右，说明学校数与校均规模基本处于同步状态，学校减少属于正常的调整。因此，除少数民族地区之外的广大农村并没有产生太多的低龄寄宿需求。相反，"大跃进"时期举办的低龄寄宿制学校随着"左"倾冒进的结束也告一段落。然而，在"实事求是"思想的指引下，少数民族地区初等教育再一次肯定了集中举办寄宿制小学的办学思路，民族寄宿制小学进入了发展的"黄金时期"。

一 寄宿制民族小学发展的政策路径回顾

1980年10月9日教育部、国家民委出台的《关于加强民族教育工作的意见》（以下简称《意见》）提出："对于大多数文化教育十分落后的民族，特别是对于边远地区、牧区、山区的民族，必须采取特殊的办法，在相当的时期内，集中力量，办好一批公办的民族中小学，给予较多的助学金，特别要大力办好一批寄宿制学校，采取由国家管住、管吃、管穿的办法。"《意见》对"文化大革命"前积累的民族地区普及初等教育的经验给予了充分肯定，成为改革开放以后我国民族地区普及初等教育的行动指南。1982年10月11—18日，教育部对新疆、内蒙古、青海、云南、贵州等14个省（自治区）不完全统计显示，已有牧区、山区寄宿制民族小学达到了2720所（含555个班），在校学生271717人。[①]

1983年5月6日，中共中央国务院发布的《关于加强和改革农村学校教育若干问题的通知》强调："农村小学的办学形式要灵活多样，在人口稀少、居住很分散的少数民族地区，边远的山区、林区、牧区，除适当增加教学点外，还应办一些寄宿制学校。"这是对1980年教育部、国家民委出台政策的督促与落实。1984年5月5日，教育部办公厅印发的《关于少数民族中小学教育情况和问题》再次强调："牧区办学要坚持多种形式办学的方针，集中办寄宿制小学，对于巩固学龄儿童入学、提高教育质量

---

① 张健：《中国教育年鉴（1949—1981）》，中国大百科全书出版社1984年版，第185—186页。

较为有利。"① 1984 年 5 月 31 日颁布的《中华人民共和国民族区域自治法》
第 37 条规定:"民族自治地方的自治机关为少数民族牧区和经济困难、居
住分散的少数民族山区,设立以寄宿为主和助学金为主的公办民族小学和
民族中学,保障就读学生完成义务教育阶段的学业。"以法律的形式将民
族地区举办寄宿制小学的实践经验固定下来,成为未来办学行为的行动纲
领。在后续教育部及各地出台的相关政策中均体现了这一意志。

　　1987 年 7 月 4 日,国家教委发布了《基础教育(中小学)规划、统计
用综合指标(试行)》(〔87〕教规字 002 号)提出:"在确定全覆盖的学校
网点布局时,小学一般应以走读、就近入学为原则,在少数特殊地区,也
可以考虑用寄宿制适当集中办学。"② 1988 年 9 月 14 日,国家教委办公厅
印发的《困难地区普及初等教育研讨会纪要》指出:"困难地区普及初等
教育要从实际出发,采取灵活多样的办学形式。在小学布局上,一般以
就近入学为原则,但在居住分散的山区和牧区,2 年的高小段可以相对集
中设置。牧区可采取牧读小学与寄宿制小学相结合的办法。"③ 1992 年 3 月
14 日颁布的《中华人民共和国义务教育法实施细则》第 26 条规定:"小
学的设置应当有利于适龄儿童、少年就近入学。寄宿制小学设置可适当集
中。"可以看出,这一阶段的政策指向已不仅仅局限于民族地区,集中举
办寄宿制小学的做法已经具备了向全国农村推展开的政策基础。

二　各地寄宿制民族小学办学历程及经验

　　少数民族大多集中在西部各省份,中东部的山区也有少数民族。以下
分西部和中东部两部分梳理寄宿制民族小学的办学历程与经验,主要检视
这些省份在关照寄宿生生活方面的成功做法。

(一)西部地区寄宿制民族小学的保育理念与实践

　　新疆维吾尔自治区从 1977 年开始正式恢复发展牧区寄宿制学校。1981
年,自治区人民政府发布的《关于加强牧区中小学教育工作的意见》(以
下简称《意见》)提出:"今后牧区办学形式要以寄宿制学校和全日制固定
学校为主,以流动学校为辅。"《意见》特别强调:寄宿制学校可办成五年

---

① 何东昌:《中华人民共和国重要教育文献》,海南出版社 1998 年版,第 2180—2181 页。
② 欧少亭:《教育政策法规文件汇编》,延边人民出版社 2001 年版,第 2701—2705 页。
③ 何东昌:《中华人民共和国主要教育文献》,海南出版社 1998 年版,第 2797—2799 页。

制小学，也可办成八年制学校，先从小学三年级以上实行寄宿，逐步创造条件在小学一、二年级实行。寄宿制学校专任教师编制按照 2.5 人／班配备，炊事员和保育员按每 25—30 名学生配备 1 人的标准执行。牧区寄宿制小学给予每月 14 元的助学金，覆盖面为 50%。学生粮、油、肉由社场供应，并要求社场拨给一定数量的奶牛和羊只，由学校在划定的牧场中自行放牧繁殖，以解决肉食和奶酪的供应问题。[①]《意见》发布之后，寄宿制小学规模逐年扩大（见表 2-1）。

表 2-1　　　　1984—1993 年新疆维吾尔自治区牧区寄宿制小学情况

	1984 年	1985 年	1986 年	1987 年	1990 年	1993 年
校数（所）	291	331	328	378	340	361
学生数（人）	52707	59221	77963	87786	—	—

资料来源：从 1985—1994 年《中国教育年鉴》中提取数据整理。

与此同时，各地不断改善寄宿小学生的生活条件，以保证学生安心学习。1981 年，沙尔布拉克、库勒伯及加依勒玛公社兴建了 3 所牧区寄宿制小学。在加大教学和食、住生活用房及用具投入的基础上，公社着重抓了生活安排、生活照料及勤工俭学。在生活安排方面，县政府规定：寄宿生的生活费用，由国家（50%）、公社（30%）和学校勤工俭学（20%）三方负担，学生的肉食、粮油供应与牧民同等对待。每人每年按内部价格供应一只羊，粮食定量每人每月 33 斤，清油每人每月半斤，均由县粮食局销售。在生活照料方面规定：保育员须由初、高中生担任，按照 1∶30 的比例配备。保育员主要负责管理学生个人卫生和宿舍卫生、与学生住在一起、晚上关照学生、辅导学习、盖被褥等。炊事员也按照 1∶30 配备，主要保证学生一日四餐热饭、保持食堂和饮食卫生。为了防病治病，每校还安排了一名校医。勤工俭学方面，公社为学校提供牲畜、土地，帮助学校建立小农场、小牧场，并借给学校 1795 只羊、58 头奶牛和犏牛、20 头小牛、3 峰骆驼和 6 匹马。拨给学校 335 亩地，一部分种蔬菜、苜蓿；另一部分作为草场，确保学校自行承担的 20% 的生活有着落。举办寄宿制学校后，学生成绩明显提高。与 1981 年相比，四、五年级学生的及格率从 74% 上升

---

① 张健：《中国教育年鉴（1949—1984）》，湖南教育出版社 1986 年版，第 1315—1316 页。

到 80%，小升初升学率从 57.7% 上升至 80.4%。[①]塔什库尔干县除了免收寄宿生学杂费外，国家还供给膳食和被褥，50% 的学生由国家供给服装。同时，为了活跃学校生活，有些学校配备有小型放映机、电视机、收录机等。[②]

甘肃省少数民族地区有 9 个牧业县，中华人民共和国成立以来一直执行"以公办为主，以集中为主，以寄宿制为主和以全日制为主"的办学方针。经过多年来的不断调整，到 1983 年，少数民族牧区已建成了寄宿制小学 23 所，在校学生 2719 人。[③]1986 年，民族地区的寄宿制小学已发展到 75 所，在校学生增加到了 7365 人。9 个牧业县 62% 的牧业乡有了寄宿制小学。肃北、阿克塞、玛曲、碌曲 4 个县的乡中心小学已全部实行了寄宿制。[④]截至 1994 年年底，9 个牧业县已建成寄宿制小学 99 所，90% 的牧业乡有寄宿制小学。实践证明，寄宿制小学是牧区办学的一种主要形式。[⑤]甘南州以寄宿制小学和牧读小学相衔接的办学形式作为普及教育实现途径，自 1985 年以来，全州已办起 41 所名副其实的寄宿制小学，培养出合格的小学毕业生 1460 多名。学龄儿童的入学率、巩固率均提高到 70% 以上。同时，根据牧区生产、生活的需要，在寄宿制小学高年级加设了草原保护、畜群防疫和剪毛、踩革等牧区的职业技术课。[⑥]

青海也是个多民族地区，少数民族人口虽然只占全省人口的 1/3 左右，却聚居在总面积 96% 的广大牧业区，"文化大革命"后期，寄宿制民族小学又有所恢复和发展。截至 1993 年年底，全省寄宿制民族小学 291 所，住校生达到了 27816 人，少数民族小学生寄宿率达到 19.8%。[⑦]20 世纪 80 年代中期，全省全面实行"牲畜作价归户、私有私养"的体制，过去牧区寄宿小学经费由国家、集体、群众按 6∶3∶1 负担已经失去了基础，寄宿制小学经费普遍紧张。为了克服这一困难，一批学校结合勤工俭学办起了自己的牧场或农场，改善师生生活。1984 年，海南州共和县英德尔乡

---

① 新疆哈巴河县文教科：《筹建牧区寄宿制小学的做法和体会》，《人民教育》1982 年第 8 期。

② 张健：《中国教育年鉴（1985—1986）》，湖南教育出版社 1988 年版，第 983 页。

③ 张健：《中国教育年鉴（1949—1981）》，中国大百科全书出版社 1984 年版，第 1233—1234 页。

④ 张健：《中国教育年鉴（1985—1986）》，湖南教育出版社 1988 年版，第 972 页。

⑤ 张保庆：《中国教育年鉴（1995）》，人民教育出版社 1995 年版，第 736 页。

⑥ 屈维英：《甘南探索藏族普及教育的途径》，《瞭望周刊》1989 年第 12 期。

⑦ 张保庆：《中国教育年鉴（1994）》，人民教育出版社 1995 年版，第 804 页。

寄校办起了一个小牧场，围圈弃耕的荒地40亩办农场，以农牧场为基地积极开展勤工俭学活动。截至1986年年底，农牧场年总产值达到了48740元，直接用于办学的费用为40700元，相当于国家拨的教育经费43700元的93%。学校利用勤工俭学收入积极改善师生生活条件：一是给学生宿舍购置高低铁床、床板、毛毡，给每个寄宿生发了一床棉被，配备了一套洗漱用具，寄宿生住校期间还享受免费医疗。二是以办好食堂为中心改善了师生员工的生活福利。3年间，农牧场给学生灶供应了价值8970元的羊肉、牛奶、酥油、清油、曲拉、青稞、土豆等，伙食越办越好。教师节时，学校给教职工集体购买了一台彩色电视机，给每个人赠送了一条电热毯。建校后的短短3年时间，学校住校生发展到195人，配备了教职工16人，牧工8人。全乡适龄儿童入学率从6%增长到69%，小升初升学率也从69%上升至79%。[1] 安排好学生的食宿是保证寄宿生"留得住"关键。河南县赛尔龙寄宿小学积极为寄宿生创造优越的生活条件，解决了寄宿生"留不住"的问题。国家给寄宿生每月发放助学金10元；集体每年发给寄宿生酥油12.5公斤，曲拉10公斤，菜羊2.5只，羊皮2张，医疗费4元；校办牧场每年提供给学生食堂酥油150公斤，曲拉70多公斤，牛奶3500多公斤，肉食500多公斤和大部分燃料。学生吃饭不定量，夏天按牧民习惯每天四餐。学校每年从勤工俭学收入和伙食节支中拿出钱来给每个学生做一套单衣。每个牧委会选派一名热爱和关心儿童、责任心强的中年妇女做学生的保育员，负责照管学生特别是年幼的儿童，护理患病学生保管东西，同时协助炊事人员搞好伙食，协助教师管理学生，课余时间和值周老师一起组织学生游戏，搞好文化活动。[2] 玛曲县曼尔玛小学1980年开始实行寄宿制，有住校生211名。为了解决学生住宿上的困难，学校为寄宿生购置竹席70多条，毛毡80多条，做被褥160多床，购买线衣300多套，藏族服装200套。还给学生购买了部分生活用具，如热水瓶、脸盆等。在伙食方面，国家每月每生生活补助费6元，集体每月每生补助9元，生产队按1:30调配一名"加玛"（炊事员）。县政府为学校办起了牧场，配备了挤奶员和放牧员（月工资50元），解决了学生喝奶子、吃酥油的问题。生产队还保证为学生解决月肉和冬肉，使学生在学校的生活接近他们家庭

---

① 张健：《中国教育年鉴（1985—1986）》，湖南教育出版社1988年版，第978页。

② 张健：《中国教育年鉴（1985—1986）》，湖南教育出版社1988年版，第976—978页。

的生活。①

1980年，宁夏回族自治区开始举办寄宿制民族小学，1981年，全区共有寄宿制回民小学48所，338个班，在校学生13657人。1982年5月14日，自治区政府批转区教育局、区民委《关于办好寄宿制回民中小学几个问题的报告》提出："对南部山区办的寄宿制回民中小学学生，由国家补助膳食费、书本费，补助标准为小学生每人每月12元。寄宿制回民中小学的教职工编制应比一般学校宽一些。每校应配备得力的人担任生活教师和伙食管理人员，还应配备一名卫生保健人员并建立卫生医疗室。"截至1983年年底，回族聚居的七县市寄宿制小学发展到77所、463班、18324人的规模。②1986—1989年，在全区学龄人口逐年减少的前提下，回民寄宿制小学仍稳定在77所，在校生保持在20000人左右。③

1984年4月，贵州省教育厅印发了《关于试办和办好寄宿制中小学民族班的意见》，要求各地结合实际，试办和办好各种形式和各种规格的寄宿制中小学民族班，以解决女孩入学难、交通闭塞山区的学生入学难两个难点。④1985年10月14日，中共贵州省委省政府出台的《关于推进教育体制改革的决定》提出："少数民族聚居地区，要办好以寄宿制为主的民族中小学；民族杂居或散居地区的中小学，要办好寄宿制的少数民族班。"⑤从1983年开始，三都水族自治县在少数民族集中、女童入学最难的水龙、九吁和都江三个区举办了高小女子寄宿班，专门招收边远农村的少数民族适龄女童。住校女生全部免收学杂费和书本费，每人每月发给10元生活费，衣、鞋、被等日常生活用品也由国家负责。除此之外，国家还负责寄宿生的医药费用。为使这些少数民族女学生"进得来、留得住、学得好"，政府还在生活上给予她们极大关怀，专门配了一名生活管理人员，并派本民族懂得民族语言的教师经常和她们接触，用她们熟悉的语言交谈，帮助她们解决生活、学习上遇到的困难，使他们逐渐习惯学校生活，增强学习信心。⑥

云南省政府从1980年开始，每年拨专款400万元修建寄宿制民族中

---

① 朱解琳：《曼尔玛乡藏族寄宿制小学的调查报告》，《西北民族研究》1988年第1期。
② 张健：《中国教育年鉴（1949—1981）》，中国大百科全书出版社1984年版，第1300页。
③ 李健：《中国教育年鉴（1990）》，人民教育出版社1991年版，第739—782页。
④ 张健：《中国教育年鉴（1949—1984）》，湖南教育出版社1986年版，第1071—1073页。
⑤ 张健：《中国教育年鉴（1949—1984）》，湖南教育出版社1986年版，第955页。
⑥ 张健：《中国教育年鉴（1949—1984）》，湖南教育出版社1986年版，第957—958页。

小学。截至 1986 年年底，全省共举办半寄宿制高小学校 4549 所，半寄宿制高小生 302669 人，占全省在校高小生的 34%。①1993 年，全省组织对 3000 所半寄宿制高小的语文、数学、思想品德 3 科进行成绩统测。结果显示，三科总平均分达到 70.76 分，比 1990 年的 60.1 分提高 10.7 个百分点，及格率达到了 75.4%，比 1990 年提高 25.27%。②与此同时，各地州、县还自筹经费举办了大批中小学寄宿制班，主要招收山区少数民族小学毕业生，寄宿生免交学费和书本费，每月有固定的伙食补助，食宿在校。③1983 年，楚雄彝族自治州提出了两条发展寄宿制民族小学的措施：一是在边远分散山区举办一批半寄宿制高小，招收少数民族初小毕业生，每生每月补助伙食费 3 元，调配合格的教师任教；二是山区教师口粮不搭杂粮，购粮往返在 20 公里以上的，每月补助运粮费 1.5 元。④1984 年，全州共有半寄宿制高小班 220 个点，760 个班，学生 22837 人，基本上实现了每个区有民族寄宿制学校、半寄宿制高小班。而且，每生每月补助费金额已由 3 元增至 7 元。⑤西藏基础教育发展一贯坚持 "以公办学校为主、以藏族学生为主、以寄宿制学校为主" 的办学方针，在牧区和边远地区集中人、财、物，创办寄宿制中小学。1984 年 1 月，自治区人民政府决定提高助学金标准，公办小学住校生每人每月 23 元，走读生 15 元，民办小学学生每人每月 15 元，对公办中小学学生发给一次性装备费 70 元。⑥1990 年，全区普通小学住宿生达 29651 人，全部为少数民族学生，比 1989 年增加了 6217 人，住宿学生已占少数民族小学在校生总数的 19.8%，初步实现了发展基础教育以寄宿制学校为主的目标。⑦1983 年四川省委、省政府出台的《关于加强和改革普通教育的决定》强调："进一步要求集中人力、物力、财力，办好一批寄宿制民族中小学。"据 1983 年 11 月统计，甘孜、阿坝、凉山 3 州各类寄宿制民族中小学在校学生已发展到 34000 人，占学生总数的 17%，其中重点寄宿制学校的学生为 12000 人，占学生总数的 6%。⑧1989

① 张健：《中国教育年鉴（1949—1984）》，湖南教育出版社 1986 年版，第 959—960 页。
② 张保庆：《中国教育年鉴（1994）》，人民教育出版社 1995 年版，第 746 页。
③ 张健：《中国教育年鉴（1949—1984）》，湖南教育出版社 1986 年版，第 404 页。
④ 张健：《中国教育年鉴（1949—1984）》，湖南教育出版社 1986 年版，第 1110 页。
⑤ 张健：《中国教育年鉴（1985—1986）》，湖南教育出版社 1988 年版，第 964 页。
⑥ 张健：《中国教育年鉴（1985—1986）》，湖南教育出版社 1988 年版，第 966—967 页。
⑦ 张保庆：《中国教育年鉴（1991）》，人民教育出版社 1992 年版，第 775—776 页。
⑧ 张健：《中国教育年鉴（1949—1984）》，湖南教育出版社 1986 年版，第 1013—1014 页。

年，全省共有各类寄宿制中小学 1771 个班，寄宿学生总数 51525 人，占少数民族中小学在校生总数的 20%。① 从 1990 年开始，省政府用 3—4 年时间，在 3 州完善和新办了民族寄宿制、半寄宿制乡中心完小 600 所，使甘孜、阿坝两州办半寄宿制高小班的聚居乡基本得以覆盖，到 20 世纪 90 年代中期，每年住校生达到了 4.32 万人。②

1980 年 5 月，内蒙古自治区人民政府发出的《关于切实加强农村、牧区普及小学五年教育工作的通知》提出，牧区的纯游牧区主要集中办好公社寄宿制小学。此后，有 29 个牧业旗先后举办了生产队、公社、旗县的寄宿制学校。③1985 年 10 月出台的《内蒙古自治区民族教育改革实施细则》提出："分步骤对全区 80 个边境苏木、250 个内地苏木、100 个少数民族聚居的半农半牧苏木，采取特殊措施，设立专项经费，改善办学条件，建设好以寄宿为主、助学金为主的公办中心小学。"④ 到 1991 年，全区所有牧区苏木中心校的办学条件得到很大改善，基本实现了"两主一公"，不少学校实现了"一无多有"，配齐了教学仪器、设备。⑤乌审旗陶利苏木蒙古族寄宿制小学秉承"把学校办成孩子们的第二个家"的理念，办出了自己的特色。为了解除家长和学生的后顾之忧，学校专门配备保育员负责学生的生活。保育员不仅要全面负责低年级小学生的衣、食、住、行，还要为孩子们拆洗被褥、缝补衣服、定期理发、洗头、料理一切生活琐事。在孩子们的眼中，老师、保育员既是父母，又是教师、阿姨。陶利小学校长、教师、保育员把学生当自己的孩子一样照料、疼爱，有一颗慈母般的心，实现了学生"进得来、留得住、学得好"的目的。⑥1988 年，赤峰市 47 个苏木已办起寄宿制中心完小 23 所，寄宿制嘎查小学 72 所。昔日的马背小学成为拥有校园、宿舍的全日制小学，全市牧区儿童入学率达到 92.8%。⑦

（二）中东部地区发展寄宿制民族小学的情况介绍

1978 年开始，湖南省在 14 个民族县开办民族寄宿制小学。到 1983

① 李健：《中国教育年鉴（1990）》，人民教育出版社 1991 年版，第 714—715 页。
② 张保庆：《中国教育年鉴（1991）》，人民教育出版社 1992 年版，第 740 页。
③ 张健：《中国教育年鉴（1949—1984）》，湖南教育出版社 1986 年版，第 209 页。
④ 张健：《中国教育年鉴（1985—1986）》，湖南教育出版社 1988 年版，第 935 页。
⑤ 张保庆：《中国教育年鉴（1992）》，人民教育出版社 1993 年版，第 368 页。
⑥ 张健：《中国教育年鉴（1985—1986）》，湖南教育出版社 1988 年版，第 937—938 页。
⑦ 李忠波：《全面发展的赤峰市教育事业》，《奋进的内蒙古（1947—1989）》，第 170 页。

年，全省国家拨款试办民族寄宿制小学 17 所，地方拨款办的寄宿制小学 14 所。对这些学校的师资分配、设备添置均予以优先照顾，对民族学校的师生予以经济补贴。[①]1991 年，各地以乡镇为单位修订了义务教育规划，各级人大组织了执法检查。全省总结推广了江华瑶族自治县发展农村教育的经验，帮助 105 个少数民族乡镇建起了寄宿制中心小学。[②]浙江省在普及小学教育过程中也办过农村寄宿制小学。1982 年，临安县湍口公社沈溪大队的石塘坑只有四五个小学生，上学要走十多里路，途中需翻岭过河，一、二年级的小学生早出晚归，一天来回要走二十多里路，困难很大。校管会就发动群众，帮助他们置备棉被，让他们住校，安排炊事员为学生烧水、蒸饭。冬天，大队的林业队还烧炭给学生取暖。龙井桥公社有 13 所小学，全部五年级学生集中到公社中心小学上学，70 人中有 45 人寄宿学习。据统计，1982 年，临安县的玲珑、于潜、昌化三个区已有寄宿制小学 54 所，住校生 1686 人。[③]福建省少数民族以畲族人口最多，自 1978 年以来，为了适应畲民散居的特点，教育部门开始调整畲乡小学布局，并在彩花桥、茶洋、亨里等村办寄宿制民族完小，近 600 名畲族学生得到学习机会。为解决畲乡小学校舍设备奇缺，办学条件差的困难，县政府采取了"集多方财源，兴畲乡教育"的策略广开财路。县财政每年拨出专款 6 万元，解决畲乡小学民办教师的民助工资。县民委为寄宿制民族高小班和民族完小添置 140 床棉被。下白石镇政府给镇中心校民族高小班每人每月补贴 3 元基金，还拨出经费 1700 元给每个畲族学生制作一套校服和添置一批棉被、蚊帐、毛毯等。地区民族中学赠给全县民族小学课桌椅 240 套，床架 20 副。县教师进修学校赠给仙岩民族小学投影仪、收录机、发电机等。在各方努力下，寄宿制小学办学条件明显改善。[④]福建省举办寄宿制小学还缘于学校布点分散、规模小，教学质量难以提高。1991 年，全省小学班额在 10 人以下的教学班有 13831 个，11—20 人的有 28309 个，两项合计为 42140 个，占班级总数的 33.22%。为此，省教委积极发动山区举办寄宿制小学。截至 1992 年年底，全省寄宿制小学已发展到 2027 所，在校学生达

① 张健：《中国教育年鉴（1985—1986）》，湖南教育出版社 1988 年版，第 947 页。
② 张广庆：《中国教育年鉴（1992）》，人民教育出版社 1993 年版，第 551 页。
③ 朱景忠：《一个山区县是怎样普及小学教育的——浙江省临安县普及教育的调查报告》，《杭州大学学报》1984 年第 9 期。
④ 张健：《中国教育年鉴（1985—1986）》，湖南教育出版社 1988 年版，第 946 页。

37.4万人。[1]广东省政府从1982年秋开始，拨出专款在11个民族县和万宁、屯昌、连县等杂居县举办了寄宿制民族班。到1984年为止，全省已办小学寄宿制民族班56个，有学生2240人。[2]

（三）寄宿制民族小学关注学生生活照料的经验概括

1978年以前，我国处于计划经济时代，财政体制基本特点是"统收统支"，这种财政保障体制有利于弱势地区普及初等教育。20世纪80年代初至1993年，我国财政实行"包干制"，即地方预算收支核定以后，在保证中央财政收入的前提下，地方超收和支出结余，都留归地方支配，地方短收和超支，中央财政不再补贴，由地方财政自求平衡。这种财政体制呈"强地方，弱中央"的特征，对地方财政有利。[3]1985年《中共中央关于教育体制改革的决定》提出："把发展基础教育的责任交给地方，有步骤地实行九年制义务教育。"普及初等教育的任务划给了基层政府，教育财政体制与基础教育管理体制基本匹配，加上改革刚起步，各省经济实力相差不大，寄宿制民族小学发展的外部环境良好，发展势头较好。因此，这一阶段的基本经验仍然是加强寄宿生的生活保障与生活管理。党的十一届三中全会以前，无论是农村寄宿制小学还是寄宿制民族小学，其生活保障体系尚未建立，保障措施相对零散。改革开放起步阶段，各少数民族地区基本认同了"两主一公"的初等教育普及发展模式，寄宿生的生活保障以助学金的方式固定下来，并且不断提高标准。另外，大多数寄宿制小学都有了专职保育员，而不再是由社队临时人员充当，寄宿生生活管理人员编制不断稳定，素质不断提高。

第三节　规模急剧扩张中的挑战与应对
（1994—2013年）

从1994年开始，我国农村小学生数出现了近6年的小幅回升，从

---

① 张保庆：《中国教育年鉴（1992）》，人民教育出版社1993年版，第510页。
② 张健：《中国教育年鉴（1949—1984）》，湖南教育出版社1986年版，第906页。
③ 王帅：《农村义务教育普及中的学校布局调整研究》，博士学位论文，北京理工大学，2016年。

1993 年"谷底"的 8969.5 万人上升到 1997 年"波峰"的 9560.4 万人,随后持续下降至今。尽管如此,农村小学校数却持续加速减少,即使在 1994—1997 年小学生总数持续上升阶段也是如此。两相比较,农村小学校数下降幅度远远大于学生数减少的幅度,1994 年成为我国农村小学进入第二轮布局调整的时间节点。这一阶段又恰好遭遇了"分税制"改革和税费改革,地方财政实力明显减弱,农村学校经费告急,基础教育面临严峻的经济形势。学生数减少、财政改革、税费改革以及教育体制改革等因素迫使地方政府以规模求效益,大规模的农村学校撤点并校由此拉开帷幕。短时期内迅速扩大寄宿制学校规模,农村寄宿制小学的硬件设施、学生的生活保障及生活管理等反应不及,寄宿生生存状况每况愈下。

一 寄宿制民族小学与农村寄宿制小学并行发展

为了应对生源减少给办学效益下降带来的困境,各地不断探索解决办法。民族地区固有的贫困、偏远、经济落后、人口分散与人口流动性大等矛盾并未彻底得到解决,寄宿制民族小学在整个 20 世纪 90 年代仍在继续发展。"撤点并校"的现实选择导致了学生"上学远"的矛盾加剧。西部呈现寄宿制民族小学与农村寄宿制小学并行发展的局面。

1992 年 1 月,国务院印发的《关于加强民族教育工作若干问题的意见》强调:"民族地区的办学形式,力求符合当地的实际与需要,灵活变通,既要考虑学校的规模效益。人口稀少、居住分散的地方或经常流动的牧区,学校的布局要相对集中,从一定年级起举办寄宿制学校。"文件主旨已经提及民族地区集中办学问题。1992 年 3 月 14 日颁布的《中华人民共和国义务教育法实施细则》第 26 条规定:"寄宿制小学设置可适当集中。"这一提法实际已经超出了民族地区的范围,明显指向了全国农村地区。[①]1997 年 3 月,国家教委财务司、财政部文教司提出:"在地广人稀、交通不便的地区,应下决心集中办好一批寄宿制学校。"[②]1997 年 8 月,国家教委、财政部召开"义教工程"培训会时强调"要合理调整学校布局,撤并过于分散的校点,以及在地广人稀、交通不便的地区办寄宿制学

---

① 张保庆:《中国教育年鉴（1994）》,人民教育出版社 1994 年版,第 250 页。
② 周祖臣:《义务教育工程向西部推进》,《中国教育报》1997 年 3 月 28 日第 3 版。

校。"①1998 年 4 月 15 日，教育部、财政部发布的《关于〈进行国家贫困地区义务教育工程三片地区项目规划和可行性研究报告〉的批复》（教财〔1998〕5 号），提出要大力调整学校布局，山区、牧区和人口稀少地区要集中办好一批寄宿制学校。②"三片"地区"义教工程"的规划编制办法，对于学校的设点布局调整提出"对不到预定规模的孤立学校点（教学点），考虑能否用寄宿制方式予以撤销"。③1998 年 5 月，教育部长陈至立强调："必须要下大力气合理调整现有学校布局，实行集中办学，发挥规模效益，努力办好一批寄宿制学校。"④至此，农村集中举办寄宿制学校的整体思路基本形成。

2001 年 5 月 29 日，国务院颁布的《关于基础教育改革与发展的决定》（国发〔2001〕21 号）提出："因地制宜调整农村义务教育学校布局。农村小学和教学点要在方便学生就近入学的前提下适当合并，在交通不便的地区仍需保留必要的教学点，防止因布局调整造成学生辍学。在有需要又有条件的地方，可举办寄宿制学校。"这一文件既是国家层面对集中办学的肯定与部署，也是农村寄宿制学校在全国农村推展开的正式认可，标志着农村寄宿制小学与布局调整政策全面绑定。2003 年 6 月，财政部印发的《中小学布局调整专项资金管理办法》第 6 条第 2 款规定："项目学校必须具有较强的辐射能力和示范作用。人口稀少且居住分散的地区，可考虑建寄宿制学校。"文件清晰地呈现了布局调整专项资金的导向性。2004 年 2 月 16 日，国务院办公厅发布的《关于转发教育部等部门〈国家西部地区"两基"攻坚计划（2004—2007 年）〉的通知》（国办发〔2004〕20 号）提出："加大对西部地区现有学校的改造力度，使确需寄宿的山区、牧区、高原和边远地区学生能进入具备基本办学条件的寄宿制学校学习。"2004—2007 年，中央财政投入资金 100 亿元用于西部农村寄宿制学校建设工程，为 42.3 万所小学提供了寄宿保障。

2006 年 6 月 9 日，教育部发布的《关于实事求是地做好农村中小学布局调整工作的通知》（教基〔2006〕10 号）提出："对确因布局调整造成学

① 教育部财务司：《国家贫困地区义务教育工程管理手册（三片地区）》，高等教育出版社 1997 年版，第 353—365 页。

② 教育部财务司：《国家贫困地区义务教育工程管理手册（三片地区）》，第 112—113 页。

③ 教育部财务司：《国家贫困地区义务教育工程管理手册（三片地区）》，第 353—365 页。

④ 陈至立：《在三片地区"国家贫困地区义务教育工程"签字仪式暨新闻发布会上的讲话》，人民网，http://www.people.com.cn/BIG5/jiaoyu/8216/42366/42375/3072136.html。

生入学难、群众反映强烈，而寄宿制学校建设不能满足需求的，要采取切实措施予以解决。尽快消除大班额现象，努力改善寄宿条件，为学生提供良好的学习和生活环境，特别要优先解决因布局调整需要寄宿的学生的需求。"该文件实际上已经将农村寄宿制学校建设视为布局调整的配套工程。2006 年 6 月 29 日修订的《中华人民共和国义务教育法》第 3 章第 17 条规定："县级人民政府根据需要设立寄宿制学校，保障居住分散的适龄儿童、少年入学接受义务教育。"将农村寄宿制学校建设合法化，为全国农村寄宿制小学发展提供了法律依据。2010 年 7 月，国务院发布的《国家中长期教育改革和发展规划纲要（2010—2020 年）》提出："加快农村寄宿制学校建设，优先满足留守儿童住宿需求；支持边境县和民族自治地方贫困县义务教育学校标准化建设，加强民族地区寄宿制学校建设；改扩建劳务输出大省和特殊困难地区农村学校寄宿设施，改善农村学生特别是留守儿童寄宿条件，基本满足需要。"[①] 明确提出发展农村寄宿制学校以解决留守儿童监管缺失的矛盾。2007—2011 年，我国农村寄宿制小学寄宿生人数与寄宿率逐年提高（见表 2-2）。

表 2-2　　　　　2007—2011 年农村小学学生数、寄宿生数及寄宿率情况

年份	小学生总数（人）	寄宿生人数（人）	小学生寄宿率（％）
2007	88029214	7147953	8.12
2008	85258820	8633035	10.13
2009	82926977	9264158	11.17
2010	81202368	9800572	12.07
2011	73194085	9877770	13.50

资料来源：根据教育部发展规划司编《全国教育事业发展简明统计分析》（2007—2011）整理。

二　农村寄宿制小学规模扩张与生活条件的变化

"分税制"的实施，地方财力明显减弱，扩大学校规模以降低办学成本成为地方政府政策首选。兴建寄宿制学校作为农村学校布局调整的配套措施，在全国各地农村广泛使用。寄宿制学校建设准入的"低门槛"导致

---

① 《国家中长期教育改革和发展规划纲要（2010—2020 年）》，教育部网站，http://old.moe.gov.cn/publicfiles/business/htmlfiles/moe/info_list/201407/xxgk_171904.html。

寄宿生生活条件"每况愈下"。同时，为了寄宿生能"留得住"，各地又不断地加大投入以改善寄宿条件。整理各种年鉴与报刊资料发现，全国 27个省（自治区、直辖市）在第二轮农村中小学布局调整过程中积极扩大寄宿制小学规模，农村低龄寄宿儿童生活与学习面临着机遇与挑战。

（一）福建省

东南沿海地区的福建省有举办寄宿制学校的传统，布局调整工作开展以来，寄宿制民族小学与农村寄宿制小学的规模进一步扩展。1999 年，省教委要求各地努力建设一批寄宿制小学，积极稳妥地进行小学布局调整。省教委和省民委联合下达了 200 万元专款专项用于举办少数民族地区寄宿制小学。1999 年，全省共撤并小学 469 所，教学点 1881 个，新建寄宿制小学 458 所，使全省寄宿制小学达到了 1794 所。[1] 从 2001 年开始，全省再安排 600 万元，连同地、县配套的 1200 万元，用 3 年时间建设寄宿制民族小学 60 所。[2]2007 年 5 月 28 日，福建省教育厅、财政厅发布的《关于进一步做好完善农村寄宿制学校办学条件工作的通知》（闽教财〔2007〕71 号）提出："为了解决农村中小学布局调整后相对集中办学，学生居住地与学校距离过远必须安排住宿等问题，新建、改建、扩建了一批农村寄宿制学校。坚持以县（市、区）政府投入为主，省级以上专项资金向贫困地区、山区和革命老区倾斜，县（市）政府要出台优惠政策，村民通过自愿提供劳务等方式，支持农村寄宿制学校建设。"2008 年 6 月 12 日，省教育厅、财政厅下发的《关于进一步做好农村义务教育阶段寄宿生补助生活费工作的通知》提出："将在全省推广实施'免费营养早餐工程'。'免费营养早餐工程'由一个蛋、一杯豆浆（或稀饭）、二至三两馒头构成，由每所寄宿制学校统一组织发放。"2009 年 9 月，省教育厅、财政厅决定对全省农村寄宿制学校统一配置浆渣分离型磨浆机设备，进一步改善寄宿生营养结构，推动结构合理的"免费营养早餐工程"，落实寄宿生生活费补助政策。[3]2012 年，全省实施义务教育阶段寄宿生营养改造工程，惠及学

---

[1] 郑树山：《中国教育年鉴（2000）》，人民教育出版社 2000 年版，第 586 页。

[2] 肖铮：《福建三年筹措 1800 万元建民族寄宿制小学》，《中国教育报》2000 年 11 月 9日第 2 版。

[3] 福建省教育厅、财政厅：《关于对农村寄宿制学校统一配备浆渣分离型磨浆机　进一步推动农村寄宿生补助政策落实的通知》，福建省教育厅网站，http://www.fjedu.gov.cn/html/xxgk/zywj/2009/09/25/fa9f97df-1028-4bd8-e040-a8c0906558f1.html。

生近 35 万人。①2013 年，全省提出关爱农村留守儿童，加大农村寄宿制学校建设，加强寄宿制学校管理人员的配备。②

实践证明，因撤点并校仓促上阵的寄宿制小学普遍条件简陋。2001 年，永春县东平镇将建在山上的三所小学合并成寄宿制小学，学生上学单程距离达到 20 公里。不仅如此，学校还面临着食宿条件严重缺乏的窘境。无奈之下，镇政府与中心小学共同出资 4 万元建了一座 150 平方米的学生食堂，并承诺寄宿的小学生免交寄宿费，补助伙食费。老师们腾出了 12 间宿舍给寄宿生住，自己却五六人挤一间宿舍。所幸教师无私奉献，悉心照料寄宿生生活，学校最终得到了大部分学生及家长的认可。但是，每月新增的水电费 1000 余元、食堂工人工资、贫困寄宿生的免费及补贴等加重了学校负担，一旦取消教育费附加，处境就会更加艰难。再加上生活教师没有编制，抽调专任教师担任，加重学校教师负担。③可见，在条件不成熟的情况下盲目建寄宿制学校，生活条件难以得到保障。南平市王台镇将全镇 14 所百人以下完小的五六年级 30 个教学班撤并，将 276 名学生并入中心校实行全封闭寄宿制管理。由于配套措施没有及时跟进，学校面临很多问题：一是就医不方便。二是教师编制紧张。农村小学师生比为 1∶23，低于城市标准，还要从中抽人做生活教师。三是学校与家庭的经济压力增大。学生每月要交管理费 80 元，伙食费、交通费 40 元，共计 120 元左右，家长经济压力大。尽管如此，每生 80 元管理费却难以补偿水、电、设备、炊事员工资等，学校资金缺口也大。四是交通安全隐患大。村里都用小四轮接送孩子，有的一车要装 20 多人，极不安全。④2004 年，德化县共有农村寄宿制小学 60 所，寄宿生 2442 人，学生一星期回家一次，学生在校长期以腌菜为主，家长也习以为常。县政府及时发现问题，并对农村小学寄宿生的膳食进行了补助，确保寄宿生在校期间每两天至少能吃上一次新鲜蔬菜。同时，要求各学校无条件保证学生的开水供应，定期为学生提供热菜。学生生活条件才得以好转。⑤2006 年，屏南寿山乡中心小学有寄宿生

① 刘大为：《中国教育年鉴（2013）》，人民教育出版社 2014 年版，第 531 页。
② 宋德民：《中国教育年鉴（2014）》，人民教育出版社 2016 年版，第 526 页。
③ 郑腾：《撤点并校喜与忧——永春调整小学教育资源的调查》，《福建日报》2003 年 10 月 28 日第 3 版。
④ 高建进：《随着生源逐年减少，对农村中小学进行布局调整已迫在眉睫——让"撤点并校"一路走好》，《光明日报》2004 年 4 月 5 日第 3 版。
⑤ 曾宪宗：《告别咸菜罐》，《人民政坛》2004 年第 9 期。

153人，学校却没有餐厅，学生只能挤在一间教室里用膳。学校人员紧张，生活管理、保卫、电工全部由1名专任教师顶岗，每天工作16小时左右。为此，部分学生家长联合请保姆给孩子做饭，有的甚至轮流"陪读"，每年开销800—2500元，加重了农村家庭的负担。①2007年，仙游县游洋镇中心小学有51名寄宿生，其中25名留守儿童。学校要求寄宿生星期日傍晚到校，星期五下午离校。学校食堂是简单的一大两小3间房，一共放了4张圆桌，老师轮流值班，帮厨师给寄宿的孩子们做饭。3间学生宿舍相对比较宽敞，每间宿舍上下铺共16个床位。学校聘任1名生活管理老师，寄宿生晚间的安全和生病就医经常困扰着生活教师。另外，由于资金不足，学校围墙只修了一半就停工了。②2007年，永定县52所农村寄宿制小学中，有学生专用宿舍的仅18所，其余学校的学生宿舍均为教室改造而成。大部分寄宿小学无膳厅、缺少卫生设施设备，学生寄宿生活艰难。如湖雷镇中心小学，虽然在2006年建了一栋宿舍，但由于没有食堂、膳厅、浴室、饭桌、床架等附属设施，该校280余名远地学生，2/3的人在校外租房住宿，既加重了家庭负担，也不利于学校对学生的管理。③

　　相比之下，部分地区准备充分，创新管理的学校，学生及家长的满意度就高。2004年秋季以来，三明市三元区先后撤销了中村乡的所有村小和教学点，创建寄宿制小学。全乡小学生集中就读，其中有2/3的学生是寄宿生，年龄大的不过13岁，小的只有6岁。为了使寄宿生"留得住"，学校在食宿、娱乐、交通、安全卫生等方面创新管理，积极营造"温馨家园"。食宿方面，学校配备7名生活教师，全面负责住校生的生活起居，包括帮助低龄寄宿学生洗澡、洗衣。食堂科学安排菜谱，荤素搭配，让学生选择。学生宿舍配有热水器、洗衣机等设施，宿舍实行"半军事化"自主管理。学生通过叠被子、洗衣服、清垃圾、打扫卫生等活动培养良好的行为习惯。有序组织寄宿生课余活动，每周组织学生观看一场爱国影片，图书阅览室每天放学后对寄宿生开放。课余时间开设了舞蹈、绘画、书法等课外兴趣班。学校还联合有资质的客运公司为学生周末开通专车，票价实行3—5折优惠。学校还与当地卫生院签订了协议，一般的小病兼职医

　　① 张颖：《撤点并校，我们如何适应？》，《福建日报》2006年2月22日第2版。
　　② 黄俊：《寄宿制：留守儿童监管的良药？》，《福建日报》2007年3月16日第4版。
　　③ 赖容：《学校山高路遥望断眼，宿舍膳厅浴室何处寻——永定基础教育"上学难"问题调查》，《闽西日报》2007年8月31日第3版。

生直接到学校解决。学校开展人文关怀，对生病的学生特别提供"病号餐"。①自 2007 年以来，云霄县对山区中小学进行撤点并校，并逐步建立寄宿制学校，解决路途较远的学生上学不便问题。该县枧河小学有一栋三层楼的学生宿舍，共有 26 间宿舍，每间宿舍约 30 平方米，容纳 10 名左右学生，住着来自外村的 254 名学生。宿舍装有自来水、饮水机。配备了生活教师指导孩子们的起居、打扫卫生等生活环节。全部寄宿生的早餐免费，中晚餐每天大概需要 3 元，一学期 300 多元；水电费、管理费都是由学校负担，低保户寄宿生每年还有 900 元生活补助。生活教师的编制、周末往返车辆也在政府的考虑范围。②2008 年，连江教育局加强寄宿制学校食宿管理，生管教师、食堂管理人员挑选责任心强的在职在编教师兼任，这些老师在职称评聘，评优评先方面与任课教师享受同等待遇。③

（二）浙江省

2005 年，浙江省推出"食宿改造工程"，计划用 3 年时间全面改善农村学生的食宿条件，使全省农村中小学寄宿学生生均宿舍建筑面积达到 3 平方米，实现 1 人 1 床（高低铺），生均食堂建筑面积达到 1 平方米。④2009 年，省教育厅印发了《关于加强义务教育中小学食堂财务管理的意见》，要求学校食堂必须按公益性的要求经营，年度结余或亏损不得超过 4%，结余要用于添置食堂设备或改善学生伙食。⑤2010 年，省教育厅印发的《关于免除农村义务教育阶段学校住宿费的通知》提出，免除农村义务教育公办学校属于行政事业性收费项目的住宿费项目。学校宿舍日常管理所需经费纳入公用经费开支，学校宿舍维修改造所需经费列入校舍维修改造专项资金。⑥

1998 年，云和县开始实施"小县大城"的发展战略，全县撤并小学138 所。2002 年，该县举办了寄宿制小学 19 所，50% 的小学生在县城读

① 杨开长：《城乡一体沐春风——三元区创办寄宿制学校侧记》，《三明日报》2009 年 1月 11 日第 3 版。
② 段金柱：《撤点并校：让"指头"攥成"拳头"》，《福建日报》2008 年 10 月 31 日第 4 版。
③ 《连江教育局加强寄宿制学校食宿管理》，福建省教育厅网站，http://www.fjedu.gov.cn/html/jyyw/sfhfh40fhxqfhfh41fh/2008/10/17/fa9f97de-d54c-4bd8-e040-a8c0906558f1.html。
④ 牟阳春：《中国教育年鉴（2006）》，人民教育出版社 2006 年版，第 514 页。
⑤ 牟阳春：《中国教育年鉴（2010）》，人民教育出版社 2011 年版，第 631 页。
⑥ 刘大为：《中国教育年鉴（2011）》，人民教育出版社 2012 年版，第 523 页。

书。崇头镇小学是一所由 16 所村级小学合并而成的寄宿制学校。在校学生共有 491 名，住校生就有 269 名，寄宿率达到 64.2%。住校生每学期需交 60 元的住宿费，学校允许用黄豆、柴水等来抵交读书费用。[①]景宁畲族自治县农村小学由"八五"期初的 462 所减少到 2005 年的 38 所，22 个乡实现了"一乡一校"办学，由此带来了低龄寄宿生急剧增加。2000 年，全县农村小学寄宿生达 3500 余人，占农村小学生总数的 80% 以上，其中一至三年级寄宿生就有 1400 余人，学前教育寄宿生 200 余人。为解决低龄儿童生活问题，各学校以"保育教师"为主开展各项工作。学校特意将"保育员"定位并更名为"保育教师"，其性质等同于专任教师，打消了保育教师低人一等的"保姆"偏见。保育教师采用唱歌、做游戏、讲故事、看少儿电视节目、现场指导等形式，以活动课程为载体，生活知识传授为支点，良好行为习惯形成为根本，提高生活自理能力为核心，身心健康发展为宗旨，科学、合理安排寄宿生每一天的生活时间与学习时间，使他们身心得到和谐发展。[②]

（三）江苏省

2005 年，江苏省全面实施以"有整洁的校园、有满足需要的卫生食堂、有冷热饮用水、有水冲式厕所、有安全宿舍、寄宿生一人有一张床"为主要内容的"六有"工程。当年全省农村中小学"六有"工程项目竣工率达 95% 以上，90% 以上的县（市、区）基本实施到位，60% 的县（市、区）通过省级考核验收。[③]2008 年，江苏启动实施农村留守少年儿童食宿条件改善工程。省教育厅、财政厅联合印发了《关于实施农村留守少年儿童食宿条件改善工程的意见》，为家庭无监护条件、距离学校较远、确需寄宿的留守少年儿童提供安全的宿舍、卫生的食堂。[④]2010 年，全面免收农村义务教育阶段公办学校寄宿生住宿费，并按照每生每年小学 500 元的标准发放贫困寄宿生补助。[⑤]2011 年，贫困小学生寄宿生生活补助提高到每生

---

① 冯颖平：《城市化，化出教育新亮点——探寻云和解决因贫失学问题的特色之路》，《浙江日报》2002 年 8 月 6 日第 3 版。

② 张昌寿：《寄宿制学校——新农村建设的奠基工程——景宁县寄宿制小学保育工作的改革尝试》，《浙江教育科学》2006 年第 5 期。

③ 牟阳春：《中国教育年鉴（2006）》，人民教育出版社 2006 年版，第 502 页。

④ 牟阳春：《中国教育年鉴（2009）》，人民教育出版社 2009 年版，第 571 页。

⑤ 刘大为：《中国教育年鉴（2011）》，人民教育出版社 2012 年版，第 507 页。

每年 750 元。①

2003 年，盐城市射阳县小学由原来的 300 多所撤并至 105 所，新建寄宿制小学 75 所。2004 年，全县农村小学寄宿生达 15548 人，寄宿率达到 25.2%。农村寄宿制小学实行"平民化的收费，人性化、亲情化的管理"，强调生活服务教师是"教师、保姆和父母"三重身份的叠加，确保寄宿的小学生 24 小时处于学校的有效监护之下。②盐东镇 5 所寄宿制小学共有寄宿生 1400 余人，住校生中最大有 13 岁，最小的孩子仅有 8 岁。学校按照班师比 1∶1 配备了生活指导教师，这些教师除了负责宿舍安全外，还要与寄宿生"同吃、同住"，负责给学生分菜、分饭，指导学生洗碗、洗澡、洗衣服等。③2004 年，徐州市丰县大沙河小学在校食宿的学生发展到 300 多人。超强吸引力来自学校实行的以生活保障为核心的"四化管理模式"：编组同乡化；住宿家庭化；伙食多样化；生活民主化。④2005 年，连云港市东海县平明小学开始试行留守儿童寄宿制。全乡 500 多名五、六年级的留守儿童到中心小学寄宿学习。为此，学校投入 50 万元改造了学生食堂和宿舍，配置了 57 间学生宿舍，700 平方米的餐厅，还建了学生浴室，保证学生能洗上热水澡。学校专门聘请了 7 名生活老师，24 小时照顾学生的衣食起居。聘请营养师为学生配置一周食谱。⑤

（四）广东省

2005 年 9 月 23 日，广东省教育厅印发了《关于实施"五项工程"切实解决我省农村教育重点难点问题的意见》，提出"农村义务教育学校学生生活设施改造工程"。从 2005 年开始，全省对农村义务教育学校生活设施全面进行改造，改造的重点是学生宿舍、饭堂、厕所和冲凉房等。此后每年拨出 1 亿元专款用于补助欠发达地区改造农村中小学学生生活设施。

---

① 刘大为：《中国教育年鉴（2012）》，人民教育出版社 2013 年版，第 487 页。
② 彭同生：《江苏省射阳县政协为农村教育布局调整出谋划策：农村小学推行寄宿制》，《人民政协报》2004 年 4 月 21 日第 4 版。
③ 李志勇：《解决农村小学布局调整后孩子上学远的困难：射阳建成 50 所寄宿制农村小学》，《新华日报》2003 年 9 月 16 日第 5 版。
④ 谢学军：《春到大沙河——记江苏省丰县大沙河小学寄宿制》，《中国教师报》2004 年 3 月 10 日第 3 版。
⑤ 朱萍、穆道俊：《500 名留守儿童的快乐家园》，《连云港日报》2006 年 11 月 29 日第 3 版。

截至 2007 年年底，全省基本完成改造工程。[①] 从 2008 年春季学期起，在享受生活费补助政策的寄宿学生中按 20% 的比例界定为特殊困难学生，按小学每生每年 500 元的标准给予生活费补助。[②] 2013 年，省财政按每名寄宿生约 165 元的补助标准安排专项资金 1.3 亿元，重点扶持全省经济欠发达地区，保障农村寄宿制学校日常运转。[③]

（五）黑龙江省

2007 年，黑龙江省全面完成了两基攻坚"农村寄宿制学校建设工程"建设任务。2011 年，农村寄宿制小学贫困寄宿生生活补助标准由每生每年 500 元提高到 750 元。[④] 2007 年，鸡西市恒山区红旗中心寄宿制小学就有建筑面积 2000 平方米的 4 层宿舍楼一栋。学校把寄宿生管理分为教学组、炊事组、生活组和医务组，各个小组人员在各个环节、各个时段都有明确的岗位职责。从周一到周五，严格实行专任教师与生活老师交接班制度。[⑤] 2008 年，齐齐哈尔市拜泉县整合龙泉卫星明德寄宿制小学、兴农明德寄宿制小学，开创了拜泉教育布局调整小学实现寄宿制的先河。新建学校可容纳周边农村小学生 2000 余名在校寄宿学习，有效地做到资源优化组合。[⑥] 2009 年，依安县开始调整农村学校布局，举办寄宿制小学。如太东乡就将 11 个村的小学生全部集中到乡直小学就读。为了减轻家庭负担，学校投入 400 多万元用于购买学生用床、改造食堂等附属设施。学校还为年龄小、上学远的学生配有专车并由教师陪送学生假期回家、返校。撤并后的村小学原有教师，分别充实到教学一线、食堂管理和看护学生等不同的工作岗位。[⑦] 2012 年，绥化市的兰西、青冈、明水、望奎 4 县 437 所农村小学，学生 53056 名。但为学生既能提供宿舍，又具备基本完善设施的食堂的学校只有 11 所，占当地所有农村小学的 2.5%；受益学生也只有 5335

---

① 牟阳春：《中国教育年鉴（2006）》，人民教育出版社 2006 年版，第 621 页。
② 牟阳春：《中国教育年鉴（2009）》，人民教育出版社 2009 年版，第 703 页。
③ 宋德民：《中国教育年鉴（2014）》，人民教育出版社 2016 年版，第 607 页。
④ 刘大为：《中国教育年鉴（2012）》，人民教育出版社 2013 年版，第 462 页。
⑤ 任桂艳：《恒山区大力度建设农村寄宿小学》，《鸡西日报》2007 年 9 月 3 日第 2 版。
⑥ 梁耀国：《两千多名农村小学生实现在校寄宿学习 拜泉教育走出资源"整合棋"》，《齐齐哈尔日报》2008 年 11 月 12 日第 5 版。
⑦ 贾广文：《优化教育环境，依安读书郎读书声琅琅》，《齐齐哈尔日报》2009 年 10 月 28 日第 5 版。

名，占当地所有农村小学生的 10.06%。青冈县连丰乡中心小学有在校生 561 人，其中住宿生 153 人，而在学校有吃饭需求的学生却达 300 余人。①

（六）辽宁省

辽宁省以"九年一贯制寄宿学校"建设推进义务教育均衡发展。2005—2009 年，全省计划每年新建 100 所左右九年一贯制寄宿制学校。截至 2009 年年底，全省实际建成 605 所。其中，2008 年完成了 202 所，2010 年完成了 205 所。同时，全省还加强宿舍等附属设施的配套建设。2011 年，支持 100 所农村寄宿制学校设施建设和支持 1000 所农村学校购置饮水设施和体育器材设施的目标任务。在加强生活服务设施建设的同时，加大贫困寄宿生资助力度。2007 年，全省补助寄宿生生活费资金 2843 万元，受益学生 8 万人。2008 年，小学贫困家庭寄宿生生活费补助标准由每生每年 300 元提高到不低于 550 元，各市享受补助学生不得低于寄宿生总数的 10%，经济欠发达地区不得低于 15%。2009 年，全部取消农村义务教育阶段学生住宿费，全省有 23 万名学生受益。2010 年，省政府教育督导检查组对农村九年一贯制（寄宿制）学校附属设施配套建设及标准化情况进行督导检查和调研，评估验收 317 所标准化农村九年一贯制寄宿学校。2011 年，有 133 所"辽宁省标准化农村九年一贯制（寄宿制）学校"通过了评估验收。②"十一五"期间，喀左县农村小学接收了进城农村初中的校舍和部分教学设施设备，寄宿制小学建设和集中办学步伐明显加快。5 年间，羊角沟乡、甘招乡、水泉乡等 7 个乡镇中心小学相继建成了寄宿制小学，各个乡镇小学基本实现了中高年级集中办学。③ 从 2014 年秋季学期开始，大连市提高寄宿制学校公用经费标准。小学生均公用经费标准从每年 750 元提高到每年 1150 元，寄宿制小学按实际集中住宿学生数，在此标准基础上上浮 25%。④

---

① 夏雪：《为农村孩子"烹"出希望和爱 69 所"希望厨房"期待"添砖加瓦"》，《黑龙江日报》2012 年 7 月 9 日第 4 版。
② 根据《中国教育年鉴》（2005—2012）整理得到。
③ 王海波：《喀左县"十一五"教育事业蒸蒸日上》，《朝阳日报》2011 年 2 月 25 日第 3 版。
④ 于洪全：《我市提高义务教育学校生均公用经费标准》，《大连日报》2014 年 9 月 2 日第 3 版。

（七）吉林省

自 1987 年以来，吉林省长白朝鲜族自治县共投入资金 276 万元，先后创建了龙岗乡朝鲜族寄宿制小学、宝泉山镇汉族寄宿制小学、十二道沟乡汉朝联校寄宿制小学。2002 年，又在十一道沟和龙岗新建了校舍和寄宿制食堂宿舍，建立九年一贯制的寄宿制学校。①2005 年，全省完成农村中小学寄宿制学校建设规划的申报工作，共 48 所学校申报中央补助项目，国家下达给吉林省专项资金 3000 万元。②2006 年，全省共建设 158 所农村寄宿制学校，建筑面积 18 万平方米，极大地改善了农村中小学的办学条件。③2008 年，进一步提高对农村家庭经济困难寄宿学生生活费的补助标准。小学生每天每生 2 元，每年每生 500 元，补助覆盖寄宿学生总数的 40%。④

（八）北京市

1994 年，北京市新建山区寄宿制小学 19 所，总校数达到 60 所。与此同时，单人教学岗位由 213 个减少到 125 个，办学规模扩大，办学效益有所提高。⑤1998 年，市教育部门抓住小学在校生递减期的机遇，优化资源配置，进行小班额教学实验，在城近郊区兴办寄宿小学近 20 所，满足不同层次的社会需求。⑥2008 年，北京市集中改善 140 所农村寄宿制中小学生活条件，为 180 校次农村寄宿制中小学改造食堂、浴室和活动室，并为 140 所农村寄宿制中小学每校配备一部生活用车。⑦2013 年 5 月 20 日，北京市发布《中小学校健康食堂十条指导准则》，对食堂科学提供营养膳食做了具体要求，并对寄宿制学校三餐分配、蔬菜水果提供量做了具体规定。⑧

1994 年，怀柔县提出"撤销单人岗，兴建寄宿制学校"的重大举措，

---

① 杨怀武：《巩固基础工作成果 拓宽长白教育之路》，《吉林日报》2002 年 10 月 20 日第 4 版。

② 牟阳春：《中国教育年鉴（2006）》，人民教育出版社 2006 年版，第 471 页。

③ 牟阳春：《中国教育年鉴（2007）》，人民教育出版社 2007 年版，第 483 页。

④ 牟阳春：《中国教育年鉴（2009）》，人民教育出版社 2009 年版，第 533 页。

⑤ 张保庆：《中国教育年鉴（1995）》，人民教育出版社 1995 年版，第 309 页。

⑥ 郑树山：《中国教育年鉴（1999）》，人民教育出版社 1999 年版，第 445 页。

⑦ 牟阳春：《中国教育年鉴（2009）》，人民教育出版社 2009 年版，第 463 页。

⑧ 宋德民：《中国教育年鉴（2014）》，人民教育出版社 2016 年版，第 382 页。

截至 1996 年年底，全县山区小学生寄宿率达到了 7.97%。该县有四点做法值得借鉴：一是动员学校所在地的乡村及家长给学校划拨出菜地，学校组织学生开展劳动以解决寄宿学生吃菜问题。二是建立一支责任心强，有管理服务经验的生活教师队伍。三是所有寄宿制小学都围绕寄宿生"吃好、住好"开展工作。四是充分组织各类课外活动，充实较长的课余时间。[1]2002 年，密云县石城寄宿制小学发展到 413 人，住校生就有 200 人。建校十余年来，学校建成了闭路电视系统，拥有两个"586"机房，一个多媒体教室，一个电子备课室。配备了液晶投影机、展示台、大屏幕和音响等设备，还率先建成了千兆宽带校园网，实现了网上资源共享。学校办学条件逐年改善，教学质量不断提高。[2]

（九）海南省

从 2003 年起，海南省财政每年安排 310 万元，要求有关县（市）财政每年在预算中安排专项资金，用于寄宿制民族班学生生活补贴等。[3]2004 年，省民委加强对寄宿制民族班的办学管理，督促和指导各民族地区按要求规模举办小学、初中寄宿制民族班。[4]2005 年，全省小学寄宿制民族班发展到 56 个，在校生 2260 人。[5]2007 年，海南省"西部地区农村寄宿制学校建设工程"规划建设 55 所项目学校，总投资 6000 万元。[6]2009 年，小学寄宿生生活费补助标准提高到每生每年 500 元。[7]2010 年，寄宿生生活费补助范围涵盖了义务教育阶段公办学校家庭经济困难寄宿学生及少数民族寄宿班学生，民族寄宿班小学生为 600 元 / 年·生，其他家庭经济困难寄宿小学生为 500 元 / 年·生。[8]保亭县按照"县办高初中、乡镇办寄宿制小学，合理撤并教学点"的思路，对部分校点和重点学校进行撤并整合。从 2010 年秋季开始至 2012 年春季，小学由 77 所并为 18 所，只在各乡镇

---

[1] 怀柔县教科所：《怀柔县兴办山区寄宿制小学经验报告》，《教育科学研究》1996 年第 3 期。

[2] 杨凤明：《前进中的北京市山区第一所寄宿制小学——记密云县石城镇寄宿小学》，《教育设备信息》2002 年第 8 期。

[3] 郑树山：《中国教育年鉴（2004）》，人民教育出版社 2004 年版，第 661 页。

[4] 牟阳春：《中国教育年鉴（2005）》，人民教育出版社 2005 年版，第 777 页。

[5] 牟阳春：《中国教育年鉴（2006）》，人民教育出版社 2006 年版，第 648 页。

[6] 牟阳春：《中国教育年鉴（2008）》，人民教育出版社 2008 年版，第 773 页。

[7] 牟阳春：《中国教育年鉴（2010）》，人民教育出版社 2011 年版，第 784 页。

[8] 刘大为：《中国教育年鉴（2011）》，人民教育出版社 2012 年版，第 661 页。

和国营农场办一所寄宿制小学。[1]2011 年，贫困寄宿小学生生活补助标准
提高到 750 元 / 年·生。[2]

（十）湖北省

1996 年，湖北省部分山区小学实行了寄宿制。[3]2004—2007 年，全
省农村中小学"寄宿制工程"建设共投入 1.92 亿元。工程覆盖全省 51 个
县（市）385 所项目学校。其中，小学 165 所、"九年一贯制"学校 9 所。
2007 年，全省在部分县（市）开展以农村中小学"三改一建"（改水、改
厕、改食堂、建沼气池）工程，寄宿学生 82181 人受益。2007 年，全省推
行每天一小时阳光体育运动，要求寄宿制学校每天早上开展 15—20 分钟
的早操活动。[4]2008 年，全省将家庭经济困难寄宿小学生生活补助提高到
每生每年 500 元。[5]2008 年，全省农村寄宿制学校落实"五改五建"［改厨、
改气、改水、改厕、改圈（猪圈），建餐厅、建澡堂、建车棚、建晒衣架、
建洗漱间］工程，着力解决农村寄宿制学校进餐难、住宿难、喝水难、如
厕难、洗澡难关系学生健康成长的"五难"问题。[6]2010 年，家庭经济困
难寄宿小学生生活补助提高到每生每年 750 元。[7]2011 年，全省农村寄宿
制学校"菜篮子"工程基本实现，3000 所农村寄宿制学校蔬菜副食自给或
部分自给。"十有八配套"[8]建设达标学校新增 510 所。2212 所学校实现"放
心食堂""放心超市""文明宿舍"，中小学食堂全面推行营养食谱，全省
农村寄宿制学校共培养和外聘食堂营养指导员 2700 余人，87% 的学校培

---

① 黄青文：《县办高初中、乡镇办寄宿制小学，合理撤并教学点——保亭 91 所中小学撤
并成 22 所》，《海南日报》2011 年 3 月 1 日第 A05 版。
② 刘大为：《中国教育年鉴（2012）》，人民教育出版社 2013 年版，第 652—653 页。
③ 郑树山：《中国教育年鉴（1997）》，人民教育出版社 1997 年版，第 599 页。
④ 牟阳春：《中国教育年鉴（2008）》，人民教育出版社 2008 年版，第 719—720 页。
⑤ 牟阳春：《中国教育年鉴（2009）》，人民教育出版社 2009 年版，第 681 页。
⑥ 牟阳春：《中国教育年鉴（2009）》，人民教育出版社 2009 年版，第 682 页。
⑦ 刘大为：《中国教育年鉴（2011）》，人民教育出版社 2012 年版，第 607 页。
⑧ "十有八配套"，即有符合要求的食堂；有与学生规模相配套的餐厅；有与学生规模相
适应的宿舍和床铺；有符合饮用标准的水源和供水设施；有水冲式卫生厕所及粪便无害化处理
设施；有洗漱间和洗澡堂；有晒衣晒被场地及停车棚；有围墙、值班室和消防防盗设施；有为
学生日常学习生活提供方便的消费服务网点；有改善寄宿制学生生活的蔬菜副食生产供应基地；
食堂与餐厅配套；餐厅与餐桌凳及消毒设备配套；宿舍与床铺、管理间及洗漱间配套；锅炉房
与洗澡堂热水供应配套；厕所与沼气池和污水净化处理配套；洗衣间与晾晒场地配套；学生劳
动实践与蔬菜副食生产供应基地建设配套；校园道路硬化与绿化美化配套。

养了自己的食堂营养指导员。①2014 年，全市永久保留的 24 所农村寄宿制小学全部达到合格标准，校校做到了餐厅、宿舍、洗浴、饮水配套，孩子们学得开心，吃得称心，住得舒心。教室全部实现"班班通"，教师人手一台办公电脑，学生全部坐上钢木桌椅，各类实验仪器、活动器材、图书装备均达到一类标准。②

宜昌市邓村乡 1997 年秋联村举办寄宿制初小，150 名低年级学生住校。为此，学校推行低年级学生寄宿保育制度，从教职工中选择 8 名责任心较强的保育员，按 25 : 1 配备。保育员主要负责住读生的生活安排。③1998 年春，宜昌县黄花乡合并 6 个教学点，举办柏家坪寄宿制初小。学校共有 52 名学生，教师 6 人，生师比达到 8.7 : 1，教师既是教学人员，又是保育人员。另外，学校还雇请 2 名炊事员。④宜昌市保育寄宿制抓住"食宿"关键，注重寄宿生的行为习惯养成及教学质量提高。截至 2003 年年底，全市农村保育寄宿制小学达到了 554 所，80% 以上的学校住宿条件完整。大部分学校每顿提供七个菜供学生选择，一周生活费在 10—20 元。同时，学校还自己饲养生猪、安排学生家长每天送一次菜——派菜制。学校十分注重生活指导教师的专业素养和责任心，保育员大部分由公办教师转岗过来，聘请人员也必须具有高中或中专文凭。2004 年，全市有保育教师 350 人，市教育局还编印下发了《保育教师必读》作为培训教材。⑤2008 年，宜昌市政府还印发了《保育寄宿制小学配套建设标准》，对吃、住、洗、玩、管等方面进行全方位规范。⑥2004 年，兴山县小学由 1999 年的 202 所撤并为 70 所，其中，保育寄宿制完小 30 所。⑦2005 年，武汉市江夏区将五里界小学建成了可容纳 160 名寄宿生的寄宿制小学。宿舍漂亮精致，房间里还有风扇和壁柜。按农村学校住宿费每学期 100 元的标准，每天 3 元的伙食费，每个学生读一年书除了 300 多元的"一费制"收费外，要多花费近 1000 元。⑧

---

① 刘大为：《中国教育年鉴（2012）》，人民教育出版社 2013 年版，第 595 页。

② 陈世琴：《湖北宜都让学生共享教育阳光》，《光明日报》2014 年 9 月 30 日第 15 版。

③ 陈平：《推行寄宿保育制度，形成联办初小格局》，《中小学管理》1997 年第 7 期。

④ 余国晋：《走进山区寄宿小学》，《中国教育报》2001 年 10 月 2 日第 3 版。

⑤ 晓方：《看宜昌农村寄宿小学》，《湖北日报》2004 年 8 月 11 日第 4 版。

⑥ 何建红：《用公平约束分配，用预算控制支出——宜昌实验教育均衡》，《中国财经报》2009 年 3 月 12 日第 1 版。

⑦ 夏昌艺：《关于兴办山区保育寄宿制小学的思考》，《教学与管理》2000 年第 10 期。

⑧ 胡孙华：《不再让孩子每天翻山涉水去上学——武汉市启动农村寄宿制小学试点》，《长江日报》2005 年 5 月 23 日第 6 版。

当然，湖北省也同样遇到了寄宿制学校规模迅速扩张带来的问题。1999 年，宜都市西南山区王家畈乡进行布局调整，小学从 32 所减到 14 所，其中有 7 所是寄宿制完全小学。王家畈中心小学有在校生 436 名，其中寄宿生有 145 名，寄宿率为 33.3%。宿舍中一张上下铺床住 4 人，一个寝室住着 24 人。人员一多，生活教师的压力就大了。学校配备 2 名保育员，不仅要负责学生宿舍的安全、低年级学生洗澡、洗衣，晚上还要喊学生上厕所。碰到学生生病，还要往镇医院送。有时还要教孩子穿衣服。2005 年，全市农村小学寄宿生已达 6.5 万人，占农村小学生总数的 1/3，农村保育寄宿制小学已达 491 所，占小学总校数的 80% 左右。由于撤点并校导致学生寄宿需求快速增长，很多孩子不能住校。如陈家冲小学仅允许 2.5 公里以外的学生住校。宜都市潘家湾中心小学 376 名学生中就有 229 人住校。由于住校生数量多，学校生活条件普遍紧张。当阳市王店中心小学 400 多个孩子挤在食堂里，没有餐桌椅，大家都捧着碗站着吃。宿舍没有淋浴设施，洗澡不方便。[1]2001 年，随州市曾都区教委计划在 3 年内将 814 所小学、161 个教学点优化重组为 200 个规模较大的 6 年制乡村寄宿制中心小学。由于低年级学生实行寄宿制，管理难度加大，曾都区为寄宿小学配备了专职保育员，投资改善了食宿条件。[2]

（十一）湖南省

1993 年，湖南省兴建了民族寄宿制中心小学 507 所，覆盖全省民族地区 85% 以上的乡镇，小学五、六年级学生中在校寄宿生达 10 万人，占应寄宿生的 70% 左右。[3]截至 1995 年年底，省级财政共投入资金 2270 万元，地、州、市、县乡通过多渠道筹集资金 1 亿多元，全省民族地区建成寄宿制中心小学 600 余所，实现了省委、省政府提出的帮助民族地区每个乡镇建好一所寄宿制中心小学的要求。[4]1996 年，全省民族地区（含散居民族乡）共建成寄宿制中心小学 609 所，在寄宿制中心小学就读的小学生占民族地区小学生总数的 40%，距校 5 公里以外的高年级小学生全部住校就

---

① 王晶：《谁可相依——走进宜昌农村寄宿制小学》，《湖北日报》2005 年 11 月 12 日第 B01 版。

② 杨礼兵：《寄宿制小学在曾都区农村兴起》，《湖北日报》2001 年 2 月 23 日第 B01 版。

③ 张保庆：《中国教育年鉴（1995）》，人民教育出版社 1995 年版，第 589—590 页。

④ 张保庆：《中国教育年鉴（1996）》，人民教育出版社 1997 年版，第 681 页。

读，寄宿生近 11 万人。[1]2005 年，全省开始实施农村寄宿制学校建设工程。2006 年，省政府将农村寄宿制学校建设工程纳入为民办八件实事之一，建成农村寄宿制学校 619 所。[2]截至 2008 年年底，全省共投入资金 10.01 亿元，扩大校园面积 35.9 万平方米，建设教学生活用房 122.4 万平方米，可满足新增 51190 人住宿生的生活学习。与此同时，贫困寄宿生补助小学生提高到每年 500 元。[3]2010 年秋，全省贫困寄宿生生活补助标准每人每天提高 1 元，小学达到 750 元。[4]2012 年，小学贫困寄宿生生活补助标准再次提高到每人每年 1000 元。[5]

炎陵县从 2000 年开始大规模撤点并校，2005 年，全县原来 256 所小学整合成了 30 所保育式寄宿制小学，实行一至六年级住校。该县抓住生活教师配备这个核心问题，将"爱心、奉献精神、低幼年级教育教学经验、身体健康、精力旺盛"作为招聘的基本条件。生活教师的晋级晋职、评优评模与任课教师一样，岗位津贴从优。从数量上来看，全县保育寄宿制学校均按照生师比 30∶1 配备。龙溪九年制学校对一至三年级的 136 名低龄寄宿生实行保育式管理，食堂、宿舍都是封闭单列，5 名生活指导老师全天候 24 小时守护。照顾学生吃饱饭、睡好觉、组织丰富的课余活动。带寄宿生看电视，帮小孩子洗澡、洗衣，生病后还要精心照顾，体现的是服务而不仅仅是看管。[6]2008 年，永顺县松柏乡寄宿制完全小学共有学生 1614 人，寄宿生 800 余人，寄宿率为 20%，教职工 96 人。学校坚持以"服务"为核心，先抓好学生的养成教育，让他们找到家的感觉，让学生吃好、玩好、住好，再力求质量上的突破。吃的方面，学校食堂实行自营，高年级就餐实行"席长制"，低龄寄宿生由保育员负责；住的方面，学校要求保育员与低龄寄宿生同吃同住，坚持 24 小时值班制度；学习方面，低年级的保育员多由教师转型而来，经常主动辅导低年级学生的学习。学校一、二年级寄宿生多，保育员处处尽"妈妈"的责任。教学生唱歌、跳舞、剪纸、做游戏、讲故事等，逗他们开心，晚上和他们睡在一起，给他们驱蚊盖被，让他们暂时忘记父母不在身边的恐慌。保育员还积极指导学生之间

① 郑树山：《中国教育年鉴（1997）》，人民教育出版社 1997 年版，第 627—628 页。
② 牟阳春：《中国教育年鉴（2007）》，人民教育出版社 2007 年版，第 618 页。
③ 牟阳春：《中国教育年鉴（2009）》，人民教育出版社 2009 年版，第 693—694 页。
④ 刘大为：《中国教育年鉴（2011）》，人民教育出版社 2012 年版，第 620 页。
⑤ 刘大为：《中国教育年鉴（2013）》，人民教育出版社 2014 年版，第 602 页。
⑥ 李让恒：《集中办学，教师队伍建设是根本》，《中国教师报》2006 年 11 月 29 日第 3 版。

互相帮助，女生在保育员的指导下相互梳头。①

（十二）江西省

2001 年，江西省对距离较远或交通不便的村小学尽可能扩大规模，并启动寄宿制小学试点。②2003 年，实施了"国家贫困地区义务教育工程"，结合农村中小学布局调整和寄宿制学校的建设，新建了一批农村寄宿制学校的学生宿舍和公寓，极大地改善了农村学校师生的工作和生活条件。③2007 年，农村寄宿制学校建设工程 416 所项目学校全部竣工，25.1万农村中小学寄宿学生搬进了新校舍和新宿舍，并将贫困寄宿生补助标准由每生 100 元提高到每生 300 元。④

2008 年，家庭经济困难小学寄宿学生生活费补助进一步提高到 500元 / 年。⑤2013 年，小学贫困寄宿生生活补助提高了 1200 元 / 年。⑥2013 年，省政府办公厅正式出台了《关于进一步规范农村义务教育学校布局调整工作的实施意见》要求，坚决遏制盲目撤并农村义务教育学校的做法，学校撤并后需要寄宿的，由县级人民政府负责按照省定标准建设寄宿制学校或提供寄宿条件，聘用必要的管理、服务、保安人员。凡是寄宿制小学和有学生在校吃午餐的学校，都应开办食堂或伙房，配备必要的设备。⑦

2003 年，赣州市章贡区教育局把蛤湖小学办成寄宿制学校，以解决学生家远和没人管理的问题。学校兴建了 2000 平方米的学生宿舍和可以容纳 220 人就餐的食堂。学生每月交 74 元的伙食费和 18 斤大米。除国家的"两免一补"政策外，贫困生还额外享受 20 元、30 元、40 元不等的生活补助，家庭特困生食宿费全免。为了给住校生营造"家"的氛围，学校每周都组织看多媒体电影，图书馆放学后长期开放，安排 3 名生活教师全面负责孩子的生活起居。⑧2006 年，进贤县张公中心校率先创办农村寄宿

---

① 覃遵奎：《松柏小学探索出农村小学教育"一乡一校"新模式》，《团结报》2008 年 6月 19 日第 2 版。
② 郑树山：《中国教育年鉴（2002）》，人民教育出版社 2002 年版，第 546 页。
③ 郑树山：《中国教育年鉴（2004）》，人民教育出版社 2004 年版，第 566 页。
④ 牟阳春：《中国教育年鉴（2008）》，人民教育出版社 2008 年版，第 684 页。
⑤ 牟阳春：《中国教育年鉴（2009）》，人民教育出版社 2009 年版，第 637 页。
⑥ 宋德民：《中国教育年鉴（2014）》，人民教育出版社 2016 年版，第 542 页。
⑦ 徐光明：《江西严禁行政手段强行撤并学校》，《中国教育报》2013 年 1 月 29 日第 5 版。
⑧ 翟帆：《给山伢子一个"家"》，《中国教育报》2005 年 6 月 24 日第 1 版。

制小学，吸引留守儿童入校就读。5年来，学校先后投入200余万元，改建教学楼、宿舍楼和厕所，建设可容纳500名学生同时就餐的食堂。学校设立了"关爱四室"，即活动室、阅览室、亲情室、心理咨询室，组建了"快乐小家庭"。以宿舍为单位，组建"快乐小家庭"，每个家庭6—8名成员。班主任熟记留守学生档案，采取多种形式为每一位留守学生庆祝生日，着力为留守儿童构建温馨之家。[①]2010年下半年，白马乡中心小学率先建成余干县第一所公立寄宿制小学。全校1645名学生当中，70%都是寄宿生，其中留守儿童就有1100多人。入学不久，很多孩子想家，大约两个星期以后，学生就能基本适应。学生还学会了自己叠被子、洗衣服，养成了每天刷牙、洗脸、洗脚的好习惯。晚上做完了作业，还可以和同学们下象棋。[②]2008年，余干县三塘乡桥头村小学仅剩下12名学生。学校没有宿舍也没有食堂，孩子不能寄读，村民反应强烈。后来在村干部努力下办起了寄宿制小学，截至2012年6月，学校已经恢复到700多名学生的规模。寄宿制小学建起来后，学校已配备12名公办老师，并在每个宿舍配有2名管理人员，孩子吃饭、住宿、洗衣等有学校管理人员负责，而且政府对寄宿生有补贴。没有实行寄宿制以前，黄金埠镇塘湾小学生源不断流失，至2011年仅剩下200名学生。2011年下半年开始招收寄宿生，学生人数一下猛增500多人。学校简陋的宿舍，挤着数十名孩子，每个宿舍都有2名生活老师，照料孩子的生活起居，帮孩子洗衣服。民众对举办寄宿制小学的呼声很高，教育局苦于资金紧缺而无能为力。[③]

（十三）陕西省

1991年，陕西省教委出台的《陕西省普通中小学布点调整意见》规定："小学的布点，着重考虑就近上学的原则。提倡'四二'分段，完小能联办的尽量联办，居住分散的山区，可以兴办寄宿制学校，较好地解决了学生在校的食宿问题。"[④]2004年，省政府决定投入5000万元用于"两基"攻坚，实施农村寄宿制学校建设工程。[⑤]2007年年底，中央批复陕西

---

① 刘鹏程：《为留守儿童营造舒适之家：江西进贤县张公镇中心小学营造亲情氛围创建和谐校园》，《消费日报》2010年11月29日第B03版。

② 史卫城：《探访乡村"寄宿娃"》，《上饶日报》2011年9月22日第6版。

③ 李晚成：《农村寄宿制小学解留守儿童上学心结》，《江西日报》2012年6月7日第2版。

④ 张保庆：《中国教育年鉴（1992）》，人民教育出版社1993年版，第668页。

⑤ 牟阳春：《中国教育年鉴（2005）》，人民教育出版社2005年版，第841页。

寄宿制项目学校 57 所。总建筑面积 7 万平方米，总投资 5720 万元。[1]2011年，全省共有农村寄宿制小学 2645 所，寄宿小学生 392580 人。全省配备专职生活教师 2047 人，平均每校 0.77 人，寄宿生与专职生活教师之比为191.8∶1；医务人员 392 人，寄宿生与医务人员比为 1001.5∶1；安保人员 2839 人，寄宿生与安保人员的比为 138.3∶1。[2]

2008 年，蒲城县荆姚镇荆中小学利用危改项目建成了寄宿制小学。学生宿舍楼和食堂建筑面积总共 840 平方米，宿舍楼可容纳学生 160 名。[3]2009年，太白县将乡镇原有的学校全部撤掉，完成一乡一所标准化寄宿制完全小学的建设目标。教学楼、学生宿舍、教师住房、食堂、澡堂等都实行标准化。黄凤山寄宿制小学学生总数 931 名，住宿生 463 名，寄宿率达到49.7%。为了照顾低龄孩子生活，学校配备了 48 名生活教师，每 10 名住校生就安排 1 个生活教师负责。生活教师教孩子们洗脸、漱口、洗脚，培养学生良好的生活习惯，避免传染病的发生。除了国家及省级财政每天 2元生活补助外，县财政给予困难住宿生县级生活补助 0.5 元 / 天；营养早餐工程，每天 1 元；还设立了取暖补助。[4]

（十四）山西省

1995 年，山西省开始实施为期 3 年的中小学布局调整工作，计划用 3年时间，在山区新建寄宿制小学 1300 所，压缩生源较少的单人小学 2955所。目标完成后，单人小学减少到 13274 所，寄宿制小学将增加到 3561所。[5]2006 年，省政府将晋西北、太行山"两区"作为布局调整的重点，"十一五"期间重点支持 59 个县 450 个山区乡（镇）建设 510 所标准化寄宿制小学。[6]2007 年，全省已有 588 所农村寄宿制小学通上了暖气，取暖面积达 730767 平方米，161993 名学生进入安全温暖的教室学习。[7]2007 年，

① 牟阳春：《中国教育年鉴（2009）》，人民教育出版社 2009 年版，第 816 页。
② 李贵安：《陕西省农村寄宿制小学基本现状调查》，《陕西教育》2011 年第 4 期。
③ 卢南：《蒲城校舍改造工程基本完工》，《渭南日报》2008 年 9 月 6 日第 2 版。
④ 刘雅琼：《"一乡一校"打破山区教育瓶颈——陕西省太白县建设寄宿制小学掠影》，《中国财经报》2009 年 1 月 24 日第 3 版。
⑤ 张保庆：《中国教育年鉴（1996）》，人民教育出版社 1997 年版，第 450 页。
⑥ 褚艳：《我省中小学布局调整方向确定》，《山西经济日报》2007 年 10 月 10 日第 2 版。
⑦ 李林霞：《十六万农村寄宿制小学生温暖安全过冬》，《山西日报》2007 年 12 月 5 日第 2 版。

省教育厅在晋西北、太行山革命老区新改扩建了 200 余所农村寄宿制学校，建设面积达到 31.88 万平方米；为全省 588 所边远贫困地区农村寄宿制学校配置暖气；为全省农村寄宿制学校配备生活教师 8248 名。[1]2008 年，全省在总结推广右玉县、平鲁县寄宿制学校建设和管理经验的基础上，出台了《关于加强农村义务教育阶段寄宿制学校工作的指导意见》。[2]2009 年，省教育厅出台《山西省义务教育阶段中小学办学标准（试行）》〔晋教基（2009）20 号〕提出："支持在山区、偏远地区建设标准化寄宿制小学；寄宿制学校应根据需要增加建筑面积。应根据实际情况确定住宿生比例，学生宿舍按照小学建筑面积 3—5 平方米 / 生；寄宿制学校要按实际需要配备专门的生活管理、炊事、安全保卫等人员。"[3]2012 年，省教育厅、省财政厅制定的《山西省农村义务教育薄弱学校改造计划校舍改造类项目实施方案》提出："支持农村寄宿制学校学生附属生活设施建设，集中力量满足农村学生特别是留守儿童的住宿需求。"2012 年，全省贫困寄宿小学生生活补助提高到每人每天 4 元。[4]为丰富农村寄宿学生精神文化生活，从 2014 年 9 月 1 日起，山西省每年投入资金约 440 万元，为 2445 所农村寄宿制学校每月放映一场爱国主义教育电影。[5]2014 年 8 月 18 日，省教育厅等部门联合出台《关于全面改善贫困地区义务教育薄弱学校基本办学条件的实施意见》（晋教基〔2014〕37 号），将农村寄宿制学校宿舍、床位、厕所、食堂、饮水等纳入中央"全面改薄"专项资金和省级资金主要支持项目。

1996 年，沁水县 119 所五年制小学，寄宿制小学就有 90 所，占 75.6%。同时，各乡（镇）又开始试办 1—2 所包括低年级在内的寄宿制小学。[6]2001 年，太原古交市开始了新一轮以小学为重点的学校布局调整，当年就撤并 24 所小学，新建 1 所寄宿制小学。2002 年，进一步撤销 98 所单人学校，新建和扩建 9 所寄宿制小学。[7]2003 年以来，方山县大力

---

① 牟阳春：《中国教育年鉴（2008）》，人民教育出版社 2008 年版，第 558 页。
② 牟阳春：《中国教育年鉴（2009）》，人民教育出版社 2009 年版，第 500 页。
③ 《山西省教育厅关于印发〈山西省义务教育阶段中小学办学标准（试行）〉的通知》（晋教基〔2009〕20 号），山西省人民政府网站，http://www.shanxigov.cn/zw/zfcbw/zfgb/2009nzfgb/d18q_5020/szfbmgfxwj_5024/200910/t20091027_101061.shtml。
④ 刘大为：《中国教育年鉴（2013）》，人民教育出版社 2014 年版，第 417—418 页。
⑤ 《我省将农村寄宿制学校纳入农村电影公益放映补贴范围》，山西省财政厅网站，http://www.sxscz.gov.cn/www/2014-09-22/201409220800704239.html。
⑥ 缑崇喜：《以素质教育为目标，办出山区学校的特色》，《中小学管理》1996 年第 12 期。
⑦ 高耀彬：《看古交怎样落实政府责任》，《中国教育报》2002 年 12 月 19 日第 5 版。

调整农村中小学布局，走适度集中、创办寄宿制小学的路子，先后创办寄宿制小学十余所。为保证学生"留得住"，该县规定，凡住宿学生完全免费，餐费标准尽可能降低，四、五年级学生每生每月50元，其余学生每生每月10元。按周制定菜谱，学生吃饭定时定谱不定量。对低龄学生由生活老师实行重点看护，包括生活起居、定时饮水、及时增减衣服及清洗小件衣物等。[①]2006年，榆社县撤并了78所小学，改扩建寄宿制小学38所。生活教师由45岁以上的转岗教师担任，按1：30配备，炊事员也按照1：30配备，生活教师与炊事员共计配备了221人。[②]2006年，长治县新建寄宿制小学60余所，全县寄宿制小学总数达到了281所。[③]到2011年，长治市农村寄宿制小学达到255所，住校生达到3.68万余名。全市实施"一颗鸡蛋工程"、校车制度、保姆式照顾等民心工程，为农村小学生创造了一个良好的学习生活环境。[④]2004—2007年，晋城市财政每年投入500万元，6个县（市、区）财政每年投入300万元，每年建设100所标准化寄宿制小学。如西河乡将60个班整合成32个，建成了全市最大的农村寄宿制小学，全乡将一至六年级1600多名小学生集中到寄宿制学校上学。[⑤]2008年，芮城县政府与教育局出资为全县农村寄宿制小学安装了空调，并为每个宿舍配备了专职或兼职管理员，确保用电安全，改变了寄宿制小学用土炉子取暖现状。[⑥]2008年开始，安泽县实施"牛奶工程"。即由县财政出资，给全县所有农村寄宿制小学的寄宿生每人每天发放一袋鲜奶。全县33所农村寄宿制小学共有寄宿学生1527名，县财政"牛奶工程"补贴达到68.8万元。[⑦]2007年，朔州市右玉县威东寄宿小学是一所样板小学，拥有学生200余人，食堂、宿舍、多媒体教室等办学设施一应俱全，配备多名生活教师，能够为寄宿学生提供保姆式的后勤服务。2012年，该校仅有学

---

① 薛锁明：《方山教育资源整合新看点》，《山西日报》2004年11月26日第2版。
② 翟少颖：《一树百获的举措——榆社教育改革一年后》，《山西日报》2006年8月3日第3版。
③ 长治市教育局：《2006长治教育快速发展》，《中国文化报》2006年12月30日第3版。
④ 李家鸣：《每天一颗鸡蛋，校车专门接送——长治：呵护农村娃新招迭出》，《山西日报》2011年11月7日第B02版。
⑤ 方永利：《晋城市整合农村教育资源，建成标准化农村寄宿制小学三百所》，《山西日报》2006年9月22日第A01版。
⑥ 张学晋：《芮城农村寄宿制小学全用空调取暖》，《运城日报》2008年12月16日第2版。
⑦ 范非：《财政出资启动寄宿制小学"牛奶工程"》，《山西日报》2008年4月26日第A01版。

生 68 名，绝大部分都是残疾人家庭、单亲家庭，经济困难。学校共有教职工 24 名（含生活教师），师生比达到了 1∶3。生均办学成本达到了 5000 多元，难以为继。[①]2013 年，和顺县 56 所农村小学中，33 所是寄宿校，寄宿小学生 11723 人，寄宿率达到 66.9%。串村寄宿制小学建立于 2005 年，系 150 所农村小学合并而成。2013 年，该校成为晋中市规模最大的农村寄宿制小学，共有学生 1500 多名，其中住校学生 1000 多名，寄宿率达到 66.7%。[②]

从 2007 年起，朔州市平鲁区按照"高中、初中在城区，农村小学在乡镇"的思路进行布局调整，撤销了农村所有小学和教学点，在每个乡镇建设一所高标准寄宿制小学，将农村小学生全部集中到乡镇寄宿制小学就读。该区积极推行"五式"管理模式：一是生活起居"保姆式"。主要体现在配备充足的生活教师方面，小学低年级按照生师比 10∶1 安排，高年级 50 人配 1 名。二是饮食结构"营养式"。根据不同年龄的孩子搭配不同的膳食结构。三是校园环境"园林式"。四是学校管理"封闭式"。五是课余生活"娱乐式"。[③]2009 年秋季，全区 3600 多名小学生进入寄宿制学校学习生活，学校统一实行免费营养餐，在实行"两免一补"的同时，还为学生免费配发被褥、校服、洗涮用品等。寄宿生在区乡两级政府统一创建的"包吃、包住、包玩、包安全"的优美环境下享受幸福的教育。[④]优越的寄宿条件吸引了大量进城学生返乡学习，2009 年，全区返回乡村小学就读的孩子达到 98 人。[⑤]

（十五）河南省

1998 年 3 月，河南省辉县市三郊口乡建起了第一所寄宿制中心小学，撤销了全乡所有的教学点，解决了 370 多名儿童的就学问题。2001 年 8 月，黄水乡在龙王庙村建起了该市的第二所寄宿制中心小学，撤销了周围 5 个村的所有小学和教学点，解决了 230 多名学生的就学问题。2002—2004 年，

① 李凌：《坚守的村小，如何突围？》，《中国教育报》2012 年 3 月 31 日第 3 版。
② 张东：《办"和"民心"顺"民意的教育——山西省和顺县加快义务教育均衡发展采访纪行》，《中国教育报》2013 年 2 月 1 日第 1 版。
③ 郭健：《让教育公平的阳光洒向山庄窝铺——平鲁区农村寄宿制小学建设的实践与思考》，《朔州日报》2008 年 11 月 5 日第 3 版。
④ 路凤鸣：《平鲁区整合教育资源惠及农村娃》，《山西经济日报》2009 年 11 月 4 日第 3 版。
⑤ 安玉：《农村娃返乡就学的背后——朔州市平鲁区推进城乡教育均衡发展的调查》，《山西日报》2009 年 1 月 9 日第 B01 版。

全市在 14 个山区乡镇建设了 19 所寄宿制中心小学。辉县市将集中过来的教师分成了教学、保育、炊事三大块，选派教学业务能力强的担任教学工作。[1] 为了让山里娃都上得起学，寄宿制学校严格控制收费，学生自带口粮，每月只交 18 元的伙食费。开办寄宿制小学以后，家长可以腾出时间安心地干活挣钱了，打工一个月的收入即可满足孩子一年的生活费用，山区因此走上了教育脱贫的良性发展之路。[2]

新郑市辛店镇金芒果小学就是一所布局调整后兴建的普通寄宿制小学，学校有住校生 130 多名，小食堂里有餐桌椅，全部的开支是一天大约 2 元钱的伙食费；宿舍是 8 人一间的上下铺。[3]2011 年以来，驻马店市要求"3 万口人建 1 所中心小学，5 万口人建 1 所寄宿制小学，寄宿制小学全部建在乡镇政府所在地。学校年级不足 30 人、在校生低于 150 人的要合并，学校小于 50 人规模的要撤并"。[4]2012 年，全市基本完成农村寄宿制小学和完全小学建设任务。中央、省级财政每年安排县、区的农村中小学校舍维修改造资金重点用于农村寄宿制和完全小学的建设。[5] 段洼小学是济源市最西边的一所寄宿制小学，建成于 2003 年，由 7 个行政村的 8 所小学合并而成。该校中、高年级学生平均每人每天伙食费 2 元，低年级每人每天 1.5 元。在抓好课堂教学的同时，采取课外活动、班级活动相结合的办法，建立了篮球、乒乓球、书画、手工制作等各种兴趣小组，书香校园、儿歌童谣创作等活动使山里孩子的生活丰富多彩。90% 以上的家长对学校实行寄宿制教育表示满意。[6]2009 年，洛阳市新安县投资 300 余万元，高标准建设的曹村、石井、仓头 3 所乡镇寄宿制小学，整合了乡村教育资源，解决了 30 个行政村三至六年级 5000 余名小学生上学路途远、吃饭难、住宿难的问题。[7]

---

[1]　刘金城：《山区小学教育的曙光——辉县市撤点并校建立寄宿制小学的调查》，《河南日报》2002 年 6 月 8 日第 4 版。

[2]　程鸿飞：《阳光洒向山村孩子——河南辉县市普及寄宿制小学纪实》，《农民日报》2005 年 6 月 1 日第 2 版。

[3]　陈强：《让每个孩子都能上好学》，《中国教育报》2006 年 3 月 20 日第 1 版。

[4]　张德轩：《统筹兼顾，办人民满意的教育》，《驻马店日报》2010 年 11 月 10 日第 5 版。

[5]　王伟：《优先发展教育　促进教育公平》，《驻马店日报》2008 年 7 月 23 日第 5 版。

[6]　陈强：《生活安排真得当　荤素搭配吃不厌——济源寄宿制小学让孩子学得好睡得香》，《中国教育报》2009 年 8 月 18 日第 2 版。

[7]　孙天锋：《3 所乡镇寄宿制小学完工，5000 余名学生受益》，《洛阳日报》2009 年 12 月 30 日第 2 版。

2010年，周口市商水县出台的《优先发展教育，实施教育强县战略的意见》提出："5年内，全县各乡镇要建设2所以上20班1500人左右规模的农村寄宿制小学。"①2011年10月27日，河南省教育厅又出台了《义务教育学校办学条件基本标准（试行）》规定："农村地区乡（镇）中心小学应逐步建成寄宿制小学。寄宿制学校应根据学生住宿人数配置学生宿舍，并相应增加食堂、浴室和教工宿舍等相关生活用房。寄宿制小学学生宿舍的人均使用面积不低于3.0平方米，保证学生一人一床，上铺有符合安全要求的防护栏。学生食堂生均使用面积不低于1.2平方米。寄宿制学校还应配备生活辅导员和心理教师并纳入教职工编制管理。"②

（十六）河北省

2001年，河北省政府决定用3—5年的时间完成农村中小学布局调整。提倡在人口稀少地区，或交通不便、居住分散的地区、坝上高原地区建寄宿制学校。③2004—2007年，全省农村寄宿制学校建设工程规划建设项目学校共计171所，其中，小学29所，九年一贯制学校7所。④2008年，全省提高贫困寄宿生资助标准和比例，小学补助标准为每生每年500元，补助比例最低控制为寄宿生总数的23%。⑤2010年，贫困小学寄宿生生活补助标准提高到750元，2012年再次提高到1000元。⑥2013年9月，省政府出台的《关于进一步做好农村义务教育学校布局调整工作的意见》提出："合理确定寄宿制学校与非寄宿制学校的比例，小学服务半径一般不超过2公里。"⑦

兴隆县北水泉乡1998年就开始小学的布局调整工作，2002年，在大沟村集中办了一所九年一贯制寄宿学校。2004年，合并7个行政村的全部小学建成了一所寄宿小学，解决了方圆120平方公里的适龄学生就学问题。⑧保定市阜平县2001年布局调整以来，小学由232所减少到153个，

---

① 戚二中：《商水县优先发展教育》，《周口日报》2010年11月19日第A04版。
② 《河南省人民政府办公厅关于印发河南省义务教育学校办学条件基本标准（试行）的通知》，河南省教育网，http://qmgb.haedu.cn/2016/11/28/1480329351768.html。
③ 郑树山：《中国教育年鉴（2002）》，人民教育出版社2002年版，第411—412页。
④ 牟阳春：《中国教育年鉴（2006）》，人民教育出版社2006年版，第428页。
⑤ 牟阳春：《中国教育年鉴（2009）》，人民教育出版社2009年版，第484页。
⑥ 刘大为：《中国教育年鉴（2013）》，人民教育出版社2014年版，第406页。
⑦ 宋德民：《中国教育年鉴（2014）》，人民教育出版社2016年版，第401页。
⑧ 孟庆华：《农村办学的一条好路子——兴隆县北水泉乡教育布局调整的调查》，《承德日报》2005年10月18日第5版。

基本实现了每万人口建一所规范寄宿制小学的目标。①2007 年，邯郸市涉县建成高标准寄宿制小学 3 所，每所学校都免费配置了床单、被罩、暖水瓶、电热水器、洗衣机等必要物品，安装了取暖锅炉。较为优越的食宿条件吸引了众多学生，在部分学区出现了外流学生争着返乡就读的现象。②2007 年 9 月，唐山市迁西县出台了《迁西县中小学布局调整实施方案》，一方面合理撤并校点，另一方面搞好寄宿制学校建设。截至 2008 年年底，全县撤并小学 26 所，新设寄宿制小学 7 所，寄宿制小学总数达到 12 所。2009 年，全县撤并小学 42 所，2010 年，再次撤并小学 19 所，小学总数撤并到 78 所，其中寄宿制小学达到 34 所。在寄宿制学校建设中，迁西县坚持校舍建设与附属设施建设并重，教学设施与生活设施配备并重。年补助寄宿生生活费每生 300—400 元，交通费 100 元，免除住宿生全部住宿费。③2011 年以来，石家庄市启动了"下山扶贫教育工程"，在两三年内，新建、改扩建 50 所中心乡镇（学区）寄宿制小学，将深山区学生全部安排到寄宿制学校就读。在区域中心小学，原则上一至三年级按 1∶10、四至六年级按 1∶20 配备生活老师，每所学校配备校车，免费接送学生。④2012 年，邢台市清河县启动了农村小学餐厅、宿舍配建工程，为小学教学点服务半径 2 公里以外的学生提供午餐服务，为农村中心小学服务半径 3 公里以外的学生提供食宿服务，共建成农村寄宿制小学 18 所。⑤顺平县没有寄宿制小学，村里小学有很多代课教师，质量堪忧。家长们有的在县城买了房子，有的租房子，有的借住在亲戚家，还有的把孩子托付给"小饭桌"——一种为中小学生提供吃饭、住宿、学习辅导，甚至代替家长签字的特殊营业机构。在县城小学就读，每月要交给"小饭桌"450 元。⑥

---

　　①　任宝丽：《阜平调整农村中小学布局，7000 余名学生迁入条件较好的学校》，《保定日报》2006 年 2 月 28 日第 A04 版。

　　②　《百年基业铸辉煌——涉县教育事业 30 年快速健康持续发展纪实》，《邯郸日报》2008 年 11 月 25 日第 B02 版。

　　③　赵珺：《迁西："麻雀学校"逐渐淡出历史》，《唐山劳动日报》2009 年 7 月 14 日第 3 版。

　　④　耿建扩：《"孩子们下山上学了！"——石家庄实施山区教育扶贫工程》，《光明日报》2011 年 9 月 18 日第 1 版。

　　⑤　许金亭：《把教育摆在优先发展的位置——清河县推进教育强县建设纪实》，《邢台日报》2013 年 10 月 12 日第 7 版。

　　⑥　董立龙：《城缘何多了教育"小移民"》，《河北日报》2014 年 6 月 12 日第 5 版。

（十七）新疆维吾尔自治区

1998 年 10 月，新疆维吾尔自治区在阿勒泰地区富蕴县召开了"自治区牧区寄宿学校建设与管理经验交流现场会"，推广富蕴县的经验，对于南北疆牧区寄宿制学校的建设和发展起到了推动作用。[1]2004 年 4 月 2 日，自治区召开了"两基"攻坚规划工作会议。中央支持自治区 6.8 亿元，主要用于新建、改扩建一批以农村初中为主的寄宿制学校。[2]2005 年，国家批复自治区实施"农村寄宿制学校建设工程"，项目共涉及九年一贯制学校 22 所、小学 36 所。"工程"实施后，项目学校生均校舍面积小学可由每生 3.06 平方米提高到 4 平方米，九年一贯制学校每生 3.81 平方米可提高到 4.46 平方米。[3]截至 2006 年年底，自治区"农村寄宿制学校建设工程"已基本完成，新增中小寄宿学生 6.80 万人。同时，农村义务教育经费保障新机制实施后，小学贫困寄宿生每年还可获得生活补助 500 元。[4]2010 年，全区新增投资 1.3 亿元，先行提高农村义务教育阶段贫困寄宿生生活补助标准，小学由每生每学年 500 元提高到 1000 元。[5]截至 1994 年年底，犁州牧区寄宿制小学 139 所，比 1980 年增加 47 所，增长 51.09%，寄宿制小学校数和在校生数逐年增长。牧区寄宿制小学伙食费标准每月 14 元，在校生享受助学金的比例为 50%。1995 年，伙食费标准提高到 25 元。住校学生的肉食由学生所在社、队按牧工供应标准逐月供给。为弥补寄宿制学校经费的不足，全州大多数学校都开展了勤工俭学活动。[6]

2008 年年底，塔什库尔干塔吉克自治县建成了南疆最大的寄宿制小学，所有贫困农牧民家庭子女在这里就读，不仅住宿费用全免，所需被褥、饭盆、香皂、洗发水也免费发放。住校生每月还可享受国家给予的生活补贴。2009 年，在县城寄宿制小学住宿的学生有 1500 名，来自全县 14 个乡镇场。小学四至六年级和初中集中到县城寄宿制学校就读。[7]塔什库尔干塔吉克自治县塔什库尔干县城乡寄宿制小学共有学生约 3000 人，走

① 编辑部：《中国教育年鉴（1999）》，人民教育出版社 1999 年版，第 926 页。
② 牟阳春：《中国教育年鉴（2005）》，人民教育出版社 2005 年版，第 882 页。
③ 牟阳春：《中国教育年鉴（2006）》，人民教育出版社 2006 年版，第 756 页。
④ 牟阳春：《中国教育年鉴（2007）》，人民教育出版社 2007 年版，第 761—763 页。
⑤ 刘大为：《中国教育年鉴（2011）》，人民教育出版社 2012 年版，第 770—771 页。
⑥ 葛丰交：《伊犁州牧区教育现状及对策研究》，《民族教育研究》1999 年第 3 期。
⑦ 潘莹：《骆驼"校车"》，《新华每日电讯》2009 年 3 月 7 日第 13 版。

读生 1800 人，寄宿生 1200 人。走读生的家大多在距离县城 3—5 公里的乡村，每天要徒步行走 6—10 公里上下学；而部分寄宿生则要在学校生活一个学期，在学期末的时候才有可能回家。① 2012 年 3 月，新疆维吾尔自治区塔什库尔干县接受了 14 辆校车捐赠。可由于缺乏符合资质的驾驶员、薪酬待遇等问题招不到校车司机，价值 400 余万元的校车大部分时间只能待在停车场上。②

（十八）广西壮族自治区

1994 年，广西共有 68 所中小学办有寄宿制中小学民族班。1995 年，全区中小学寄宿制民族班的教学质量良好，民族高小班升学率约 91%。2003 年 8 月，自治区政府出台了《广西壮族自治区寄宿制民族班 2004—2006 年发展规划》。2007 年，制订了《广西壮族自治区寄宿制民族班管理办法》并召开了全区寄宿制民族班招生管理工作会议。2008 年，自治区承办小学寄宿制民族班的学校有 27 所 6750 人，初中、小学寄宿制民族班被纳入"广西农村义务教育阶段家庭经济困难寄宿生生活补助"项目，基本补助标准为小学每生每年 500 元。2009 年，小学寄宿制民族班承办学校达到 62 所，在校学生达到 18060 人。学生在校期间的生活、学习费用，由国家给予适当的补助（包括每人每月伙食费 12—15 元）。对于生活特别困难的少数民族学生，还发给衣服、棉被、提桶以及其他生活用品。县、乡办的民族高小班，学生在校期间的待遇，有的只补助适当的伙食费，每生每月 6—8 元，免交学杂费和书费；有的只发给每天的菜金 0.2 元，卧具及生活用品自备，对于生活特别困难的学生每月发给伙食补助费 12 元或借给蚊帐、冬衣。③ 2010 年，广西出台的《广西壮族自治区实现县域义务教育均衡发展规划（2010—2020 年）》规定："到 2015 年，全区每个乡镇重点建设 1 至 2 所寄宿制小学。"④ 2000 年，广西区党委、政府决定用两年左右的时间，在 8 个边境县按寄宿制要求建设好 1 所中心小学。⑤ 2009 年，

---

① 李雪婷：《"开往春天的校车"在塔县》，《交通世界》2012 年第 16 期。

② 夏莉涓：《缺少 A1 驾照司机，新疆塔县新校车无法使用》，《西部时报》2012 年 8 月 7 日第 1 版。

③ 资料来源：根据《中国教育年鉴（1985—2010）》整理得到。

④ 李静：《广西稳步推进中小学布局调整》，《南宁日报》2011 年 9 月 19 日第 4 版。

⑤ 刘昆：《兴边富民西部开发的切入点：广西边境建设侧记》，《光明日报》2000 年 10 月 18 日第 A01 版。

鹿寨县寨沙镇龙江寄宿制小学合并了 8 所村级小学，一至六年级 876 名学生中有 558 人住校，其中，7 岁左右的一年级学生就有 195 名，很多孩子来自二三十里外的村子。学校配备了 12 名生活指导老师，每天 24 小时三班制管理在校学生的生活。①2008 年，岑溪市外出务工人数达 17 万，农村小学留守儿童达 29187 人。为解决留守儿童问题，全市有 32 所农村小学在小学高年级推行寄宿制。全市小学生总数为 10.87 万，其中小学寄宿生 1.7 万，占在校生总数的 17%。南渡镇义新中心小学在合并了 8 所学校后建成寄宿制学校，在该校寄宿就读的五、六年级学生 509 名，绝大多数是农村留守儿童。②2011 年 5 月 17 日，都安瑶族自治县 19 个乡镇 94 所农村寄宿制小学领取了消毒柜、冰柜等一批食堂设备，解决了 1 万多名小学寄宿生的营养餐用具问题。县财政每天给每名学生提供 3.5 元的营养餐补助，获得配发食堂设备学校的寄宿生将享受一日三餐的营养餐。食堂工友按编制 1：70 的比例配备，以每人每月 1000 元的工资标准为寄宿制小学聘请了 228 名食堂工人。③

（十九）重庆市

2007 年，重庆市出台了《关于进一步推进义务教育均衡发展的意见》，为推进义务教育均衡发展部署了"寄宿制学校建设工程"。计划到 2010 年，全市新建、改扩建农村寄宿制小学达到 1200 所。④2008 年，全市小学贫困家庭寄宿生生活补助标准由每生每天 1 元提高到 2 元。⑤2009 年，全市建成寄宿制学校 513 所，累计达到 1600 余所。同时，小学贫困家庭寄宿生生活补助标准调至每生每年 500 元。⑥2010 年，全市新建成农村寄宿制学校 480 所，累计达到 2080 所，共惠及农村义务教育学生 127 万人。⑦重庆

---

① 赖建辉：《农村学校，集结冲刺——鹿寨县努力均衡教育发展透视》，《柳州日报》2008 年 9 月 9 日第 6 版。

② 覃波寄：《寄宿学校：弥补农村留守儿童的教育缺憾》，《法治快报》2008 年 8 月 5 日第 2 版。

③ 周仕敏：《告别"黄豆蒸饭"吃上可口饭菜——广西都安实施寄宿生营养餐工程纪实》，《中国教育报》2011 年 5 月 25 日第 1 版。

④ 匡丽娜：《义务教育均衡发展"三步走"：2015 年"两翼"基本实现城乡教育统筹发展，2020 年全市基本实现教育现代化》，《重庆日报》2007 年 7 月 3 日第 1 版。

⑤ 牟阳春：《中国教育年鉴（2009）》，人民教育出版社 2009 年版，第 749 页。

⑥ 牟阳春：《中国教育年鉴（2010）》，人民教育出版社 2011 年版，第 795—798 页。

⑦ 刘大为：《中国教育年鉴（2011）》，人民教育出版社 2012 年版，第 671 页。

市还将寄宿制学校建设工程与农村留守儿童问题结合起来。2010年，市委研究室联合市教科院等单位，探索出了农村留守儿童的"4+1"教育培养模式。该模式从思想政治、人格品质、心理情感、行为养成、营养健康和安全5个方面开展试验，利用寄宿制学校学生课外活动时间，以"规范、爱心、红色"为主线，帮助留守儿童消除远离父母带来的心理情感缺失等问题。[1]2011年开始，万州市计划用7年时间改扩建学生宿舍和食堂，完善学生食宿条件，实施115所农村中小学寄宿制学校建设工程。届时，万州农村小学住宿生占比将由28.50%提高到60.00%，农村中小学生食宿难问题将得到彻底解决。2014年，全市已完善并建成寄宿制学校65所。[2]

（二十）甘肃省

甘肃省进一步加大寄宿制民族中小学的建设力度，1994年建成寄宿制小学99所，使民族地区90%的牧业乡有寄宿制小学。[3]到1997年，全省9个牧业县，116个牧业乡，每个牧业乡建成1所寄宿制民族小学。[4]2000年，部分县市开始布局调整工作，如碌曲县就将尕海乡尕秀小学、双岔乡青科小学、郎木寺乡贡巴小学和县藏族小学办成了寄宿制学校，使学校规模效益得到发挥。[5]2002年，由省教育厅组织实施了甘肃省少数民族牧区寄宿制学校校长培训项目。由新西兰教育专家和省内专家集中培训，为期24天。来自全省牧区10个县的30名校长参加了培训。[6]2004年，"西部地区农村寄宿制学校建设工程"正式启动实施。2007年，甘肃省农村寄宿制学校建设工程任务全面超额完成。共建成项目学校566所，建筑面积114.94万平方米。同时，省教育厅还制定了《甘肃省牧区寄宿生生活补助资金管理办法》，将牧区义务教育阶段中小学寄宿生生活补助费标准由每生每学年的239元提高到每生每学年360元。[7]2008年，甘肃省"以创办寄宿制中

① 李志峰：《留守儿童"4+1"教育模式昨天在首批18所项目学校启动》，《重庆日报》2010年10月9日第2版。
② 《万州：今年将建成13所农村寄宿制学校》，中国网，http://finance.china.com.cn/roll/20140610/2457470.shtml。
③ 张保庆：《中国教育年鉴（1995）》，人民教育出版社1995年版，第736页。
④ 郑树山：《中国教育年鉴（1998）》，人民教育出版社1999年版，第822页。
⑤ 郑树山：《中国教育年鉴（2001）》，人民教育出版社2001年版，第730页。
⑥ 郑树山：《中国教育年鉴（2003）》，人民教育出版社2003年版，第734页。
⑦ 牟阳春：《中国教育年鉴（2008）》，人民教育出版社2008年版，第854—856页。

小学为突破口，高中阶段学校向县城集中、初中向中心乡镇集中、教学点向中心村集中、新增教育资源向城镇集中"的中小学布局结构调整工作模式在全省推展开。①2009年，小学家庭经济困难寄宿生生活费补助标准提高到每生每年500元。所需资金由中央财政、省级和市县按5：3：2分担。有条件的市（州）县（市、区）可在基本标准的基础上，调高补助标准，所需资金由市县财政自行解决。2010年，又将标准提高到每生每年750元。2011年，再次将补助标准提高到每生每年1000元。②2012年，全省实施"中小学校车安全工程"，对义务教育阶段需要乘车的寄宿学生进行详细摸底调查，建立了寄宿学生乘车信息档案。开通义务教育阶段寄宿生周末接送班车营运线路3117条，为30.3万寄宿生提供校车服务。③2012年10月24日，省教育厅公布的《甘肃省义务教育学校办学基本标准（试行）》规定："支持在山区、偏远地区建设标准化寄宿制小学。寄宿制学校每30名小学生配备1名学生生活管理员，并将之纳入教师编制管理。"④2014年，省财政厅和教育厅再次提高甘南藏族自治州农村义务教育阶段寄宿生生活费补助。海拔最高的碌曲县、玛曲县每生每年提高300元，生活费补助达到1950元，其他县区每生每年提高265元，生活费补助达到1915元。⑤

2006年，皋兰县将黑石川乡石青村7所点校合并，建成了全县第一所农村寄宿制小学——石青明德小学，学生统一住宿、统一管理，学校环境优美，暖气、图书室、电教设备齐全，孩子们接受了优质教育。2007年，全县再次撤并20个点校，将143所小学合并为123所。⑥2008年，金塔县对农村中小学进行重新布局，将古城乡原来分散在12所小学的931名学生集中到原中学上学，实行寄宿制教育。学校条件大为改观，多媒体教室、现代远程教育网络等设备设施一应俱全，学生宿舍、食堂宽敞整洁。学校还配备了1名由专任教师转岗过来的生活教师，音、体、美由专职教师担

① 牟阳春：《中国教育年鉴（2009）》，人民教育出版社2009年版，第828页。
② 《甘肃省教育厅关于预拨2010年秋季学期农村义务教育阶段家庭经济困难寄宿生生活费补助资金的通知》，甘肃省教育厅网，http://www.gsedu.gov.cn/content-4200.htm。
③ 刘大为：《中国教育年鉴（2013）》，人民教育出版社2014年版，第730页。
④ 刘大为：《中国教育年鉴（2013）》，人民教育出版社2014年版，第727页。
⑤ 《甘肃加大对藏区寄宿学生资助力度，甘南部分学生生活费达到近两千元》，甘肃省教育厅网，http://www.gsedu.gov.cn/content-24830.htm。
⑥ 周丹波：《农家子弟寄宿上学，教育资源"重心下移"：皋兰推进城乡教育均衡发展》，《甘肃日报》2007年8月22日第2版。

任，课外活动得以开展。[①] 自 2008 年以来，临洮把布局调整的着力点放在小学上，确定创建 20 所寄宿制小学。全县 78 所完全小学的 2312 名四至六年级学生移动到了卅墩学校等 6 所九年制学校、文峰小学等 14 所寄宿制小学，寄宿高年级学生 841 人，寄宿率达到 36.4%。[②] 民勤县始终把调整布局结构，优化资源配置作为重要抓手。2001 年，全县将 193 所村小和完小撤并，建成 59 所寄宿制小学，减少了 206 个教学班。[③] 2010 年，东湖镇红英小学、西渠完全小学启动了示范性寄宿制小学建设工程，东湖镇所有的教学点撤并到了红英小学，西渠镇撤并初小和教学点 16 所，开创了全县农村低年级寄宿制学校的先河。[④] 2010 年，金昌市金川区双湾镇中心小学先后合并了 11 所规模较小的学校。承担着宁远、双湾两镇 11 个村及市、区园艺场和大量外来务工人员子女的小学、学前教育任务。全校 222 名寄宿生在享受"两免一补"的基础上，率先在全省免除了寄宿生的寄宿费。为了全方位关照寄宿生生活，学校完善了学生饮食、住宿、学习、安全等方面的相关制度。另外，区政府还为学校购置了 5 辆学生专用校车，分路对 11 个村超服务半径的低年级学生进行免费接送。[⑤]

（二十一）青海省

20 世纪 90 年代中期，青海省牧区寄宿制小学教育取得了巨大成就。到 1996 年，全省寄宿制小学发展到 317 所，在校学生 33392 名（全省在校小学生总数 459552），寄宿率达到 7.62%。[⑥] 1998 年 6 月 1 日，省教委组织力量对玉树州开展了调研，发现寄校生人数不断增加，助学金标准和基数一直保持在小学每生每月 20 元。建议将补助提高到每月 130 元以保

①　张革文：《为了农村的学生娃：金塔县促进城乡教育均衡发展纪实》，《甘肃日报》
2008 年 1 月 31 日第 2 版。
②　桑彦荣：《让孩子在阳光教育照耀下成长——临洮创建寄宿制小学》，《定西日报》
2009 年 4 月 8 日第 3 版。
③　李曜明：《重大的决策，成功的实践——甘肃省教育厅副厅长李卫国谈"义教工程"》，
《中国教育报》2001 年 3 月 30 日第 2 版。
④　马顺龙：《发展均衡教育，构建和谐社会——记"全国推进义务教育均衡发展工作先
进地区"民勤县》，《甘肃日报》2010 年 3 月 9 日第 3 版。
⑤　李玉梅：《双湾镇中心小学标准化寄宿制项目竣工 200 多名学生寄宿管理》，《金昌日
报》2010 年 10 月 26 日第 2 版。
⑥　陈化育：《强化管理，勤工助学，质量为本——兴海县河卡寄校持续发展管窥》，《青海
民族研究（季刊）》1997 年第 4 期。

证寄校生最低生活标准，所需经费由中央、省、州三级分别按 7：2：1 的比例承担。①2001 年，中央财政划拨专项资金 800 万元，省财政筹集资金 500 万元，主要用于抵减牧区贫困学生的杂费、课本费及补助寄宿制贫困学生生活。②2004 年，省委、省政府制定了《中小学寄宿制学校建设工程方案》，并组织力量实施。截至 2006 年年底，全省寄宿制学校建设工程落实中央专项资金 4.5 亿元，改扩建学校 297 所，新增校舍面积 45.1 万平方米，配备图书 30 万册，实验仪器设备 102 套。③截至 2007 年年底，国家共安排给青海省的寄宿制学校建设工程资金达 5.06 亿元，建设校舍 49.9 万平方米，改扩建学校 357 所。④2008 年，省教育厅制定了《青海省"两基"攻坚县（2008—2010 年）寄宿制学校建设规划》，争取国家资金 3.28 亿元，用于未"普九"9 个县寄宿制学校建设。同时，农村小学家庭经济困难寄宿生的生活费基本补助标准提高到每生每年 500 元。⑤2009 年，未"普九"的 9 个县寄宿制学校建设工程与布局调整工作同时推进，6000 左右的小学生集中在县城就读。⑥2010 年，省财政下达经费保障机制各类资金 6.51 亿元，其中，寄宿制中小学食堂燃煤补助 0.3 亿元。⑦2012 年，全省再次对寄宿生生活补助提标扩面，将标准统一提高 200 元，同时将生活补助资金测算采用的基数从 2007 年变更为 2011 年，确保学校布局调整后寄宿生同等享受政策。省教育厅还印发了《关于进一步做好寄宿制中小学管理工作的指导意见》，推动寄宿制学校管理的规范化、制度化及科学化。⑧

海北藏族自治州规划筹资 11.5 亿元，用 10 年时间实现了"州办高中、县办初中、乡办寄宿制小学、村办学前教育"的目标。⑨海南州通过中小学布局调整，撤点并校，集中举办寄宿制学校。"将生活保障作为关键点，让寄宿生吃住不愁"是海南州举办寄宿制小学的基本原则。2009 年，共和县沙珠玉小学在布局调整中改为寄宿制小学，311 名在校生中有住校生 230 名，寄宿率达到 73.95%。为了照顾好寄宿生的饮食起居，学生配备了

① 郑树山：《中国教育年鉴（2000）》，人民教育出版社 2000 年版，第 827 页。
② 郑树山：《中国教育年鉴（2002）》，人民教育出版社 2002 年版，第 733 页。
③ 牟阳春：《中国教育年鉴（2007）》，人民教育出版社 2007 年版，第 739 页。
④ 牟阳春：《中国教育年鉴（2008）》，人民教育出版社 2008 年版，第 837 页。
⑤ 牟阳春：《中国教育年鉴（2009）》，人民教育出版社 2009 年版，第 837 页。
⑥ 牟阳春：《中国教育年鉴（2010）》，人民教育出版社 2011 年版，第 879 页。
⑦ 刘大为：《中国教育年鉴（2011）》，人民教育出版社 2012 年版，第 749 页。
⑧ 刘大为：《中国教育年鉴（2013）》，人民教育出版社 2014 年版，第 742—743 页。
⑨ 王刚：《海北十年规划勾画教育蓝图》，《青海日报》2010 年 6 月 22 日第 2 版。

7名生活教师，生师比达到32.9∶1。在乡镇小学就读的学生全部免费入学，食宿费每学期只需交50元，国家给每人每学期补助145元，切实减轻了家长们的负担。[①] 江西沟乡环湖民族寄宿制小学保育员尽职尽责，每天晚上都要到宿舍挨个查看，给学生盖被子，负责送生病的孩子到医务室。早上学生上课后，保育员还把学生宿舍打扫干净，帮他们叠被子。[②]

兴海县河卡寄校成立于1965年，是青海省牧区较早的寄宿制试点学校。1996年学校共有学生185名，其中，寄宿生114名，寄宿率为61.62%。寄宿生离家最近的为7公里，最远的为30公里。为使学生留得住、学得好，吃饭、住宿是该校首先考虑的两大问题。进入20世纪90年代以后，随着国家粮油价格放开及物价上涨，原来确定的18元生活补助已经难以支撑一个住校生的生活费用。学校通过组织勤工俭学，兴办牧场、农场等方式，将寄宿生伙食提高到每月61.5元，保证了寄宿生的生活标准不低于当地牧民生活。为了搞好住宿服务，学校要求保育员为学生勤洗衣服、勤理发，使学生逐步养成良好的卫生习惯。冬季取暖，学生先热。学生宿舍被褥毛毯齐全，而且勤洗勤换。[③] 贵德县千果羊寄校是海南州最贫困的千果羊、吾隆、切扎、上等村小学三年级到六年级学生读书学习的场所。2005年以前，学校一间宿舍挤了12名学生。2005年，学校修建教室、宿舍15间，所有宿舍都换成了高低床，一间房子住7~8名学生。孩子们的学习生活环境得到了明显的改善。[④] 开展以校办牧场为主的勤工俭学活动是弥补办学资金不足的有力措施。

（二十二）宁夏回族自治区

2000年开始，宁夏开始中小学布局调整，从实际出发，减少教学点，发展寄宿制教育。[⑤] 截至2001年年底，全区小学由3056所调整到2786所。[⑥] 2008年，家庭经济困难寄宿小学生生活费补助从每生每年280元提

[①] 杜金萍：《把学校建成农牧区最亮丽的风景线——我州全面实施"乡办小学"新模式见闻》，《海南报》2009年9月28日第1版。

[②] 高毅哲：《农牧民子女的幸福工程——青海省海南州学校布局调整采访纪行》，《中国教育报》2011年11月26日第1版。

[③] 陈化育：《强化管理，勤工助学，质量为本——兴海县河卡寄校持续发展管窥》，《青海民族研究（季刊）》1997年第4期。

[④] 毛翠香：《一个贫困乡镇的历史性变迁》，《青海日报》2007年8月23日第2版。

[⑤] 郑树山：《中国教育年鉴（2001）》，人民教育出版社2001年版，第745页。

[⑥] 郑树山：《中国教育年鉴（2002）》，人民教育出版社2002年版，第736页。

高到了 500 元。①2009 年，原州区按照一个乡镇建设一所高标准寄宿制小学，将五至六年级学生集中到乡镇中心小学住校，学校办学条件大为改观，学生也享受到了优质教育。② 从 2010 年秋季学期开始，中南部地区 12 个市、县公办学校寄宿学生全面实施"营养早餐工程"，为寄宿生每人每天免费提供 1 个熟鸡蛋。③ 从 2011 年秋季学期开始，全省将家庭经济困难寄宿小学生生活费补助标准提高到了每年 1000 元。④

（二十三）贵州省

截至 1999 年年底，贵州省共办寄宿制民族班数 140 个，在校生达到 7000 多人。⑤2001—2007 年，贵州省主要加大农村寄宿制初中的建设力度，截至 2007 年"西部农村寄宿制学校建设工程"圆满完成，项目学校初中住校学生达 57 万人，住校率从 27% 提高到近 50%。⑥ 从 2008 年开始，贵州省农村义务教育阶段贫困寄宿生生活费补助面由初中阶段扩大至小学阶段，补助标准也由原来的 200 元 / 生·年提高为小学生 500 元 / 生·年，农村寄宿制小学开始进入政策视野。⑦2009 年，全国政协委员、贵州省教育厅副厅长蔡志君建议："在边远山区小学推行寄宿制。"⑧2009 年 4 月，省教育厅组织相关处室赴黔东南自治州丹寨、麻江两县实地考察民族寄宿制小学办学情况，并对全省此项工作进行了全面统计。⑨ 从 2010 年起，贫困寄宿小学生生活补助费标准由 500 元 / 人·年增加到 750 元 / 人·年。⑩2011 年，贵州省政府发布的《关于印发农村寄宿制学校建设攻坚工程方案的通知》（黔府发〔2011〕23 号）提出：在"十二五"期间，大力加强农村学校食堂建设，实现农村中小学（除教学点外）"校校有食堂"的目标；强力推进农村寄宿制学校建设，使农村小学在校生寄宿率达到 30%，初中在

① 牟阳春：《中国教育年鉴（2009）》，人民教育出版社 2009 年版，第 847 页。
② 王建保：《撤并改制农村小规模学校七十二所 原州区数千偏远农村学生享受优质教育》，《固原日报》2009 年 11 月 28 日第 2 版。
③ 刘大为：《中国教育年鉴（2011）》，人民教育出版社 2012 年版，第 759 页。
④ 刘大为：《中国教育年鉴（2012）》，人民教育出版社 2013 年版，第 754 页。
⑤ 郑树山：《中国教育年鉴（2000）》，人民教育出版社 2000 年版，第 757 页。
⑥ 牟阳春：《中国教育年鉴（2008）》，人民教育出版社 2008 年版，第 809 页。
⑦ 牟阳春：《中国教育年鉴（2009）》，人民教育出版社 2009 年版，第 779 页。
⑧ 施维：《在边远山区小学推行寄宿制》，《农民日报》2009 年 3 月 13 日第 2 版。
⑨ 牟阳春：《中国教育年鉴（2010）》，人民教育出版社 2011 年版，第 826 页。
⑩ 刘大为：《中国教育年鉴（2011）》，人民教育出版社 2012 年版，第 695 页。

校生寄宿率达到70%。至此，农村寄宿制小学进入全面建设阶段。2012年，农村寄宿制学校攻坚工程统筹资金13.8亿元，开工150万平方米学生宿舍，建成90万平方米。[1]2013年，继续推进农村寄宿制学校攻坚工程，建成132万平方米学生宿舍，农村小学生寄宿率达到了18%；建成了3.7万套乡镇教师公租房。[2]

2009年，铜仁地区思南县下发了《关于实施农村寄宿制小学建设工作意见》和《思南县2009年农村寄宿制小学建设工作实施方案》，计划用7年左右时间完成农村寄宿制小学标准化建设目标，使全县小学校、点数由312所减少到68所，其中65所办成寄宿制小学。[3]2010年1月，铜仁地委副书记、行署专员李再勇进一步提出："2015年前，全区要建成农村寄宿制小学400所以上，实现平均每个乡（镇）2—3所寄宿制小学，每所寄宿制小学在校生500—1000人的目标，建成的寄宿制小学办学条件和师资配备均达到国家颁布的标准。"[4]截至2011年年底，全区筹措资金2.2亿元，实施农村寄宿制小学建设项目94个，新增校园面积338415平方米，新增校舍面积149328平方米，撤并村小、教学点193个，寄宿制小学在校学生63621人，其中寄宿生23648人，寄宿率达到37.17%。[5]2013年，铜仁市认真落实农村寄宿制小学"四员"（生活指导员、食堂服务员、医务人员和安保人员）配备；紧紧围绕寄宿生"吃、穿、住、行、学、医、心、育"八方面焦点内容，进行精细管理，贴心服务。[6]

2008年，黔东南州开始实施农村寄宿制学校建设工程。截至2011年年底，全州撤并校点293个，班额在25人以下的村小和教学点班级减少了1300多个，小学复式班减少一半，建成了寄宿制小学92所。学校硬件设施大为改观，学生从奔波流离到了"第二个家"。集中举办寄宿制学校后，孩子们的学习和生活条件明显改善，不仅养成了良好的卫生习惯，独立生

① 刘大为：《中国教育年鉴（2013）》，人民教育出版社2014年版，第680页。
② 宋德民：《中国教育年鉴（2014）》，人民教育出版社2016年版，第671页。
③ 胡丽平：《思南大力推进寄宿制小学建设》，《铜仁日报》2010年3月10日第2版。
④ 杨萍：《我区着力推进教育公平，促进教育均衡发展》，《铜仁日报》2010年7月22日第1版。
⑤ 王全香：《撬动城乡教育均衡发展——铜仁地区推进农村寄宿制小学建设纪实》，《贵州日报》2011年5月29日第1版。
⑥ 代侣：《贵州铜仁："美丽教育"促均衡》，《中国教师报》2013年5月22日第5版。

活能力明显增强,学习效率和综合素质也全面提高。[1]2008 年开始,黔东南州丹寨县开始实施"小学向中心乡镇集中、初中向县城集中、全部建设寄宿制学校"的教育发展战略,加快学校布局调整。2009 年建成的 3 所寄宿制小学,新教学楼、新食堂、新宿舍、新器材,环境优美,设施齐全,堪比城镇学校。不仅如此,寄宿生成绩还得到了大幅提升。学生及格率从 50% 提高到 90%,平均分从 30 分提高到 80 分。[2]

(二十四)云南省

1995 年,云南省在继续办好 3000 所半寄宿制高小的基础上,再增设 30 所寄宿制完小,在人口特别分散地区增设 50 所半寄宿制初小。[3]1997 年,全省投入 1000 万元,新增设寄宿制完小 19 所,寄宿制初小 36 所。[4] 到 1998 年,全省半寄宿制高小发展到 3219 所。[5]2000 年 5 月,原省教委在怒江州召开民族小学、半寄宿制高小工作会议,会议交流了经验并讨论修改了《云南省省定民族小学管理办法》《云南省半寄宿制高小管理实施细则》等文件。[6]2001 年 11 月,省教育厅召开了"全省寄宿制、半寄宿制学校勤工助学现场会",参观了屏边县 4 所中小学通过发展小猪厩、小菜园、小果园、小门市、小苗圃、小鱼塘、小牧场、小加工厂"八小工程"。会议总结经验认为,凡是勤工俭学搞得好的学校,学生的入学率、巩固率都高,辍学率都低,是贫困地区巩固"普九"成果的一条好路子。[7]2002 年,全省半寄宿制学校规模扩大,在校生从 30 万人增至 37.5 万人,补助经费从 3600 万元增至 4500 万元。新建、扩建寄宿制完小 99 所,寄宿制初小 173 所。[8]2003 年,新增半寄宿制学校 600 所,改扩建寄宿制、半寄宿制学校 98 所。[9]2004 年,全省 35 个县参加农村寄宿制学校建设工程,确定了 35 个项目县的 567 所项目学校,其中小学 183 所、九年一贯制学

① 刘琴:《从"麻雀学校"到标准化校园——贵州省黔东南州农村寄宿制小学建设纪实》,《中国教育报》2012 年 8 月 31 日第 1 版。

② 张元斌:《丹寨尝试集中办学促义教均衡发展》,《贵州日报》2010 年 2 月 8 日第 2 版。

③ 张保庆:《中国教育年鉴(1996)》,人民教育出版社 1997 年版,第 785 页。

④ 郑树山:《中国教育年鉴(1998)》,人民教育出版社 1999 年版,第 773 页。

⑤ 编辑部:《中国教育年鉴(1999)》,人民教育出版社 1999 年版,第 844 页。

⑥ 郑树山:《中国教育年鉴(2001)》,人民教育出版社 2001 年版,第 691 页。

⑦ 郑树山:《中国教育年鉴(2002)》,人民教育出版社 2002 年版,第 693 页。

⑧ 郑树山:《中国教育年鉴(2003)》,人民教育出版社 2003 年版,第 697 页。

⑨ 郑树山:《中国教育年鉴(2004)》,人民教育出版社 2004 年版,第 711 页。

校 19 所。[①]到 2005 年，享受半寄宿制学生补助共有 5550 所学校，受益学生 555000 人，补助金额 6660 万元。[②]2009 年，贫困寄宿生生活费补助标准为小学生 500 元 / 生·年，藏区学生全部享受标准为 1000 元的生活补贴。[③]2013 年，省政府统筹推进义务教育阶段学生营养餐计划与贫困寄宿生生活补助"全覆盖"。加快学校食堂建设，12484 所学校食堂由学校自行管理；积极开展勤工俭学工作，为寄宿制小学提供不少于 5 亩校地；通过购买服务的方式按 1∶50 标准配备工勤人员共 7131 人。[④]2014 年 1 月 27 日，省教育厅出台的《云南省农村寄宿制学校管理办法》规定："把第二课堂和课外活动纳入寄宿制学校教育教学常规工作，配备必要的辅导老师；寄宿生住校期间未经准假不得擅自离校，非特殊事由，寄宿制学生在中午和下午的就餐时间不得离开学校；利用中小学校布局调整后的富余教师，通过培训，充实进学校食堂作为后勤人员；配备寄宿制学校宿舍管理人员，负责宿舍管理的生活教师和保育员要与所管理学生同性别。"

　　玉溪市在农村学校调整布局过程中不断发展寄宿制小学。2003 年，全市共有小学 649 所，教学点 383 个；2010 年，小学减少到 576 所，教学点减少到 59 个。农村寄宿制小学由 2003 年的 250 所、在校生 2.5 万人增加到 2008 年的 461 所、在校生 5.45 万人，寄宿率达到 27.3%。[⑤]2011 年，农村小学数减少到 568 所，教学点减至 27 个，寄宿制小学增至 461 所。2012 年，农村寄宿制小学在校生由 2.5 万人增加到 5.2 万人，占农村小学生总数的 31.3%。[⑥]由于寄宿生急速增加，学校生活条件变得日益紧张。2011 年，红塔区黄草坝小学是一所有 400 多名学生的山区寄宿制小学，学生吃饭没有餐厅、餐桌；一间约 20 平方米的宿舍住着 12 人，显得十分拥挤。[⑦]石屏县新城乡中心小学最早实行寄宿制，2011 年，学校 688 名学生中，寄宿制学生就达 626 人，寄宿率达到了 90.98%。寄宿制学校建立后，新城乡撤

①　牟阳春：《中国教育年鉴（2005）》，人民教育出版社 2005 年版，第 824 页。
②　牟阳春：《中国教育年鉴（2006）》，人民教育出版社 2006 年版，第 690 页。
③　宋德民：《中国教育年鉴（2014）》，人民教育出版社 2016 年版，第 685 页。
④　牟阳春：《中国教育年鉴（2010）》，人民教育出版社 2011 年版，第 833 页。
⑤　李世华：《从普及到巩固提高的跨越式发展——玉溪市"两基"工作纪实》，《玉溪日报》2010 年 10 月 18 日第 2 版。
⑥　《玉溪市教育体制改革彰显特色　改革创新添活力　科学发展惠民生》，《云南日报》2012 年 11 月 12 日第 9 版。
⑦　蔡传斌：《寄宿制小学：山里娃的"家"——红塔区黄草坝小学现状调查》，《玉溪日报》2011 年 12 月 26 日第 3 版。

并了偏远山村的小学校点，对教育资源进行了整合。①

（二十五）内蒙古自治区

1995 年，内蒙古有民族小学 2978 所，在校生为 339730 人，其中住宿生为 35063 人，寄宿率为 10.32%。②1998 年，自治区教委出台的《关于实施"国家贫困地区义务教育工程"进行中小学布局调整的意见》要求："人口不足 5000 人的农区、半农半牧区和牧区每乡（苏木）设立 1 所寄宿制中心小学。"③2003 年，自治区制定的《内蒙古自治区民族中小学助学金暂行办法》规定："小学生住宿、伙食费补助标准为每生每月 60—100 元。"④2007 年，全区将贫困家庭小学寄宿生生活费补助标准提高到每生每年 500 元，蒙语授课的小学寄宿生生活费补助标准提高到每生每年 1080 元。⑤2009 年，自治区免除了纳入义务教育经费保障机制改革实施范围学校的寄宿生住宿费，并由区财政按每生每年小学 100 元、初中 120 元的标准给予补助。⑥2010 年，汉语授课农村牧区家庭小学贫困寄宿生生活补助费标准提高到了每生每年 750 元。⑦

2007 年，和林县累计撤并小学 149 所，县政府把建设农村寄宿制小学列入全县 29 个重点项目。规划设立农村寄宿制小学 9 所，为实现小学生在乡镇就读的目标打基础。⑧赤峰市松山区小学由 274 所撤并为 136 所，教学点则由 434 个缩减为 2 个，全区举办寄宿制小学 19 所。⑨2010 年，赤峰市红山区文钟镇打粮沟门寄宿制小学办学条件明显改善。每个班级和宿舍都配备了电视机，学校还建了一个 12 亩的劳动基地，让学生吃上了便宜、绿色、新鲜的蔬菜。住宿生不但住宿费用全免，每年还享受国家的住

---

① 倪琴：《播洒阳光　灿烂满园——走进石屏县寄宿制小学》，《红河日报》2011 年 1 月 5 日第 2 版。
② 张保庆：《中国教育年鉴（1996）》，人民教育出版社 1997 年版，第 477 页。
③ 郑树山：《中国教育年鉴（1999）》，人民教育出版社 1999 年版，第 513 页。
④ 郑树山：《中国教育年鉴（2004）》，人民教育出版社 2004 年版，第 447 页。
⑤ 牟阳春：《中国教育年鉴（2008）》，人民教育出版社 2008 年版，第 569 页。
⑥ 牟阳春：《中国教育年鉴（2010）》，人民教育出版社 2011 年版，第 556 页。
⑦ 刘大为：《中国教育年鉴（2011）》，人民教育出版社 2012 年版，第 449—450 页。
⑧ 薛江：《关注热点，解决难点，正视焦点——和林县重视弱势群体、解决民生问题纪实》，《呼和浩特日报》（汉）2007 年 8 月 14 日第 6 版。
⑨ 孙桂娟：《越"擦"越亮的第三张名片》，《赤峰日报》2007 年 4 月 6 日第 1 版。

宿生困难生活补助 500 元。原来进城读书的孩子有 20 余人转回学校就读。[1]

（二十六）西藏自治区

2001 年，西藏自治区政府转发了教育厅、财政厅《关于我区中小学校实施"三包"政策和助学金制度的规定》，对小学"三包"的范围、对象和费用标准做了具体规定。全区村完全小学、乡中心小学、县完小住校生属"三包"的范围和对象，经费标准为小学每生每学年 600 元，其中伙食费 500 元，服装费、装备费、学习用品费等 100 元。边境乡小学的农牧民子女住校生，其"三包"费用标准在上述基础上年人均再增加 50 元。[2]从 2005 年 1 月 1 日起，"三包"标准由原来的小学生每生每学年 600 元提高到 1000 元，边境县、乡小学学生每生每学年提高到 1100 元。[3]2007 年，自治区推行以寄宿制为主的集中办学原则，完成 437 所乡镇小学的改扩建项目，解决了近 4 万名小学生的教学和生活用房，基本满足 18 个"普六"县的需要。[4]

（二十七）四川省

1995 年年底，四川省新建乡寄宿制完小 25 所，半寄宿制完小 17 所，寄宿制、半寄宿制完小累计达到 800 所，在校生 69430 人，占小学民族学生总数的 20.2%。[5]1996 年，川西民族自治地方三类寄宿制中小学达到 967 所，寄宿制在校生 88739 人。其中，乡寄宿制小学 749 所，在校生 54014 人。已建成的寄宿制、半寄宿制乡中心完小中，有 1/3 达到基本合格要求，有 1/6 达到了示范性要求。[6]1998 年，乡寄宿制小学达 768 所，寄宿学生 6.94 万人，占小学民族学生总数的 17.25%。[7]1999 年，民族自治地区寄宿制小学共有 901 所，学生 8.92 万人。[8]2000 年，四川省委、省政府制定了《四

① 张启民：《在均衡的"天平"上——红山区义务教育纪实》，《赤峰日报》2010 年 9 月 18 日第 1 版。
② 郑树山：《中国教育年鉴（2002）》，人民教育出版社 2002 年版，第 698 页。
③ 牟阳春：《中国教育年鉴（2006）》，人民教育出版社 2006 年版，第 702 页。
④ 牟阳春：《中国教育年鉴（2008）》，人民教育出版社 2008 年版，第 834 页。
⑤ 张保庆：《中国教育年鉴（1996）》，人民教育出版社 1997 年版，第 753 页。
⑥ 郑树山：《中国教育年鉴（1997）》，人民教育出版社 1997 年版，第 703 页。
⑦ 郑树山：《中国教育年鉴（1999）》，人民教育出版社 1999 年版，第 826 页。
⑧ 郑树山：《中国教育年鉴（2000）》，人民教育出版社 2000 年版，第 745 页。

川省民族地区教育发展十年行动计划》，提出了五项主要任务，其中之一就是："从民族地区的实际出发，积极发展寄宿制学校，力争把所有寄宿制学校建设成为办学条件基本完善，管理规范，家长放心，群众满意的学校。"①2005年，为打好民族地区的"两基"攻坚战，落实资金5亿元，改扩建学校364个，新增寄宿制学生2.6万人，寄宿制在校生数达到28万人以上。②2006年，全省继续实施"农村寄宿制学校建设工程"，新建、改扩建寄宿制学校348所。启动了民族地区义务教育寄宿制学校标准（规范）化管理工作。③2007年，全省继续实施《民族地区教育发展十年行动计划》，民族地区新增寄宿制学生2.8万人，并全部提供生活补助、配备免费卧具，实行寄宿制学校标准化管理。全省还将农村"留守学生"的教育管理工作纳入学校素质教育重要内容，建立"留守学生"寄宿制优先制度，充分发挥教育系统在留守儿童教育管理中的主渠道作用。④2012年，民族地区义务教育阶段寄宿生达到430381人，新建、改扩建寄宿制学校109所；教师周转宿舍建设、学校小农牧场建设、寄宿生生活补助及免费卧具购置等工作进展顺利。加强农村留守儿童寄宿制学校建设，已开工建设30个农村留守儿童寄宿制学校项目。⑤

　　2007年春季，黑水县泽盖寄宿制小学面临超负荷运转的危机，随着周边学校学生的不断转入，学生数已经达到450人。原来设计寄宿容量为220—260人，宿舍、食堂及餐厅都显得拥挤。31名老师全部挤住在12间寝室里，部分学生住在一间小一点的教室里，还有部分学生住在伙食团的餐厅里。尽管如此，学校的伙食还是比较丰富的，每天早上都能吃到一个鸡蛋，每天能吃到一顿肉。细心的照顾是进步的源泉。为了让学生之间相互照顾，学校在安排学生寝室时，将小一点的孩子与大一点的孩子相互搭配进行安排，由大的照顾小的，同时每个老师晚上负责照看几个寝室。⑥2007年，广元市元坝区就已经有10所农村寄宿制小学，住校生达到3606名，生活设施设备不足，寄宿条件十分简陋。为此，区财政安排了36万多元补助寄宿生生活，每人每天补助5角钱，勉强保障学生每天

①　郑树山：《中国教育年鉴（2001）》，人民教育出版社2001年版，第665页。
②　牟阳春：《中国教育年鉴（2006）》，人民教育出版社2006年版，第668页。
③　牟阳春：《中国教育年鉴（2007）》，人民教育出版社2007年版，第682—683页。
④　牟阳春：《中国教育年鉴（2008）》，人民教育出版社2008年版，第797—799页。
⑤　刘大为：《中国教育年鉴（2013）》，人民教育出版社2014年版，第669—670页。
⑥　王继刚：《我们喜欢在这里读书》，《阿坝日报》2007年9月12日第1版。

能打一份素菜，喝一碗热汤，每周能够吃一次肉。[①]自贡市荣县农村小学经过多次调整，大多乡镇都只有一所学校，许多学生上学要走 10 多里山路——"学生上学难"。受农民工外出务工的影响，全县农村留守儿童不断增加——"学生教育难"。从 2007 年 10 月起，自贡市开始在边远农村小学试点寄宿制办学，将办寄宿制学校与解决留守儿童问题结合起来。寄宿制学校教师既是专任教师，又是代理家长，对学生实行全天候照料。教师与学生同吃同住，还帮助寄宿生换洗衣物，指导他们整理宿舍。[②]

2010 年 11 月，雅安市民建彝族乡双语小学开始实行寄宿制，50 多名寄宿生享受着学校提供的食宿服务。学校食堂保证每顿两菜一汤，确保每天为学生提供一顿肉。学校还解决了寄宿生洗澡问题。雨城区上里中心小学有住校生 40 名，寄宿生活使他们感受到了家的温暖。学校食堂饭菜多样化，一顿饭有 4 样菜，中午和下午都能吃上肉，比家里的生活还好。学校向学生每天收取 10 元生活费，实行"零利润"经营，将所收费用悉数用于原材料购买，食堂工友工资从学校经费中支出，贫困寄宿生还能享受750 元 / 生·年的生活补助。另外，学校还聘请了 2 名生活老师，照顾寄宿生的吃饭、住宿、学习、娱乐等。监督学生完成作业，帮学生盖被子、缝衣服，照顾生病的孩子，组织学生参加体育活动。[③]甘孜州乡城县尼斯乡寄宿制小学有师生 840 余人，为保障学生快乐健康地生活，学校想方设法照顾衣食住行，并为每间宿舍安排一名"爱心爸爸或妈妈"。[④]

三　20 世纪 90 年代中期以来低龄寄宿的评价

20 世纪 90 年代中期以来，农村寄宿制小学在全国范围推广开来，各地纷纷撤并小规模学校，集中举办寄宿制小学，规模急速膨胀。这一时期，农村小学办学条件大为改观，各种设施与装备逐步完善，有的农村寄宿制小学成为村落中最美的建筑。可以说，各级政府为此付出了极大的努力。

---

①　吴涛：《元坝区启动农村小学寄宿生生活资助"111"行动》，《广元日报》2007 年 12 月 14 日第 2 版。

②　张刚：《给留守学生营造温馨的家——自贡市荣县农村小学寄宿制改革试点侧记》，《自贡日报》2008 年 10 月 17 日第 A03 版。

③　卫葳：《农村娃寄宿生活的爱与哀愁——记者走基层·雅安农村寄宿教育现状调查》，《雅安日报》2012 年 3 月 16 日第 011 版。

④　王承伟：《这里的孩子很快乐——四川甘孜藏族自治州乡城县尼斯乡寄宿制小学见闻》，《中国民族报》2012 年 6 月 8 日第 4 版。

但是，在不断完善学校硬件设施的同时，各级政府有意无意忽视了低龄儿童寄宿教育的特殊性，抛弃了低龄保育寄宿制的优良传统，用"宿管员"替代了"保育员"，用"管制"代替了"服务"。缺少了父母的关爱与呵护，少了保育员的生活照料，低龄寄宿儿童生存状况堪忧。可以说，农村寄宿制小学 20 多年的发展，学校基础设施建设日新月异，功不可没，寄宿生生活照料与关爱"力有不逮"的局面凸显。

CHAPTER 3

农村低龄寄宿儿童群体基本特征分析

随着寄宿制教育在农村地区的广泛推行，低龄寄宿儿童群体逐步形成并进入公众视野。从理论上讲，由于低龄儿童身心发育尚不成熟，小学生住校学习与中学生及大学生存在很大差异。实际上，现有关于寄宿制学校的政策都统摄于义务教育阶段学校，忽视了低龄儿童群体的特殊性。本章拟从数量与规模、地域分布、人口学特征及家庭背景四个维度入手，全面客观地展现农村低龄寄宿儿童的群体特征，为决策者科学制定农村寄宿制学校政策提供参考。

第一节　农村低龄寄宿儿童的数量与规模

梳理中华人民共和国成立以来初等教育的历史发现，我国农村低龄寄宿儿童规模扩张大致经历了三个阶段，其间有两个重要的时间节点，即1980年与2001年。1980年以前属于萌芽时期，1980—2001年属于各省自由发展时期，2001年以后进入国家层面大力推进阶段。近3年来，我国农村低龄儿童总数与寄宿率渐趋稳定，未来发展虽然存在诸多不确定因素，但规模稳定是大趋势。

一　中华人民共和国成立至"文化大革命"：零散与波动

20世纪80年代以前，虽然部分农村地区曾经出现过低龄儿童寄宿的热潮，但其间"反反复复"，呈现出零散与波动的特征。20世纪50年代中期至1978年以前，我国处于人口大发展时期，学龄儿童基数大，农村小学生源充足，低龄儿童寄宿源于两大动因：一是"大跃进"时期对解放妇女劳动力迫切要求；二是解决少数民族地区学生"上学远"的困难。由于统计资料不完整，我们只能从《教育统计年鉴》与报纸、杂志上侧面了解当时的低龄寄宿儿童规模。有资料显示，1952年，四川省凉山州在乡村举办寄宿制民族小学698所，就读学生68636人。1957年以前，楚雄彝族自治州就曾办过20所寄宿制民族小学。1958年，湖南省洞庭围人民公社办起了45所寄宿制幼儿园，239所托儿所，入园入所的儿童3500人，约占应受托儿童的80%。四川省南川县共创办幼儿园714个，托儿所2034个，共收托婴幼儿50679人，幼儿园大多采取了寄宿制办学形式。1959年，河北省徐水人民公社幼儿园招收3—7岁的孩子，全部实行寄宿制。安徽省芜湖市鸠江人民公社渔业大队创办了一所寄宿制渔民小学，76名学生全部寄宿在校。1965年，青海省玉树、果洛、黄南、海北、海西、海南6个自治州举办寄宿制小学100所，在校生5136人，1976年发展到269所10111人规模，1977年进一步扩大到350所。

二 "普九"阶段：寄宿规模渐成

从1980年教育部、国家民委发布《关于加强民族教育工作的意见》鼓励举办寄宿制民族中小学开始，到2001年国务院颁布《关于基础教育改革与发展的决定》允许全国农村举办寄宿制学校，我国农村中小学正处在普及九年义务教育阶段。其间20余年，在布局调整的推动下，我国农村寄宿制初中快速发展，农村寄宿制小学在一定程度上得以扩展。1982年，教育部对新疆、内蒙古、青海、云南、贵州等14个省（自治区）不完全统计显示，已有牧区、山区寄宿制民族小学达到了2720所（含555个班），在校学生271717人。[1]据不完全统计，1980—2000年，我国农村寄宿制小学已经形成了一定规模（见表3-1）。

表3-1　　　　1980—2000年全国农村寄宿制小学规模不完全统计

省份	年份	寄宿制小学校数（所）	寄宿生总数（人）
新疆	1984	291	52707
	1985	331	59221
	1986	328	77963
	1987	378	87786

---

[1]　张健：《中国教育年鉴（1949—1981）》，中国大百科全书出版社1984年版，第185—186页。

续表

省份	年份	寄宿制小学校数（所）	寄宿生总数（人）
福建	1992	2027	374000
	1999	1794	—
甘肃	1983	23	2719
	1986	75	7365
	1997	116	—
青海	1980	347	17900
	1993	291	27816
	1996	317	33392（寄宿率 7.62%）
宁夏	1981	48	13657
	1983	77	18324
云南	1986	4549	302669（高小寄宿率 34%）
内蒙古	1995	2978	35063（寄宿率 10.3%）
西藏	1990	—	29651（寄宿率 19.8%）
四川	1995	800	69430（寄宿率 20.2%）
	1998	768	69400（寄宿率 17.3%）
	1999	901	89200
广东	1984	56（民族班）	2240
广西	1991	132（民族班）	6567
山西	1995	3561	—
湖南	1996	609（民族小学）	110000（寄宿率 40%）
北京市怀柔县	—	60	—
浙江省临安县	—	54	1686

资料来源：根据《中国教育年鉴》数据整理。

三 "两基攻坚"：规模快速扩张

21 世纪最初 10 年，我国农村教育进入"普九攻坚"阶段。2011 年，全国所有省（区、市）通过了国家"普九"验收，我国用 25 年全面普及了城乡免费义务教育。这一阶段，农村学龄人口锐减与教育经费紧缺叠加，促使地方政府加大了"撤点并校"力度，寄宿制教育需求迅猛增长。2004—2007 年，中央政府实施的"西部农村寄宿制学校建设工程"直接推动了农村寄宿制小学规模的快速扩张。截至 2007 年"工程"结束，我国农村寄宿制小学住校学生总数达到了 7247953 人，占农村小学在校生总数的

8.12%，西部 12 省寄宿率达到了 11.62%。此后 5 年，农村小学寄宿生规模进一步扩大，寄宿生总数达到了 9877770 人，寄宿率也上升至 13.49%，西部农村小学生寄宿率达到了 19.70%（见表 3-2）。

表 3-2　　　　　　　　2007—2011 年农村小学寄宿生规模统计

年份	小学生总数（人）	寄宿生人数（人）	小学生寄宿率（%）
2007	88029214	7147953	8.12
2008	85258820	8633035	10.13
2009	82926977	9264158	11.17
2010	81202368	9800572	12.07
2011	73194085	9877770	13.49

资料来源：根据教育部发展规划司编《全国教育事业发展简明统计分析》（2007—2011）整理。
特别说明：2011 年前后关于农村统计口径发生了变化，2011 年以后的农村范围比之前要小。

四　均衡发展阶段：规模渐趋稳定

2012 年 9 月 5 日，国务院发布了《关于深入推进义务教育均衡发展的意见》（国发〔2012〕48 号），开启了普及九年义务教育后农村教育发展新征程。2012 年 9 月 6 日，国务院办公厅紧接着发布了《关于规范农村义务教育学校布局调整的意见》（国办发〔2012〕48 号）提出："农村义务教育学校大幅减少，导致部分学生上学路途变远、交通安全隐患增加，学生家庭经济负担加重，并带来农村寄宿制学校不足、一些城镇学校班额过大等问题。农村义务教育学校布局要保障学生就近上学的需要。农村小学一至三年级学生原则上不寄宿，就近走读上学；小学高年级学生以走读为主，确有需要的可以寄宿。"可以说，这一文件叫停了盲目撤并农村小学，因陋就简举办寄宿制学校的行为。截至 2017 年年底，我国农村小学寄宿生总数从 2011 年的 987.8 万人下降到 934.6 万人，寄宿率为 14.12%，已经连续 6 年保持在 14% 左右（见图 3-1）。随着全面"二孩"政策的实施，未来城市小学学龄人口将不断增加，农村小学学龄人口也将会有小幅度增长。届时，城市新增学龄人口很可能会排挤农民工随迁子女，使部分农村儿童"回流"，加上农村小学自身条件的不断改善，农村生源有较大的回升空间。因此，农村小学寄宿需求仍然会维持在较为稳定的水平。换句话说，未来几年农村寄宿制小学规模仍将稳定，内涵发展将成为农村寄宿制小学发展的主要任务。

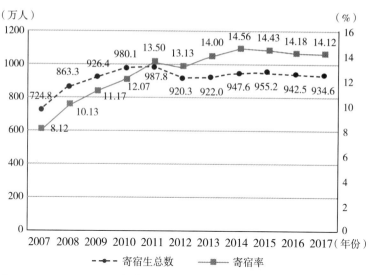

图 3-1　2007—2017 年全国农村寄宿制小学寄宿生规模及变化趋势

资料来源：根据教育部发展规划司编《全国教育事业发展简明统计分析》(2007—2017)整理。

五　微观透视：更高的低龄寄宿率

从宏观上考察，950 万人左右的寄宿生规模与 14% 左右的寄宿率并不能看出问题的重要性。然而，具体到每个地区、县市及学校，农村低龄儿童寄宿规模存在放大效应。本书的研究利用各省教育厅官方网站数据、歌路营慈善基金网站、马云基金会、中华思源工程扶贫基金会"扬帆计划"捐赠平台及各地报纸等公布信息，结合实地调研资料，收集整理了全国 21 省 38 个地区 86 县 244 所学校 2016—2018 年网上公布资料。收集样本时，我们确保了各地州市至少两个县的数据加权平均，每个县至少 2 个以上学校数据加权平均，对于只有一个样本学校的县则归类到学校统计。结果显示，42 个样本县农村小学寄宿率加权平均数高达 66.81%，40 个地（州）寄宿率加权平均数为 47.21%（见表 3-3）。实际上，中部西部大部分农村地区小学基本形成了一乡一所乡（镇）寄宿制中心小学的格局，部分农村地区还有为数较多的村级完小也是寄宿制学校，寄宿制小学已经成为中部西部地区农村、东部的山区及少数民族地区乡村学校的主体。

表 3-3　　　　　　2016—2018 年部分地（州）及县农村小学寄宿率统计

地州县名称		样本学校 （所）	样本数 （人）	寄宿生数 （人）	寄宿率 （%）
县（市）	河北平泉市（县级）	4	30803	21547	69.95
	云南丘北县	4	1039	627	60.35

续表

地州县名称	样本学校（所）	样本数（人）	寄宿生数（人）	寄宿率（%）
青海互助县	2	535	449	83.93
山西阳城县	3	15857	14972	94.42
贵州德江县	2	1211	547	45.17
贵州黎平县	3	642	233	36.29
河北威县	4	3374	1715	50.83
陕西陇县	4	492	367	74.59
甘肃宕昌县	2	864	547	63.31
广西金秀县	2	547	143	26.14
河北丰宁县	2	664	138	20.78
安徽祁门县	2	785	154	19.62
福建邵武市（县级）	2	198	63	31.82
云南南涧县	3	1580	1305	82.59
云南腾冲市（县级）	5	795	538	67.67
甘肃民乐县	2	771	540	70.04
云南会泽县	3	1017	557	54.77
四川白玉县	3	735	591	80.41
湖北秭归县	3	590	507	85.93
四川理塘县	2	379	277	73.09
贵州桐梓县	2	1185	220	18.57
贵州麻江县	2	861	464	53.89
贵州荔波县	2	522	111	21.26
贵州盘县	2	887	787	88.73
贵州水城县	4	780	381	48.85
湖南城步县	3	900	247	27.44
湖南江华县	2	2698	844	31.28
湖南桑植县	2	472	311	65.89
湖北松滋市（县级）	2	1510	498	32.98
湖北恩施市（县级）	3	1050	763	72.67
湖北建始县	2	604	367	60.76
湖北利川市（县级）	3	679	397	58.47
湖北麻城市（县级）	2	771	443	57.46
四川剑阁县	3	1698	1196	70.44

县（市）

续表

地州县名称	样本学校（所）	样本数（人）	寄宿生数（人）	寄宿率（%）
四川木里县	2	183	145	79.23
四川盐源县	2	1373	427	31.10
云南金平县	2	1405	954	67.90
青海曲麻莱县	2	222	86	38.74
广西上思县	3	598	345	57.69
山西洪洞县	2	350	191	54.57
山西吉县	2	122	99	81.15
贵州黔西县	2	997	192	19.26
小计	42	108	82745	55285	66.81
河北石家庄市	3	1088	700	64.34
河北张家口市	2	560	360	64.29
山西吕梁市	3	1302	689	52.92
山西临汾市	4	472	290	61.44
云南昭通市	2	430	372	86.51
云南大理州	4	1656	1361	82.19
云南文山州	5	1427	917	64.26
云南曲靖市	7	3422	2548	74.46
陕西宝鸡市	6	1715	1177	68.63
陕西商洛市	2	201	101	50.25
陕西汉中市	5	1484	688	46.36
甘肃平凉市	5	1056	367	34.75
甘肃陇南市	3	1587	657	41.40
甘肃庆阳市	2	701	416	59.34
河南安阳市	2	1202	400	33.28
甘肃武威市	3	656	249	37.96
青海玉树州	6	847	711	83.94
青海海东市	6	2753	1152	41.85
湖北恩施州	9	2233	1411	63.19
湖北黄冈市	3	1071	553	51.63
湖北十堰市	2	172	103	59.88
湖北宜昌市	8	1578	1221	77.38
贵州铜仁市	6	4438	1954	44.03

县（市）行分组；地（州）行分组

续表

地州县名称		样本学校（所）	样本数（人）	寄宿生数（人）	寄宿率（%）
地（州）	贵州遵义市	4	1510	378	25.03
	贵州黔东南州	10	2652	1246	46.98
	贵州黔西南州	2	1271	729	57.36
	贵州六盘水市	6	1667	1168	70.07
	湖南邵阳市	5	1551	653	42.10
	湖南永州市	3	2939	921	31.34
	湖南怀化市	3	1631	703	43.10
	四川甘孜州	5	1114	868	77.92
	四川广元市	3	1783	1227	68.82
	四川凉山州	5	1845	861	46.67
	内蒙古赤峰市	2	485	385	79.38
	江西赣州市	2	1719	385	22.40
	新疆阿克苏市	2	1169	480	41.06
	西藏林芝市	2	773	470	60.80
	福建龙岩市	5	689	281	40.78
	广西百色市	6	2472	2004	81.07
	四川攀枝花市	36	36505	13142	36.00
小计		40	199	93826	44298	47.21

进一步统计到每所学校发现，244 所农村寄宿制小学寄宿率的平均值达到 56.43%〔t=20.36，Sig.（双侧）=0.0000 < 0.001〕，中位数为 56.46%（见表 3-4）。分析表中数据发现，有 58.20% 的学校寄宿率在 50% 以上，45.08% 的学校寄宿率超过了 60%，20.08% 的学校寄宿率超过了 80%，244 所学校在校生总数 92228 人，寄宿生共有 47454 人，寄宿率加权平均数为 51.45%。课题组 8 省问卷调查结果显示，样本学校小学生寄宿率为 63.80%。实地调查中，考虑到小学一、二年级的学生理解能力不强，问卷调查只针对三至六年级。如果将样本扩展至一、二年级，在校学生总数将会增加，问卷调查得到的寄宿率将会下降。同时，网络数据中，很多学校都附设了幼儿园（学前班），统计学生总数时并没有严格分开，如果考虑这一因素，网络调查结果将大于 51.45%。综合考虑上述因素，取地（州）、县（市）及学校数据的平均值，我国农村小学实际寄宿率取 55.16%

比较客观。

表3-4　　　　　　　　　　2016—2018年全国244所农村小学寄宿率统计

序号	学校名称	在校学生数（人）	寄宿生数（人）	寄宿率（%）
1	盖玉沙通小学	122	122	100.00
2	阿土勒尔村小学	289	289	100.00
3	老厂乡保和小学	120	120	100.00
4	昂闹村小学	127	127	100.00
5	漩涡镇中心小学	100	100	100.00
6	繁荣寄宿制小学	85	85	100.00
7	石塘镇中心小学	110	110	100.00
8	百背村百背小学	33	33	100.00
9	东沟中心小学	66	66	100.00
10	大九湖镇东溪小学	85	85	100.00
11	小湾东镇岔江小学	245	245	100.00
12	界头镇贡山完小	188	188	100.00
13	温水镇峰山小学	57	57	100.00
14	宁木特镇第一寄宿制完小	402	402	100.00
15	着晓乡中心寄宿制小学	240	240	100.00
16	觉拉乡第二寄宿制小学	180	180	100.00
17	吉尼赛乡第二寄宿制学校	78	78	100.00
18	钟山乡中心完小	689	664	96.37
19	清水镇屯升中心小学	648	624	96.30
20	南门峡镇麻其小学	189	180	95.24
21	九畹溪镇芦池湾小学	100	95	95.00
22	者苗乡中心小学	412	385	93.45
23	百巴镇中心小学	412	384	93.20
24	乌蒙镇中心小学	699	643	91.99
25	后所乡雏鹰小学	65	59	90.77
26	九畹溪镇周坪小学	95	86	90.53
27	文城学校	73	65	89.04
28	两碗乡苗圃希望小学	218	194	88.99
29	曲麻河乡措池寄校	35	31	88.57
30	五村镇五村中心小学	992	874	88.10
31	芒棒镇老桥头完小	116	102	87.93

续表

序号	学校名称	在校学生数（人）	寄宿生数（人）	寄宿率（%）
32	驾岭完小	720	630	87.50
33	建设乡寄宿制藏文小学	321	280	87.23
34	河北镇兰家堡小学	160	136	85.00
35	乌鸦坝中心小学	92	78	84.78
36	甲洼乡中心完全小学	197	167	84.77
37	红土乡中心小学	280	236	84.29
38	双龙营镇野猪塘小学	171	144	84.21
39	天星镇中心村完小	212	178	83.96
40	吼狮乡吼狮小学	198	166	83.84
41	高坪镇望坪希望小学	377	315	83.55
42	西宁街道靖外明德小学	1054	875	83.02
43	苦竹坪中心小学	316	260	82.28
44	猴场乡黄果树小学	88	72	81.82
45	沙镇溪镇西陵小学	288	233	80.90
46	八道哨乡黎家庄村小	310	250	80.65
47	毛坝镇善泥小学	313	252	80.51
48	公郎镇公郎小学	1075	865	80.47
49	古敢水族乡补掌小学	330	264	80.00
50	合道乡中心小学	222	177	79.73
51	铁杆镇铁杆村小学	468	370	79.06
52	赠科乡中心小学	409	318	77.75
53	林川乡保家小学	346	269	77.75
54	徐家坪镇秦河小学	155	120	77.42
55	平乐乡民族小学	269	208	77.32
56	大塘镇小学	200	154	77.00
57	蒲川乡坪山完全小学	176	135	76.70
58	丹霞镇荒坝小学	188	144	76.60
59	白杨乡中心小学	292	222	76.03
60	新洲区向东小学	1178	890	75.55
61	樟村坪镇向阳完全小学	385	291	75.58
62	勐拉乡广东小学	378	285	75.40
63	河北镇韦家堡小学	165	124	75.15
64	一肯中乡高杖子小学	400	300	75.00

序号	学校名称	在校学生数（人）	寄宿生数（人）	寄宿率（%）
65	拥翠乡龙凤小学	260	195	75.00
66	维摩乡斗果村小学	388	290	74.74
67	新天镇李寨寄宿制小学	471	350	74.31
68	果化镇中心小学	811	602	74.23
69	麻绒乡中心小学	204	151	74.02
70	龙开口镇洛琅村初小	76	56	73.68
71	下堡坪乡赵勉河小学	204	150	73.53
72	五峰镇三坪小学	79	58	73.42
73	忠良乡中心校	410	300	73.17
74	龙源镇龙源小学	850	620	72.94
75	博窝乡小学	118	86	72.88
76	揣骨疃镇东白家泉中心学校	40	29	72.50
77	沙溪中心完小	467	338	72.38
78	赵家沟小学	272	197	72.43
79	南屏瑶族乡中心小学	126	91	72.22
80	大稼乡中心小学	84	60	71.43
81	咀头镇黄凤山小学	824	588	71.36
82	城关镇双酒小学	540	380	70.37
83	王家垣九年制学校	49	34	69.39
84	江坪完全小学	205	140	68.29
85	柿溪乡学校	628	428	68.15
86	郑旗中心小学	675	459	68.00
87	木子店镇李峰山中心小学	420	285	67.86
88	石宝镇兴隆小学	519	350	67.44
89	兔坂镇明德寄宿制小学	251	168	66.93
90	椒园镇龙井小学	180	120	66.67
91	薛录镇高墙完全小学	267	178	66.67
92	峡口镇普安寺小学	115	75	65.22
93	者米拉祜族乡者米小学	1027	669	65.14
94	章台镇北胡帐中心小学	847	550	64.94
95	甘江头乡谢家坝九年制学校	722	467	64.68
96	桑园镇李官营中心校	520	331	63.65
97	渣坪中心小学	550	350	63.64

续表

序号	学校名称	在校学生数（人）	寄宿生数（人）	寄宿率（%）
98	丰乐乡白庙中心小学	300	190	63.33
99	玉舍镇北京电信希望小学	144	91	63.19
100	秀钟乡秀钟小学	650	410	63.08
101	官庄学校	121	76	62.81
102	大海乡大海小学校	331	207	62.54
103	华兰镇九年制学校	142	88	61.97
104	梓桐镇中小小学	264	163	61.74
105	高楼坪乡民族中心完全小学	823	507	61.60
106	阳明堡大茹解寄宿制小学	130	80	61.54
107	西坑中心小学	260	160	61.54
108	叫安镇中心小学	330	200	60.61
109	蛟洋镇华家村华家小学	152	92	60.53
110	喇嘛垭乡中心校	182	110	60.44
111	新兰德肯甫希望小学	144	86	59.72
112	勐仑镇仑常乐小学	417	249	59.71
113	常屯乡柳疃中心小学	842	500	59.38
114	平正仡佬族乡野彪小学	170	101	59.41
115	梨园屯镇梨园屯中心小学	585	345	58.97
116	海子滩镇冰草湾小学	134	79	58.96
117	贾家庄学校（九年制）	380	221	58.16
118	都格镇都格中心小学	249	144	57.83
119	蕉溪镇河口小学	345	199	57.68
120	东冶完小	766	440	57.44
121	驾鹿乡中心小学	93	53	56.99
122	阳圩镇中心小学	124	70	56.45
123	龙泉寺镇大涝池学校	278	157	56.47
124	两河口乡两河口小学	142	80	56.34
125	龙山乡中心学校	456	256	56.14
126	苏家庄乡苏家庄小学	500	280	56.00
127	磻溪镇二郎庙小学	399	222	55.64
128	枫木团苗族侗族乡学校	101	56	55.45
129	蒲窝镇蒲窝中心小学	257	139	54.09
130	龙嘎小学	285	154	54.04

续表

序号	学校名称	在校学生数（人）	寄宿生数（人）	寄宿率（%）
131	猴场乡肖坪小学	130	70	53.85
132	龙马乡中心小学	398	213	53.52
133	忠良乡车田小学	137	73	53.28
134	乐业镇黑山小学	443	235	53.05
135	古敢水族乡沙云小学	328	173	52.74
136	塘坊小学	1002	521	52.00
137	黄金峡镇中心小学	437	227	51.95
138	龙山镇共和小学	405	208	51.36
139	茶店镇江阴希望小学	156	80	51.28
140	大庄乡塔卧小学	171	87	50.88
141	瓦窑头小学	229	115	50.22
142	阿西乡下热尔村小学	170	85	50.00
143	和盛镇九年制学校	479	239	49.90
144	后徐楼小学	126	62	49.21
145	启浪乡中心学校	743	360	48.45
146	乐业镇马厂小学	243	115	47.33
147	大巫岚中心小学	850	400	47.06
148	新桥中心校石人小学	73	34	46.58
149	童坊镇长坝小学	103	48	46.60
150	牛圈子牧场寄宿制学校	151	70	46.36
151	河北镇庙坡小学	110	50	45.45
152	曲石镇贡山完全小学	139	63	45.32
153	湖山乡象湖小学	82	37	45.12
154	白果镇梁家畈小学	351	158	45.01
155	马西乡寄宿制小学	671	300	44.71
156	大圩镇第二小学	1110	495	44.59
157	偏道子村偏道子小学	171	76	44.44
158	红岩寺镇万青小学	108	48	44.44
159	桃坑乡东江小学	133	58	43.61
160	戈坪中心小学	460	200	43.48
161	沙溪黄泥塘小学	115	50	43.48
162	尚重镇双联小学	206	89	43.20
163	袁家庄镇中心小学	167	72	43.11

续表

序号	学校名称	在校学生数（人）	寄宿生数（人）	寄宿率（%）
164	罗汉洞乡中心小学	213	89	41.78
165	许亭乡巡检司小学	120	50	41.67
166	永和小学	440	182	41.36
167	桑科寄宿制小学	445	183	41.12
168	毛沟镇中心完小	1617	663	41.00
169	孙家坝小学	1529	616	40.29
170	龙伏镇泮春学校	645	260	40.31
171	阳圩镇巴部小学	100	40	40.00
172	安凌中心小学	235	94	40.00
173	寿乐镇新堡子中心学校	778	311	39.97
174	前所乡小学	598	236	39.46
175	长城镇西湖小学	233	90	38.63
176	汪营镇白羊塘小学	251	95	37.85
177	东皇镇坭井小学	155	57	36.77
178	杨柳湾镇土门河希望小学	300	110	36.67
179	范家小学	85	31	36.47
180	县河镇明家湾小学	106	37	34.91
181	王家桥镇王家桥小学	865	298	34.45
182	后河镇亚星小学	848	290	34.20
183	风陵渡镇风陵渡希望学校	382	130	34.03
184	二里镇二里小学	569	189	33.22
185	王家河镇中心小学	400	132	33.00
186	走马坪乡向家坪小学	156	51	32.69
187	坪塘学校	241	77	31.95
188	车田乡中心小学	500	160	32.00
189	吴家塘中心小学	94	30	31.91
190	肖家坊镇肖家坊中心小学	104	33	31.73
191	山凯小学	149	47	31.54
192	林圩镇九平小学	232	73	31.47
193	西山乡营盘小学	317	100	31.55
194	采桑镇立邦希望学校	354	110	31.07
195	王家桥镇麻水小学	645	200	31.01
196	南山镇中心学校	134	40	29.85

续表

序号	学校名称	在校学生数（人）	寄宿生数（人）	寄宿率（%）
197	阿嘎镇盐井小学	257	76	29.57
198	叶格乡寄宿制小学	187	55	29.41
199	贺钊乡贺钊中心小学	1100	320	29.09
200	双龙营镇太平小学	273	79	28.94
201	英桥镇谢樟村小学	519	150	28.90
202	古城回族乡中心学校	806	233	28.91
203	黄坛乡黄坛中心小学	111	32	28.83
204	甘棠镇中心小学	652	187	28.68
205	儒林镇塔溪中心学校	426	122	28.64
206	五合乡花寨完小	176	50	28.41
207	托普鲁克乡上海白玉兰学校	426	120	28.17
208	楠杆民族中心完小	744	209	28.09
209	谷陇小学	212	59	27.83
210	西靖镇春蕾完全小学	289	80	27.68
211	新仁苗族乡新仁小学	571	157	27.50
212	龙场镇第二小学	329	90	27.36
213	永燊乡永燊小学	560	152	27.14
214	星火乡星火中心小学	302	76	25.17
215	岐岭中心小学	279	70	25.09
216	新路河镇学校	351	88	25.07
217	新河小学	340	85	25.00
218	丹口镇柳寨中心小学	340	85	25.00
219	南宝山镇小学	331	82	24.77
220	泸沽湖镇小学	775	191	24.65
221	正村镇白墙小学	703	170	24.18
222	寨头民族小学	350	84	24.00
223	墨脱镇完全小学	361	86	23.82
224	高平镇三十铺小学	135	32	23.70
225	黄连乡安星小学	85	20	23.53
226	妙隘乡完全小学	435	102	23.45
227	郧州镇猫儿坪小学	227	52	22.91
228	水口镇中心小学	1588	349	21.98
229	选营乡民建化吉营小学	320	70	21.88

续表

序号	学校名称	在校学生数（人）	寄宿生数（人）	寄宿率（%）
230	澄江中心校	1379	300	21.75
231	大寨回族乡桂花寄宿制小学	149	31	20.81
232	五道营乡中心小学	344	68	19.77
233	新庄镇中心学校	1574	303	19.25
234	花秋镇中心学校	1100	200	18.18
235	礼门中心小学	212	36	16.98
236	水泉乡水泉小学	425	70	16.47
237	华丰镇良村中心小学	244	39	15.98
238	拉祜族自治县民族小学	1900	300	15.79
239	沙沟回族乡中心学校	463	72	15.55
240	木头城子镇中心小学	651	101	15.51
241	红川镇红川小学	723	110	15.21
242	历口中心小学	550	60	10.91
243	洪水镇洪水小学	437	40	9.15
244	小七孔镇驾欧小学	382	25	6.54
合计		92228	47454	51.45

资料来源：（1）根据 2016—2018 年各地教育部门官方网址及报纸公布数据整理；（2）实地调查数据；（3）中华思源工程扶贫基金会扬帆计划捐赠平台，http://yangfanbook.sina.com.cn/school/list/370000?pageIndex=2。

第二节　农村低龄寄宿儿童地域分布特征

从表面上看，农村寄宿制教育需求主要缘于学生"上学远"与留守儿童看护。实际上，农村学生是否寄宿缘于人口总量与分布、地理特征、经济发展水平、农民增收方式以及寄宿制学校本身的教学质量等因素。人口总量与分布状况决定学校布局，直接影响学校服务半径。地理特征与交通状况息息相关，直接影响学生往返学校的时间。地方经济发展水平决定了教育投资体量大小，直接影响地方政府学校布局理念。农民工经济直接导致留守儿童问题，刺激寄宿制教育需求。人口分布、地理特征、经济发展水平与农民工规模等因素具有鲜明的地域特征，从而导致我国农村寄宿制学校分布具有明显的非均衡性。

一　东部、中部、西部分布呈明显非均衡状态

关于东部、中部、西部的划分起源于 1986 年制定的《国民经济和社会发展第七个五年计划》，按照当时的划分，东部包括北京、天津、广东、广西等 12 个省；中部包括湖南、湖北、山西等 9 个省；西部包括四川、贵州等 9 个省。1997 年成立重庆直辖市以后，将重庆市划入西部，西部变为 10 个省。2000 年西部大开发战略提出后，考虑到经济和社会发展、地理区位及民族因素，将广西、内蒙古、湘西土家族苗族自治州、恩施土家族苗族自治州和吉林延边朝鲜族自治州划入西部，西部成为"12+3"。[①] 本书基本采用西部大开发提出的划分方案，同时将 3 个自治州划归所属省份，东部包括北京、天津、河北、辽宁、上海、江苏、浙江、福建、山东、广东、海南 11 个省（市），中部包括山西、吉林、黑龙江、安徽、江西、河南、湖北、湖南 8 个省，西部包括内蒙古、广西、重庆、四川、贵州、云南、西藏、陕西、甘肃、青海、宁夏、新疆 12 个省（区、市）。

东部地区背靠大陆，面临海洋，地势平缓，经济基础雄厚，人口集中，经济发达。中部地区位于内陆，北有高原，南有丘陵，众多平原分布其中，属粮食生产基地，人口密度较高；西部地区幅员辽阔，地势较高，地形复杂，高原、盆地、沙漠、草原相间，大部分地区高寒、缺水，国土面积占全国总面积的 71%，人口分散，经济落后。由于人口分布、地理特征、经济发展水平与方式不同，东部地区仅有部分山区和少数民族地区农村小学实行寄宿制，中西部地区农村小学寄宿率较高。2007—2016 年统计表明，全国农村小学生寄宿率始终呈现西部大于中部、中部大于东部的趋势（见表 3-5）。2007 年，西部地区农村小学生寄宿率为东部的 2.94 倍，中部地区为东部地区的 2.14 倍，西部地区是中部地区的 1.37 倍。2016 年，东中西部基本维持着这一差距，西部比东部高 2.96 倍，中部比东部高 2.16 倍，西部比中部高 1.36 倍。近十年来，西部与中部农村地区小学生寄宿率上升幅度相对较大，而且变化趋势基本一致，而东部地区变化幅度较小，中西部与东部之间的差距呈现明显扩大的趋势（见图 3-2）。

[①]　国家发展和改革委员会国土开发与地区经济研究所：《中国西部开发信息百科》（综合卷），中国计划出版社 2003 年版，第 3—4 页。

表 3-5　　　　　　 2007—2016 年东部、中部、西部农村小学寄宿生规模比较

年份	东部		中部		西部	
	寄宿率（%）	寄宿生总数（人）	寄宿率（%）	寄宿生总数（人）	寄宿率（%）	寄宿生总数（人）
2007	3.95	1100818	8.46	2543085	11.62	3504050
2008	4.86	1298557	10.66	3162459	14.44	4172019
2009	5.38	1390099	11.74	3444901	15.97	4429158
2010	5.38	1369397	13.22	3861749	17.2	4569426
2011	5.72	1237737	14.2	3874344	19.65	4765689
2012	5.96	1269537	13.51	3477414	19.34	4456048
2013	5.98	1237436	14.23	3315815	21.34	4667239
2014	6.59	1374748	15.38	3503335	21.44	4598048
2015	6.67	1436220	15.43	3582946	21.13	4533077
2016	6.93	1506185	15.11	3509854	20.53	4409189

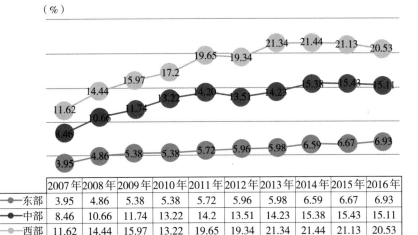

（%）

	2007年	2008年	2009年	2010年	2011年	2012年	2013年	2014年	2015年	2016年
东部	3.95	4.86	5.38	5.38	5.72	5.96	5.98	6.59	6.67	6.93
中部	8.46	10.66	11.74	13.22	14.2	13.51	14.23	15.38	15.43	15.11
西部	11.62	14.44	15.97	13.22	19.65	19.34	21.34	21.44	21.13	20.53

—●— 东部　　—●— 中部　　—○— 西部

图 3-2　2007—2016 年东部、中部、西部农村小学生寄宿率变化趋势比较

二　农村低龄寄宿儿童省际分布不均衡

按东部、中部、西部划分地域，更多倾向于经济发展水平，区域比较主要反映的是平均值。实际上，区域内各省之间也并非均衡发展，东部地区农村小学生寄宿率普遍较低，但是也有部分省份小学生寄宿率高于中西部地区。为了进一步客观呈现全国农村小学寄宿生状况，省际比较更加重要。

　　为了较为准确地刻画出省际差异，本书的研究引入基尼系数。该指标由意大利经济学家基尼提出，主要用于衡量收入分配公平程度。基尼根据美国统计学者洛伦兹首创的方法，绘出一条实际收入分配曲线，即洛伦兹曲线。所谓基尼系数就是：洛伦兹曲线与绝对平等线（对角线）之间的面积与绝对平等线以下的（三角形）面积之比。一般来说，基尼系数若低于0.2表示收入绝对平均，0.2—0.3表示比较平均，0.3—0.4表示相对合理，超过0.4进入警戒状态，表示收入差距过大，0.6以上表示收入差距悬殊。目前，基尼系数的计算主要分为两类：一是把资料按人口分组（等分5组或10组），转换为累积比率再进行计算；二是使用原始资料直接计算（不分组或不等分分组）。国家统计局城市调查总队提出的另一种简便的实用计算公式，可以利用原始数据直接计算。该实用计算公式将研究对象按人均收入分组（或不分组）。若不分组，则每一户或每个人为一组。计算每组收入占总收入比例 W_i，每组人口占总人口的比例 P_i。按收入由低到高进行排序，然后计算收入累积比例 Q_i。[①]基尼系数的实用计算公式为：

$$GINI = 1 - \sum_{i=1}^{n} P_i(2Q_i - W_i)$$

　　其中，$Q_i = \sum_{k=1}^{i} W_k$

　　以实用计算公式农村小学寄宿生省际的基尼系数：以各省某年的农村小学生寄宿生总数和在校学生总数为基础，不予分组。首先依据寄宿生总数对31个省（区、市）按照升序排列，然后按照实用公式分别计算出在校生比例 P_i，寄宿生比例和累积比例，并求出中间结果 $P_i(2Q_i-W_i)$。以2007年为例计算（见表3-6）。

表3-6　　　　　2007年31个省（区、市）农村小学寄宿生基尼系数

省份	寄宿生人数（人）	在校生总数（人）	在校生比例（%）	寄宿生比例（%）	寄宿生累计比例（%）	中间结果
			P_i	W_i	Q_i	$P_i(2Q_i-W_i)$
天津	1214	322963	0.00367	0.00017	0.00017	0.000001
上海	3381	272163	0.00309	0.00047	0.00064	0.000003
北京	8794	180200	0.00205	0.00123	0.00187	0.000005

---

　　① 叶平:《基础教育生均预算内公用经费基尼系数的再考察——兼与杨颖秀教授商榷》,《教育研究》2007年第2期。

续表

省份	寄宿生人数（人）	在校生总数（人）	在校生比例（%）P_i	寄宿生比例（%）W_i	寄宿生累计比例（%）Q_i	中间结果 $P_i(2Q_i-W_i)$
宁夏	9807	550543	0.00625	0.00137	0.00325	0.000032
吉林	32183	1217931	0.01384	0.00450	0.00775	0.000152
辽宁	44362	1561103	0.01773	0.00621	0.01395	0.000385
海南	54199	843011	0.00958	0.00758	0.02154	0.000340
青海	101927	461588	0.00524	0.01426	0.03580	0.000301
贵州	102956	4308441	0.04894	0.01440	0.05020	0.004209
新疆	117886	1628554	0.01850	0.01649	0.06669	0.002163
安徽	122433	4795148	0.05447	0.01713	0.08382	0.008199
山东	126198	5078749	0.05769	0.01766	0.10148	0.010690
甘肃	127736	2549479	0.02896	0.01787	0.11935	0.006395
黑龙江	133166	1579015	0.01794	0.01863	0.13798	0.004616
广东	153783	7884547	0.08957	0.02151	0.15949	0.026643
福建	158516	2090457	0.02375	0.02218	0.18167	0.008102
浙江	165268	2341230	0.02660	0.02312	0.20479	0.010278
江苏	166297	3270420	0.03715	0.02327	0.22805	0.016081
重庆	188023	2156246	0.02449	0.02630	0.25436	0.011816
西藏	190873	292617	0.00332	0.02670	0.28106	0.001780
河北	218806	3989864	0.04532	0.03061	0.31167	0.026865
陕西	258905	2556770	0.02904	0.03622	0.34789	0.019157
内蒙古	343855	1099677	0.01249	0.04811	0.39600	0.009293
广西	346980	4156644	0.04722	0.04854	0.44454	0.039689
江西	361653	3797148	0.04313	0.05060	0.49514	0.040533
山西	368376	2651563	0.03012	0.05154	0.54667	0.031381
河南	464771	9086742	0.10322	0.06502	0.61169	0.119571
湖南	482765	3928627	0.04463	0.06754	0.67923	0.057612
湖北	577738	2987629	0.03394	0.08083	0.76006	0.048848
四川	702744	6174029	0.07014	0.09831	0.85837	0.113510
云南	1012328	4216416	0.04790	0.14163	1.00000	0.089012
合计	7147923	88029514	1.00000	1.00000	—	0.70766

$$GINI = 1 - \sum_{i=1}^{n} P_i(2Q_i - W_i) = 1 - 0.70766 = 0.2923$$

资料来源：《2007年全国教育事业发展简明统计分析》。

　　按此计算 2007—2016 年 31 个省（区、市）农村小学寄宿生基尼系数，
结果如图 3-3 所示。从图 3-3 中可以看出，近十年来，31 个省（区、市）
农村小学寄宿生分布存在差异，基尼系数在 0.2—0.3 之间，说明绝大数省
份在发展农村寄宿制小学方面都做出了努力。分析 10 年的趋势发现，基
尼系数有逐步减小的趋势，说明更多的省份都在朝着寄宿制方向发展。

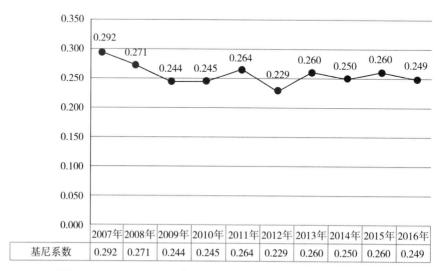

	2007年	2008年	2009年	2010年	2011年	2012年	2013年	2014年	2015年	2016年
基尼系数	0.292	0.271	0.244	0.245	0.264	0.229	0.260	0.250	0.260	0.249

图 3-3　2007—2016 年省际农村小学寄宿生分布基尼系数

　　为了更好更清晰地呈现农村低龄儿童寄宿规模的省际差异，本书进一
步选择学生寄宿率的差异系数进行比较（见表 3-7）。从表 3-7 中可以看出，
2007—2010 年农村小学寄宿率省际差异系数均超过了 100%，属于强差异；
2011—2016 年，差异系数逐年变小，说明大部分省政策逐渐趋同，农村寄
宿制小学正在各省兴起。

表 3-7　　　　　　2007—2016 年各省农村小学生寄宿率差异比较　　　　　　单位：%

年份 省份	2007	2008	2009	2010	2011	2012	2013	2014	2015	2016
北京	4.88	5.78	6.55	6.43	6.51	6.35	5.34	5.71	5.83	5.90
天津	0.38	0.35	0.24	0.22	0.28	0.26	0.03	0.30	0.36	0.05
河北	5.48	6.78	8.57	9.18	9.56	10.24	10.34	12.2	12.51	13.06
辽宁	2.84	3.01	3.53	4.22	4.63	5.56	5.54	5.80	5.36	4.85
上海	1.24	1.34	1.11	0.94	0.21	0.12	0.13	0.15	0.14	0.27
江苏	5.08	7.38	7.19	6.48	6.72	5.63	4.78	4.76	4.37	4.40

续表

年份\省份	2007	2008	2009	2010	2011	2012	2013	2014	2015	2016
浙江	7.06	7.13	6.46	5.51	4.8	4.28	4.08	4.03	4.07	4.05
福建	7.58	6.95	6.47	6.89	6.49	6.00	5.22	4.73	1.39	3.92
山东	2.48	4.02	4.49	4.49	4.42	4.55	4.47	4.76	1.66	5.43
广东	1.95	2.24	2.90	2.57	2.75	3.22	4.29	5.10	5.60	5.74
海南	6.43	8.94	10.1	11.01	12.47	15.76	16.47	17.26	17.38	15.87
山西	13.89	17.16	18.76	19.79	20.87	21.11	21.83	21.72	20.48	20.24
吉林	2.64	3.67	4.09	4.36	6.25	5.71	5.29	4.92	4.94	4.55
黑龙江	8.43	8.56	10.6	14.57	14.75	12.68	11.13	10.85	8.99	7.49
安徽	2.55	2.54	2.74	2.86	3.40	3.48	3.54	5.00	5.82	6.07
江西	9.52	11.35	11.98	13.22	13.83	12.56	9.98	9.95	9.85	8.53
河南	5.11	6.76	7.65	8.82	9.01	10.04	13.82	16.07	16.82	17.55
湖北	19.34	22.88	24.34	27.73	29.93	25.97	25.4	25.42	23.43	21.83
湖南	12.29	18.13	19.75	21.14	23.8	22.36	21.33	23.25	23.42	21.29
内蒙古	31.27	36.46	39.97	41.05	41.02	39.49	39.55	37.83	36.08	34.17
广西	8.35	11.13	11.74	12.35	14.51	13.23	15.26	15.3	14.67	14.28
重庆	8.72	13.2	14.01	13.72	13.83	11.98	10.52	8.72	8.07	8.03
四川	11.38	13.8	14.2	14.69	15.47	15.52	15.46	15.12	14.67	14.51
贵州	2.39	4.74	5.38	6.48	9.63	9.20	15.77	23.88	26.68	24.73
云南	24.01	27.5	30.01	32.34	40.86	38.75	45.43	41.27	41.53	41.98
西藏	65.23	68.62	72.17	74.25	65.04	66.29	66.68	69.35	68.82	69.36
陕西	10.13	11.76	13.65	15.4	16.87	18.63	18.02	18.68	17.55	17.60
甘肃	5.01	8.21	10.22	11.96	10.44	10.56	12.43	11.53	9.79	8.42
青海	22.08	25.43	31.44	34.89	38.37	36.34	37.22	39.05	38.68	39.39
宁夏	1.78	2.23	3.68	4.03	4.45	4.86	4.51	4.57	4.15	3.82
新疆	7.24	9.36	12.01	13.4	15.13	14.43	14.7	13.46	11.9	10.01
平均数	10.22	12.17	13.42	14.35	15.04	14.68	15.11	15.51	15.00	14.75
标准差	12.51	13.43	14.37	15.01	14.50	14.20	14.72	14.85	14.92	14.79
变异系数（%）	122.4	110.4	107.1	104.6	96.4	96.7	97.7	95.7	99.5	100.2

如果说 31 个省（区、市）由于地理条件的差异形成了不同寄宿制办学政策，那么，对具有基本相同条件的区域内省份进行差异比较就更能说明问题。统计发现，东部 11 个省、中部 8 个省及西部 12 个省内部差异系

数近十年变化情况不尽相同（见图3-4）。从图3-4中可以看出，中西部地区内省际差异系数逐年缩小，西部缩小幅度更大。表明中西部政府在举办农村寄宿制小学方面做法逐步趋同，原来农村小学生寄宿比例较低的一些省份也都在不断推进。实际也是如此，如贵州省政府2011年7月7日出台的《贵州省农村寄宿制学校建设攻坚工程实施方案》提出："'十二五'期间，强力推进农村寄宿制学校建设，使农村小学在校生寄宿率达到30%。"[1] 河南省人民政府2016年11月17日印发的《关于优化农村中小学校布局加强寄宿制学校建设全面提高教育质量和办学效益的意见》明确提出："今后五年，无寄宿制小学或不能满足寄宿需求的乡镇，至少改扩建或新建1—3所农村标准化的寄宿制小学。"[2] 东部地区大部分省份近十年来基本维持现状，其中部分省份农村小学寄宿率呈逐年下降趋势，而河北、海南两省寄宿率又逐年增加，甚至超过了中西部地区部分省份。因此，东部各省差异系数表现出逐年增大的趋势。如河北省2016年农村小学生寄宿率达到了12.5%，海南省农村小学生寄宿率达到17.4%，其他9省近十年来呈稳中有降的趋势。

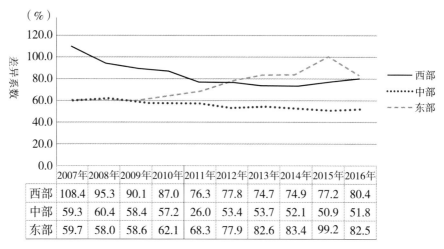

	2007年	2008年	2009年	2010年	2011年	2012年	2013年	2014年	2015年	2016年
西部	108.4	95.3	90.1	87.0	76.3	77.8	74.7	74.9	77.2	80.4
中部	59.3	60.4	58.4	57.2	26.0	53.4	53.7	52.1	50.9	51.8
东部	59.7	58.0	58.6	62.1	68.3	77.9	82.6	83.4	99.2	82.5

图3-4 2007—2016年东部、中部、西部内省际差异系数变化趋势

---

① 《省人民政府关于印发贵州省农村寄宿制学校建设攻坚工程实施方案的通知》（黔府发〔2011〕23号），贵州省人民政府网，http://www.gzgov.gov.cn/xxgk/zfxxgkpt/szfxxgkml/atcfl/gwlxx/gfxwj/201709/t20170925_816921.html。

② 《关于优化农村中小学校布局 加强寄宿制学校建设 全面提高教育质量和办学效益的意见》（豫政〔2016〕71号），河南省教育厅网，http://www.haedu.gov.cn/2016/12/08/1481168003269.html。

三　农村低龄寄宿儿童省内分布不均衡

我国幅员辽阔，东部、中部、西部自然条件存在很大差异，省与省之间同样存在差异，由此影响国家宏观政策的实施。实际上，除地理条件外，农村义务教育管理体制对县（市）及学校影响更大。我国农村小学实行"省级统筹，以县管理"的管理体制，省内县际、县域内各学校之间往往有着更灵活的政策，使我国农村小学校际差异大于县际差异，县际差异大于地（州）间的差异。利用表3-3、表3-4的网络数据和贵州省2015年农村寄宿制小学的全样本数据，选取寄宿率进行比较，有力地证明了这一规律的存在。

2015年，贵州全省共有农村小学（不含教学点）7000余所，其中寄宿制学校3161所，占农村学校总数的45.16%，覆盖了全省9个地（州）88个县（区）。教育部统计数据显示，2015年贵州省农村小学生寄宿率为26.68%。实际上，3161所农村寄宿制小学共有学生1196927人，其中寄宿生人数为567040人，学校的加权平均寄宿率为47.37%。3161所学校平均规模379人，标准差305.6，差异系数80.67%，极差达到2556，说明学校之间规模差异本来就很大。[①] 对于规模悬殊的学校，选择学生寄宿率并计算出差异系数能够较好地反映各学校的差异大小。计算结果显示，3161所学校寄宿率的平均值为47.93%（M），标准差为24.17%（S），差异系数 $CV_{学校}=S/M \times (100\%)=50.42\%$。按同样的方法计算，贵州省88个县（区）的平均寄宿率为48.50%，标准差为15.11%，差异系数 $CV_{县市}=31.15\%$；9个地（州）的平均寄宿率为46.72%，标准差为8.09%，差异系数 $CV_{地州}=17.30\%$，结果发现，$CV_{学校} > CV_{县市} > CV_{地}$。由于全国的县级及学校数据难以获得，本书利用中华思源工程扶贫基金会扬帆计划捐赠平台收集整理了全国21省38个地区43县244所学校2016—2018年的数据，并计算出学校、县市、地州的差异系数，结果显示，244所农村寄宿制小学平均寄宿率为56.43%，标准差为24.72%，差异系数 $CV_{学校}=43.83\%$；42县农村小学平均寄宿率为55.48%，标准差为22.17%，差异系数 $CV_{县市}=39.96\%$；40个地（州）平均寄宿率为55.38%，标准差为17.38%，差异系数 $CV_{地州}=31.38\%$，同样发现 $CV_{学校} > CV_{县市} > CV_{地州}$。两组不同来源的数据发现同

---

① 资料来源：根据贵州省教育厅提供数据整理。

一条规律，说明农村低龄寄宿儿童分布学校之间的差异大于县际差异，县际差异大于地州差异。这一发现表明，举办农村寄宿制小学是地方政府甚至学校因地制宜的行为，政府级别越高，政策口径的一致性就越强。

第三节　农村低龄寄宿儿童家庭背景特征

谁家的孩子在住校？谁家的孩子愿意住校？低龄住校生群体家庭背景有哪些共同特征呢？对绝大多数农村低龄儿童而言，住校学习是一种被动选择。一般来说，家庭选择就读寄宿制学校有两种情况：一是家校距离太远，出于保障学习时间和路途安全的目的；二是家校距离不远，家庭由于诸多原因无力照料孩子生活或辅导学业。客观分析农村低龄寄宿儿童父母职业、文化程度、经济条件、家校距离以及家庭所处社区环境，可以发现低龄住校生家庭背景的共同特征。

一　近六成农村低龄寄宿儿童父母外出务工

后代教育是传统农村家庭的主要任务之一，教育往往被置于家庭决策首位，很多家庭即使省吃俭用也要供子女上学。随着改革开放的不断推进，农村家庭处境正发生着巨大变化，家中薄地几乎难以支撑现代生活方式的花销，外出务工成为农民增收的最佳选择。青壮年农民大量进城，留守老人与留守儿童逐渐成为社会问题。当今农民对孩子读书"谋前程"的期望普遍降低，对孩子未来生活出路也多了许多选择，加上寄宿制学校条件的改善，在外出务工与孩子培养的选择上偏向现实经济利益，其实是一种理性行为。表3-8是利用SPSS制作的住校生与父母职业的交叉列联表。从表3-8中可以看出，父亲或母亲外出打工的寄宿生总数为2254人（942+431+755+126=2254），父母同时外出打工的人数为755人，由此可以计算出寄宿生中父母外出的人数为1499人（2254-755=1499），占寄宿生总数2582人（1288+942+352=2582）的58.05%。按照目前的统计口径，农村儿童父母任意一方外出务工就是"留守儿童"，因此，近六成的农村低龄寄宿儿童为留守儿童，其中，父母亲同时外出务工的留守寄宿生占总数的29.24%（755÷2582=29.24%）。从表3-8中还可以分析出，留守儿童总数为2252人（631+220+1401=2252），留守寄宿生为1499人，留守儿童寄宿率为 66.56%；非留守儿童总数 1753 人，其中寄宿生 1083 人，寄宿率为 61.78%。留守儿童选择寄宿的可能性高于非留守儿童近 5 个百分点。

表 3-8 住校生—父母职业交叉列联表 单位：人

你妈妈的职业			你爸爸的职业			合计
			在家干农活	外出打工	其他	
在家干农活	你是住校生吗?	不是	365	200	61	626
		是	756	431	101	1288
	合计		1121	631	162	1914
外出打工	你是住校生吗?	不是	61	353	45	459
		是	133	755	54	942
	合计		194	1108	99	1401
其他	你是住校生吗?	不是	39	94	205	338
		是	42	126	184	352
	合计		81	220	389	690

进一步分析发现，母亲在家父亲打工的家庭学生寄宿率为 33.46%（$431 \div 1288 = 33.46\%$），而父亲在家母亲外出打工的家庭学生寄宿率只有 14.12%（$133 \div 942 = 14.12\%$），说明父亲留守在家会降低学生寄宿率。交叉联表卡方检验的结果也证实了这一事实，"爸爸在家干农活"的学生寄宿与否存在显著差异 [$\chi^2 = 7.619$，Sig.（双侧）$= 0.022 < 0.05$]，"爸爸外出务工"的学生是否选择寄宿无显著差异。"妈妈在家干农活"与"妈妈外出务工"两项都没有通过显著性检验，表明妈妈选择在家还是外出并不会更多影响学生寄宿与否的选择。我们通常认为，母亲在家会降低学生选择寄宿的可能，实地调研数据却表明，父亲在家才是降低学生寄宿率的主要因素。出现这种结果可能有两个主要原因：一是样本选择中受到家校距离的干扰；二是父亲在家学生更有安全感。虽然家长外出务工与寄宿选择的关系还有待进一步探索，但是，现行农村低龄寄宿生中存在大量的留守儿童已经是不争的事实，必须引起政策设计者的高度关注。

2015—2016 年，歌路营慈善基金会委托北京大学联合课题组在华北和西部两省开展"新一千零一夜"睡前故事项目的随机控制实验研究。样本学生来自 2 个省 5 个县 137 所小学的四、五年级学生。在 17000 多名的样本学生中，36% 的学生属于留守儿童（父母双方外出打工超过半年以上）。

若把父母单方外出打工的也计算进来，则父母任意一方有外出打工超过半年的学生比例将达到60%。而同样在寄宿方面，也有60%左右的学生在学校住宿。其中，最值得关注的则是低龄住宿。有数据显示，45%的学生属于低龄住校生，住宿低龄化倾向比较明显。[①]这一调研结果印证了我们的调查数据的客观性。

二 超五成寄宿生父母未完成九年义务教育

家庭文化资本对子女教育机会的获得有积极的影响，教育其实就是一种家庭文化资本的传递。[②]农村家庭寄宿制教育的选择除了受到家校距离的影响外，还应该受父母受教育程度的影响。父母文化程度主要从两个方面影响寄宿制教育选择：一是文化程度高低决定外出务工人员能否将孩子带在身边的能力大小；二是文化程度高低决定了父母辅导孩子学业能力的高低。文化程度不高，孩子成为留守儿童的可能性就越大，寄宿上学的可能性就大；家长更倾向于将孩子的教育权让渡给学校，增加学校影响时间，更倾向于选择寄宿制教育。反过来说，农村小学生是否寄宿与父母文化程度密切相关。

问卷调查表明，农村低龄寄宿儿童父母亲的文化程度显著低于走读生组。问卷将学生父母的文化程度设置成"未上学""小学""初中""高中及以上"四个等级变量，分别赋值1、2、3、4。交叉列联表显示，走读生组母亲的文化程度显著高于寄宿生组（见表3-9）。从表3-9中可以看出，住校生母亲的文化程度中"没上过学""小学毕业"两项的百分比达到了53.7%，高于走读生，而"高中及以上毕业"比走读生组低5.9个百分点。独立样本t检验显示：走读生组母亲的文化程度的均值（1.77）等于住校生组（1.77），t = -0.074，df = 2974，Sig.（双侧）=0.941 > 0.05。说明住校生母亲的文化程度与走读生组无显著性差异。

---

① 《农村寄宿制学校学生发展报告》，歌路营慈善基金会网，http://www.growinghome.org.cn/news_show/68.html。

② ［法］布尔迪约·帕斯隆：《继承人：大学生与文化》，商务印书馆2002年版，第98页。

表 3-9　　　　　　　　住校生—走读生"妈妈上学的情况"交叉列联表

			妈妈上学的情况				合计
			未上学	小学	初中	高中及以上	
你是住校生吗	不是	计数（人）	173	338	370	183	1064
		"你是住校生吗？"中的百分比	16.3	31.8	34.8	17.2	100.0
	是	计数（人）	374	695	696	224	1989
		"你是住校生吗？"中的百分比	18.8	34.9	35.0	11.3	100.0
合计		计数（人）	547	1033	1066	407	3053
		"你是住校生吗？"中的百分比	17.9	33.8	34.9	13.3	100.0

注：由于表格系 SPSS 21.0 自动生成，四舍五入后占比合计可能不等于 100%，下同。

　　分析父亲文化程度发现，住校生父亲中"未上学"与"小学"的两项之和为 44.9%，高出走读生组父亲比例 6.4 个百分点，"高中及以上"的比例低于走读生组 8.6 个百分点（见表 3-10）。卡方检验结果显示，$\chi^2 = 40.1$，Sig.（双侧）$= 0.000 < 0.001$，说明两者存在显著差异。独立样本 t 检验的结果：走读生组父亲的文化程度的均值（2.79）显著高于住校生组（2.62），$t = 5.41$，$df = 3096$，Sig.（双侧）$= 0.000 < 0.001$。证明了住校生父亲的文化程度显著低于走读生组。

表 3-10　　　　　　　住校生—走读生"爸爸上学的情况"交叉列联表

			爸爸上学的情况				合计
			未上学	小学	初中	高中及以上	
你是住校生吗	不是	计数（人）	47	356	418	226	1047
		"你是住校生吗？"中的百分比	4.5	34.0	39.9	21.6	100.0
	是	计数（人）	123	797	864	267	2051
		"你是住校生吗？"中的百分比	6.0	38.9	42.1	13.0	100.0
合计		计数（人）	170	1153	1282	493	3098
		"你是住校生吗？"中的百分比	5.5	37.2	41.4	15.9	100.0

　　为了进一步证明寄宿生父母文化程度普遍偏低的事实，本书选取了 2010 年全国第六次人口普查数据中"文盲率"进行比较。由于实地调查对象取自 2016—2018 年农村小学一至六年级学生，可以推算出学生的父母年龄应该在 30—40 岁。第六次人口普查结果显示，全国乡村人口中 30—40 岁男性总人口为 54613896 人，其中，"未上学"的人口为 663271 人，

占比 1.21%；全国乡村人口中 30—40 岁女性总人口为 52335162 人，其中，"未上学"的人口为 1377616 人，占比 2.63%。调查结果显示，寄宿生组母亲"未上学"的人占比 19.4%，远远高于 6 年前的普查结果；寄宿生组父亲"未上学"的人占比 6.2%，也高于 6 年前的统计结果。以上结果进一步说明了农村低龄儿童父母文化程度偏低的事实。其实，从表 3-9、表 3-10 中还可以看出，寄宿生的父亲"未上学"与"小学"人数占比达 45.7%，母亲这一比例更是高达 54.6%。换句话说，寄宿生父母中有超过五成的人未能完成九年义务教育。30—40 岁的人口接受完九年义务教育的时间段应该在 20 世纪 90 年代中期至 21 世纪初期，我国正值"普九"鼎盛时期，相比之下，更能说明寄宿生父母教育程度不高的事实。

三 农村低龄寄宿儿童家庭离学校相对偏远

一般来说，农村学生是否选择住校与家校距离有显著的相关性。从学生来看，家校距离太远，上学时间过长，难以保证学习时间。而且，山区路途崎岖，沟壑纵横，学生上学安全也难以保障。对于学校而言，由于缺乏足够的资源，不能满足所有家庭住宿的需要，一般都以"家校距离"作为准入门槛，绝大多数学校都会拒绝 3 公里以内的孩子住校（留守儿童除外）。除了"家校距离"外，学生是否留守儿童也是影响住校选择的重要因素之一。下面，我们通过回答"为什么选择住校？""哪些人在住校？"两个问题来探索学生家校距离太远的共同特征。

农村小学生为什么选择住校学习？问卷设计了六个定性变量：上学太远、父母打工、提高成绩、父母要求、学校要求、自己想住校。统计结果显示，因"上学太远"而选择住校的学生占住校生的 57.70%（见图 3-5）。正因如此，寄宿生家庭离学校较远既是学生选择住校的原因，也是住校生群体家庭背景的共同特征之一。为了进一步证明住校生家庭一般离学校较为偏远的事实，我们选取了"你家离学校远吗？"这一问题，考虑到小学生对家校距离不一定能量化描述，研究没有选取定量变量，而是设计非常远、比较远、不远、很近 4 个等级变量，并分别赋值 1、2、3、4。对于在独立样本 t 检验结果表明，走读生家校距离等级均值（2.61）大于住校生等级均值（1.96），独立样本检验显示：$t=23.93$，$df=2903.6$，Sig.（双侧）= $0.000 < 0.001$，表明住校生与走读生家校距离差异显著，证明住校生家校距离普遍大于走读生（等级值越小，家校距离越大）。

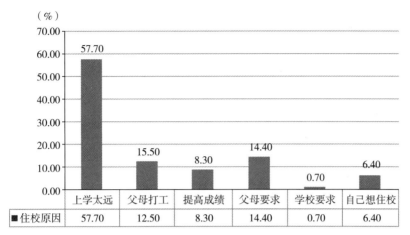

图 3-5　农村小学生住校原因统计

交叉列联表分析更能够清晰呈现这一事实，从表 3-11 中可以看出：回答"非常远"的 836 名学生中，住校生占比达 83.37%；回答"比较远"的 1855 名学生中，住校生比例达到 73.20%，而回答"很近"的 323 名学生中选择住校的仅占 34.67%。进一步分析 2645 名住校生中家校距离分布情况发现，"非常远"与"比较远"两项合计占比达到 77.69%。卡方检验结果显示，$\chi^2 = 581.9$，df = 3，Sig.（双侧）= 0.000 < 0.001，表明住校生"家校距离"显著大于"走读生"。

表 3-11　　　　　　　住校生—走读生"家校距离"交叉列联表

			你家离学校远吗				合计
			非常远	比较远	不远	很近	
你是住校生吗	不是	计数（人）	139	497	607	211	1454
		"你是住校生吗？"中的百分比	9.6	34.2	41.7	14.5	100.0
		"你家离学校远吗？"中的百分比	16.6	26.8	55.9	65.3	35.5
	是	计数（人）	697	1358	478	112	2645
		"你是住校生吗？"中的百分比	26.4	51.3	18.1	4.2	100.0
		"你家离学校远吗？"中的百分比	83.4	73.2	44.1	34.7	64.5
合计		计数（人）	836	1855	1085	323	4099
		"你是住校生吗？"中的百分比	20.4	45.3	26.5	7.9	100.0
		"你家离学校远吗？"中的百分比	100.0	100.0	100.0	100.0	100.0

另外，鉴于小学生对距离远近不能准确量化、小学三年级以上学生已经基本具备了时间概念的事实，本书选取了"步行上学时间"间接量化农

村小学生家校距离远近。农村小学生平均步行速度大约为 3 公里 / 小时，绝大部分农村小学都规定只为 3 公里以外的学生提供住宿条件。因此，家校距离在 1 小时内选择寄宿的大多为留守儿童。表 3—12 对住校生与走读生"步行上学时间"进行统计比较，结果显示：住校生中上学时间在 1—2 小时的占 21.40%，2 小时以上的占 13.50%，如果将回答"说不清楚，感觉很远"者计入"1—2 小时"，则上学时间在 1—2 小时的住校生占 37.70%。换句话说，有 37.70% 的住校生家庭到学校的距离在 3—6 公里，13.50% 的住校生家校距离在 6 公里以上。进一步分析发现，"步行上学时间"在 1—2 小时的 673 名学生中，552 人选择住校学习，占 82.02%；"步行上学时间"在 2 小时以上的 420 名学生中，选择住校的占 82.90%；"说不清楚，感觉很远"的学生有 78.10% 选择住校。卡方检验显示：$\chi^2 = 375.2$，df = 4，Sig.（双侧）= 0.000 < 0.001，表明家校距离远与近的学生在住校选择上存在显著差异，进一步证实了农村低龄住校生家庭离学校普遍较远的事实。

表 3–12　　　　　　住校生—走读生"步行上学时间"交叉列联表

			你步行上学要花多长时间					合计
			＜1 小时	1—2 小时	＞2 小时	感觉很长	感觉不长	
你是住校生吗	不是	计数（人）	658	121	72	118	444	1413
		"你是住校生吗？"中的百分比	46.6	8.6	5.1	8.4	31.4	100.0
		"你步行上学要花多长时间"中的百分比	43.0	18.0	17.1	21.9	53.0	35.3
	是	计数（人）	871	552	348	421	393	2585
		"你是住校生吗？"中的百分比	33.7	21.4	13.5	16.3	15.2	100.0
		"你步行上学要花多长时间"中的百分比	57.0	82.0	82.9	78.1	47.0	64.7
合计		计数（人）	1529	673	420	539	837	3998
		"你是住校生吗？"中的百分比	38.2	16.8	10.5	13.5	20.9	100.0
		"你步行上学要花多长时间"中的百分比	100.0	100.0	100.0	100.0	100.0	100.0

早在 2013 年，国家审计署就对全国 1185 个县农村中小学进行调查。

结果显示，2006—2011 年，有 833 个（占 70%）县的农村小学的服务半径增幅为 43%，平均达到 4.23 公里；特别是西部地区 270 个县的小学服务半径增幅达到 59%，平均达到 6.09 公里。[①] 2011 年，我国农村有小学 14.16 万所，2017 年，农村小学减少到 9.61 万所，随着学校布局的进一步分散，小学生上学远的矛盾会进一步加剧。北京歌路营慈善基金会《中国农村住校生调查报告》数据显示，农村小学寄宿生平均上学距离为 5.42 公里。[②] 这些调查结果有力地佐证了我们实地调研结果的可靠性。

四 住校生的家庭经济状况普遍优于走读生

为了解学生家庭的经济状况，本书选取了"零花钱"作为测量指标，一般来说，经济状况较好的家庭会给学生更多的"零花钱"。同时，我们还要考虑家庭经济状况与学生选择住校行为之间的相互影响。一方面，学生寄宿新增成本主要由家庭与政府承担，家庭经济条件决定其成本分担能力，经济条件较好的家庭具有较强的分担能力，更倾向于选择寄宿制教育；另一方面，学生家庭因为被迫选择了寄宿制学校而增加了教育支出，反过来会加重家庭经济负担。

本书以"是否寄宿"为分类变量，对"每周给多少钱"这个变量进行独立样本 t 检验，比较住校生与非住校生的零花钱均值，以此判断两者是否存在显著差异。SPSS 统计分析结果显示，住校生"家庭每周给钱"的均值为 20.1 元，标准差为 20.1 元；而走读生仅为 15.6 元，标准差为 18.1 元；独立样本 t 检验结果显示：$t = -7.096$，$df = 3138$，Sig.（双侧）$= 0.000 <$ 0.001，表明住校生平均"家庭每周给钱"显著高于走读生（20.1 > 15.6）。为了进一步了解住校生与走读生零花钱整体状况，可以进一步通过"交叉列联表"进行比较。由于问卷中将"每周家里给多少钱"设计为连续定量变量，为了简化比较，通过 SPSS 对变量进行了重新分组：缺失为"0"；1—5 元为"1"；6—10 元为"2"；11—30 元为"3"；31—50 元为"4"；51—300 元为"5"。统计结果显示，除了"1—5 元"这一档外，其他 4 档中住校生所占比例均显著高于走读生，卡方检验结果显示：$\chi^2 = 90.1$，

[①] 《2013 年第 2 号公告：1185 个县农村中小学布局调整情况专项审计调查结果》，中华人民共和国审计署网，http://www.audit.gov.cn/n5/n25/c63610/content.html。

[②] 杜爽：《中国农村住校生调查报告》，中国发展简报网，http://www.chinadevelopmentbrief.org.cn/news-17101.html。

df＝4，Sig.（双侧）＝0.000＜0.001，进一步证明了住校生零花钱普遍高
于走读生的事实（见表3-13）。导致这一结果可能是因为住校生所需生活
费高于走读生，也可能是住校生家庭经济状况普遍较好的一种主动选择行
为。其实，本次所选样本学校大多在中西部地区，学校基本实施了"营养
午餐计划"，而且住校生大多享受了"贫困寄宿生补助"，两者生活费用差
距已经大大缩小。也就是说，家庭每周给住校生的钱并不是寄宿生活的必
然需求，而是基本生活之外的开支，家庭所给零花钱的多少基本体现了家
庭经济状况的优劣。姚松、高莉亚的一项研究也发现，家庭经济资本较高
的学生寄宿率较高。[1]

表3-13 住校生—走读生"经济条件"交叉列联表

			经济条件					合计
			1	2	3	4	5	
你是住校生吗	不是	计数（人）	523	372	326	121	41	1383
		"你是住校生吗？"中的百分比	37.8	26.9	23.6	8.7	3.0	100.0
		"经济条件"中的百分比	44.7	33.4	30.4	28.6	19.2	34.7
	是	计数（人）	648	741	745	302	172	2608
		"你是住校生吗？"中的百分比	24.8	28.4	28.6	11.6	6.6	100.0
		"经济条件"中的百分比	55.3	66.6	69.6	71.4	80.8	65.3
合计		计数（人）	1171	1113	1071	423	213	3991
		"你是住校生吗？"中的百分比	29.3	27.9	26.8	10.6	5.3	100.0
		"经济条件"中的百分比	100.0	100.0	100.0	100.0	100.0	100.0

为了进一步说明住校生"家庭每周给钱多少"显著高于走读生能够
体现家庭经济状况优劣，本书选取另外一组变量进行比较。从理论上说，
通过比较"家庭所给零花钱"基本相同的两个学生选择寄宿制教育的倾
向，可以判断出家庭支出是否为主动选择。前已述及，由于营养午餐政策
与贫困寄宿生补助政策的结合，大多数寄宿生基本生活可以得到保障。由
此可知，家庭每周给钱多的学生如果具有较强的寄宿学校倾向，就可以说
明"多给钱"的行为属于家庭经济相对宽裕的表现。一般来说，家庭给学
生每天3元左右的零花钱属于正常，每周按5天计算，15元以内的零花钱

---

[1] 姚松：《大规模兴建寄宿学校能更好促进农村学生发展吗？》，《教育与经济》2018年
第4期。

不属于高消费。每天零花钱超过 10 元，每周超过 50 元的行为一般较少，如果有这种情况，应该划为特殊情况。因此，本书按照 1—15 元为"1"、16—50 元为"2"、50 元以上为"3"将变量"家里每周给多少钱"分成三组，并将"2"组定义为较高一档。将新编码的变量与"你认为走读还是寄宿更好"交叉列联表分析结果显示，"家里每周给钱"在 1—15 元和 50 元以上的两组中，选择住校与走读的学生并无太大差别，而"15—50 元"组的 1165 名学生中，认为住校比走读好的学生占 36.0%，选择走读更好的学生占 27.6%，两者相差 8.4 个百分点（见表 3-14）。卡方检验显示：$\chi^2 = 19.1$，df = 4，Sig.（双侧）= 0.001 < 0.005，说明"家里每周给钱多"的学生更倾向于寄宿制教育，进一步证明了学生零花钱就是家庭经济状况的一个很好的表征。

表 3-14　　住校生—走读生"家里每周给多少钱"交叉列联表

			经济条件			合计
			1	2	3	
你认为走读还是寄宿更好	走读	计数（人）	839	322	81	1242
		"经济条件"中的百分比	33.9	27.6	38.2	32.2
	住校	计数（人）	803	419	58	1280
		"经济条件"中的百分比	32.4	36.0	27.4	33.2
	差不多	计数（人）	834	424	73	1331
		"经济条件"中的百分比	33.7	36.4	34.4	34.5
合计		计数（人）	2476	1165	212	3853
		"经济条件"中的百分比	100.0	100.0	100.0	100.0

第四节　农村低龄寄宿儿童的人口学特征

所谓人口学特征是指人口学上所研究的人口的特点、征象、标志。本书主要考察农村低龄寄宿儿童的性别、年龄、年级、民族四个方面的特征。

一　农村低龄寄宿儿童的性别比例基本平衡

从总体上看，农村小学生性别分布基本平衡。针对走读生和寄宿生的随机样本中，男生约占 50.9%，女生占 49.1%，在校生男女性别比约为

104：100。2016 年全国人口抽样调查显示，5—14 岁人口男女性别比例
119：100。两者的基本趋势一致，即男性人口比女性多。调查数据显示，
在 2582 名寄宿生中，男生占寄宿生总数的 50.0%，女生占 50.0%，性别比
为 100：100，寄宿生性别比例基本平衡。进一步分析发现，男生的寄宿率
为 62.70%，而女生的寄宿率为 65.10%（见表 3-15）。虽然相差 2.4 个百分
点，卡方检验显示：$\chi^2 = 2.397$，Sig.（双侧）=0.122 > 0.05，两者无显著性
差异。因此可以说，无论是寄宿生中男女比例还是在校生中男女生寄宿率，
在性别上都没有显著性差异。

表 3-15 住校生—走读生"学生性别"交叉列联表

			你是住校生吗?		合计
			不是	是	
你的性别是	男	计数（人）	767	1291	2058
		"你的性别是"中的百分比	37.3	62.7	100.0
		"你是住校生吗?"中的百分比	52.5	50.0	50.9
	女	计数（人）	693	1291	1984
		"你的性别是"中的百分比	34.9	65.1	100.0
		"你是住校生吗?"中的百分比	47.5	50.0	49.1
合计		计数（人）	1460	2582	4042
		"你的性别是"中的百分比	36.1	63.9	100.0
		"你是住校生吗?"中的百分比	100.0	100.0	100.0

为了进一步证明这一事实，我们随机选取了 22 所学校，分别计算出
男女生寄宿率（见表 3-16），并对两组数据进行独立样本 t 检验。结果显
示：男生寄宿率均值为 66.29%，标准差为 21.23%；女生寄宿率均值为
68.29%，标准差为 21.54%。独立样本 t 检验的结果：t = -0.311，df = 42，
Sig.（双侧）= 0.152 > 0.05，说明男女生寄宿率均值无显著差异。农村低
龄儿童寄宿率是否存在性别差异还可以通过学生的寄宿意愿反映出来。问
卷调查显示，关于"你认为走读还是寄宿更好"问题的回答，男生中认
为"走读好""住校好""差不多"的比例分别为 32.6%、33.1%、34.2%；
女生回答的比例分别为 33.4%、31.7%、34.9%，统计检验显示：$\chi^2 = 0.84$，
df = 2，Sig.（双侧）= 0.022 > 0.05，表明两者无显著差异。以上数据说明，

男女生寄宿意愿并无显著差异，寄宿生总数中男生略高于女生缘于人口性别的差异。

表 3-16　　　　　　　22 所样本学校男女生寄宿率统计

学校编号	男生寄宿率（%）	女生寄宿率（%）	学校编号	男生寄宿率（%）	女生寄宿率（%）
1	63.2	63.2	12	98.0	93.5
2	71.7	83.8	13	62.3	84.6
3	63.5	50.0	14	21.7	38.3
4	100.0	96.8	15	47.0	53.2
5	76.5	52.2	16	69.2	65.0
6	45.8	55.8	17	85.7	91.9
7	85.0	87.1	18	85.7	83.7
8	36.1	38.9	19	51.9	56.9
9	75.6	90.0	20	35.7	22.5
10	53.8	65.7	21	82.6	89.5
11	56.4	51.2	22	90.9	88.6

二　农村寄宿制小学超低龄寄宿生超过三成

前已述及，本书将 10 岁（含 10 岁）以下寄宿生称为超低龄寄宿儿童。之所以这样划分，一方面是基于现代农村生活条件的改善，再加上很多学生属于独生子女，10 岁以下的孩子独立生活能力普遍较差；另一方面是为了与传统的"初小"和"高小"划分一致。从某种意义上说，农村小学寄宿制教育的特殊性就在于超低龄儿童，这一群体对生活照料的需求远远大于其他学生。因此，把握农村小学超低龄寄宿状况，有利于唤起低龄儿童生活照料政策设计的紧迫感。

由于此次调查中年龄一栏是连续变量，为了统计方便，将学生年龄重新划分为三组："1"代表 10 岁以下的超低龄儿童；"2"代表 11—12 岁（低龄儿童）；"3"代表 13 岁以上儿童。对学生"年龄分布"和"是否寄宿生"进行交叉联表分析（见表 3-17）发现，小学寄宿生中"10 岁以下"组学生数占 34.6%，"11—12 岁"人数占 52.6%，13 岁以上学生数占 12.8%。由于问卷调查主要针对三年级以上学生，很多学校没有统计一、二年级学生数，实际上，"10岁以下"组的寄宿生总数占比应该高于34.6%。从表3-17中还可以看出，"10岁及以下"的超低龄儿童中，有55.4%的学生寄宿，"11—12岁"的学生有69.5%选择了住校学习，13岁以上的学生寄宿率为68.9%，可以看出，随着学生年龄增长，寄宿学习的可能性也随之增大。

表3-17　　　　　　　　住校生—走读生"年龄分布"交叉列联表

			年龄分布比较			合计
			1	2	3	
你是住校生吗	不是	计数（人）	749	620	155	1524
		"你是住校生吗？"中的百分比	49.1	40.7	10.2	100.0
		"年龄分布比较"中的百分比	44.6	30.5	31.1	36.2
	是	计数（人）	929	1411	344	2684
		"你是住校生吗？"中的百分比	34.6	52.6	12.8	100.0
		"年龄分布比较"中的百分比	55.4	69.5	68.9	63.8
合计		计数（人）	1678	2031	499	4208
		"你是住校生吗？"中的百分比	39.9	48.3	11.9	100.0
		"年龄分布比较"中的百分比	100.0	100.0	100.0	100.0

　　为了验证抽样调查与全样本之间的差距，我们对贵州省六盘水市水城县DG小学248名寄宿生年龄结构进行了全样本分析，结果显示：10岁及其以下的寄宿生占40.30%，11—12岁的寄宿生占47.60%，13岁及其以上的寄宿生占16.10%。湖北省宜昌市NY小学一至六年级都住校，其中一、二年级寄宿率达到50%。抽样统计结果与学校全样本之间差异较大，两组数据的差距来源于抽样方法，前已述及，考虑一、二年级学生的理解力，问卷调查中并没有这两个年级的学生。实际上，很多学校从一年级开始就有住校生。因此，农村超低龄儿童寄宿率实际上会超过统计值34.6%。早在2013年5月3日，国家审计署发布的《1185个县农村中小学布局调整情况专项审计调查结果》中就显示："全国农村27省919个县的5655所小学有49.41万名一至三年级低龄学生寄宿生，占抽样总数的45%。"[①] 2015年，北京歌路营慈善基金组织发布的《中国农村住校生调查报告》显

---

　　① 《2013年第2号公告：1185个县农村中小学布局调整情况专项审计调查结果》，中华人民共和国审计署网，http://www.audit.gov.cn/n5/n25/c63610/content.html。

示："45%的寄宿制学校有一、二年级超低龄住校生。"[1]北京大学、中国社会科学院和首都经济贸易大学联合课题组于2015年对河北和四川2省5县的137所农村寄宿制学校的调查显示，小学三年级以下寄宿的学生占寄宿生总数的82.11%。[2]中国财政科学研究院2017年的抽样调查显示，乡镇寄宿制学校一至二年级学生寄宿率为31.15%，三至四年级学生寄宿率为31.85%，两项合计达到63.0%。[3]虽然，目前的研究结论并不统一，但是，农村低龄寄宿生的比例较大却是不争的事实。本书认为，农村寄宿制小学超低龄儿童寄宿率超过三成是比较客观的结论。

三 农村寄宿制小学教育正在向低年级延伸

按照现行规定，农村儿童六七岁上一年级，十一二岁上六年级，四年级以下住校就属于超低龄住校生。实际上，农村情况比较特殊，很多地方实行隔年招生，还有不少学生留级，寄宿生年龄分布与年级分布并不一致，充分把握农村小学生年级分布特征，结合年龄分布特点，更能保证决策的科学性。

2012年9月6日，国务院办公厅出台的《关于规范农村义务教育学校布局调整的意见》（国办发〔2012〕48号）明确规定："农村小学一至三年级学生原则上不寄宿，就近走读上学；小学高年级学生以走读为主，确有需要的可以寄宿。"2018年4月25日，国务院办公厅出台的《关于全面加强乡村小规模学校和乡镇寄宿制学校建设的指导意见》（国办发〔2018〕27号）中提出："原则上小学一至三年级学生不寄宿，就近走读上学，路途时间一般不超过半小时；四至六年级学生以走读为主，在住宿、生活、交通、安全等有保障的前提下可适当寄宿。"问卷调查显示，农村小学寄宿生已经覆盖了整个一至六年级，小学四年级以下的寄宿生占住校生总数的比例高达到38.21%，三年级以下寄宿比例也达到了15.82%，五、六年级占比61.73%，32.02%的学校从一、二年级开始就有住校生，68.01%的学校从三年级开始住校。以上情况进一步说明，中国地域广阔，各地自然条件、

① 杜爽：《中国农村住校生调查报告》，中国发展简报网，http://www.chinadevelopmentbrief.org.cn/news-17101.html。
② 高选艳：《寄宿对农村儿童心理健康状况的影响——基于教育救助的视角》，硕士学位论文，首都经济贸易大学，2018年。
③ 侯海波：《低龄寄宿与农村小学生人力资本积累——来自"撤点并校"的证据》，《中国农村经济》2018年第7期。

教育传统等差异较大，全国层面大一统的政策只能是指导性文件，落实到地方还得因地制宜。以贵州省为例，2001—2012 年，全国农村大部分地区开始了轰轰烈烈的"撤点并校"，而该省在 2011 年以前农村生源相对充足，"撤点并校"需求不大；当 2011 年开始实施"农村寄宿制学校攻坚工程"，大规模撤并学校时，2012 年中央文件"叫停"了撤并行为。尽管如此，该省实际存在合并学校的"刚需"，整个"十二五"期间的撤并行为也并没有因此停下。湖北省恩施市 HT 乡一所村级完小，2012 年以后生源不足 20 人，2018 年春季学期仅剩两名学生，这 2 名学生家长强烈要求将孩子转到离该校 3 公里远的镇中心小学，但是，为了执行政策，保留这所名存实亡的小学，当地政府强行留下了 2 名学生，并配备了 3 名教师。列举上述个案，旨在说明政策执行不因地制宜的有悖常理的行为。

由于此次问卷调查大多数学校仅从三年级以上开始，部分有一、二年级住校生的学校采取了直接收集资料的方法，以此弥补抽样之不足。随机抽取了 27 所学校，各年级寄宿生情况如表 3–18 所示。16 所学校中有 7 所学校没有一、二年级寄宿生，8 所学校寄宿生覆盖了一至六年级，16 所学校共计有寄宿生 3320 人。计算出各年级占寄宿生总数的百分比，并将结果绘制成柱状图（见图 3–6）。从图 3–6 中可以看出，一至三年级寄宿生占总数的 27.80%，一至四年级寄宿生占总数的 48.0%，三至六年级寄宿生占总数的 88.2%。以上统计结果进一步证明了两个事实：一是绝大多数农村小学从三年级开始实行寄宿制；二是农村小学寄宿制教育形式逐渐向低年级延伸。

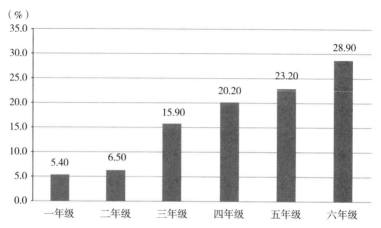

图 3-6　16 所样本学校一至六年级寄宿生年级分布情况

表 3-18　　　　　　　　　　16 所样本学校寄宿生年级分布情况

学校	一年级	二年级	三年级	四年级	五年级	六年级
大连市 GB 小学	0	0	40	43	41	42
灵寿县 L 小学	24	18	32	25	24	27
平泉县 BCG 小学 QJ 小学、QID 小学	0	0	113	109	118	106
新平县 BH 小学	17	18	19	18	20	28
贺兰县 H 小学	52	56	57	55	53	54
庆阳市 HS 学校	0	0	43	89	176	261
吉县 WCH 学校	9	6	6	17	21	23
洪洞县 WYT 小学	46	72	88	88	59	68
吉县 WJY 学校	0	0	6	10	6	16
洪洞县 GZ 学校	2	12	11	30	25	30
水城县 YJ 小学	2	15	18	10	24	32
水城县 DG 小学	0	0	14	50	75	109
兴义市 TF 小学	27	15	71	84	69	113
淳安县 ZT 中心小学	0	3	9	44	58	49
合计	179	215	527	672	769	958

四　少数民族与汉族学生寄宿动机并无差异

从某种意义上说，寄宿制民族中小学是我国农村寄宿制学校的起源。西部地区人口中少数民族占比本来就高，再加上地理条件、办学传统等因素，这些地区农村小学生中寄宿比例一直就比较高。此次调查样本中，汉族占 56.5%，少数民族占 43.5%。从总体上来看，寄宿生中少数民族占 43.3%，汉族学生占 56.7%；1661 名少数民族学生中选择寄宿的占 64.3%，2158 名汉族学生中选择住校的占 64.9%（见表 3-19）。卡方检验结果显示：$\chi^2 = 0.159$，Sig.（双侧）=0.69 > 0.05，说明二者并无显著差异。从全国范围来看，少数民族学生选择寄宿制学校的动机并无差异。

表 3-19　　　　　　　　住校生—走读生"是否为少数民族"交叉列联表

| | | | 你是汉族吗？ | | 合计 |
			是	不是	
你是住校生吗？	不是	计数（人）	757	593	1350
		"你是住校生吗？"中的百分比	56.1	43.9	100.0
		"你是汉族吗？"中的百分比	35.1	35.7	35.3
	是	计数（人）	1401	1068	2469
		"你是住校生吗？"中的百分比	56.7	43.3	100.0
		"你是汉族吗？"中的百分比	64.9	64.3	64.7
合计		计数（人）	2158	1661	3819
		"你是住校生吗？"中的百分比	56.5	43.5	100.0
		"你是汉族吗？"中的百分比	100.0	100.0	100.0

　　西部地区情况如何呢？我们选取贵州、广西两省和湖北省恩施市进一步分析。贵州是中国多民族聚居的省份，各民族在省内88个县（市、区、特区）均有分布，世居少数民族有苗族、布依族、侗族、土家族、彝族、仡佬族、水族、回族、白族、瑶族、壮族、畲族、毛南族、满族、蒙古族、仫佬族、羌族17个民族（见表3-20）。[1]从表3-20中可以看出，17个主要世居少数民族人口就占了全省总人口的33.48%，这也是学生生源中少数民族占比较高的原因。不仅如此，17个少数民族基本以聚居为主。以2017年贵州省政府遴选的20个极贫乡镇为例，有12个乡镇少数民族比例占比80%以上，少数民族占比平均值达到75.3%。因此，20个极贫乡镇小学生中少数民族比例特别高（见表3-21）。从表3-21中可以看出，有11个乡镇小学生中少数民族占比超过90%，平均值高达79.1%。对贵州省3县8所寄宿制小学的问卷调查显示，1144名学生中，少数民族学生占比60.21%；寄宿生中少数民族学生比例达到68.22%。

表 3-20　　　　　　　　贵州省世居少数民族规模统计（六普数据）

民族	数量（万人）	占全省人口百分比（%）	占少数民族人口比（%）
苗族	396.84	11.42	34.10

　　① 资料来源：贵州省民族宗教事务委员会网，http://www.gzmw.gov.cn/index.php?m=content&c=index&a=lists&catid=56。

续表

民族	数量（万人）	占全省人口百分比（%）	占少数民族人口比（%）
布依族	251.06	7.23	21.57
侗族	143.19	4.12	12.30
土家族	143.70	4.13	12.35
彝族	83.45	2.40	7.17
仡佬族	49.52	1.43	4.25
水族	34.87	1.00	3.00
回族	18.48	0.53	1.59
白族	17.95	0.51	1.54
壮族	5.26	0.15	0.45
瑶族	4.09	0.12	0.35
畲族	3.66	0.10	0.31
毛南族	2.73	0.08	0.23
蒙古族	4.16	0.12	0.36
仫佬族	2.49	0.07	0.21
满族	2.31	0.07	0.20
羌族	0.16	0.005	0.01
合计	1163.92	33.48	100

表 3-21　2017 年贵州省 20 个极贫乡镇小学生中少数民族占比情况

名称	少数民族人口占比（%）	少数民族小学生占比（%）
威宁县石门乡	26.5	26.0
晴隆县三宝乡	98.0	98.0
从江县加勉乡	98.0	99.0
赫章县河镇乡	46.2	46.0
望谟县郊纳镇	45.5	59.0
册亨县双江镇	98.0	99.0
黄平县谷陇镇	96.6	100.0
贞丰县鲁容乡	86.7	98.0
镇宁县简嘎乡	98.3	94.0
纳雍县董地乡	40.0	83.0
德江县桶井乡	98.0	100.0

续表

名称	少数民族人口占比（%）	少数民族小学生占比（%）
盘县保基乡	82.0	96.0
榕江县定威乡	93.0	97.0
平塘县大塘镇	53.7	70.0
雷山县大塘镇	87.5	99.0
紫云县大营镇	60.0	60.0
水城县营盘乡	58.0	74.0
长顺县代化镇	80.0	14.0
石阡县国荣乡	65.0	72.0
务川县石朝乡	95.9	98.0

广西壮族自治区上思县地处广西西南部，防城港市的西北面，全县总面积 2816 平方公里，人口 25 万人，辖 4 乡 4 镇、83 个行政村、4 个社区，汉族占 6.52%，少数民族占 93.48%。课题组选取了华南镇、叫安镇和南坪乡各 1 所学校，问卷调查结果显示，515 名小学生中共有少数民族 437 人，占比 84.85%。297 名寄宿生中，少数民族学生有 251 人，占比 84.51%。本书所定义的"西部地区"包含了湖北省恩施土家族苗族自治州，课题组选取了恩施市的 3 所农村寄宿制小学发放问卷 693 份。统计显示，449 人是少数民族学生，占学生总数的 64.79%，482 名寄宿生中有少数民族学生 283 名，占比 58.71%。2 省 1 地 5 县 2353 名调查对象中，1575 名学生为少数民族，少数民族加权平均占比 66.96%；1418 名寄宿生中，少数民族学生为 970 人，加权平均占比 68.41%（见表 3-22）。

表 3-22　　西部 2 省（区）1 市农村小学少数民族学生及寄宿生比例汇总

	样本学生总数（人）	少数民族学生（人）	少数民族学生比例（%）	寄宿生总数（人）	少数民族寄宿生（人）	少数民族寄宿生占寄宿生比例（%）
贵州	1144	689	60.21	639	436	68.22
广西	515	437	84.85	297	251	84.51
恩施市	693	449	64.79	482	283	58.71
合计	2352	1575	67.96	1418	970	68.41

第四章

农村低龄寄宿儿童生存境遇的总体评价

与同龄人相比，农村低龄寄宿儿童有着特殊的生活模式，面临着不同的人生境遇。他们本应该在父母的呵护下成长，却因为种种原因而被迫早早独立面对生活。关注农村低龄寄宿儿童特殊的成长路径，改善农村孩子生存环境，促进其健康快乐成长，具有重要的现实意义。本章从寄宿制学校、家庭和社会三个维度出发，围绕学生就餐、住宿、娱乐、安全、卫生、心理、上学方式、学习等因素做出八个基本判断，客观呈现农村低龄寄宿儿童生活现状。

第一节　农村低龄寄宿儿童就餐条件与质量依然堪忧

近年来，随着农村学校投入的不断增加，大部分学校在食堂硬件设施建设方面取得显著成效，餐饮质量也得到显著提升。但是，由于农村家庭经济条件不断改善，学生已经不仅仅满足于吃得饱，对就餐环境、饭菜质量、安全卫生、营养结构都产生了新的更高要求。另外，低龄儿童生活自理能力不强，部分孩子还存在饮食习惯不良的问题，保障低龄儿童就餐质量难度更大。目前，农村低龄寄宿儿童一般都在什么环境下就餐呢？一日三餐都能吃到些什么东西？吃得饱吗？吃得安全吗？吃得卫生吗？吃得科学吗？通过对这些问题的考察发现，农村低龄寄宿儿童就餐条件与质量并不乐观。

一 农村低龄寄宿儿童就餐场所普遍不达标

2011年8月16日，教育部、卫生部印发的《农村寄宿制学校生活卫生设施建设与规范》规定："学校食堂一般应包括工作人员更衣间、原料存放间、食品加工操作间、备餐间、食品出售场所、就餐场所等。"调查发现，农村寄宿制小学虽然实现了"校校有食堂"的目标，学校食堂食品加工操作间也较为规范。但是，大多数学校食堂的就餐场所简陋，餐厅面积不达标，餐桌数量严重不足。

1997年6月1日，建设部、国家计委和国家教委联合发布的《农村普通中小学建设标准（试行）》第25条规定："完全小学应设置学生食堂，就餐人数宜按学生人数的30%计，使用面积为1.5平方米/生，6班、12班、18班的总使用面积分别为122平方米、243平方米、365平方米。"2008年，教育部出台的《农村普通中小学校建设标准》（建标109—2008）对全寄宿制小学食堂面积提出了更为详细的要求（见表4-1）。

表4-1　　　　　　　　农村全寄宿制小学食堂使用面积标准

学校规模	教工		学生		使用面积（平方米）		
	就餐比例（%）	人均使用面积（平方米）	就餐比例（%）	人均面积（平方米）	教工	学生	合计
12班	100	2.0	100	1.2	48	648	696
18班	100	1.7	100	1.2	62	972	1034
24班	100	1.7	100	1.2	82	1296	1378

贵州、甘肃、湖北、山西、广西、河南六省（区）调查显示，12所样本学校共有寄宿生3120人，在校学生总数6799人，食堂总面积4961平方米。按寄宿生计算，生均食堂面积达到了1.59平方米，超过了普通寄宿制中小学1.5平方米/生的标准；按在校生总人数计算，生均食堂面积仅有0.73平方米。实际上，中西部绝大部分地区的学校都实行了营养午餐计划，非寄宿生午餐也在学校食堂，因此，食堂面积实际上并没有达标。如果按寄宿生计算，食堂面积达标率为69.2%，如果考虑营养午餐的因素，按全校学生计算，达标率仅有23.1%（见表4-2）。问卷调查显示，针对"就餐地点"问题的回答中，只有74.0%的同学回答"食堂餐厅"，13.2%的同学在教室用餐，1.4%的同学在寝室用餐，8.6%的同学在操场用餐。也就

是说，有超过 1/4 的孩子不能在学校餐厅用餐。因为就餐场所不足，午餐时秩序往往难以保障。在问及"学校就餐秩序"时，只有 57.8% 的同学回答"很好"，25.9% 的学生回答"一般"，还有 16.3% 的同学认为就餐秩序比较混乱。

表 4-2 　　　　　　　8 省农村寄宿制小学食堂面积抽样调查情况

学校名称	学生总数（人）	寄宿生数（人）	食堂面积（平方米）	寄宿生生均食堂面积（平方米）	在校生生均食堂面积（平方米）
甘肃 HS 学校	1702	569	1320	2.32	0.78
广西 HNZ 学校	538	200	500	2.50	0.93
广西 JA 小学	687	338	250	0.74	0.36
山西 WC 学校	186	158	430	2.72	2.31
山西 WYT 小学	715	421	300	0.71	0.42
山西 WJY 学校	188	122	240	1.97	1.28
山西 GZ 小学	165	111	350	3.15	2.12
贵州 YJ 小学	458	146	40	0.27	0.09
贵州 DG 小学	893	248	555	2.24	0.62
贵州 XP 小学	212	114	71	0.62	0.33
贵州 HGS 小学	165	120	158	1.32	0.96
贵州 XT 小学	551	—	547	—	0.99
湖北 LM 小学	509	381	547	1.44	1.07
河南 A 小学	381	192	200	1.04	0.52
湖南 NB 中心小学	718	400	100	0.25	0.14
云南 HS 小学	443	235	180	0.77	0.41
合计	8511	3755	5788	1.54	0.68

贵州省 2011 年出台的《农村寄宿制学校建设攻坚工程实施方案》提出："'十二五'期间，大力加强农村学校食堂建设，实现农村中小学（除教学点外）'校校有食堂'的目标；强力推进农村寄宿制学校建设，使农村小学在校生寄宿率达到 30%。"2015 年，全省虽然实现了"校校有食堂"的目标，但大部分寄宿制学校食堂面积小（有的仅有厨房），设施简陋，餐桌椅等设备严重不足。全省每天有 400 余万农村义务教育学生吃营养餐，但食堂总面积仅 180.7 万平方米，人均 0.45 平方米。食堂面积包含了就餐

大厅、操作间、贮藏间等，由于总面积不足，学生就餐大厅面积相应减少，放置餐桌的位置"捉襟见肘"。6省区16所样本学校统计显示，按寄宿生实际人数计算，平均2.9人共用一张餐桌；考虑午餐，按在校生人数计算，平均6.2人共用一张餐桌。有4所学校没有餐桌，占总数的30.8%（见表4-3）。河南省某农村寄宿制小学利用闲置的学生课桌当餐桌，因陋就简。贵州省2015年的统计显示，全省餐桌位数仅11.8万个，平均34个学生才有一个餐桌位。正是因为餐厅面积和餐桌不足，有的学校采取分批进餐，更多的学生只能在室外或教室里用餐，遇到恶劣天气，很多学生被迫涌进教室或寝室，就餐体验受到极大影响。

表4-3　　　　　　　　6省区16所样本寄宿制小学餐桌情况统计

学校名称	学生总数（人）	寄宿生数（人）	餐桌个数（张）	寄宿生与餐桌数比（%）	在校生与餐桌数比（%）
甘肃 HS 学校	1702	569	680	0.8	2.5
广西 HNZ 学校	538	200	100	2.0	5.4
广西 JA 小学	687	338	0	—	—
广西 NP 乡中心小学	345	230	100	2.3	3.5
山西 WC 学校	186	158	36	4.4	5.2
山西 WYT 小学	715	421	100	4.2	7.2
山西 WJY 学校	188	122	40	3.1	4.7
山西 GZ 小学	165	111	20	5.6	8.3
贵州 YJ 小学	458	146	0	—	—
贵州 DG 小学	893	248	17	14.6	52.5
贵州 XP 小学	212	114	0	—	—
贵州 DT 小学	607	380	120	3.2	5.1
贵州 ZT 小学	350	84	190	0.4	1.8
贵州 HGS 小学	165	120	0	—	—
湖北 LM 小学	509	381	100	3.8	5.1
河南 A 小学	381	192	0	—	—
合计	8101	3814	1503	2.5	5.4

贵州省 YJ 小学食堂正在建设中，学校只有做饭的厨房，没有餐厅，更没有餐桌。与学生交谈了解到，平时所有学生就在操场上就餐，遇到下雨天，五、六年级学生由值日生将饭和菜抬到教室，自行添加饭菜；低年

级学生则由值日教师负责将饭菜送到教室并分发到每个学生的饭盒。由于厨房离教室还有一段距离，很多时候饭菜抬到教室就已经不热乎了，不时出现学生由于吃冷饭拉肚子的情况。由于没有固定位置，学生吃饭有时很吵闹，有班主任在时才稍稍好些。有一位学生的爷爷说："孩子这学期才住校，年纪小，爸爸妈妈又离婚了，以前跟着我吃饭。住校后，我就怕他在学校吃不饱，见天儿（隔几天的意思）就跑去学校看。学校食堂很小，只有一个做饭的地方，外面有个洗菜的地方，没得位置让娃儿吃饭。"贵州省 DZ 县 YW 小学食堂餐桌很规范，但是数量太少，一张长桌可以坐 4 个孩子，总共只有 23 张桌子，大约可以容纳 100 人同时就餐。一方面，学校有 150 多名寄宿生，餐桌数量不足；另一方面，餐厅由教室改装，呈狭长形状，两排餐桌摆放之后，学生排队打饭就显得拥挤不堪。

二 农村低龄寄宿儿童的就餐质量有待提高

学龄儿童正处于体格发育稳步增长的阶段，思维活跃，独立活动能力逐渐增强，基础代谢率较高，加之进入校园后，学习任务日渐增加，身体所需的能量已接近甚至超过成人，充足的能量和营养素的摄入是满足学龄儿童身体发育及智力增长的关键。[①] 不仅如此，低龄儿童还存在营养知识缺乏、饮食偏好明显的问题，就餐需要得到成人的指导与关心，良好的就餐体验有助于儿童进食。同时，集体生活得更加注意食品安全与卫生工作。因此，儿童就餐质量可以从膳食结构、饥饱状态、就餐体验、食品安全及卫生四个方面来衡量。调查结果表明，全国大部分农村实行免费营养午餐多年，农村低龄寄宿儿童就餐质量仍旧不高。

（一）农村低龄寄宿儿童膳食结构欠合理

2011 年 11 月 23 日，国务院办公厅印发的《关于实施农村义务教育学生营养改善计划的意见》提出："从 2011 年秋季学期起，在集中连片特殊困难地区启动农村（不含县城）义务教育学生营养改善计划试点工作。试点地区和学校要在营养食谱、原料供应、供餐模式、食品安全、监管体系等方面积极探索。"2012 年 5 月 13 日，教育部等 15 部门联合印发的《农村义务教育学生营养改善计划实施细则》第 13 条规定："试点县和学校要

---

① 孙长灏：《营养与食品卫生学》，人民卫生出版社 2008 年版，第 234—235 页。

参照有关营养标准，结合学生营养健康状况、当地饮食习惯和食物实际供应情况，科学制定供餐食谱，做到搭配合理、营养均衡。"各地在实施营养午餐计划的同时，大多将寄宿生早餐与晚餐纳入了营养餐管理范围，并制定了相应的食谱，积极关注学生膳食结构，在寄宿生"一日三餐"吃什么的问题上做出了巨大努力。然而，由于小学生普遍存在偏食、挑食等问题，"众口难调"，学校即便制定了食谱，学生也不一定会按照食谱进餐。

实地调查发现，农村寄宿制小学食堂普遍存在菜肴品种单一的问题。由于没有更多的选择，很多学生要么就用汤泡米饭，要么将打的菜倒掉，用快餐面或麻辣食品下饭。表4-4是贵州省DG小学2016年11月学校食堂橱窗公布的某周食谱。从菜谱中可以看出，该校食堂提供的菜品最多的时候只有3种，品种比较单一，学生选择余地不大。观察学生进餐发现，很多学生饭盒里除了白菜外，还有快餐面，部分学生饭盒中竟然只有白米饭和汤，而且，汤中的豆腐已经被学生剔除倒入泔水桶了。交谈中发现，孩子们觉得快餐面泡饭很好吃，有的孩子不喜欢吃豆腐。表4-5是广西壮族自治区JA镇中心小学2017年1月6日（星期五）的每周菜谱（第19周）。仔细观察菜谱发现同样的问题，菜谱中每天也只有三个菜可供选择，而学生的饮食偏好不同，该校同样出现学生将大量剩菜剩饭倒入泔水桶的现象。其实，很多学校菜谱公示的内容，实际上不一定会按照菜谱提供，这样的情况更糟糕。据中国时光网报道，2018年9月12日，河南省DC小学午餐居然是简简单单的蒸面条，没有蔬菜没有肉，学生们只能是用面条泡水充饥。按照当天教体局的规定，午餐应该是馒头、鸡丁60克、炒西葫芦85克、包菜85克、蒜薹60克。①

表4-4　　　　　　　2016年11月贵州省DG寄宿制小学食堂一周菜谱

时间	早餐（寄宿生）	中餐（营养餐）	晚餐（寄宿生）
星期一	包子、稀饭	炒鸡蛋、炒白菜、火腿豆腐汤、米饭	白萝卜鸡汤、炒白菜、大米饭
星期二	肉末绿豆粉	萝卜排骨汤、炒莲花白、大米饭	蕨粑青椒肉丝、炒土豆丝、火腿豆腐汤、大米饭
星期三	包子、稀饭	青椒肉丝、炒棚瓜丝、火腿豆腐汤、大米饭	鸡肉土豆汤、炒白菜、大米饭

① 《农村义务教育学校营养改善计划实施细则》，时光文化网，https://www.sky0771.com/jibing/20180917/9165.html。

续表

时间	早餐（寄宿生）	中餐（营养餐）	晚餐（寄宿生）
星期四	肉末绿豆粉	青椒肉丝、炒白菜、火腿豆腐汤、大米饭	青椒肉丝、炒花生、火腿豆腐汤、大米饭
星期五	肉末绿豆粉	海椒圈炒肉丝、炒豆腐干、火腿豆腐汤、大米饭	

表 4–5 　　　　2017 年 1 月广西壮族自治区 JA 镇中心小学每周菜谱（第 19 周）

星期	菜谱名称	价格
星期一	—	—
星期二	米饭	0.8
	牛肉萝卜	1.8
	炒猪肉片	1.5
	炒豆芽	0.4
星期三	米饭	0.8
	卤猪脚	2.8
	骨头炖淮山药	0.7
	炒油豆腐	0.7
星期四	米饭	0.8
	鸡肉木耳	1.5
	肉丁玉米粉	1.4
	炒毛苦瓜	0.4
星期五	米饭	0.8
	炒猪肉片	1.5
	炒鱼丸	1.5
	炒白菜	0.3

相比之下，湖北省宜昌市 YL 区食堂菜肴品种比较齐全，学生食堂外面的泔水桶中几乎没有多少剩饭剩菜，较为丰盛的菜肴，每天生活费 11 元（见表 4–6）。在交谈中可以明显感觉到学生比较满意，很多学生认为学校饭菜比家里的好吃。遗憾的是，由于各方原因，很多学校实际上达不到这种水平。

表 4-6　　　　2018 年秋季学期湖北省宜昌市 YL 区学校食堂营养食谱公示栏

	星期一		星期二		星期三		星期四		星期五
早餐	橘子	早餐	元宝蛋	早餐	苹果	早餐	元宝蛋	早餐	AD 钙
	馒头		花卷		肉包子		馒头		肉包子
	西红柿蛋汤		红豆汤		稀饭		海带汤		稀饭
中餐	粉蒸肉	中餐	土豆烧排骨	中餐	萝卜烧猪蹄	中餐	土豆烧牛肉	中餐	
	蒜薹炒肉丝		胡萝卜炒肉片		木耳炒肉丝		西芹炒肉丝		
	炒大白菜		炒青菜		炒藕片		炒油麦菜		
	红烧豆腐		红烧茄子		炒莴笋片		炒豇豆		
	三鲜汤		青菜肉丝汤		三鲜汤		青菜蛋汤		
晚餐	洋葱炒肉片	晚餐	西芹炒肉丝	晚餐	胡萝卜炒肉丝	晚餐	榨菜炒鸡蛋	晚餐	
	香干炒肉丝		西红柿炒蛋		豆干炒肉片		粉条炒肉丝		
	炒包白菜		炒黄瓜片		炒包白菜		炒土豆丝		
	炒粉丝		炒土豆丝		炒黄瓜片		清蒸南瓜		

实地观察的结果与问卷调查统计结果基本一致，针对"每天学校食堂提供几个菜"问题的回答，有 29.8% 的学生选择了"一到两个菜"，57.4% 的学生回答"三到五个菜"，仅有 12.8% 的学生回答"提供更多品种齐全的菜"。为了进一步了解学校饭菜质量，问卷中设计了另外两个问题：①你每周在学校能吃到几次荤菜；②你觉得学校食堂菜里面放的油多吗？比较住校生与走读生对第一个问题的回答发现，住校生每周吃到荤菜的次数平均值为 6.6 次，走读生为 5.2 次，独立样本 t 检验结果显示：$t = -10.77$，$df = 3191$，Sig.（双侧）$=0.000 < 0.001$，两者存在显著差异，说明住校生和走读生每天都能吃上一次荤菜，且住校生每周吃荤菜的次数显著高于走读生。对于第二个问题的回答中，有 24.4% 的学生回答"很多"，62.4% 的学生认为"一般"，还有 13.2% 的学生回答"很少"或"特别少"。比较住校生与走读生的回答结果，发现两者并无显著差异（卡方检验：$\chi^2 = 5.81$，Sig.（双侧）$=0.121 > 0.05$），说明两者看法基本一致。一般来说，学生能否吃饱与饭菜中脂肪含量密切相关，从保证学生吃饱的角度来看，学校食堂饭菜质量还有进一步提升的空间。

（二）农村低龄寄宿儿童就餐体验普遍欠佳

所谓就餐体验，就是儿童在就餐时产生的一种主观心理感受。为了解寄宿生的就餐体验状况，本书选取了食堂服务人员的态度、学生对饭菜质量的主观判断、学生对学校饭菜与家里比较结果三个变量进行判断。

住校生每周都有 5 天左右的时间与家人分离，寄宿的留守儿童与家人分开的时间更长，情感缺失严重。食堂是学校活动中能够弥补亲情缺失的重要场所之一，食堂员工对儿童的态度直接影响其就餐体验。如果说饭菜可口程度有"众口难调"的托词，后勤服务人员的态度恶劣便是难以容忍的。问卷调查显示，20.53% 的孩子认为食堂服务人员态度不太好，甚至有10.91% 的学生认为服务人员态度非常凶，两项合计占比高达 31.44%（见图 4-1）。调研过程中最大的感受莫过于学校教职工服务意识不强，多数学校还停留在管理和看护的层面，致使低龄儿童难以感受到家的温暖，有时出现意外情况也不敢告诉老师。在广西壮族自治区某县一所小学了解到，一个小学三年级孩子饭盒丢了三天，也没敢告诉老师和家长。

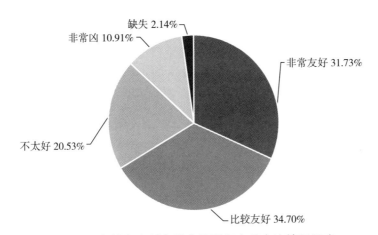

图 4-1　农村寄宿制小学食堂服务人员态度情况调查

饭菜质量的满意度既是对食堂饭菜的客观评价，也是学生就餐体验的主观判断。调查结果显示，有 30.6% 的学生对学校饭菜质量表示"非常满意"，18.9% 的学生表示"不满意"或"很不满意"。住校生中对饭菜"非常满意"的学生占比 29.2%，走读生为 33.0%；住校生中对饭菜"不满意"或"非常不满意"的比例为 18.8%，走读生为 19.1%（见表 4-7）。卡方检验结果显示：$\chi^2 = 7.54$，$df = 3$，Sig.（双侧）$= 0.057 > 0.05$，表明住校生与走读生也不存在显著差异。说明无论是针对全校学生的营养午餐，还是专门为寄宿生准备的早餐和晚餐，都存在同样的问题。

表 4-7　　　　　　住校生—走读生"学校食堂饭菜质量"交叉列联表

			你怎样评价学校饭菜质量				合计
			非常满意	比较满意	不满意	很不满意	
你是住校生吗	不是	计数（人）	477	691	181	95	1444
		"你是住校生吗" 中的百分比	33.0	47.9	12.5	6.6	100.0
		"你怎样评价学校饭菜质量"中的百分比	38.1	33.4	35.4	36.1	35.3
	是	计数（人）	775	1376	331	168	2650
		"你是住校生吗" 中的百分比	29.2	51.9	12.5	6.3	100.0
		"你怎样评价学校饭菜质量" 中的百分比	61.9	66.6	64.6	63.9	64.7
合计		计数（人）	1252	2067	512	263	4094
		"你是住校生吗" 中的百分比	30.6	50.5	12.5	6.4	100.0
		"你怎样评价学校饭菜质量"中的百分比	100.0	100.0	100.0	100.0	100.0

学生就餐体验的第三个指标就是饭菜口味如何，口味如何是一个相对判断。如果家庭条件不好，父母长期不在身边，家中饭菜可能没有学校可口。为此，问卷调查中设计了"你更喜欢家里还是学校的饭菜"一题，统计结果显示，仅有 14.4% 的学生回答"更喜欢学校食堂的饭菜"，85.6%的学生回答了"更喜欢家里的饭菜"。这一回答并非针对某一顿饭的判断，而是对学校就餐体验的一种综合感受。在贵州省 HP 县 WY 小学了解到，营养午餐食材不好，味道难吃，好多同学因为太过于难吃而将饭菜倒掉。实际上，学生家庭不一定能提供学校菜谱中所展示的菜肴品种，但是学生普遍感觉家里饭菜更好，说明学校的饭菜还需在口味上下功夫。综合以上分析发现，农村低龄寄宿儿童在对食堂"服务享受"的体验有待进一步改善，学校饭菜口味的体验还需向家庭化方向发展，整个饭菜质量也还有待进一步提升。

（三）超两成农村低龄寄宿儿童感觉吃不饱

能否吃饱饭是判断就餐质量的底线标准，那么，在营养改善计划与贫困寄宿生生活补助两大政策支持下，农村低龄寄宿儿童能吃饱饭吗？如果吃不饱会通过什么方式解决？

针对所有学生的问卷调查发现，有 62.3% 的学生觉得自己可以吃饱，

18.6% 的学生感觉"勉强可以吃饱",感觉自己"偶尔吃不饱""经常吃不饱"的学生合计占比 19.1%。比较住校生与走读生统计结果发现,住校生中感觉"偶尔吃不饱"和"经常吃不饱"的比例为 20.4%,走读生这一比例为 16.8%,住校生比走读生高出 3.6 个百分点;住校生中回答"可以吃饱"的比例为 60.2%,走读生为 66.3%,走读生比住校生高出 6.1 个百分点,卡方检验显示:$\chi^2 = 15.18$,df = 3,Sig.(双侧)= 0.002 < 0.01,两者存在显著差异,说明住校生在学校吃不饱的情况比走读生要严重(见图 4-2)。以上数据分析是从总体得出的结论,实际上,各个学校之间存在较大差异。就住校生而言,22 所样本学校中有 5 所学校学生"吃不饱"的学生比例在 25% 以上,最为严重的一所学校竟然达到 52.6%。学校之间住校生回答"吃不饱"的百分比变异系数为 57.5%,说明各学校间有较为明显的差异(见表 4-8)。

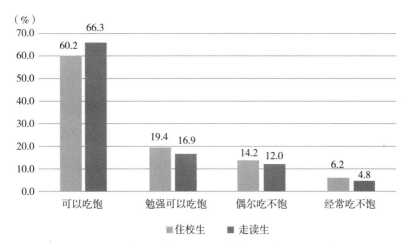

图 4-2 农村小学住校生与走读生就餐状况比较

表 4-8 住校生与走读生"吃不饱"的比例差异

学校名称	住校生(%)	走读生(%)
贵州省 BJ 希望小学	18.7	7.6
贵州省 DTZ 小学	12.5	25.0
贵州省 DG 中心小学	16.9	9.8
贵州省 GL 小学	19.3	0.0
贵州省 HGS 小学	21.1	12.5
贵州省 SK 小学	6.4	12.5

续表

学校名称	住校生（%）	走读生（%）
贵州省 XP 小学	7.1	14.0
贵州省 YJ 小学	15.7	12.9
山西省 WYT 小学	12.5	13.2
山西省 WJY 学校	29.4	46.7
山西省 WCH 学校	12.3	0.0
山西省 GZ 小学	52.6	30.5
湖北省 HT 乡中心小学	30.5	22.7
湖北省 LM 乡中心小学	20.7	25.1
湖北省 LCW 小学	7.4	0.0
湖北省 WYB 小学	21.8	28.6
湖北省 YLQ 小学	21.5	7.1
湖北省 ZP 小学	36.1	12.5
广西壮族自治区 NP 乡中心小学	10.0	8.6
广西壮族自治区省 JA 镇中心小学	19.6	16.4
广西壮族自治区省 HN 镇九年制学校	5.7	5.0
甘肃省 HS 镇九年制学校	28.8	27.4
标准差	11.2	11.6
平均值	19.4	15.4
变异系数	57.5	75.6
极差	46.9	46.7

为什么吃不饱呢？是学校做了定量限制，还是饭菜放食用油偏少，或是口味不好？应该说，上述原因兼而有之。在把握"吃不饱"的学生覆盖面后，接下来就需要了解怎么解决吃不饱的问题。问卷调查显示，如果没有吃饱，住校生中 54.6% 的人选择"饿着"，走读生中也有 54.4% 的人选择"饿着"。住校生中选择"买零食吃"的占 31.4%，走读生为 24.7%，两者相差 6.7 个百分点，而走读生选择"在校外吃"的比例反过来比住校生高出 6.9 个百分点（见图 4-3）。卡方检验结果显示：$\chi^2 = 41.2$，Sig.（双侧）= 0.000 < 0.001，表明"吃零食"是住校生解决"吃不饱"问题的主要途径。出现这种情况，可能是大部分学校实行封闭式管理，住校生晚上只能在校内买零食，而走读生下午放学后可以回家的缘故。实际上，无论是吃零食

解决肚子饿的问题，还是干脆饿着，对正在发育的低龄儿童来说都是极为不利的。其实，北京小学通过晚自习后给寄宿生准备"点心"的做法值得借鉴。每天晚上 8:00—8:25，学校准备了加餐奶、水果等食物供学生缓解饥饿。[1]

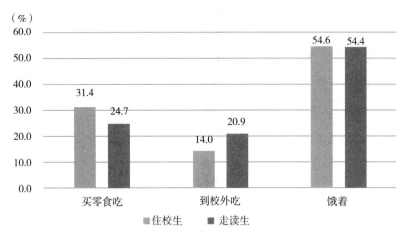

图 4-3　住校生与走读生处理"没吃饱"的办法比较

（四）寄宿儿童饮食安全卫生隐患依然存在

依托营养改善计划，绝大部分学校在食堂安全卫生管理制度建设、从业人员安排、食品采购、贮存、加工、留样、餐用具清洗与消毒、配送等环节都采取了有力措施，农村寄宿制小学食堂安全卫生工作管理已经基本进入规范化操作阶段。但是，食品采购中存在的商业诚信问题、食堂从业人员的素质问题以及学生个人不良饮食习惯等仍然会导致安全隐患存在。

食品源头安全风险最大，处理不当就会引发集体安全事故。按照营养改善计划的要求，寄宿制学校的食堂必须采取"学校自营"的模式，大宗食品采购一般实行招标制。但是，学校自身鉴别食品问题的专业能力，在商业诚信体系还不完善的当下，稍有不慎就会购进问题食材。近年来，学校统一进餐引发的大型食物中毒事件在国内外频发，更加凸显了寄宿制学校就餐安全风险。2015 年 9 月 11 日上午，甘肃省 XM 小学学生在食用统一配发的营养早餐后疑似食物中毒，54 名学生表现出头疼、恶心、呕吐等

---

① 李钟庆：《促进合作与交往的寄宿教育》，社会科学文献出版社 2002 年版，第 183 页。

症状。①CCTV-4 中文国际频道 2017 年 6 月 10 日报道："台湾花莲县部分中小学在吃完营养午餐后，169 名学生集体食物中毒，出现肚子绞痛、上吐下泻等症状。"②2018 年 9 月 4 日，江西省万安县部分学校学生营养餐出现疑似发霉、变质问题，有学生用餐后出现腹痛并送医。至少有 29 名学生住院治疗，其中年龄最小的仅 6 岁。③2018 年 9 月 7 日，韩国多所中小学发生学生食用蛋糕引发的集体食物中毒事件，疑似食物中毒学生高达1156 人。初步分析，可能是鸡蛋液中含有沙门氏菌。④

食堂卫生状况是食品安全的基础，食品加工环境的"脏、乱、差"等也会引发食品安全事故。针对"你觉得学校食堂卫生情况如何"的问题，有 37.9% 的学生回答"很好"，50.0% 的学生回答"一般"，12.1% 的学生回答"比较差"或"很糟糕"。与老师和学生交谈了解到，食堂工友大多是从学校周围聘请的农民，很多人自身没有良好的卫生习惯，也没有很强的卫生意识。很多地方甚至将学校食堂作为"建档立卡贫困户"稳定就业的渠道，对聘用人员要求很低。甘肃省康乐县 2018 年发布的一则招聘公告中的要求："聘用人员必须是未脱贫的建档立卡人口。同等条件下，优先聘用零就业家庭人员；具有小学文化程度。寄宿制中小学招聘的厨师，每月工资 2000 元，每年按 10 个月发放。"⑤

学校的饮水条件和学生的饮水习惯是学校餐饮安全的薄弱环节，稍有不慎就会因学生经常喝生水和过期饮料引发安全事故。针对"学校食堂提供开水吗"的调查显示，有 59.1% 的学生回答"每天都提供"，回答"偶尔提供"的占 16.0%，有高达 24.9% 的学生回答"不提供"。对学生每天饮水情况的调查发现，"常喝开水"的学生只占 52.2%，"常喝生水"的学生占 21.4%，"每天很少喝水"的学生高达 20.8%（见表 4-9）。对比发现，住校生"常喝开水"的比例高于走读生，而走读生中"常喝生水"和"一般

---

① 《甘肃灵台一农村小学发生疑似食物中毒事件》，新华网，http://www.xinhuanet.com//local/2015-09/11/c_1116535312.htm。

② 《花莲：营养午餐出问题 169 名学生集体食物中毒》，央视网，http://tv.cctv.com/2017/06/10/VIDEKpkqlt1aPdNcNNWH38KJ170610.shtml。

③ 《万安"问题营养餐"涉事负责人被控制 多名孩子病情较重》，凤凰网，http://jx.ifeng.com/a/20180907/6865245_0.shtml。

④ 《韩国多所学校发生学生集体食物中毒事件》，央视网，http://tv.cctv.com/2018/09/08/VIDEGFyoIkGnuq7b41uOroES180908.shtml。

⑤ 《2018 年甘肃临夏康乐县招聘农村中小学营养餐厨师 432 人公告》，康乐县人民政府网，http://www.gskanglexian.gov.cn/Article/Content?ItemID=3502d544-ec2c-454c-90b2-b79dfb493aae。

喝饮料"的比例都比住校生高。卡方检验显示：$\chi^2 = 10.97$，Sig.（双侧）= 0.012 < 0.05，说明两者差异显著。

表 4–9　　　　　　住校生—走读生"每天饮水的情况"交叉列联表

			你每天饮水的情况				合计
			常喝热水	常喝生水	很少喝水	一般喝饮料	
你是住校生吗	不是	计数（人）	740	337	305	101	1483
		"你是住校生吗?"中的百分比	49.9	22.7	20.6	6.8	100.0
		"你每天饮水的情况"中的百分比	34.1	37.9	35.3	43.9	35.7
	是	计数（人）	1427	552	559	129	2667
		"你是住校生吗?"中的百分比	53.5	20.7	21.0	4.8	100.0
		"你每天饮水的情况"中的百分比	65.9	62.1	64.7	56.1	64.3
合计		计数（人）	2167	889	864	230	4150
		"你是住校生吗?"中的百分比	52.2	21.4	20.8	5.5	100.0
		"你每天饮水的情况"中的百分比	100.0	100.0	100.0	100.0	100.0

从某种意义上说，住校生的饮水习惯比走读生要好。常喝生水很容易引起腹泻等疾病，针对"你在学校有过拉肚子的情况吗"问题的回答，8.5% 的学生回答"经常拉肚子"，58.0% 的学生出现"偶尔拉肚子"的情况。比较住校生和走读生的情况发现，住校生经常拉肚子的比例为 8.6%，走读生为 8.2%，两者并无明显差异。但是，住校生中"偶尔拉肚子"的学生比例达到 62.6%，走读生这一比例为 49.6%，相差 3 个百分点，卡方检验结果表明，两者存在显著差异 [$\chi^2 = 87.68$，df = 2，Sig.（双侧）= 0.000 < 0.001]，说明住校生更容易出现饮食安全事故。

第二节　农村低龄寄宿儿童住宿环境与服务亟待改进

宿舍首先是一个保障学生充足睡眠的场所，舒适的环境和人性化的住宿照料是提高低龄儿童睡眠质量的基本保证。不仅如此，学生宿舍还应承担起"家"的功能，如家的建筑风格，代理家长式的生活教师，再加上保育式服务的工作方式，构建以宿舍为中心的儿童生活娱乐服务体系，才是未来低龄寄宿儿童宿舍未来发展的方向。目前，我国农村寄宿制小学宿舍功能还基本停留在"休息场所"的浅层次上，很多学校基本设施设备不健全，儿童住宿照料不足更是一大"痛点"。低龄儿童身心发展尚不成熟，生活自理能力不强，离开了家庭的呵护，如果学校保障不力，生存境遇定然艰难。

一 农村低龄儿童宿舍及附属设施不达标

2011 年 8 月 16 日出台的《农村寄宿制学校生活卫生设施建设与管理规范》（以下简称《规范》）是国家层面最为完善的标准，《规范》对宿舍及其附属设施做了规定：（1）人均居室使用面积不宜小于 3 平方米；（2）学生宿舍应具有一定的储藏空间，每人储藏空间宜为 0.3—0.45 立方米；（3）学生宿舍应保证一人一床。2014 年 7 月 18 日，教育部办公厅、国家发展改革委办公厅、财政部办公厅联合发布的《全面改善贫困地区义务教育薄弱学校基本办学条件底线要求》（以下简称《底线要求》）明文规定："寄宿学生每人 1 个床位，消除'大通铺'现象；除特别干旱地区外，寄宿制学校应设置淋浴设施。"本书认为，没有按照《规范》与《底线要求》标准执行就属于不达标。

统计表明，2013 年，全国农村小学寄宿生生均宿舍面积为 3.2 平方米，中部地区仍然只有 2.8 平方米，全国还有上海、湖南、河南、云南、新疆、江西、甘肃 7 个省（市、区）未达到国家 3 平方米 / 生的最低标准。2014 年，全国农村寄宿制小学生均宿舍面积为 3.1 平方米，有下降的趋势。其中，中部地区下降到生均 2.5 平方米。全国有河北、辽宁、上海、山东、海南、江西、河南、湖南、云南、新疆 10 省（市、区）未达标。2015 年，农村寄宿制小学生均宿舍面积为 3.3 平方米，中部仍然只有 2.6 平方米，不达标省份包括上海、湖南、天津、河南、安徽、江西、山东、海南 8 省（市）（见表 4–10）。① 需要说明的是，上海、天津两地农村小学寄宿生规模不大，生均宿舍面积不达标多由于重视程度不够。中部一直不达标并非各级政府投入总量减少的缘故，可能是因为寄宿生增长过快所致。2018 年 5

---

① 资料来源：教育部发展规划司主编《全国教育事业发展简明统计分析》（2013—2015）。

月，教育部发布的《2017年全面改善贫困地区义务教育薄弱学校基本办学条件工作专项督导报告》指出："随着学校布局调整快速推进，农村小学向乡镇集中，初中向中心镇和县城集中，学校服务半径不断扩大，学生寄宿需求逐年增长，如河南、湖南、贵州三省寄宿率分别由2013年的25.8%、29.1%、28.4%，增长为2017年的30.9%、30.2%、33.1%，且有进一步增长的趋势。一些农村寄宿制学校生活条件还比较简陋，食堂餐位不足、淋浴设施缺乏、师生如厕条件较差，学生课外生活较为单调，不利于学生的健康成长。"[1]

表4-10 　　　　　　2013—2015年农村寄宿制小学生均宿舍面积　　　　　　单位：平方米

年份	全国	西部	中部	东部
2013	3.2	3.2	2.8	4.6
2014	3.1	3.4	2.5	3.9
2015	3.3	3.7	2.6	3.8

《中小学校设计规范》（GB 50099—2011）规定："为保障学生健康，夜间关窗睡觉期间宜有$15m^3$的空气量，人数超过6人时所需空间过大，不经济，人数过多也会互相干扰。学生宿舍每室居住学生不宜超过6人。"问卷调查发现，农村寄宿制小学平均每个寝室住了10.9人，中值为9人，众数为7人，标准差为6.8（见图4-4）。根据图4-4中数据分析，每间寝室寄宿生人数在6人以下的只占17.6%，8人以下的也只占43.4%，还有56.6%的宿舍住了9人以上。实际上，很多学生宿舍是按照8人一间设计的，一般都放置了4张上下铺的铁架床，按照《规范》要求："床铺面积应适合学生的身材，原则上小学生使用的床面长度应不小于1.8米，宽度不小于0.9米。"如果按每个床铺长2米、宽1米、中间过道1米、储物柜宽1米计算，8人间宿舍面积大约为15平方米，生均住宿面积仅有1.89平方米，即使按20平方米计算，生均宿舍面积也只有2.5平方米。调研中看到的最好宿舍就是8人间，基本上没有达到《规范》要求。对学生宿舍床铺的调查显示，"一人一铺"的学生只占64.1%，"二人一铺"的学生占31.2%，还有4.7%的学生睡着"大通铺"。

---

[1] 《2017年全面改善贫困地区义务教育薄弱学校基本办学条件工作专项督导报告》，教育部网，http://www.moe.edu.cn/jyb_xwfb/gzdt_gzdt/s5987/201805/t20180510_335564.html。

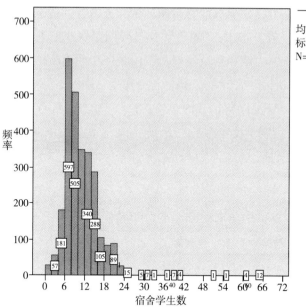

图4-4　每间宿舍入住寄宿生人数分布直方图

查阅19所样本学校资料发现，有8所学校生均宿舍面积达到（或超过）3平方米，达标率仅有42.11%。有6所学校没有满足"一人一铺"的要求，占总数的31.58%（见表4-11）。从表4-11中计算出，寄宿生生均宿舍面积3.54平方米，每间宿舍平均住宿人数为6.6人，床位数与寄宿生数之比为1.2：1。另外，目前农村寄宿制学校宿舍的整体设计也少有考虑低龄儿童身心发展特征。调查发现，农村寄宿制小学宿舍风格并无多大差异，除5所学校宿舍系教室改建外，其余学校均设计成公寓式楼房，没有一所学校融入了地域、民族特色元素，基本设计理念没有考虑低龄儿童的特殊性，学生居住其中难以找到家的感觉。

表4-11　　　　　　　8省（区）部分学校学生宿舍面积及床铺情况统计

学校名称	宿舍面积（平方米）	寄宿生数（人）	房间数（间）	床位数（张）	生均住宿面积（平方米）	每个房间（人）	是否满足一人一铺
甘肃省 HS 学校	4920	569	192	1536	8.65	3	是
山西省 WCH 学校	450	158	28	200	2.85	6	是
山西省 WYT 小学	550	421	11	421	1.31	38	否（大通铺）
山西省 WJY 九年制学校	1020	98	40	100	10.41	4	是

续表

学校名称	宿舍面积（平方米）	寄宿生数（人）	房间数（间）	床位数（张）	生均住宿面积（平方米）	每个房间（人）	是否满足一人一铺
山西省 GZ 学校	300	111	15	120	2.70	8	是
贵州省 YJ 小学	807	146	12	60	5.53	9	是
贵州省 DG 小学	1240	248	76	300	5.00	8	是
贵州省 XP 小学	290	114	8	54	2.54	14	否
贵州省 HGS 小学	550	120	12	60	4.58	10	是
湖北省 LM 小学	1930	381	56	448	5.07	7	是
广西 HN 镇九年制学校	1080	451	36	432	2.39	12	是（少量二人一铺）[①]
广西 JA 镇中心小学	672	338	24	288	1.99	12	否
广西 NP 乡中心小学	400	230	20	120	1.74	18	否
浙江省 ZT 小学	640	165	32	192	3.88	5	是
青海省 NMX 镇 MT 小学	672	180	28	220	3.73	—	是
山西省 JJZ 九年制学校	780	380	39	390	2.05	10	是
四川省 FJ 小学	58	31	2	36	1.87	14	否
四川省 SB 镇 XL 小学	800	300	40	320	2.67	8	是
宁夏 ZQ 中心小学	180	459	—	—	0.39	—	否
合 计	17339	4900	671	5297	3.54	6.6	—

山西省 WYT 小学 421 名寄宿生还是较为原始的大通铺，宿舍连过道都没有。贵州省 CS 县 DH 小学的宿舍由大教室改装而成，虽然有上下铺铁架床，实际上仍属于大通铺。贵州省 ZN 县 JG 中心学校有小学生 779 人，其中，住校生 284 人。学生宿舍住宿情况非常拥挤，男生寝室平均每间住了 18 人以上，部分寝室会超过 20 人。男生寝室内部年龄较小的学生（体格较小）安排住下铺，下铺一般会睡 2 个人。云南省 LC 县民族小学有在校学生 1900 人，由于住宿条件有限，学校只能安排五年级和六年级的 300余名学生住校，其他低年级的学生无法住校，离学校比较远的学生，家长

---

① 说明：部分"二人一铺"是有意安排的结果，在广西、贵州调研时发现，有些学生弟兄姐妹同时寄宿，学校会安排"大带小"，让姐妹或兄弟两人睡一铺。

只能在附近租房子陪读。部分寄宿制学校宿舍楼、洗澡间、餐厅、床铺等硬件不足，标准化程度低。大部分学校没有淋浴设施，寄宿生个人卫生很难解决。一些学校标准的 8 人间宿舍，挤进住宿学生 12—14 人。目前有寄宿生的农村小学中，无学生宿舍的还有 102 所。[①] 截至 2017 年年底，云南省农村小学生均宿舍面积仅有 1.37 平方米。[②]

二　农村低龄寄宿儿童睡眠质量普遍不高

一般来说，低龄儿童寄宿时间不长，还没有完全适应寄宿制生活，这种不适应首先表现在睡眠质量方面。由于心理依恋、睡眠环境等方面的原因，低龄寄宿儿童普遍存在睡眠时间不足、睡眠状态不佳等困难，相对于走读生而言，其睡眠质量普遍不高。

（一）超六成低龄寄宿儿童睡眠不足 10 小时

高质量的睡眠是学生学习精力旺盛的基本保障，充足的睡眠时间又是睡眠质量的关键。2007 年 5 月 7 日，中共中央、国务院出台的《关于加强青少年体育增强青少年体质的意见》提出："制定并落实科学规范的学生作息制度，保证小学生每天睡眠 10 小时。"2014 年 8 月 2 日，教育部印发《义务教育学校管理标准（试行）》再次提出："科学合理安排学校作息时间，家校配合指导好学生课外活动，保证每天小学生 10 小时睡眠。"

实地调查发现，大多数学校在时间安排上基本上都按照 10 小时睡眠要求执行。以广西壮族自治区 SS 县为例，HN 镇九年制学校规定：20:30 下晚自习，内宿生 21:20 点名检查，21:30 熄灯，6:30 起床，午休 12:25—14:10（睡午觉），学生总共睡眠时间为 10.75 小时。JA 镇中心小学规定：20:30 下晚自习，21:00 熄灯就寝，起床时间 6:30，午休 12:10—14:10（睡午觉），睡眠时间为 11.5 小时。NP 乡中心小学规定：内宿生 20:10 下课，21:20 熄灯就寝，7:00 起床，12:20—14:20 午休（睡午觉），睡眠时间为 11.67 小时。可以看出，同一个县的不同学校虽有一定差异，但就时间安排而言，广西壮族自治区基本能保证学生 10 小时睡眠。《贵州省农村寄宿

---

① 高月英：《农村寄宿制学校现状堪忧》，云南政协新闻网，http://www.ynzxb.cn/xwpd/SheHuiXinWen/140458.shtml。

② 《云南省教育厅关于全省改薄实施情况调研报告》，云南省教育厅网，http://www.ynjy.cn/web/182908004/7135ae61b9004aa6b7ce1a276a21948a.html。

制学校一日作息常规指导表》规定：寄宿生 22:00 熄灯就寝，7:00 起床，住校生 12:30—14:20 在宿舍午休（走读生回家休息），安排睡眠时间为 10.83 小时。该省 TP 镇中心小学规定：21:20 熄灯就寝，7:30 分起床，中午 12:00—13:50 午休（无午睡要求），安排睡眠时间 10.2 小时。

实际上，是否能保证学生充足睡眠还需要相应的管理措施配合，如果配合不得当，学生虽然能够按时就寝，但不一定能够按时入睡。为了解学生的实际睡眠时间，调查问卷中设计了"你一般几点入睡"和"你一般几点起床"两项内容，将统计结果用 SPSS"转换"功能转变成实际睡眠时间。统计显示，全体在校生平均睡眠时间均值为 9.28 小时，中值为 9 小时，众数也是 9 小时，标准差为 1.47。比较发现：住校生平均睡眠时间 9.35 小时，标准差为 1.58，走读生为 9.13 小时，标准差为 1.21。独立样本 t 检验结果显示：$t = -4.33$，$df = 3784$，Sig.（双侧）$= 0.000 < 0.001$，两者存在显著性差异，表明住校生睡眠时间略比走读生充足。将学生睡眠时间分为"睡眠时间不足 10 小时"（代码为"1"）与"睡眠时间达到 10 小时及以上"（代码为"2"）两部分，统计显示，66.6% 的学生实际睡眠时间不足 10 小时，睡眠时间达到 10 小时及其以上的学生仅占 33.4%。比较发现，65.9% 的住校生睡眠时间不足 10 小时，68.1% 的走读生睡眠时间不足 10 小时，卡方检验结果显示：$\chi^2 = 1.832$，$df = 1$，Sig.（双侧）$= 0.176 > 0.05$，两者无显著性差异，表明住校生与走读生睡眠状况并无明显差异（见表 4-12）。理论上讲，住校生减少了往返学校的时间，可以保证充足睡眠时间，如果这一优势没有得到体现，说明节约的时间被管理与服务不当因素消解了。

表 4-12　　　　　住校生—走读生"睡眠是否充足"交叉列联表

"1"代表睡眠不足 10 小时 "2"代表睡眠 10 小时及以上			睡眠是否充足？		合计
			1	2	
你是住校生吗?	不是	计数（人）	828	387	1215
		"你是住校生吗？"中的百分比	68.1	31.9	100.0
		"睡眠是否充足？"中的百分比	32.9	30.7	32.2
	是	计数（人）	1689	873	2562
		"你是住校生吗？"中的百分比	65.9	34.1	100.0
		"睡眠是否充足？"中的百分比	67.1	69.3	67.8
合计		计数（人）	2517	1260	3777
		"你是住校生吗？"中的百分比	66.6	33.4	100.0
		"睡眠是否充足？"中的百分比	100.0	100.0	100.0

（二）低龄寄宿生睡眠状况整体不如走读生

睡眠时间充足只是睡眠质量的充分非必要条件，尽管走读生在睡眠时间上与住校生没有显著性差异，但并不能由此推导睡眠质量状况。也就是说，如果睡眠环境不好，即使时间再长，睡眠状况也不一定就好。

为了进一步了解住校生的睡眠质量，本书在问卷中设计了"你觉得自己睡眠状况如何"一题，旨在通过学生对自己长期以来的睡眠质量进行主观综合评价，并通过比较住校生与走读生的得分情况判断两者的有无显著性差异。对上述问题设计了四个等级，并对"很好""一般""很差""经常失眠"分别赋值"1""2""3""4"。统计结果显示，调查对象中仅有45.4%的学生觉得自己睡眠状况很好，有12.3%的学生认为自己睡眠质量不好或经常失眠。有统计显示，住校生得分均值（1.74）大于走读生得分均值（1.39），独立样本t检验结果显示：$t = -11.69$，$df = 2884$，Sig.（双侧）= $0.000 < 0.001$，表明住校生得分均值显著大于走读生，说明走读生睡眠状况显著优于住校生（值越大，表明睡眠越不好）。对"你觉得自己睡眠状况怎样"与"你是寄宿生吗"交叉列联表分析显示，走读生中觉得自己睡眠状况"很好"的占51.4%，住校生中这一比例仅占42.5%，两者相差8.9个百分点。住校生中回答"很差"和"经常失眠"的占比为13.2%，走读生这两项占比为10.6%（见图4-5）。卡方检验结果显示：$\chi^2 = 29.0$，$df = 3$，Sig.（双侧）= $0.000 < 0.001$，证明两者存在显著性差异，进一步证实了走读生的睡眠状况显著优于住校生。

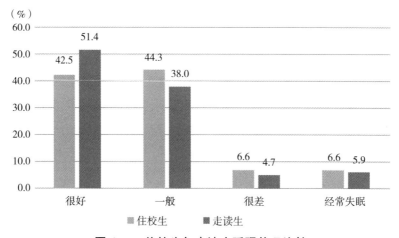

图 4-5 住校生与走读生睡眠状况比较

由于晚上睡眠不足，很多学生上课打瞌睡。问卷调查显示，36.6% 的寄宿生有过课堂"打瞌睡"的经历，有 17.9% 的寄宿生觉得白天上课"很困"。比较发现，走读生中也有 34.4% 的学生有过"打瞌睡"的经历，有 17.6% 的学生感觉上课"很困"（见表 4–13）。卡方检验结果显示：$\chi^2 = 7.7$，df = 3，Sig.（双侧）= 0.053 > 0.05，说明寄宿生与走读生白天课堂"打瞌睡"现象无显著差异。走读生没有休息好，主要原因在于早上要早起，相比之下，寄宿生住在学校，不用提前起床，如果睡眠质量好，白天精神状态应该比走读生强。事实是两者并没有显著差异，说明寄宿生晚上的睡眠质量有待提高。

表 4–13　　　　　　　住校生—走读生"你上课打瞌睡吗"交叉列联表

			你上课打瞌睡吗？				合计
			经常	偶尔	很困	从不	
你是住校生吗？	不是	计数（人）	83	428	262	715	1488
		"你是住校生吗？"中的百分比	5.6	28.8	17.6	48.1	100.0
		"你上课打瞌睡吗？"中的百分比	41.3	33.2	35.4	37.0	35.8
	是	计数（人）	118	860	478	1215	2671
		"你是住校生吗？"中的百分比	4.4	32.2	17.9	45.5	100.0
		"你上课打瞌睡吗？"中的百分比	58.7	66.8	64.6	63.0	64.2
合计		计数（人）	201	1288	740	1930	4159
		"你是住校生吗？"中的百分比	4.8	31.0	17.8	46.4	100.0
		"你上课打瞌睡吗？"中的百分比	100.0	100.0	100.0	100.0	100.0

访谈中了解到，很多学生三、四年级的学生晚上感觉很难入睡。贵州省 HGS 小学一名三年级住校男生说："刚到学校住校很不习惯，床铺很硬，睡在上铺担心翻身的时候掉下来。学校晚上 9:00 左右熄灯，然后就有值日老师过来催睡觉，吼得很厉害，我只好闭上眼睛不讲话。老师叫一阵子之后就去睡觉了，这时候寝室里几个睡不着就开始讲话了。有一天晚上讲到半夜过了还不想睡，第二天上课打瞌睡还被老师狠狠批评了一通。唉，还是家里的床铺舒服！"一位六年级的女生说："我已经在学校住了三年了，刚开始也是睡不着，晚上总是想东想西的，晚上 9 点熄灯，一般都到 11 点左右才迷迷糊糊地睡着了。现在上床后不到半个小时就睡着了。"可见，寄宿生的睡眠状态与住校时间长短有关，当学生逐渐适应寄宿生活之后，

睡眠质量会逐渐提高。同时，我们也发现了学校作息时间安排中存在的问题，虽然大多数学校的时间安排都超过了 10 小时，但是，作息时间安排忽略了学生从就寝到入睡的时间。这也就是为什么学校普遍安排了充足的时间休息，实际上有超过 60% 的寄宿生报告自己睡眠时间不足 10 小时的原因。相比之下，走读生在家有父母（或监护人）陪伴，家中住宿条件较好，住宿环境相对安静，照顾到位，入睡相对要容易很多。虽然要早起到学校，但是可以更好地做到早睡。因此，走读生整体的睡眠状况仍然比住校生好。

三　低龄寄宿儿童保育服务工作不尽如人意

从某种意义上讲，低龄儿童生活自理能力与幼儿更接近，学校不仅要安排数量充足、责任心强的生活教师队伍全程贴身服务，实行保育式宿舍管理，还要利用晚自习时间开展洗脸洗脚、铺床叠被、穿衣穿袜、刷牙漱口、安全防范等方面的寄宿教育。宿舍是寄宿生"第二家庭"的载体，以宿舍为中心的一系列活动，诸如就寝、晚上起夜、个人卫生、宿舍安全、生活习惯以及个人特殊问题的咨询等均需成人照料。然而，大多数农村寄宿制小学低龄寄宿儿童的日常照料还停留在"看管"层面，基本按照小学高年级寄宿生或是初中生的模式进行管理，服务意识淡薄，直接导致低龄儿童生活质量不高。保育服务质量体现在从早上起床到晚上睡觉的呵护与行为习惯的训练。由于大多数农村寄宿制小学生活指导教师数量不足、素质不高且职责简单，低龄寄宿儿童日常生活中很多方面缺乏关照。

一般来说，低龄儿童都有晚上起夜的习惯，如果饭菜中"油水"不足，起夜的频率就高。由于天气冷、起床害怕等原因，很多低龄寄宿生晚上不愿意上厕所，结果就会尿床。问卷调查显示，36.7% 的小学生有起夜的习惯，住校生这一比例为 37.2%，走读生为 35.5%（见表 4-14）。卡方检验显示：$\chi^2 = 1.04$，Sig.（双侧）=0.308 > 0.05，两者无显著性差异，说明住校生与走读生在起夜的习惯上并没有什么不同。但是，由于很多学校的厕所并不在宿舍内，有的甚至很远，导致很多寄宿生害怕起夜。对"住校时遇到的最大困难是什么？"问题的回答，有 766 名学生选了"上厕所害怕"，占样本总数的 18.9%。其中，寄宿生占了 83.7%，大大高于走读生。事实上，在家中起夜也有害怕的，由于有家长陪着，相应要好得多。从某种意义上说，害怕晚上上厕所是导致学生尿床的主要原因。

表 4-14　　　　　　住校生—走读生"起夜习惯"交叉列联表

| | | | 你有起夜的习惯吗? | | 合计 |
			有	没有	
你是住校生吗?	不是	计数（人）	444	805	1249
		"你是住校生吗?"中的百分比	35.5	64.5	100.0
		"你有起夜的习惯吗?"中的百分比	31.2	32.8	32.2
	是	计数（人）	979	1650	2629
		"你是住校生吗?"中的百分比	37.2	62.8	100.0
		"你有起夜的习惯吗?"中的百分比	68.8	67.2	67.8
合计		计数（人）	1423	2455	3878
		"你是住校生吗?"中的百分比	36.7	63.3	100.0
		"你有起夜的习惯吗?"中的百分比	100.0	100.0	100.0

　　在问及"你是否尿过床"时，88.5% 的学生回答"没有"，11.5% 的学生有过尿床的经历。与走读生相比，住校生中仅有 8.4% 的人曾经尿过床，而走读生中有 17.2% 的学生有过尿床经历，显著高于住校生。尿床后如何处理呢？通过访谈发现，所有住校生都感到"羞愧难当"，不好意思告诉老师、宿管员，甚至对室友也保密。尽管这样，同寝室的学生都知道谁有尿床的习惯，一位四年级的寄宿生坦言：一般尿床后偷偷用餐巾纸吸干，早上起床要求叠被子，为了不让同学发现，要将叠好的被子压到尿床的位置，这样晚上就可以接着睡了。其实，很不舒服，但也没有办法，好在一周就是偶尔一两次。由此可见，生活指导教师（宿管员）的工作还需要改进。

　　影响学生睡眠质量还与被褥暖和舒适程度有关，如果宿舍拥挤或通风不好，往往会引起被褥潮湿。因此，晒被褥应该是寄宿制学校一项常规工作，也是生活指导教师应该关心的事情。问卷调查发现，经常晒被子的学生只占 24.0%，从来没有晒过被子的学生占比高达 38.2%。与走读生相比，住校生这一习惯明显不如走读生，住校生中经常晒被子的学生占 20.5%，低于走读生 10.2 个百分点，而从没晒过被子的寄宿生占 41.6%，高于走读生 9.7 个百分点（见图 4-6）。卡方检验结果显示：$\chi^2 = 62.54$，$df = 2$，Sig.（双侧）$= 0.000 < 0.001$，两者存在显著性差异，充分说明住校生晒被褥的习惯不如走读生。

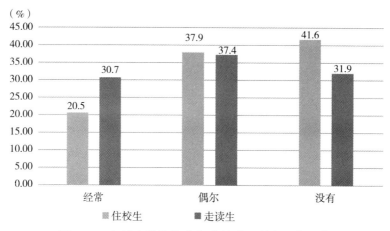

图 4-6　农村小学住校生与走读生晒被褥习惯比较

事实上，调研的绝大部分学校都没有看到供学生晒被子的地方。潮湿的被子、臭袜子、潮湿的毛巾等混合在一起，即使很宽敞的宿舍也难免有异味。很多学校的宿管员都没有解决这一问题的意识，课题组仅在山西的一所小学看到：所有学生的脸盆、毛巾、鞋袜都不准放在寝室，而是在室外专门安排一个地方集中放置。如此一来，虽然是大通铺的寝室，却没有多少异味。

宿舍的保育服务还包括学生自理能力的培养，如漱口、洗头、洗脚、洗衣服、洗澡、叠被子、宿舍卫生、日常用品的摆放等。对成人而言，以上项目似乎"信手拈来"，而对低龄孩子来说，样样都需成人的监督与培训，这些事情完成与否直接影响学生寄宿生活质量。调查发现，住校生在"起床后叠被子"与"洗热水澡"两方面的表现明显优于走读生，而在"刷牙""洗脚"方面并没有明显差异（见表 4-15）。一般来说，学校可以利用集体教育优势，充分发挥生活指导教师的作用，在学生自理能力训练方面还有待改进。另外，寄宿生中还有近 20% 的学生没有带换洗衣服，仅有38.7% 的宿舍清洁卫生很好，有 12.0% 的学生不会洗衣服，说明生活指导教师工作还需完善。

表 4-15　　　　　　　　住校生与走读生日常生活习惯比较

项目		住校生	走读生	比较结果
1. 你每天刷几次牙？	一日两次	59.2%（1560）	61.7%（906）	$\chi^2 = 9.46$，df = 3，Sig.（双侧）= 0.024 < 0.05，差异显著。住校生略好。
	一日一次	35.1%（925）	31.1%（457）	
	经常忘记	5.7%（150）	7.2%（105）	

续表

项目		住校生	走读生	比较结果
2. 你每天睡前坚持洗脚吗?	每天坚持	78.8%（2072）	81.9%（1196）	$\chi^2=6.23$，$df=2$，Sig.（双侧）=0.101 > 0.05，无显著差异。
	偶尔不洗	14.8%（390）	12.4%（181）	
	经常忘记	6.4%（165）	5.7%（84）	
3. 你起床后叠被子吗?	每天坚持	92.1%（2366）	53.2%（657）	$\chi^2=777.77$，$df=2$，Sig.（双侧）=0.000 < 0.001，显著性差异。住校生显著优于走读生。
	偶尔忘记	3.6%（93）	24.6%（304）	
	经常忘记	3.3%（109）	22.2%（274）	
4. 你觉得宿舍卫生怎样?	很好	39.4%（983）	—	宿舍卫生有待进一步改进。
	一般	47.9%（1195）	—	
	较差	12.7%（315）	—	
5. 你每周带换洗衣服吗?	是	80.9%（2012）		还需进一步改进。
	不是	19.1%（475）	—	
6. 你经常洗热水澡吗?	是	45.9%（1185）	—	$\chi^2=28.38$，$df=1$，Sig.（双侧）=0.000 < 0.001，差异显著，住校生显著优于走读生。
	不是	54.1%（1395）	64.5%（555）	
7. 你会洗衣服吗?	会	88.0%（2101）	91.2%（1376）	走读生略强于住校生。
	不会	12.0%（287）	8.8%（134）	

宿舍保育服务质量还可以通过寄宿生的安全状况进行判断，本书选取寄宿生受欺凌状况与宿舍财物被盗两个指标考察。问卷调查发现，寄宿生中有 10.1% 的同学经常受到欺负，有 69.5% 的同学有过被欺负的经历，只有 30.5% 的寄宿生从来没有受过欺负。走读生中经常受欺负的同学占 10.7%，从没有被欺负过的学生占比 33.9%（见图 4-7）。卡方检验结果显

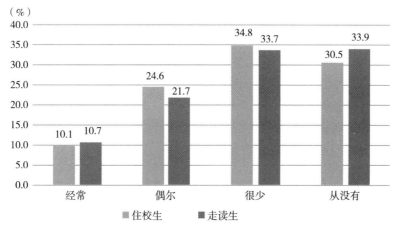

图 4-7　住校生与走读生受欺凌状况比较

示：$\chi^2 = 6.57$，df = 3，Sig.（双侧）= 0.087 > 0.05，统计学上并无显著差异，表明受欺凌现象并不是寄宿制教育造成的。以上数据还难以说明问题出在宿舍管理上，但是，近70%的小学生都有过校园欺凌的经历，这是比较严重的问题。

一般来说，低龄儿童自身保护力不强，更容易受到同伴欺负，低龄住校生在校时间长，受欺凌的概率更大。实际情况如何呢？调查发现，小学生受欺凌的可能性与年级呈负相关关系，即三年级以下受欺负的比例最高，六年级学生受欺负的可能性最小，寄宿生与走读生表现一致（见图4-8）。从图4-8中可以看出，三、四年级中，寄宿生受欺负的比例高于走读生，而五、六年级两者并无多大悬殊。卡方检验结果显示：$\chi^2 = 9.30$，df=3，Sig.（双侧）=0.026 < 0.05，两者存在显著性差异，表明三年级寄宿生受欺凌的比例显著高于走读生，其他年级并无显著性差异。由此说明，低龄寄宿儿童校园欺凌的情况更为严重，一方面需要安排专门人员加强监管，另一方面也说明目前安排的生活教师（宿管员）工作尚不到位。宿舍物品被盗状况从另一个侧面反映了管理员尽职的程度。问卷调查结果显示，有48.9%的学生曾经有过丢失东西的经历，其中，经常丢失东西学生占16.6%。与走读生相比，住校生中经常被盗的学生占比16.0%，而走读生为19.9%，两者悬殊3.9个百分点。卡方检验结果显示：$\chi^2 = 24.3$，df=3，Sig.（双侧）=0.000 < 0.001，说明住校生宿舍的财物相对安全。进一步按年级分析发现，随着年级增加，住校生物品经常被盗状况逐级下降，而走读生则不受此影响（见图4-9）。

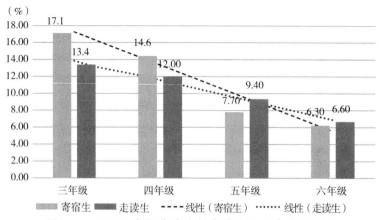

图4-8 三至六年级寄宿生与走读生受欺凌情况比较

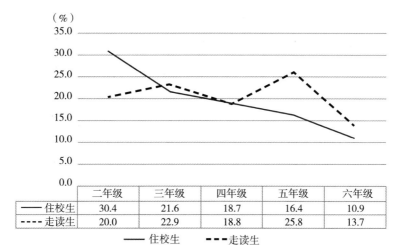

	二年级	三年级	四年级	五年级	六年级
—— 住校生	30.4	21.6	18.7	16.4	10.9
---- 走读生	20.0	22.9	18.8	25.8	13.7

—— 住校生　　---- 走读生

图 4-9　住校生与走读生物品被盗状况分年级比较

第三节　农村低龄寄宿儿童课余活动资源与内容贫乏

所谓课余时间，主要是指寄宿制学校下午放学后至晚自习之间的一段时间，时长 2—3 小时。由于目前农村寄宿制小学多为住校与寄宿混合模式，寄宿生课余时间要与走读生的课余活动时间区别开来。也就是说，全体学生白天的课余休息时间不在本书研究范围内。每天放晚学以后，走读生回到家里，活动内容由家庭负责，或做作业、或做家务、或自由活动，各家各户分散开展，各自家庭监护，活动空间大，自由而有序。相比之下，寄宿生被封闭于校园内，活动范围受限，自由活动风险增加。如果要在受限的空间开展娱乐活动，必然要提供数量充足、种类多样的设施设备，以及负责专业指导与管理的人员。受限于财力、物力与办学理念，农村寄宿制小学普遍存在课余活动设施设备贫乏、课余活动内容单调的问题，致使农村低龄寄宿儿童寄宿生活乏味，影响了寄宿制教育优势的发挥。

一　低龄寄宿儿童课余活动资源严重不足

学生课余活动资源包括自然资源和人造资源。由于绝大多数农村寄宿制小学实行封闭式管理，寄宿生亲近自然的机会很少，本当属于农村学生的优势资源受限。就人造资源而言，主要是各种可供学生娱乐的设施设备。目前，低龄儿童课余活动设施设备供给存在两个问题：一是总量不足，可供寄宿生活动的设施设备偏少，仅能供少部分人活动；二是结构不合理。学校所提供的娱乐活动设施成人化，针对低龄儿童身心特征的设施设备不足，供需错位。

（一）农村低龄寄宿儿童自然娱乐资源利用受限

《国务院办公厅关于全面加强乡村小规模学校和乡镇寄宿制学校建设的指导意见》（国办发〔2018〕27号）提出："充分发挥寄宿制学校全天候育人和农村教育资源的独特优势，合理安排学生在校时间，统筹课堂教学、实践活动、校园文化、学校管理，积极开展丰富多彩的综合实践和校园文化活动。"充分利用"农村教育资源的独特优势"既是所有农村学校未来发展的方向，也是寄宿制学校要坚持的基本原则。低龄寄宿儿童娱乐资源及方式的选择必须尊重乡村儿童生活经验，深度挖掘生活经验素材。在利用乡村自然资源开展娱乐活动方面，农村学校经历从开放向封闭转化的路径。

除了镇中心小学，各地农村还有大量的村级完小甚至是村小（一至三年级）也实行寄宿制办学。随着时间的推移，很多乡村小学也实行了封闭办学，将学生牢牢控制在校园内，失去了与自然亲近的机会，同时也失去自身优势。其实，很多学生并不想参与太多学校和班级组织的活动，希望自由自在地玩耍，这是儿童的天性。针对"课余时间你最想做什么"问题的回答，有49.1%的寄宿生选择了"自由玩耍"，排在第二位，而选择参加集体活动的仅占12.8%，排在最后一位（见图4-10）。另外，在7个选项之外，学生还自填了如听歌（9人）、睡觉（11人）、玩手机（4人）、玩游戏（6人）等项目。其实，看课外书也是一种自由活动。由此可见，小学生的课余活动更多是要自由。围绕"自由活动"，学校可以提供多样化资源以供选择。在与学生交谈中也感觉到，很多学生希望下午放学后能到校园外自由玩耍，即使在校内，很多学生也倾向于和自己的好朋友玩耍。对于班级组织的活动，比如科技活动、小制作等，稍有不慎，就会变相成为课程，反而会加重负担。如果要提供学生自由选择的机会，亲近大自然无疑是价廉物美的选择。然而，调研中看到的学校100%都选择了封闭式管理，部分老师也没有充分利用自然资源优势的意识。湖南省SZ县JC中心小学一位教师在汇报学校课余活动单调时举例："目前学校紧缺的是课余活动器材，我几乎每天都能见着学生在草地里找虫子玩。"这位老师感觉学生可怜，没有什么可玩的。其实，学生从中找到的乐趣和获得的知识不一定比人为设计的课余活动差。相反，农村学生这种课余活动机会越来越少，一味追逐城市孩子的课余活动方式，农村学校的优势资源却没有得到充分利用。

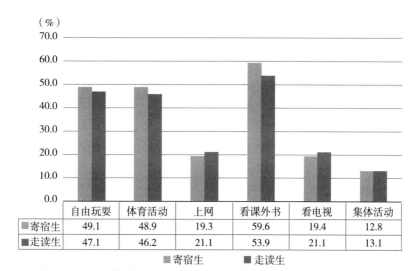

	自由玩耍	体育活动	上网	看课外书	看电视	集体活动
寄宿生	49.1	48.9	19.3	59.6	19.4	12.8
走读生	47.1	46.2	21.1	53.9	21.1	13.1

■寄宿生　■走读生

图4-10　农村寄宿制小学住校生与走读生课余活动兴趣比较

（二）农村低龄寄宿儿童课余活动设施设备不足

在充分利用自然资源优势的基础上，充足且适宜的课余活动设施设备也非常重要。目前，农村低龄儿童娱乐活动设施设备面临两个主要问题：一是绝对数量不足；二是设施设备品种不齐，结构不合理，造成相对不足。

为了解学校课余活动设施设备状况，本次调查问卷中设计了"你最想添置什么娱乐活动设施设备"一题。基本假设是学生如果选择添置什么设施设备，一般来说就是该校这种设施设备不足，或是学生喜欢。调查结果显示，选择球类（乒乓球、篮球、羽毛球）的同学占比较低，而选择电视电影设备、体育馆、图书馆（室）、音乐器材的相对较多（见图4-11）。从图4-11中还可以看出，学生的需求呈多样化。"其他"一栏系学生自由填写，体现着个性化需求，统计显示，自由需求中也存在一定规律：43人不约而同地选择了电脑、28人选择了绘画室或美术室、54人选择了足球或足球场、33人选择了游泳池、17人选择了跳绳，还有一些学生选择了诸如棒球、排球、呼啦圈、跑步机、跷跷板、武术馆、少年宫、台球、健身房、玩具、科技小制作器材、秋千等，充分反映了对学生课余活动设施设备需求的多样化。客观地讲，农村寄宿制小学课余活动设施设备不足是一种常态，也存在众口难调的现象，既需要学校尽可能满足部分具有共性的需求，也需要借助社会力量提供个性化服务。其实，由于各地风土人情不一样，很多学校还有自制的课余活动器材。如贵州省各学校都有与民族习俗有关的传统活动器材，如芦笙、竹竿舞、民间手工艺制作设备等。

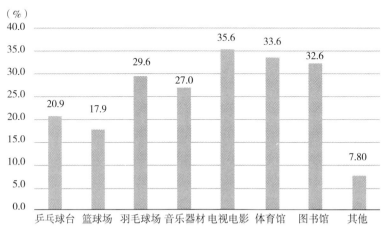

图 4-11　农村寄宿制小学课余活动设施设备需求状况统计

　　为了进一步了解全国农村寄宿制小学课余活动设施设备结构状况，本书整理了中华思源工程扶贫基金会的"扬帆计划"捐赠平台 2016—2018 年的公开数据（见表 4-16）。① 从表 4-16 中可以看出，现有农村寄宿制小学课余活动器材及设施呈现以下几个特征：一是由各地教育局以体育用品的名义统一配置，主要以篮球、乒乓球、羽毛球、跳绳、沙包及图书为主，很多器材主要针对小学高年级学生，可供低龄儿童活动的器材偏少；二是所配置的课余活动器材及设施如蜻蜓点水，数量严重不足；三是课余活动器材多为教育行政部门一次性配备，有的甚至是社会力量捐赠，缺乏长效补充机制，很多学校器材陈旧，近 10 年没有更新；四是图书室简陋，多数图书系"迎检"拼凑，数量不足且不适合小学生阅读。如部分图书系教辅书，课外拓展视野的图书严重不足，适合民族地区低龄儿童读物更少。总之，目前大部分农村寄宿制小学课余活动器材存在数量不足、种类单一、结构不合理等问题，致使寄宿生业余生活单调，寄宿生活寂然无趣，

---

　　①《扬帆计划捐赠平台——帮助偏远乡村学校孩子读书成长》，扬帆计划捐赠网，http://yangfanbook.sina.com.cn/school/list/370000?pageIndex=2。

严重影响了寄宿制教育优势的发挥。其实，课题组近 3 年来调研的学校也大多如此，多数学校只有篮球、乒乓球和少量羽毛球，四年级以下的孩子基本参与不了球类活动。山西省 HT 县 WYT 小学有在校生 800 余人，寄宿生 421 人，学校活动室放着一套武术器械，本来是一个很好的创意，只可惜学校操场太小，800 多人做操得在地上"打点"，学生必须站在固定点上才勉强做操。下午放学后，寄宿生基本没有什么器材可供娱乐，寄宿生活十分单调。

表 4-16　　　　　2016—2018 年部分农村寄宿制小学课余活动器材及设施情况

学校名称	学生总数（人）	寄宿生数（人）	活动器材状况	备注
1. 广西 BS 市 YXZ 中心小学	124	70	图书室藏书 5000 册，缺乏跳绳、球类等体育用品	适合小学生阅读图书不到 300 册
2. 广西 BS 市 BB 小学	100	40	没有图书室，缺乒乓球、羽毛球、毽子等适合小学生的小件	图书室在建
3. 广西 TY 县 WCUN 中心小学	992	874	仅有 3 个篮球架，有少量跳绳及球类，但数量与种类不足	使用频率高，部分已经破损不堪
4. 广西 BS 市 BBEI 小学	33	33	图书 1000 册，1 个篮球架，3 个篮球，少量跳绳	图书不适合小学生
5. 河北 W 县 LYT 中心小学	585	345	图书 2300 册，少量球类和跳绳	缺少适合低年级学生阅读的图书
6. 河北 W 县 BHZ 中心小学	847	550	图书 3100 册，适读图书 2500 册；有少量球类、沙包、跳绳	缺乏高年级学生阅读的名著
7. 河北 YY 县 BJQ 学校	40	29	图书 3000 册（教辅书 2000 册），课外阅读书仅 500 册，篮球架 1 个	缺少适合低年级阅读的书
8. 河北 W 县 LT 中心小学	842	500	图书 3000 册，3 个篮球，少量跳绳	部分跳绳已经损坏
9. 山西 RC 县 FLD 希望学校	382	130	无图书室，没有乒乓球台、篮球架、羽毛球网等基本设施	教室图书柜图书内容陈旧
10. 山西 L 县 MD 寄宿制小学	251	168	图书 1000 册，单杠、双杠各 1 个，篮球架 3 个，羽毛球架 1 副	数量不足
11. 福建 SH 县 华家村 HJ 小学	152	92	图书 3800 册，篮球架 2 个，乒乓球桌 1 台，少量羽毛球、跳绳、毽子	大部分已经损坏
12. 湖北 MC 市 LFS 中心小学	420	285	图书 2000 册，适合阅读的有 1000 册；乒乓球台 1 个（破旧）	学生常为"争台"打架
13. 湖北 YS 县 TMH 希望小学	300	110	乒乓球台 4 个、跳绳、篮球若干、篮球架 2 个；图书 1900 册	600 册不适合小学生阅读
14. 湖北 WF 县 SP 小学	79	58	缺乏篮球架、篮球、足球、乒乓球台、羽毛球、拔河绳、跳绳	特别渴望有 5 人制足球场及相应设备

续表

学校名称	学生总数（人）	寄宿生数（人）	活动器材状况	备注
15. 湖北 SLJ 林区 DX 小学	85	85	图书室一间，图书 2000 册；有少量篮球、足球、跳绳、棋类等	课余器材大多已经损坏，亟待更新
16. 湖北省 YC 市 ZMH 小学	204	150	图书室一间，藏书 980 册；两个篮球场	—
17. 湖南 CB 县 TX 中心学校	426	122	图书 6000 册，篮球架 6 个、篮球 10 个、羽毛球拍 5 副、跳绳 20 根、拔河绳 1 根	部分适合学生阅读，其余器材主要用于中考
18. 湖南 CB 县 LZ 中心小学	340	85	图书 4300 册，篮球架 2 个、单杠双杠 2 套，少量羽毛球、跳绳等	图书不适合低年级学生阅读
19. 湖南 CL 县 DJ 小学	133	58	图书 4000 册，少量跳绳、羽毛球拍和乒乓球	仅有 1000 册适合小学生阅读
20. 湖南 BJ 县 MGZ 中心完小	1617	663	图书 20000 册，篮球架 4 个，学校自购羽毛球、乒乓球、足球等	该校为农村示范性寄宿制学校
21. 湖南 CB 县 NSZ 中心学校	134	40	乒乓球台 2 个、篮球架 1 套、少量篮球、乒乓球和跳绳。图书 2600 册	缺乏低年级儿童图书
22. 湖南 YZ 县 GJDW 爱心希望小学	986	900	图书 310 册；2 个篮球架	无图书室
23. 湖南 YZ 县 BL 乡中心小学	718	400	2 个篮球架、2 副已破损的乒乓球桌；有图书室，图书数量不达标	只适合成人阅读
24. 湖南 SZ 县 KZP 中心小学	316	260	藏书 5000 册，有篮球架和乒乓球台及 10 多个小皮球	仅有 1000 册左右适合小学生阅读
25. 湖南 SN 县 FMT 苗族侗族乡学校	101	56	图书 3000 册，有篮球架、羽毛球场、双杠及少量跳绳	缺少适合一至三年级的低幼拼音绘本
26. 湖南 YZ 市 PT 学校	241	77	图书 3000 册，1 个砖砌的乒乓球台、2 个破旧的篮球架	80% 的图书不适合学生阅读
27. 湖南 JH 县 DXZ 第二小学	1110	495	图书 2000 册，篮球架 2 个，乒乓球架 8 个，少量篮球、跳绳、乒乓球拍	课外书和低幼儿读物
28. 四川 JG 县 HS 小学	198	166	缺乏适合小学生阅读的图书、体育活动器材；一架普通的电子琴	—
29. 四川 BY 县 GYST 小学	122	122	图书 1500 册；篮球架 2 个	缺乏低幼读物及球类和益智类器材
30. 四川 BY 县 ZK 乡中心小学	409	318	图书 1000 册；篮球架 4 个和乒乓球台 4 个	缺乏低幼读物及球类和益智类器材
31. 贵州 QX 县 XR 小学	571	157	图书 6600 册；篮球架 1 套，乒乓球台 2 个，少量球类和跳绳	仅有 1600 册适合学生阅读

续表

学校名称	学生总数（人）	寄宿生数（人）	活动器材状况	备注
32. 贵州 TZ 县 HQZ 中心学校	1100	200	图书 10000 册，篮球、足球、羽毛球、乒乓球、跳绳、拔河绳、飞盘等需要增添	缺少四年级以下的读物
33. 贵州 QX 县 HS 小学	437	40	图书 7000 册，篮球架 1 套、乒乓球台 2 张，少量拔河绳、乒乓球、篮球、跳绳	农民识字 2000 册，大部分不适合小学生阅读
34. 贵州 LB 县 JO 小学	382	25	图书 2000 册，篮球架 2 套、乒乓球台 3 个、跳绳、篮球、拔河绳、乒乓球若干	图书不适合小学生阅读
35. 贵州 QX 县 YS 小学	560	152	图书 3000 册，2 套篮球架、2 张乒乓球台以及少数球类	图书陈旧，缺乏低幼读物
36. 贵州 LB 县 XLDKP 希望小学	212	86	图书 1800 册，希望有篮球场 1 个、排球架 1 个、乒乓球台 3 张、足球、篮球、排球、跳绳、毽子、跳高架、垫子等	图书 10 年没有更新
37. 贵州 ST 县 MA 乡完小	435	102	仅有一些简单球类器材；少量图书且不适合小学生阅读	—
38. 云南 MN 县 LCL 小学	417	249	图书 7100 册；篮球、足球、羽毛球、乒乓球、跳绳、呼啦圈、象棋、跳棋、军旗、围棋等缺乏	—
39. 云南 TC 市 GS 完全小学	139	63	图书 2400 册；乒乓球台、篮球架	图书陈旧，不适合小学生阅读
40. 云南 FY 县 SY 小学	328	173	图书 6000 册；篮球架 2 个	图书只有 2000 册适合小学生阅读
41. 云南 YS 县 DG 村小学	388	290	图书 863 册；乒乓球桌 6 个、篮球架 2 个	—
42. 云南 FY 县 BZ 小学	330	264	图书 7500 册；缺乏学生跳绳、毽子、小篮球、足球、小皮球、乒乓球拍、羽毛球拍等	课余活动用品系 2013 年配备，没有更新
43. 云南 NJ 县 GL 小学	1075	865	图书陈旧，不适合小学生阅读；体育运动器材系 2011 年前配备，没有更新	—
44. 甘肃 GH 县 SQ 小学	425	70	图书室藏书 500 册，篮球栏 1 个、足球门 1 个、乒乓球 6 副、羽毛球网 1 副、乒乓球台 2 个和少数小件	10 年没有补充图书，不适合低年级学生阅读
45. 甘肃 H 县 HD 乡中心小学	222	177	无图书室，藏书 100 册；5 个篮球、一个足球、两副羽毛球拍，约 20 根跳绳	篮球架、乒乓球桌已经破损
46. 甘肃 ML 县 LZ 寄宿制小学	471	350	图书 2800 册，篮球架 2 个、乒乓球台 5 个及少量小件体育器材	图书不适合低年级阅读

续表

学校名称	学生总数（人）	寄宿生数（人）	活动器材状况	备注
47. 甘肃 WW 市 XH 小学	233	90	适用图书 368 册；篮球架、乒乓球架、篮球、足球、排球、羽毛球、棋类、毽子等	学生自制了很多简易活动器材
48. 甘肃 JC 县 SSP 小学	135	32	篮球架 2 个、单杠 3 个、篮球 2 个、足球 1 个、师生自制跳绳，简易的沙包、毽子等；图书 495 册	图书不适合低龄学生阅读
49. 甘肃 GL 县 BCW 小学	134	79	图书 3200 册；篮球架 4 个	课外阅读物少
50. 甘肃 LT 县 PW 中心小学	257	139	图书 759 册；操场狭小，无法开展篮球等运动	—
51. 青海 DR 县 JS 乡寄宿制藏文小学	321	280	陈旧图书 1000 册；1 套篮球架和 6 个乒乓球台，另有少数跳绳和篮球	—
52. 青海 MQ 县 XDW 乡寄宿制学校	160	132	图书 1200 册；篮球架 1 副	缺乏民族图书，低幼儿看不懂汉语图书
53. 青海 NQ 县 JQ 乡第二寄宿制小学	141	141	图书 700 册；缺乏毽子、沙包等，学生几乎没什么可玩	低幼读物缺乏
54. 青海 NQ 县 JL 乡第二寄宿制小学	180	180	图书 1800 册；只有少数球类活动器材	图书主要适合教师看，学生读物少
55. 青海 JZ 县 ZQSDZ 藏文寄宿制中心小学	566	—	图书 1200 册；篮球架 2 个、乒乓球台 1 个以及篮球、足球各 5 个，乒乓球拍 5 副	图书不适合低龄儿童
56. 青海 NQ 县 JLS 乡第二寄宿制学校	78	78	仅有 500 册图书适合小学生看；篮球架、双杠、球门	需藏语图书
57. 青海 HD 市 XPZ 中心学校	778	311	藏书不适合小学生阅读，10 年没有补充。只有几套篮球架和乒乓球台等大件	—
58. 新疆 AKS 市 LZC 乡上海白玉兰学校	426	120	图书 3000 册；篮球架 2 个，篮球 15 个，排球 5 个，足球 10 个，跳绳、沙包若干	—

注：所有数据来源中华思源工程扶贫基金会的"扬帆计划"捐赠平台，该平台数据经过基金会确认通过，并通过平台公开发布，具有更强的真实性。

二　低龄寄宿儿童课余活动内容普遍单调

农村小学寄宿生到底想开展什么课余活动呢？统计结果表明，读课外书、自由活动、体育活动排在前三位。那么，学校所提供的设施器材能否满足学生的需求呢？调查发现，农村寄宿制小学图书馆（室）普遍简陋，甚至没有，所藏图书大多陈旧且有凑数之嫌，不适合小学生阅读，学生课外阅读需求难以满足；所有寄宿制学校均实行封闭式管理，大好自然资源"隔墙相望"，自由活动之重要场所遥不可及，校内活动空间有限，自由活动难以实现；体育活动器材僧多粥少，为体育课服务尚且不足，为课余活动提供支撑力所不逮。那么，低龄寄宿儿童如何打发下午放学后的空闲时光呢？

前已述及，本书所指寄宿生课余活动主要是放晚学后至晚自习开始之前在做些什么。早操至下午放学之前的时间为寄宿生与走读生共有，不是研究重点。问卷调查结果显示，针对"你每天放学后主要做什么"的回答，在校生中选择人数最多的答案是"做作业"，占总数的 67.3%。除此之外，"自由玩耍""看课外书""体育活动"，分别占比 45.9%、45.9% 和 21.3%（见图 4-12）。相比之下，对"课余活动你最想干什么"的回答，"自由玩耍"占 48.2%，"看课外书"占 57.1%，"体育活动"占 47.6%。其中，"看课外书"一项，意愿与实际之间悬殊 11.2 个百分点，"体育活动"一项相差更是高达 26.3 个百分点。

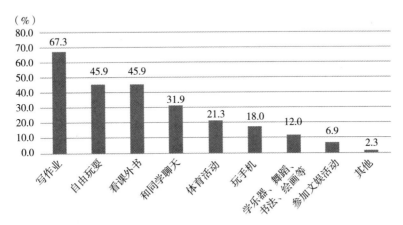

图 4-12　农村寄宿制小学学生放晚学后活动情况

结合图书与体育活动器材状况不难看出，农村寄宿制小学图书总量不足，藏书中低幼读物和课外书太少，严重制约了学生课外阅读愿望的实现。体育活动器材数量不足、种类不全，致使大多数学生参与体育活动的想法难以实现。"空闲"时间客观存在，学生只好选择更多的自由活动替代,如放学后"与同学聊天"一项占比达到 31.9%。对比寄宿生与走读生发现,两者在"做作业"问题上高度一致,说明课外作业是寄宿生与走读生必须要完成的固定项目。在"自由玩耍"方面,寄宿生高于走读生 6.9 个百分点,可能是走读生回家后还有家务活,寄宿生在学校器材缺乏、封闭管理的情况之下只能自由玩耍。"和同学聊天"一项相差 11.3 个百分点,主要是因为走读生回家后,同学居住分散,在校寄宿和同学相处的机会更多。

除此之外,其他各项活动相差并不是很大,进一步说明寄宿制学校提供的机会不多(见图 4-13)。其实,很多学校附近的孩子回家晚餐后会回到学校上晚自习,有一段时间活动也是在学校进行。换句话说,虽然寄宿生与走读生在某些方面存在差异,但课余活动内容单调是整个农村小学生面临的问题。实地调研发现,除了上述主要活动外,寄宿生在校还有一些活动形式,如玩电脑、下棋、做手工、做游戏、弹珠子、跑步、追逐打闹、洗衣服、骑自行车、听歌,也有人利用这段时间看书复习、睡觉、在寝室发呆等,相比之下,开展这些活动的学生人数较少。

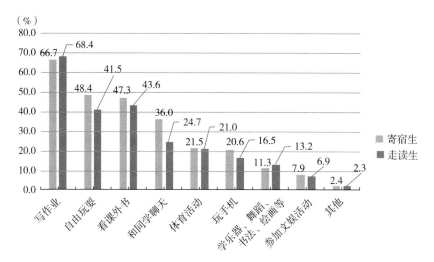

图 4-13　寄宿生与走读生每天下午放学后开展活动情况对比

有研究把农村寄宿制学校学生课余生活归纳为六类:一是生活类,主要包括吃、住、学、乐、行等自理能力的训练,以及自护、自救、防灾、防险等生存意识、生存能力的教育;二是学科类,包括学科知识巩固提高,读课外书、看报、自学等;三是科技类,包括小观察、小制作、小发明等；四是艺术类活动，包括声乐、器乐、舞蹈、美术、书法等；五是体育类，包括球类、田径、跳绳、棋类等；六是休闲类，主要是组织学生收看电视、观看电影等。[①] 其实，判断寄宿生的课余活动是否丰富，"组织有序"与"自由玩耍"本就是两种不同的观念。"组织有序说"以提升农村学生综合素质为目标，希冀专人指导，有序开展各种活动。"自由玩耍说"认为因以休闲娱乐为主，要让学生觉得学校是个好玩的地方，在此基础上渗透各种素质提升元素。其实，两种说法统一于寄宿生的"体验"，即在快乐活动中潜移默化地培养学生行为习惯和积极向上的精神。"自由"需要引导，"统一组织"需要遵从个人意愿，集体活动是自由活动的一种形式。现实中，农村寄宿制小学组织的集体活动偏少，教师指导不够，学生在无奈的情况下"自由玩耍"只能是一种低层次的自由。

针对"每天下午放学后的课余活动有老师参加吗"问题，只有15.3%的同学回答"经常参加"，回答"偶尔参加"的占40.5%，有44.1%的同学回答"老师从来没有参加"。可见，现有农村寄宿制小学的课余活动严重缺乏教师的指导与组织。如果丰富多彩的课余活动是一种奢求，那么，每周组织几场传统且简单易行的各种球赛应该不是难事。然而，为寄宿生组织球赛目前也成为一种奢求了。调查发现，回答学校或班级经常举行球赛的学生仅占9.5%，"偶尔举行"的学生占26.5%，63.9%的学生回答"从来没有"。调查发现，学校及班级每学期组织的文艺表演活动也很少，算上各班组织的小型文艺活动，一学期活动均值为2次，活动次数仅1次的学校占40.3%，2次的占23.1%，活动在1—3次的学校占了80.3%。由此可见，如果没有教师指导，学生能玩的形式极其有限，近50%的寄宿生选择"自由玩耍"也就不足为怪了。自由玩耍也好，组织活动也罢，归根结底需要看学生的主观感受。那么，学生在寄宿制学校学习感受如何呢？在问及"你在学校遇到的最大困难是什么"时，有21.9%的学生觉得"课余生活单调"，寄宿生中持这一观点的人占27.9%，走读生中选择这项的仅占11.4%。

其实，丰富的课余生活往往会带来学校比家里好玩的主观感受，统计显示，有42.0%的寄宿生认为家里比学校好玩，16.3%的寄宿生认为学校比家里好玩；走读生中有34.2%的人觉得家里比学校更好玩，21.6%的学

① 吴霓、廉恒鼎：《农村寄宿制学校学生课余生活研究综述》，《河北师范大学学报》（教育科学版）2010年第12期。

生认为学校更好玩（见表 4–17）。交叉联表分析显示，$\chi^2 = 30.5$，df=2，Sig.（双侧）=0.000 < 0.001，表明两者存在显著差异。这种差异背后的原因是复杂的，或许是"围城效应"，住校生认为家里更好玩，而走读生又羡慕住校生，认为学校更好玩些。有一点很明确，寄宿制学校开展的活动有限，学生自由选择的空间又太小，一群好动的孩子受困于狭小的校园空间，主观感受肯定觉得不好玩，这也给寄宿制学校的管理提出了更高的要求。

表 4–17　　　　　　住校生—走读生"家里还是学校好玩"交叉列联表

| | | | 你觉得家里还是学校好玩 | | | 合计 |
			家里	学校	差不多	
你是住校生吗	不是	计数（人）	503	318	651	1472
		"你是住校生吗？"中的百分比	34.2	21.6	44.2	100.0
		"你觉得家里还是学校好玩？"中的百分比	31.3	42.5	37.2	35.9
	是	计数（人）	1105	430	1098	2633
		"你是住校生吗？"中的百分比	42.0	16.3	41.7	100.0
		"你觉得家里还是学校好玩？"中的百分比	68.7	57.5	62.8	64.1
合计		计数（人）	1608	748	1749	4105
		"你是住校生吗？"中的百分比	39.2	18.2	42.6	100.0
		"你觉得家里还是学校好玩？"中的百分比	100.0	100.0	100.0	100.0

第四节　农村低龄寄宿儿童学习强度与成绩不成比例

从理论上讲，学生的学习强度对学业成绩有正向影响，学习强度可以从通过学习时间和学习负担两个变量描述。农村寄宿制学校教育延长了学生学习时间，加重了学习负担，提高了学习强度，增加了教师及同伴对寄宿生的影响，学生学业成绩应该具有明显优势。实际调研发现，农村寄宿制小学对新增学习时间利用效率不高，学生学业成绩并无明显优势，寄宿制教育的优势没有得到充分发挥。

一　农村低龄寄宿儿童学习时间明显延长

寄宿制教育模式可以保障学生的基本学习时间，农村寄宿制小学延长学生的学习时间主要表现在两个方面：一是相对延长的时间，即如果实行走读，家校距离较远的学生耗费在路途中的时间；二是绝对延长的时间，即学生因为住校而不得不安排的晚自习时间。

（一）寄宿制教育相对延长了农村学生的学习时间

农村人口一般居住较为分散，学校服务半径相对较大，学生上学距离较远。在实际的学校布局中，从中央到地方均遵守就近入学的原则。然而，什么是就近入学？教育部的说法与各地并不一致。2012 年 7 月 22 日，教育部在《规范农村义务教育学校布局调整的意见（征求意见稿）》中提出："各地要根据实际条件合理确定学校覆盖范围，一般应使学生每天上学单程步行时间不超过 40 分钟；具备公共交通或校车服务条件的，学生每天上学单程乘车时间应不超过 40 分钟。"[①] 该规定在正式文件出台时并未采纳。2018 年 4 月 25 日，国务院办公厅发布《关于全面加强乡村小规模学校和乡镇寄宿制学校建设的指导意见》（国办发〔2018〕27 号）提出："原则上小学一至三年级学生不寄宿，就近走读上学，路途时间一般不超过半小时。"各省因地制宜，所作规定并不统一。2013 年 2 月 21 日，四川省政府办公厅出台的《关于规范农村义务教育学校布局调整的实施意见》（川办发〔2013〕13 号）提出："小学校点设置应使农村低、中年级学生上学单程一般不超过 1.5 公里，高年级学生上学单程一般不超过 5 公里。"2013 年 8 月 8 日，山东省教育厅出台的《关于做好义务教育学校布局工作的意见》中提出："小学生走读半径一般不超过 2 公里。"2016 年 5 月 26 日，湖南省教育厅出台的《关于进一步规范农村义务教育学校布局调整的意见》（湘教发〔2016〕33 号）提出："以走读方式就学，原则上学校服务半径为农村小学 2.5 公里，保障学生每天上学单程步行时间一般不超过 40 分钟。"[②]

实际上，如果不实行寄宿制，很多农村小学生上学距离都会超过半小时。问卷调查显示，学生步行上学单程 1 小时以内的学生仅占 59.1%，1—2 小时的占 16.8%，2 小时以上甚至更长的占 24.0%。如果不实行寄宿制，将近一半的学生每天耗费在路途中的时间就有近 3 个小时。因此，这些学校的作息时间一般是早上 9—10 点上课，下午 3 点左右就放学了。如果实行寄宿制，学生的学习时间就会相对延长。对贵州省 20 个极贫乡镇的实地

---

① 《规范农村义务教育学校布局调整的意见（征求意见稿）》，教育部网，http://old.moe. gov.cn//publicfiles/business/htmlfiles/moe/s6197/201207/139758.html。

② 湖南省教育厅：《关于进一步规范农村义务教育学校布局调整的意见》（湘教发〔2016〕33 号），湖南省教育厅网，http://jcjyc.hnedu.gov.cn/c/2016-07-05/755130.shtml。

调研发现，WC 县 SC 乡的村级小学学生数一般在 100—150 人，离学校近的学生到家要半小时左右，远的要走两个小时的路程。教学点一般距离乡镇更远，学生人数更少。在 SQ 县 GR 乡 GA 教学点了解到，学校共有 18 名学生，其中 5 名一年级学生、13 名学前生，多为此村庄和附近的学生。学生上课时间为上午 11：00，下午两点半钟吃午饭，5：00 放学。相比之下，一般学校在 11：00 以前至少已经上了 3 节课。当然，这是极端个案。一般来说，没有实行寄宿制的农村小学早上上课时间均在 9：30 左右，下午放学时间在 15：30 左右。而农村寄宿制小学第一次课时间一般在 8：30 左右，下午放学在 17：00 左右。照此推算，寄宿制教育每天就可相对延长学习时间 2 小时左右，一周按 4.5 天计算，延长学习时间 9 小时。还有一点值得注意，虽然家校距离较远的学生仅占一半左右，但是，另外 50% 的学生也必然因此而缩短学习时间。如果不统一行动，又将会给学校的教学管理带来很大麻烦。因此，实行寄宿制的农村小学，全体学生的学习时间都会相对延长，受益者不仅仅局限于寄宿生。

（二）寄宿制教育绝对延长了农村学生的学习时间

农村小学实行寄宿制教育以后，每天傍晚至正常就寝之间有一段空闲时间，大多数学校都会安排 2 节左右的晚自习辅导学生学习。每天早上起床以后至走读生到校参加早操之间，还有近 30 分钟的时间，学校一般都会安排早读。两项相加，寄宿制教育每天会绝对增加约 2 小时的学习时间，一周按 4.5 天计算，绝对增加学习时间 9 小时左右。

针对"本学期你们每天晚上安排了几节课"问题的回答，有 26.9% 的学生表示每天上了 1 节晚自习，67.0% 的学生回答每晚有 2 节自习，还有 6.1% 的学生报告晚上有 3 节自习。寄宿生每天晚上安排的自习的均值为 1.8 节，中值为 2，众数为 2。小学每节晚自习时间一般为 40 分钟，按平均每天 1.8 节计算，则一周新增晚自习时间为 4.8 小时。再加上每天早上 30 分钟的晨读，新增时间 2.25 小时，实际每周绝对新增学习时间平均约 7.05 小时。严格地讲，这段新增学习时间属于住校生。出于安全考虑，大部分学校不允许走读生上晚自习。问卷调查发现，除了 2684 名住校生回答了晚自习的问题，1524 名走读生中有 331 名也回答了这一问题，意味着占走读生总数的 21.7% 的学生参加了晚自习。

住校生晚自习都在干什么呢？问卷调查显示，针对"晚自习老师讲课吗"的问题，46.2%的学生回答"经常讲课"，20.5%的学生回答"偶尔讲课"，两项合计占了66.7%（见图4–14）。虽然，各地教育主管部门要求晚自习不准讲课，只能辅导学生作业，实际上，大部分学校迫于成绩与绩效挂钩的压力，还是公开或半公开地上课，这种行为有时还能得到家长的支持和领导的默许。在此，我们不讨论这种行为是否妥当，单就事实来说，很多家长送孩子住校，很大一部分原因就是冲着晚自习来的。很多走读生家长因为学生不能参加晚自习而"愤愤不平"，也都是因为"晚自习讲课"。总之，将住校生每天的早晚自习时间归类为绝对延长的学习时间具有合理性。

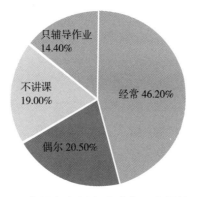

图4–14　农村寄宿制小学晚自习上课情况统计

二　农村低龄寄宿儿童学习负担普遍偏重

从学习的视角看，农村小学寄宿生学习时间延长是提高学生成绩的一项有力保障措施。从生活的角度理解，过多的学习时间往往会带来学生学习兴趣下降，导致寄宿生活枯燥。按照现行政策，小学的课程内容相对较少，各地也都实行免试升入初中，小学并无升学压力，新增时间可以用来开展寄宿教育和养成教育。实际上，各地农村小学仍然有期末质量监测考试，学校往往以此作为评价教师绩效的主要指标。如此一来，安排各科教师辅导学生作业的时间自然就变成了上课时间，即使不讲课，也会有很多新增学科作业。

那么，新增时间到底是负担还是提升成绩的机会呢？客观回答这一问题必须倾听学生的想法。针对"你觉得上几节晚自习合适"的回答，48.9%的学生认为一节课合适，41.0%的学生认可每晚两节课，10.1%的学生认为三节课可以接受。对比分析学校安排的课时与学生期望的课时发

现，学生期望"一节晚自习"的比例高出实际"学校安排"的 22 个百分点，
而期望两节自习的学生占比低于"学校安排"的 26 个百分点（见图 4-15）。
表明住校生实际感觉晚自习太多了，学习负担比较重。当问及"寄宿生在
学校的最大困难是什么"时，24.7% 的学生选择了"晚自习时间太长"，进
一步印证了一部分学生并不认同晚自习是提高成绩的机会。问卷中设计了
"你觉得学习负担重吗"一题，交叉联表分析显示，住校生认为学习负担
"很重"和"比较重"两项占比达 55.4%，而走读生只占 51.3%，相差 4.1
个百分点。表明住校生学习负担略重于走读生（见表 4-18）。

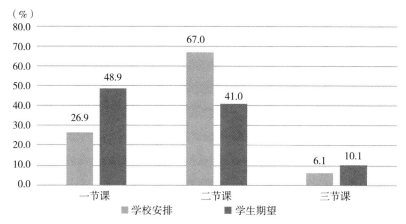

图 4-15　农村寄宿制小学实际安排与学生期望的晚自习比较

表 4-18　　　　　　住校生—走读生"你觉得学习负担重吗"交叉列联表

| | | | 你是住校生吗？ | | 合计 |
			不是	是	
你觉得学习 负担重吗？	很重	计数（人）	278	433	711
		"你是住校生吗？"中的百分比	18.9	16.4	17.3
	比较重	计数（人）	477	1031	1508
		"你是住校生吗？"中的百分比	32.4	39.0	36.7
	不重	计数（人）	508	821	1329
		"你是住校生吗？"中的百分比	34.6	31.1	32.3
	比较轻松	计数（人）	207	359	566
		"你是住校生吗？"中的百分比	14.1	13.6	13.8
合计		计数（人）	1470	2644	4114
		"你是住校生吗？"中的百分比	100.0	100.0	100.0

为证明两者是否具有显著性差异，分别给"很重""比较重""不重""比较轻松"赋值"1""2""3""4"（等级变量），独立样本 t 检验结果显示，住校生等级均值等于 2.42，走读生等级均值等于 2.44，t = 0.65，df = 2943，Sig.（双侧）= 0.52 > 0.05，表明两者并无显著性差异。说明住校生与走读生都觉得学习负担过重，过重的学习负担可能源于家庭作业太多。在考察学生课余活动时，从学生对"放学后你一般做什么"问题的回答可以看出，住校生中有 66.7% 的学生在"写作业"，走读生中有 68.4% 的学生回答"写作业"，充分说明了"写作业"成为住校生与走读生共同放晚学后的任务，这也正是两者均认为学习负担重的根本原因。

三　农村低龄寄宿儿童学业成绩并不理想

在一定范围内，学生的学习成绩与学习时间应该呈正相关关系，即学习时间越长，复习越及时，学习效果越好。前已述及，举办寄宿制学校，既能增加全体学生学习的时间，又能保证寄宿生更多的学习时间与及时复习。按理说，农村寄宿制小学及低龄寄宿儿童的学习成绩应该明显强于非寄宿制小学及走读生。实地调查发现，寄宿制教育并没有带来寄宿制学校与寄宿生成绩的明显正向变化，有的甚至还出现了负面影响，主要表现在三个方面：

（一）低龄寄宿生的学业成绩整体低于走读生

一般来说，可以用某一次某一科或多科考试的分数比较不同人群的学业成绩，也可以用标准测试卷的分数进行比较。但是，用随机的一次成绩难以描述学生成绩的波动性，用标准试题测试的分数不能等于学科考试分数。为了弥补以上两点不足，本书选用学生在班级长期以来的综合排名量化其学业成绩。

将学生在班级的排名分为"前几名""中上等""中等""不是很理想"四个等级，并分别赋值"1""2""3""4"。对学生成绩和寄宿与否列联表分析发现，寄宿生中排在"前几名"的学生占比 12.5%，走读生中这一比例为 15.9%，走读生比住校生高出 3.4 个百分点；"中上等"一档，走读生仍然比住校生高出 1.3 个百分点，而寄宿生在"中等"和"不是很理想"两档的占比都高于走读生（见表 4–19）。卡方检验结果显示：$\chi^2 = 12.3$，df = 3，Sig.（双侧）= 0.006 < 0.05，表明两者成绩存在显著差异。独立样

本 t 检验结果显示：寄宿生成绩排名等级的均值为 2.72，走读生的均值为
2.63，t＝-2.864，df＝2967，Sig.（双侧）＝0.004＜0.01，表明寄宿生排名均
值显著高于走读生。根据变量赋值可知，等级值越大，则成绩越不理想，
因此得知，走读生的成绩显著高于住校生。加入所在年级变量之后比较发
现，三、四年级寄宿生排在班级前几名的比例低于走读生近 4 个百分点，
而五、六年级前几名中，住校生与走读生的比例基本持平。"中上等"一
档中，三、四年级仍然是走读生占比高于住校生，五、六年级则是住校生
占比高于走读生。以上事实说明，随着寄宿生年龄的增长，寄宿生活对学
生的负面影响呈逐渐减小的趋势。

表 4-19　　　　　　　　住校生—走读生"班级成绩排名"交叉列联表

| | | | 你是住校生吗 | | 合计 |
			不是	是	
你的成绩在班上处在什么位置	1	计数（人）	236	332	568
		"你是住校生吗？"中的百分比	15.9	12.5	13.7
	2	计数（人）	407	692	1099
		"你是住校生吗？"中的百分比	27.4	26.1	26.6
	3	计数（人）	509	1003	1512
		"你是住校生吗？"中的百分比	34.3	37.9	36.6
	4	计数（人）	332	622	954
		"你是住校生吗？"中的百分比	22.4	23.5	23.1
合计		计数（人）	1484	2649	4133
		"你是住校生吗？"中的百分比	100.0	100.0	100.0

　　如果说自我报告自己长期以来学习成绩在班级的名次客观反映了学生
成绩状况，那么，还可以通过学生报告自己对成绩的满意度进一步判断学
生对成绩的期望水平。问卷调查发现，走读生中选择"非常满意"的占比
为 19.0%，高于住校生近 6 个百分点；住校生中选择"比较满意"的占比
为 43.4%，高于走读生 4.3 个百分点，在"不是很满意"和"不满意"两项中，
住校生占比均略高于走读生（见图 4-16）。分别给"非常满意""比较满
意""不是很满意""不满意"赋值 1、2、3、4（有序变量），统计结果显示，
住校生的等级均值（2.44）大于走读生（2.35）。独立样本 t 检验结果显示：
t＝-2.94，df＝2943，Sig.（双侧）＝0.003＜0.01，表明住校生对自己成绩的

满意度显著低于走读生。同时可以看出，住校生对自己成绩的期望高于走读生。学生对自己成绩具有较高期望值，但成绩并不理想，说明住校生成绩偏低并不是学习动力所致，可能是因为生活照料、心理干扰等其他不利因素所致。

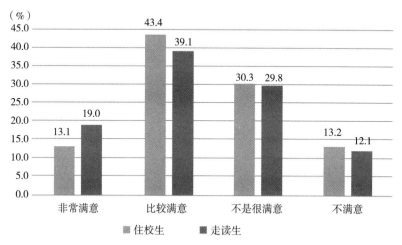

图 4-16 住校生与走读生学习成绩满意度比较

　　为了进一步了解农村小学住校生的学习成绩状况，我们选择了贵州省 SC 县 DG 镇 DG 小学 2016—2017 年一至六年级全体学生作为样本，比较住校生与走读生的学习成绩状况。2017 年春季学期，DG 小学一至六年级共有学生 720 人，表 4-20 统计了各年级学生及住校生数分布情况。由于四年级以上才开设英语课，我们将四至六年级学生分成寄宿生与走读生两个群体，分别计算出语文、数学、英语三科总成绩，并比较总分的及格率、优分率和平均分（见表 4-21）。比较发现，四年级和六年级住校生语文、数学、英语三科总分及格率、优分率、平均分、总积分均低于走读生，五年级基本持平，进一步证实了农村小学寄宿生的学习成绩低于走读生的事实。这一结论与已有部分研究结论一致。杜屏研究发现，农村寄宿制小学四年级寄宿生的语文成绩与学生总体没有显著差异。[①] 李勉等对 125 所农村寄宿制小学的 2959 名四年级寄宿生，以及 122 所农村非寄宿制小学的 3150 名四年级走读生进行了对比研究，结果发现，寄宿生学

---

①　杜屏：《西部五省区农村小学寄宿生的学业成绩与学校适应性研究》，《教育学报》2010 年第 12 期。

业成绩显著低于走读生。[①] 黎煦的一项发现，寄宿会显著降低贫困地区农村儿童的阅读成绩，且与适龄寄宿儿童相比，低龄寄宿造成的负面影响更为严重。[②]

表 4-20 　　　　　　　 2017 年春季学期 SC 县 DG 小学在校生及寄宿生分布

	一年级	二年级	三年级	四年级	五年级	六年级	合计
学生数	136	135	110	124	156	120	781
寄宿生	0	0	7	24	36	18	85

表 4-21 　　　　　　 SC 县 DG 小学四至六年级住校生与走读生成绩比较

		平均分（分）	及格率（%）	优分率（%）	总积分（分）
四年级	住校生	183.6	62.5	8.3	254.4
	走读生	199.1	73.0	14.0	286.1
五年级	住校生	166.7	38.9	5.6	211.2
	走读生	164.9	39.2	3.3	207.4
六年级	住校生	169.6	55.6	0	225.2
	走读生	172.8	50.9	12.5	236.2

注释：总积分 = 平均分 + 及格率 ×100+ 优分率 ×100。

（二）农村小学生寄宿前后成绩正向变化不大

按照教育部的规定，一至三年级就近入学，四至六年级如有需要，可以实行寄宿制。换句话说，大部分农村寄宿制小学的学生一开始并没有住校读书。因此，我们可以比较学生寄宿前后成绩的变化来判断寄宿制教育的作用。由于无法取得学生具体的成绩，也不可能将每次考试的成绩全部比较，只能根据学生自己的回忆进行比较。问卷中设计了"你觉得寄宿以后自己的学习成绩总体上发生了什么变化？"一题，走读生以前在非寄宿制学校上学，到了寄宿制学校以后，虽然没有住在学校，但是，寄宿制学校某些管理措施的变化也会给走读生带来一些影响。因此，走读生也可以

---

① 李勉等：《农村寄宿制小学的学校资源、学校氛围状况及其对学生学业成绩的影响：与非寄宿制小学的对比》，《中国心理学会发展心理专业委员会第十三届学术年会摘要集》2015 年第 7 期。

② 黎煦：《寄宿对贫困地区农村儿童阅读能力的影响——基于两省 5 县 137 所农村寄宿制学校的经验证据》，《中国农村观察》2018 年第 2 期。

回答这一问题。统计结果显示，3072 名学生回答了这一问题，仅有 31.8%
的学生认为自己"成绩提高了"，有 45.0% 的学生觉得进入寄宿制学校读
书以后"成绩降低了"，还有 23.2% 的学生认为寄宿前后学习成绩并没有
什么变化。也就是说，近七成的学生认为寄宿制教育形式并没有对自己的
成绩产生正向影响。比较发现，住校生中认为自己成绩"提高了"的学生
比例高于走读生 12 个百分点，走读生中认为成绩"下降了"的比例高于
住校生 23.4 个百分点（见图 4-17），说明寄宿制教育模式对走读生成绩的
负面影响更大。

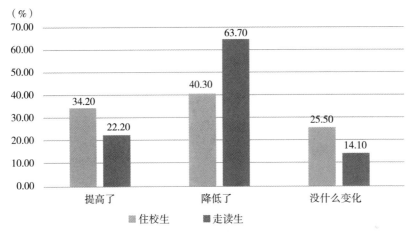

图 4-17　住校生与走读生进入寄宿制学校后学习成绩变化情况

第五节　农村低龄寄宿儿童的心理健康水平相对偏低

已有研究大多认为农村中小学寄宿生心理健康水平低于走读生，专业
研究主要集中在对强迫、偏执、敌对、人际关系敏感、抑郁、焦虑、学习
压力感、情绪波动性、心理不平衡性等项目测评方面。[1]曹宇研究发现，
乡镇寄宿制小学生表现出较差的心理健康状态，在强迫、偏执、人际关
系、焦虑和情绪不平衡方面达到轻微心理问题，究其原因，可能与寄宿制
小学生不善于求助，亲子沟通较少，不善于处理人际矛盾，对学业压力存

在不适应以及对住宿生活难以适应的原因。[①] 马存芳研究发现，小学寄宿生心理健康水平普遍低于中学寄宿生，究其原因，可能与寄宿学校学生亲情体验减少或欠缺造成亲子情感疏离有关。[②] 也有部分研究认为，寄宿生心理健康问题并不严重。不管如何，农村低龄寄宿儿童亲子情感疏离却是不争的事实，其对寄宿生的影响主要表现在诱致"思乡情绪""与家人感情疏远""精神状态及心情不佳"三个方面。

一 农村低龄寄宿儿童思乡情绪较为严重

一般来说，个人离家太久都会滋生思乡情绪，所思内容也千差万别。成人尚且如此，低龄儿童过早离家独立生生活，想家本属正常。但是，学生大面积长时间思乡就应该探究其背后的原因了，如果不及时采取措施，将会增加强迫、偏执、敌对、人际关系敏感、抑郁、焦虑、学习压力感、情绪波动性、心理不平衡性等心理健康问题发生概率。目前，农村小学寄宿生思乡情绪涉及面广、诱因复杂、负面影响明显。

（一）农村低龄寄宿儿童思乡情绪涉及面广

问卷调查发现，在校期间，女生比男生更想家。针对"在校期间你想爸爸妈妈吗"问题的回答，有 49.8% 的低龄寄宿生"非常想"爸爸妈妈，35.0% 的寄宿生"偶尔想"爸爸妈妈，只有 15.2% 的寄宿生选择"基本不想"和"从来不想"，寄宿生比走读生"思乡"情绪更为明显（见图4-18）。对学生想家的四个等级分别赋值 1、2、3、4，等级值越小，说明想家的程度越严重。独立样本 t 检验结果显示：住校生 N = 2635，平均值为 1.70，走读生 N = 1378，平均值为 1.80；t = 2.36，df = 2533，Sig.（双侧）= 0.001 < 0.01，住校生想家的等级平均值显著低于走读生，说明住校生比走读生思乡情绪更严重。在"你在学校遇到的最大困难是什么"问题答案中，1346 名寄宿生选择"想家"，在所有困难中排名第一，占寄宿生总数的 50.1%。走读生中有 283 名学生也认为最大的困难是"想家"，在所有困难中也排在第一名，但是，选择这一答案的人只占了走读生总人数

---

① 曹宇：《内蒙古乡镇寄宿制学校学生心理健康状况调查及干预措施》,《北京教育学院学报》（自然科学版）2015 年第 9 期。
② 马存芳：《青海藏区寄宿制学生心理健康状况及社会支持关系研究》,《民族教育研究》2017 年第 2 期。

的 18.6%。女生的情感相对比较脆弱，对家的依赖程度一般都会比男生强。问卷调查数据显示，寄宿生中，"非常想家"的男生占 47.9%，"偶尔想家"的占 33.8%，而女生这两项比例分别为 52.0%、36.4%，比男生分别高出 4.1 个百分点、2.6 个百分点，证实了女生比男生更想家这一事实。

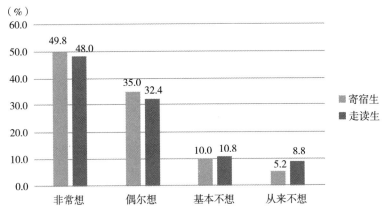

图 4-18　在校期间寄宿生与走读生"想家"状况比较

　　调查还发现，留守寄宿儿童"思乡"程度比留守走读生强烈，爸爸外出务工与妈妈外出务工的寄宿生"思乡"程度也存在显著差异。列联表统计发现，父亲外出务工的寄宿生总数 1307 人，选择"非常想家"的 670 人，占比 51.3%；父亲在家劳动的寄宿生 1287 人，选择"非常想家"的学生 626 人，占比 48.6%，留守寄宿生比非留守寄宿生高出 2.7 个百分点。母亲外出务工的寄宿生 934 人，选择"非常想家"的学生 510 人，占比 54.6%；母亲在家劳动的寄宿生 1626 人，选择"非常想家"的学生 771 人，占比 47.4%，两者相差 7.2 个百分点。① 由此可见，无论是父亲外出务工还是母亲外出务工的寄宿生，其思乡的程度都要比父母在家的寄宿生强烈。同时还可以看出，妈妈外出务工的寄宿生选择"非常想家"的比例高于爸爸外出务工寄宿生 3.3 个百分点，说明妈妈外出务工对寄宿生的负面影响更大。母亲在家中的重要地位，一个家庭，只要母亲在，家就在，家对孩子就有归属感。

---

　　① 说明：由于前期问卷设计时将父母亲职业分成了两项，在列交叉联表时无法将"寄宿""是否想家""父亲职业""母亲职业"思乡内容交叉，因此，对于父母同时外出务工的寄宿生无法进行比较。发现这个问题时，大部分问卷已经完成，只有在今后研究中弥补了。

寄宿生的思乡情绪还与年级、寄宿时间有很大关系，一般来说，高年级寄宿生"想家"的程度没有低年级寄宿生强烈，寄宿时间越长，"想家"的情绪会减弱。问卷调查发现，寄宿生中"非常想家"的学生占比随年级升高呈明显下降趋势，二年级寄宿生中"非常想家"的人占比高达69.6%，而六年级则降至43.3%（见图4-19）。住校时间长短也是影响寄宿生对家庭依恋的主要因素，住校时间越长，寄宿生适应寄宿生活的能力就越强。

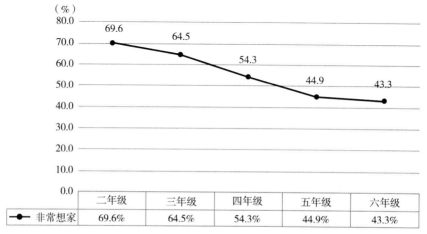

	二年级	三年级	四年级	五年级	六年级
非常想家	69.6%	64.5%	54.3%	44.9%	43.3%

图4-19 二至六年级寄宿生"非常想家"的情况比较

问卷调查发现，2242名寄宿生住校时间分布为：1年的为695人、2年的为458人、3年的为508人、4年的为209人、5年的为190人、6年的为121人。比较发现，住校1—2年的寄宿生选择"非常想家"的学生超过50%，1年和2年之间的差距为3.5%；住校时间3—4年的学生"非常想家"的比例迅速下降了近10个百分点，而3年和4年之间的差距也只有2.8%；同样，住校时间达到5—6年时，非常想家的比例下降近10个百分点。因此，学生住校时间可以分为三段：2年及以下思乡情绪最强烈，3—4年时明显减弱，有5—6年住校历史的学生思乡情绪最弱（见图4-20）。

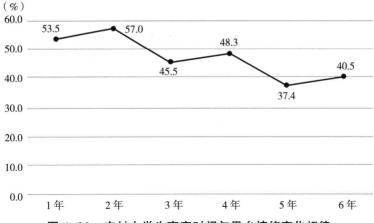

图 4-20　农村小学生寄宿时间与思乡情绪变化规律

（二）农村低龄寄宿儿童思乡情绪诱因复杂

埃里克森将7—12岁称为"学龄期"，认为儿童的社会活动范围扩大了，依赖重心已由家庭转移到学校、教室、少年组织等社会机构方面。弗洛伊德心理发展观认为，6—11岁儿童在前生殖期的恋母情结的各种记忆元素逐渐被遗忘，儿童进入了一个相当平静的"潜伏期"。[①] 理论上讲，小学阶段学生对家庭及父母的依恋应逐渐减弱。然而，本次调研发现，超过50%的住校生对家庭的依赖很严重，如果算上那些偶尔想家的寄宿生，近70%的寄宿生都存在这一问题。显然，外因在诱致寄宿生思乡情绪方面发挥了主要作用。那么，到底是哪些因素导致寄宿生如此思家呢？

针对"你在什么情况下最想家"问题的答案中，排在前三名的分别是"生病""心情不好""被同学欺负"，分别占到寄宿生总数的55.0%、39.1%、37.9%（见图4-21）。事实上，大多数寄宿学校并没有按规定设立医务室，有的甚至连常备药都没有，寄宿生一旦生病就显得十分可怜。调查数据显示，有2654名寄宿生回答了"你在学校生病后怎么办"，除874名报告"很少生病"外，其余学生回答"自己上医院""班主任送医院""生活教师送医院""同学送医院""自己忍着不说""请假回家找家长"的比例分别为7.9%、41.1%、3.9%、5.9%、10.2%、31.0%。选择"回家找家长"的学生仅次于"班主任送医院"，还有10.2%的学生选择自己忍着，两项之和达到41.2%。

---

① 林崇德：《发展心理学》，人民教育出版社1995年版，第34—36页。

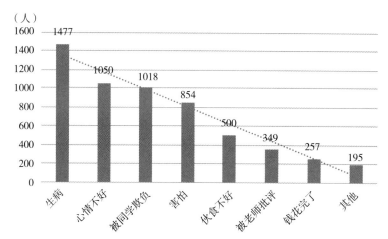

图4-21　农村小学寄宿生思乡情绪诱因排序

　　对学生和教师的访谈也发现同样的事实，JG小学班主任王强（化名）坦言："一般的小毛病，只要我在，我都会亲自护送到卫生室。紧急情况下，我也会送学生到附近的卫生室，但是一定要把领导拉上，不然出事了自己一个人担不起啊！不是紧急情况的，我们一般都会通知学生家长，不是不愿意照顾学生，关键是责任大如天，谁都不敢冒险。"学生小华（化名）说："我这学期有过两次肚子疼，可能是吃东西吃坏肚子了，自己觉得不要紧，就没告诉老师。想回家吧，又觉得有点远，还要耽误上课。后来也没怎么样，忍忍就好了。只是那两天特别想妈妈，自己还偷偷哭了好几次呢！"心情不好的情况下很容易勾起学生思乡，在问卷调查结果中排名第二位。寄宿生活中，影响低龄儿童的心情的因素很多，可以说"防不胜防"。考试成绩不好、被老师批评、同学之间闹矛盾等都是诱因，一位寄宿生说："每当看到别人的爸爸妈妈来学校送东西的时候，自己就想哭！"

　　问卷中设计的寄宿生想家的答案很难穷尽原因，为此，本题中设计了一项开放性答案，让学生自己填写"在什么时间最想家"。统计发现，有195名寄宿生自己填写了特殊原因，可以说理由"五花八门"，"一百个人就有一百个哈姆雷特"。将学生自己填写的特殊原因整理后，大致可以分为十类：一是饮食类（14人），主要包括肚子饿、饮食不好、没东西吃（含零食）、饭卡掉了、晚饭后等原因；二是住宿类（25人），有的同学报告自己一到晚上睡觉时就想家，部分同学说自己睡不着觉或是失眠的时候就想家；三是学习类（14人），主要包括作业布置太多、作业不会做、学习成绩不好、学习负担重、被罚做作业、课堂分心等方面；四是气候类（5人），主要在天冷和下雨时想家；五是情绪类（51人），主要有看到别人高兴、心情不好、感到孤独、读到有关家人的课文、伤心难过、高兴、生气、受委屈、谈到家人、心烦等原因；六是人际交往类（18人），包括被同学欺负、被人嘲笑和背后议论、没有朋友、被老师和班干部批评、受打击、被同学冤枉等方面；七是课余活动类（15人），很多学生在晚饭后闲着无聊、没什么可玩、没有人陪着玩、没音乐听、想玩手机、没电脑玩的时候想家；八是生病类（10人），包括自己生病、受伤、父母生病、没人照顾等；九是亲情互动类（11人），很多学生在与家人联系不上、家人很久不来学校看望、想爷爷奶奶、几个星期没有回家、家庭落后、过生日家长不打电话等时候会想家；十是其他类（32人），诸如遇到困难和危险、周末放假后（留守儿童）、丢东西了、车费钱没了、开运动会、学校停水停电、衣服有臭味、星期四和星期五等。总之，农村小学住校生对家庭依恋的主要原因源于外部，学校在学生的吃、住、学、乐等方面提升服务水平，可以明显减少寄宿生的思乡等负面情绪。

二 长期分离使低龄儿童与家人情感疏离明显

一般来说，农村寄宿制小学实行放周假制度，每周星期日下午到校，星期五中午放假，学生一周与家庭时空隔离5天。对于小学生来说，5天亲情分离感觉是漫长的，长期如此，最有可能会有两种结果：一是亲子关系逐渐疏远，二是亲子关系更加亲近。每周五天分离只是常态，不同地区、不同学校还会根据当地情况做出调整，很多学校为了减少学生路途交通隐患，往往实行两周放假一次的做法。此次调查发现，有9.3%的学生"两周及以上"才能回家一次，个别学生甚至是一个学期才回家一次。寄宿生与家庭分离时间越长，亲情疏离就会越严重。

问卷调查结果显示，2566名寄宿生中，有709名在住校后与家人关系明显疏远，占比27.6%，而走读生这一比例为21.1%，相差6.5个百分点（见表4-22），表明寄宿更容易引起亲子关系疏远。从表4-22中还可以看出，还有25.2%的寄宿生认为时空隔离反而使其与家人的感情"更亲近了"，47.2%的寄宿生认为"没有发生变化"。尽管如此，寄宿制教育形式造成了1/3的寄宿生与家人情感疏远，伤害面太大，童年的不愉快记忆很可能在学生成年后产生负面影响。

表4-22   住校生—走读生"与家人之间感情疏离状况"交叉列联表

			你是住校生吗		合计
			不是	是	
你觉得住校后与家人的感情	疏远了	计数（人）	211	709	920
		"你是住校生吗？"中的百分比	21.1	27.6	25.8
	更亲近了	计数（人）	265	647	912
		"你是住校生吗？"中的百分比	26.5	25.2	25.6
	没有变化	计数（人）	523	1210	1733
		"你是住校生吗？"中的百分比	52.4	47.2	48.6
合计		计数（人）	999	2566	3565
		"你是住校生吗？"中的百分比	100.0	100.0	100.0

　　进一步分析发现，高年级寄宿生的情感疏远比低龄段更严重，而低龄段寄宿生觉得寄宿使自己与家人感情"更亲近了"的比例更高。图4-22反映了寄宿生与家人情感变化的趋势。从图4-22中可以看出，寄宿生与家人情感的疏远程度与年级呈正相关关系，随着年级的增加，寄宿生与家人的情感越发疏远；寄宿生与家人情感的亲近程度与年级呈负相关关系，随着年级的增加，亲近程度明显减弱。这与"低龄段儿童更想家"的结论一致。

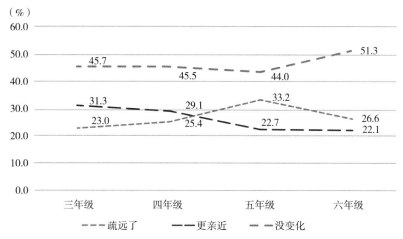

图4-22　农村小学寄宿生与家人情感变化规律

三 农村低龄寄宿儿童心情状态表现相对不佳

学生在校学习生活都会带着一定的情感，内在的情感状态（affect state）包括情绪（emotion）和心情（mood）两种基本状态。情绪和心情同属于反映个体一定时期内情感状态的变量，情绪代表一种有明确原因和目标（如特定人或事件刺激）产生的短时而强烈的情感体验，而心情代表一种无具体原因和目标，持续时间较长且反应强度低的情感体验。[①] 依据人们情感感受的积极或消极程度，学界将心情细分为好心情和坏心情。好心情指人们感受到积极、愉悦的情感状态，坏心情指人们感受到消极、不愉悦的情感状态。相较于情绪，心情持续时间长且更加普遍，作为情感基调贯穿于整个思考和行为过程中在学校寄宿生活和学习中，情感状态会干扰认知加工、注意力分配，影响学习效果和生活质量。心境一致理论认为，人们偏好获取与自己心情状态相一致的信息，并表现出相应的行为，以迎合对心情的感知。即好心情促发积极行为，坏心情促发消极行为。[②] 为了解低龄寄宿儿童在学校生活学习时的心情状态，本书在问卷中设计了"你觉得在学校过得开心吗"一题，统计结果显示，13.8%的学生认为自己在学校"不开心"或"很不开心"，心情状态很不好。那么，寄宿生与非寄宿生在校期间心情状况是否存在差异呢？

问卷结果显示，1466名走读生中，认为自己过得不开心的有112人，占比7.6%，认为很不开心的有70人，占比4.8%，两项合计占比12.4%。而寄宿生中认为自己过得不开心的人占比9.2%，很不开心的人占比5.5%，两项合计占比14.7%，高出走读生2.3个百分点。走读生中觉得自己"非常开心"的人占比为44.2%，住校生中这一比例仅为30.4%，低于走读生10.2个百分点（见表4–23）。卡方检验结果显示，$\chi^2 = 79.49$，$df = 3$，Sig.（双侧）= 0.000 < 0.001，从整个小学寄宿生群体来看，寄宿生中心情不好的学生比例显著高于走读生，心情非常好的学生占比明显低于走读生。

---

① Ashkanasy,N.M.，Emotionsinorganizations:Amultilevelperspective.In F. Dansereau & F.J.Y Ammarino (eds.), Research in Multi-level Issues, Multi-level Issues in Organizational Behavior and Strategy, Oxford, UK: Elsevier Science, pp. 9-54.

② 孙旭、严鸣：《坏心情与工作行为：中庸思维跨层次的调节作用》，《心理学报》2014年第11期。

表 4-23　　　　住校生—走读生"你觉得在学校过得开心吗"交叉列联表

			你觉得在学校过得开心吗				合计
			非常开心	比较开心	不开心	很不开心	
你是住校生吗	不是	计数（人）	648	636	112	70	1466
		"你是住校生吗?"中的百分比	44.2	43.4	7.6	4.8	100.0
	是	计数（人）	804	1455	243	145	2647
		"你是住校生吗?"中的百分比	30.4	55.0	9.2	5.5	100.0
合计		计数（人）	1452	2091	355	215	4113
		"你是住校生吗?"中的百分比	35.3	50.8	8.6	5.2	100.0

如果把寄宿生划分为低学段（一至四年级）、高学段（五至六年级）进一步分析，利用 SPSS 中"转换"功能重新编码："1"= 低学段；"2"= 高学段，交叉制表比较，结果发现：低学段寄宿生选择"非常开心"的占比为 40.0%，而高学段选择这项的占比仅为 24.4%，低于低学段 15.6 个百分点；低学段选择"不开心"和"很不开心"两项的占比为 13.9%；而高学段寄宿选择"不开心"和"很不开心"两项的占比为 15.1%，高于低学段 1.2 个百分点（见表 4-24）。说明随着学段升高，寄宿生中"心情不好"的学生占比略有增加，"心情很好"的学生占比却大幅下降。因此，寄宿生"想家"的强度会随着年级升高而逐渐减弱，而心情却随着年级升高而逐渐变差。换个角度思考，心情是一种主观感受，或许低学段的寄宿生可能只是在"想家"方面比较强烈，而对寄宿条件好坏的感知不如高学段寄宿生敏感。这一结论表明，低龄寄宿儿童对学校生活服务质量的自我意识不强，更需要配备专职专业的生活教师的帮助，也更需要任课教师、班主任及学校领导给予更多的关爱。

表 4-24　　　学段—住校生—走读生"你觉得在学校过得开心吗?"交叉列联表

学段				你觉得在学校过得开心吗?				合计
				非常开心	比较开心	不开心	很不开心	
低学段发	你是住校生吗?	不是	计数（人）	403	273	51	36	763
			"你是住校生吗?"中的百分比	52.8	35.8	6.7	4.7	100.0
		是	计数（人）	401	462	77	62	1002
			"你是住校生吗?"中的百分比	40.0	46.1	7.7	6.2	100.0
	合计		计数（人）	804	735	128	98	1765
			"你是住校生吗?"中的百分比	45.6	41.6	7.3	5.6	100.0

续表

学段				你觉得在学校过得开心吗?				合计
				非常开心	比较开心	不开心	很不开心	
高学段	你是住校生吗?	不是	计数（人）	241	362	58	34	695
			"你是住校生吗?"中的百分比	34.7	52.1	8.3	4.9	100.0
		是	计数（人）	397	983	163	83	1626
			"你是住校生吗?"中的百分比	24.4	60.5	10.0	5.1	100.0
	合计		计数（人）	638	1345	221	117	2321
			"你是住校生吗?"中的百分比	27.5	57.9	9.5	5.0	100.0
合计	你是住校生吗?	不是	计数（人）	644	635	109	70	1458
			"你是住校生吗?"中的百分比	44.2	43.6	7.5	4.8	100.0
		是	计数（人）	798	1445	240	145	2628
			"你是住校生吗?"中的百分比	30.4	55.0	9.1	5.5	100.0
	合计		计数（人）	1442	2080	349	215	4086
			"你是住校生吗?"中的百分比	35.3	50.9	8.5	5.3%	100.0

第六节 农村低龄寄宿儿童生存质量的综合评分不高

为了进一步描述农村低龄寄宿儿童生存状况，本书尝试构建反映寄宿生生存质量的综合指标体系，通过对各项指标赋值并确定权重，综合计算出量化指数，在定性分析的基础上定量描述农村低龄寄宿儿童生存真实状况。具体从指标选取、记分规则、总体评分三个方面展开。

一 农村低龄寄宿儿童生存质量综合评价指标体系

与非寄宿制小学相比，农村寄宿制小学新增了餐饮服务、住宿服务、学习辅导、丰富课余活动、协调往返交通五大服务与管理内容，衍生出心理健康、安全卫生、行为养成三项重要教育内容，覆盖了低龄儿童饮食、住宿、娱乐、学习、往返学校的交通、心理健康、安全卫生、习惯养成等方面。

（一）反映寄宿生生存质量的指标选择要求

食宿条件是反映低龄儿童生存质量的首要指标。餐饮服务与管理的要求可细化为"吃得饱、吃得好、吃得起、吃得放心、吃得科学"五个方面。"吃得饱"可以选择学校食堂饭菜的数量指标,"吃得好"主要指饭菜口味与就餐体验。"吃得起"是基于农村家庭经济提出的,可以选择学生的生活费多少作为量化指标。"吃得放心"主要是食品安全卫生要求。从调查的样本学校总体情况来看,食品安全制度严格、程序规范,相对做得比较完善。"吃得科学"是关于营养膳食结构的要求。住宿服务与管理的基本要求可总结为"住得舒适、住得方便、住得温馨、住得文明、住得安全"。"住得舒适"主要涉及寝室是否拥挤、卫生状况是否良好等。"住得方便"要求厕所、浴室附设在宿舍内,或者离宿舍不远,浴室能每天供应热水,保障学生洗澡方便。"住得温馨"要求宿舍营造"家"的氛围,从寝室的设计到室内的布置,需要从"公寓"的理念向"家"的设计转变。总体设计能够渗透地域特色、民族特征。室内设施要体现人性化关怀,细化到电视、电话、小桌板、风扇取暖降温设备、照明、书柜、除臭等方面,甚至可以考虑在每层楼设置寄宿生公共休闲区,使学生拥有以寝室为单位的家庭小空间。"住得文明"是对宿舍文化的要求,包括寝室的布置、生活用品的摆放、宿舍行为的要求、公共卫生的维护等。"住得安全"要求宿舍有严格的安保措施以及重大事故的应急机制,能够确保学生的人身及财物安全。

　　课余活动要求也可归纳为"玩得开心、玩得丰富、玩出水平、玩得有序、玩得安全"。"玩得开心"要求寄宿生独属的娱乐时间段能够自由选择,玩与不玩皆能自主。如果过多组织所谓集体活动,有时很难满足寄宿生的个性化需求。因此,学校有义务提供丰富的娱乐活动设施设备和技术指导,保障学生"玩得丰富"。"玩出水平"主要指创新娱乐活动内容及形式,在娱乐活动中陶冶情操、长知识、增进友谊、培养团队精神和集体荣誉感。"玩得有序"需要学校进行主题安排与指导,务使课余活动"形散而神不散",正确处理"自由选择"与"主题约束"之间的关系。学习辅导是寄宿生学校生活的重要组成部分,是寄宿制教育优势的重要体现。学习辅导关涉晚间活动安排,具体要求可以概括为"书本巩固与趣味拓展并行、个别辅导与集中讲解结合、生活教师与专任教师配合"。寄宿生往返学校的交通涉及乘车方式及安全。心理健康指标主要涉及情感沟通、心情感受、人际交往等方面。安全卫生工作内容主要包括食品安全卫生、人身财物安全、重大应急事件处理、周末交通安全、校园欺凌防范、医疗卫生保健、校园环境卫生等方面。养成教育主要包括以生活规律和细节培养为主的生活习惯培养等。

（二）寄宿儿童生存质量评价的指标体系

根据反映寄宿生生存质量指标选择的要求，本书从学生问卷中关于饮食、住宿、娱乐、学习、心理、安全卫生、家庭及基本情况八个维度的100余个问题中选取了80项具体指标（见表4-25）。

表 4-25　　　　　　　　　农村低龄寄宿儿童生存质量综合指标体系

加权得分	一级指标	二级指标	记分
住宿 （20%） 15.18 分	住宿得分 75.92 分	1. 本学期你的寝室共住了几位同学？	7.36
		2. 你感觉寝室卫生情况怎样？	7.96
		3. 厕所离宿舍远吗？	7.53
		4. 寝室床铺情况怎样？	6.51
		5. 你有尿过床吗？	9.10
		6. 你觉得自己睡眠状况怎样？	8.06
		7. 你对学校的住宿条件满意吗？	7.00
		8. 你每周带换洗的衣服到学校吗？	8.45
		9. 学校洗热水澡方便吗？	4.59
		10. 你与室友的关系怎样？	8.16
		11. 你觉得学校就寝纪律怎样？	8.07
		12. 你在学校受到过同学欺负吗？	7.35
		13. 你每天睡眠时间大概几小时？	6.63
		14. 你每天起床后叠被子吗？	9.21
		15. 你每天刷几次牙？	8.45
		16. 每天睡觉前都坚持洗脚吗？	9.08
		17. 本学期你晒过被子吗？	5.96
		18. 学校值班人员夜间是否对宿舍进行巡视？	8.99
		19. 学校是否对宿舍学生进行晚点名？	7.17
		20. 你宿舍的物品有被盗过吗？	6.21
饮食 （20%） 13.35 分	饮食得分 66.75 分	21. 食堂开饭时你一般在哪里就餐？	8.01
		22. 学校食堂每天提供几个菜？	6.06
		23. 你每周在学校能吃到几次荤菜？	3.94
		24. 你觉得在学校能吃饱饭吗？	8.34

加权得分	一级指标	二级指标	记分
饮食 （20%） 13.35 分	饮食得分 66.75 分	25. 如果你在学校肚子饿了怎么办？	4.54
		26. 学校就餐秩序怎么样？	8.16
		27. 你怎样评价学校饭菜质量呢？	7.26
		28. 你在学校有过拉肚子的情况吗？	7.34
		29. 你觉得食堂的卫生状况怎样？	8.07
		30. 你喜欢家里还是学校食堂的饭菜？	1.51
		31. 每周家里给你多少钱？	2.97
		32. 你觉得学校的菜里面油放得多吗？	7.71
		33. 你觉得食堂服务人员态度怎样？	7.25
		34. 学校食堂提供开水吗？	7.87
		35. 老师有嘱咐过你不挑食或少吃零食吗？	8.77
		36. 你每周的生活费一般怎么花？	7.61
		37. 你每天饮水的情况	8.07
学习 （10%） 6.20 分	学习得分 62.02 分	38. 晚自习老师讲课吗？	5.08
		39. 你对自己的学习成绩满意吗？	6.41
		40. 你感觉在哪儿完成作业更轻松？	7.56
		41. 你的成绩在班上处于什么位置？	5.69
		42. 实际晚自习与期望值之间的吻合度怎样？	3.92
		43. 你觉得学习负担重吗？	6.05
		44. 你觉得寄宿后学习成绩有进步吗？	6.47
		45. 你上课打瞌睡吗？	7.61
		46. 你有晨读的习惯吗？	7.03
课余 （10%） 5.29 分	课余得分 52.92 分	47. 课余活动期望和现实吻合吗？	7.11
		48. 学校允许课外时间出校园吗？	5.30
		49. 每天下午放学后的课余活动有老师参加吗？	5.78
		50. 学校（班级）组织寄宿生开展各种球赛吗？	5.18
		51. 班级组织寄宿生开展了几次文艺表演活动？	3.09
回家 （10%） 6.99 分	回家得分 69.87 分	52. 你一般怎么上学（回家）？	5.85
		53. 周末放假回家爸妈督促你做作业吗？	8.36
		54. 周末在家看电视吗？	8.57
		55. 周末回家玩手机或电脑游戏吗？	7.08
		56. 周末回家一般都做什么呢？	6.05
		57. 你觉得在家里还是在学校好玩？	7.52

加权得分	一级指标	二级指标	记分
回家 （10%） 6.99分	回家得分 69.87分	58. 你见到过村里的长辈打牌赌钱吗？	6.05
		59. 周末回家后周围长辈会问你的学习情况吗？	8.12
		60. 你觉得自己家庭氛围怎么样？	8.41
		61. 周末回家一般都和谁住在一起？	5.71
		62. 家里有人帮你辅导作业吗？	5.14
心理 （20%） 14.74分	心理得分 73.70分	63. 你在学校生病后一般会怎么做？	7.03
		64. 你感觉自己精神状态怎么样？	7.90
		65. 你在学校有几个要好的朋友？	9.15
		66. 你在学校过得开心吗？	7.76
		67. 你上学期间想爸爸妈妈吗？	4.26
		68. 你觉得住校后与家人的感情有什么变化？	5.92
		69. 你觉得老师更关心寄宿生还是走读生？	6.84
		70. 你有"被当作外人"的失落感吗？	8.27
		71. 学校谁最关心你？	9.20
基本情况 （10%） 6.65分	基本情况 66.47分	72. 你家离学校远吗？	5.00
		73. 你爸爸的职业是什么？	4.94
		74. 你妈妈的职业是什么？	6.35
		75. 你习惯学校寄宿生活吗？	8.17
		76. 你步行上学要花多长时间？	7.30
		77. 走读和寄宿哪个更能提高学习成绩？	7.48
		78. 你多长时间回家一次？	8.71
		79. 你已经住校几年了？	5.87
		80. 你今年几岁？	6.00
综合得分：68.4分			

二 各项具体指标的记分细则与综合评价等次结果

基于"儿童生活中心"的研究初衷，综合指标体系中饮食、宿舍、心理健康状况三项一级指标各占20%的权重，学习状况主要指晚间辅导，其本质还是怎么安排晚间活动的问题，与晚饭后课余活动性质相同，因此，这两项指标各占10%，两项合计占20%，与饮食、宿舍、心理健康三项等值。学生回家（包括社会环境）、寄宿生基本情况辅助反映儿童生存质量，因此各占10%。七项一级指标满分按100分计算，并将最终得分划分为优

秀、良好、中等、中下等、很差五个等级，其中，综合得分在 90—100 分
记为"优秀"，80—90 分记为"良"，70—80 分记为"中等"，60—70 分
记为"中下等"，60 分以下记为"很差"。

二级指标总共选取了 80 项，每项满分 10 分，具体每一项按照问卷中
的"4 点记分法"或"5 点记分法"，统计出所有寄宿生每一等级选项中得
分总和，同时计算出所有寄宿生按该指标项最高得分总和，用各选项实际
得分总和除以该项最高得分总和，再用 10 分乘以这一百分比就是某一单
项指标的实际得分。以"4 点记分法"为例，某一指标项四个选项从高到
低分别为 4 分、3 分、2 分、1 分。设作答此题的寄宿生总数为 N，选 4 分、
3 分、2 分、1 分的人数为 N_1、N_2、N_3、N_4，则该选项的具体分值计算公式：
$P = \dfrac{4N_1 + 3N_2 + 2N_3 + N_4}{4N} \times 10$（公式一）。如果该题是"5 点记分法"，则计
算公式相应变为 $P = \dfrac{5N_1 + 4N_2 + 3N_3 + 4N_2 + N_1}{5N} \times 10$（公式二），$N_1$、$N_2$、$N_3$、
N_4、N_5 分别对应 5 分、4 分、3 分、2 分、1 分。需要说明的是，由于问卷设
计时没有统一选项记分法，指标体系中所选 80 项指标有的需要整理成"5 点
记分法"，部分需要整理成"4 点记分法"，少量题目只分了三类，因此，凡
是题目中选项为 3 项以上的就按照上述公式推算。如果题目只有两个答案，
近似为二分变量，则只需计算出其中某一项的百分比并乘以 10，就可以得出
该题的分。下面以第一题"本学期你的寝室共住了几位同学"为例，具体展
示计算方法。根据相关规定，农村寄宿制小学宿舍标准间应为 6 人 / 间，"大
通铺"属于条件最差，据此可将原题中连续变量通过 SPSS 中"转换"功
能重新"编码为不同变量"为四类并采用"4 点记分法"赋值。其中，"6
人 / 间及以下"赋值 4 分、"7—12 人 / 间"赋值 3 分、"13—20 人 / 间"
赋值 2 分、"20 人 / 间以上"赋值 1 分。将指标 1 重新编码为 A1，并利用
SPSS 中"分析"—"描述统计"—"交叉表"进行统计，结果如表 4-25
所示。利用公式一可以计算出 $P_1 = [$（672×4+1316×3+556×2+134×1）/
2678×4$] \times 10 = 7.36$ 分。

综合评价结论：将第 1—80 题的单项得分记为 P_1，P_2，P_3，…，
P_{80}，将住宿、饮食、学习、课余、回家、心理、基本情况得分记为
X_1，X_2，X_3，…，X_7，则 $X_1 = \dfrac{P_1 + P_2 + \cdots + P_{20}}{10 \times 20} \times 100 = 75.92$ 分，将加权

得 分 记 为 Y， 则 $Y_1=75.32 \times 20\% = 15.18$ 分。 以 此 类 推， $X_2=66.75$ 分，$Y_2 = 66.75 \times 20\% = 13.35$ 分；$X_3 = 62.57$ 分，$Y_3 = 62.02 \times 10\% = 6.20$ 分；$X_4 = 52.92$，$Y_4 = 52.92 \times 10\% = 5.29$；$X_5 = 69.87$，$Y_5 = 69.87 \times 10\% = 6.99$ 分；$X_6 = 73.70$，$Y_6 = 73.70 \times 20\% = 14.74$ 分；$X_7 = 66.47$；$Y_7 = 66.47 \times 10\% = 6.65$ 分（见表 4-25）。则 Y 综合 $=Y_1 + Y_2 + Y_3 + Y_4 + Y_5 + Y_6 + Y_7=68.4$ 分。根据五等级划分法，目前我国农村低龄寄宿儿童的生存质量仅仅处于中下等水平。综合评价分数偏低进一步印证了农村低龄寄宿儿童总体生活质量不高的事实。在民工经济、城镇化、撤点并校、择校进城、子女随迁等因素的影响下，留守农村小学的儿童基本属于"弱势群体"，其生活质量令人担忧，急需国家层面出台相应政策干预。

三 中部、西部农村低龄寄宿儿童生存质量状况比较

为了全面把握农村低龄寄宿儿童的生存境遇，课题组依托所获取的信息从吃、住、学、乐、行、心理健康等微观层面进行了深入分析，并构建了相应的指标体系进行量化评价，得出了具体分值。由于我国地域广阔，区域差异很大，东部、中部和西部农村具体情况可能存在差异，需要进一步验证。为此，本书利用数据对中部、西部的农村低龄寄宿儿童生存质量进行比较。需要说明的是，东部地区农村小学寄宿率本来就不高，加上很多地方教育部门对调查小孩子生活状况比较"敏感"，给课题组进入现场带来了阻碍。原本联系好的山东临沂某学校，也因为学校正好发生了寄宿生的一起安全事故而未能前往，最终在东部地区只获得了浙江省 CA 县 ZT 镇中心小学的个案数据。基于此，我们只选取了中部 2 省和西部 3 省，综合比较中部、西部在 79 个得分点上的具体表现。利用 79 个得分点的原始分数，分别按照住宿、饮食、学习、课余活动、心理健康、家庭氛围、基本情况 7 个维度分别赋予 20%、20%、10%、10%、20%、10%、10% 的权重，综合计算出中部和西部地区农村低龄寄宿儿童生存质量分值为 70.5 分和 70.0 分，并无明显差异。另外，直接加总 79 个指标点得分，中部和西部的综合得分为 557.27 分和 555.55 分，也无显著差异（见表 4-26）。另外，利用 SPSS 对中部（A）、西部（B）79 项指标原始分值构成的两组数据进行配对样本 t 检验，结果显示，两组数据相关系数 $R = 0.877$（$Sig. = 0.000 < 0.05$），对 A－B 均值 0.0218，$t = 0.24$，Sig.（双侧）$=0.811 > 0.05$。进一步证明了中部、西部农村低龄寄宿儿童生存质量综合情况无显著性差异，说

明中部、西部面临着同样的困难。东部地区的 ZT 镇中心小学在没有得到
马云基金会援助时，上述问题同样存在。因此，我国农村低龄寄宿儿童生
存境遇欠佳是全国性问题而不是局部问题。

表 4-26　　　　中部、西部地区农村低龄寄宿儿童生存质量综合得分比较

主要考察指标（每项满分 10 分）	分项记分		加权综合分	
	中部	西部	中部	西部
1. 本学期你的寝室共住了几位同学？	6.78	7.87		
2. 你感觉寝室卫生情况怎样？	7.90	8.01		
3. 厕所离宿舍远吗？	7.63	7.44		
4. 寝室床铺情况怎样？	8.10	9.26		
5. 你有尿过床吗？	9.69	9.64		
6. 你觉得自己睡眠状况怎样？	8.09	8.05		
7. 你对学校的住宿条件满意吗？	6.81	7.18		
8. 你每周带换洗的衣服到学校吗？	8.37	7.83		
9. 学校洗热水澡方便吗？	5.22	4.02		
10. 你与室友的关系怎样？	8.43	7.91	"住宿"总分 77.77 分，加权分 15.55 分	"住宿"总分 76.11 分，加权分 15.22 分
11. 你觉得学校就寝纪律怎样？	8.02	8.12		
12. 你在学校受到过同学欺负吗？	7.39	7.31		
13. 你每天睡眠时间大概几小时？	5.70	4.23		
14. 你每天起床后叠被子吗？	9.75	9.50		
15. 你每天刷几次牙？	8.73	8.21		
16. 每天睡觉前都坚持洗脚吗？	9.49	8.72		
17. 本学期你晒过被子吗？	6.24	5.71		
18. 值日教师夜间对宿舍进行巡视吗？	9.25	8.75		
19. 学校是否对宿舍学生进行晚点名？	6.90	7.44		
20. 你宿舍的物品有被盗过吗？	7.05	7.02		
21. 食堂开饭时你一般在哪里就餐？	9.74	6.48		
22. 学校食堂每天提供几个菜？	5.80	6.29		
23. 你每周在学校能吃到几次荤菜？	5.05	5.52	"饮食"总分 68.58 分，加权分 13.72 分	"饮食"总分 69.14 分，加权分 13.83 分
24. 你觉得在学校能吃饱饭吗？	8.12	8.53		
25. 如果你在学校肚子饿了怎么办？	3.43	5.51		
26. 学校就餐秩序怎么样？	8.61	7.76		

续表

主要考察指标（每项满分10分）	分项记分		加权综合分	
	中部	西部	中部	西部
27. 你怎样评价学校饭菜质量呢？	7.14	7.37		
28. 你在学校有过拉肚子的情况吗？	7.35	9.24		
29. 你觉得食堂的卫生状况怎样？	8.06	8.08		
30. 你喜欢家里还是学校食堂的饭菜？	1.34	1.99		
31. 每周家里给你多少钱？	3.20	4.63	"饮食"总分68.58分，加权分13.72分	"饮食"总分69.14分，加权分13.83分
32. 你觉得学校的菜里面油放得多吗？	7.74	7.73		
33. 你觉得食堂服务人员态度怎样？	7.19	7.31		
34. 学校食堂提供开水吗？	8.08	7.69		
35. 老师嘱咐过不挑食或少吃零食吗？	9.07	8.50		
36. 你每周的生活费一般怎么花？	7.92	7.33		
37. 你每天饮水的情况	8.74	7.58		
38. 晚自习老师讲课吗？	3.90	6.17		
39. 你对自己的学习成绩满意吗？	6.51	6.32		
40. 你感觉在哪儿完成作业更轻松？	7.51	7.61		
41. 你的成绩在班上处于什么位置？	5.91	5.50	"学习"总分63.02分，加权分6.30	"学习"总分64.86分，加权分6.49
42. 实际晚自习与期望值差距多大？	5.46	5.87		
43. 你觉得学习负担重吗？	6.00	6.08		
44. 你觉得寄宿后学习成绩有进步吗？	6.16	6.75		
45. 你上课打瞌睡吗？	7.94	7.32		
46. 你有晨读的习惯吗？	7.33	6.75		
47. 课余活动期望和现实吻合吗？	6.96	7.25		
48. 学校允许课外时间出校园吗？	5.36	5.25	"课余"得分54.06，加权分5.41	"课余"得分52.30，加权分5.23
49. 每天放学后课余活动老师参加吗？	5.92	5.65		
50. 班级组织寄宿生开展各种球赛吗？	5.33	5.05		
51. 寄宿生开展了几次文娱活动？	3.46	2.95		
52. 你一般怎么上学（回家）？	6.09	5.64		
53. 周末回家爸妈督促你做作业吗？	8.50	8.24	"回家"得分71.69，加权分7.17分	"回家"得分70.49，加权分7.05分
54. 周末在家看电视吗？	9.65	9.06		
55. 周末回家玩手机或电脑游戏吗？	6.82	7.31		
56. 你觉得在家里还是在学校好玩？	5.80	5.83		

续表

主要考察指标（每项满分10分）	分项记分		加权综合分	
	中部	西部	中部	西部
57. 你见到过村里的长辈打牌赌钱吗？	7.13	7.31	"回家"得分71.69，加权分7.17分	"回家"得分70.49，加权分7.05分
58. 周末周围长辈会问你学习情况吗？	8.51	7.78		
59. 你觉得自己家庭氛围怎么样？	8.78	8.08		
60. 周末回家一般都和谁住在一起？	5.23	6.14		
61. 家里有人帮你辅导作业吗？	5.18	5.10		
62. 你在学校生病后一般会怎么做？	7.32	6.75	"心理"得分79.56，加权分15.91	"心理"得分76.62，加权分15.32
63. 你感觉自己精神状态怎么样？	8.09	7.74		
64. 你在学校有几个要好的朋友？	9.28	9.04		
65. 你在学校过得开心吗？	7.81	7.71		
66. 你上学期间想爸爸妈妈吗？	8.18	8.29		
67. 住校后与家人的感情有什么变化？	6.09	5.57		
68. 你觉得老师更关心寄宿生还是走读生？	7.03	6.68		
69. 你有"被当作外人"的失落感吗？	8.55	8.02		
70. 学校谁最关心你？	9.25	9.16		
71. 你家离学校远吗？	5.16	4.87	"基本情况"分64.57，加权分6.46	"基本情况"分68.69，加权分6.87
72. 你爸爸的职业是什么？	4.20	5.61		
73. 你妈妈的职业是什么？	6.07	6.59		
74. 你习惯学校寄宿生活吗？	8.36	7.99		
75. 你步行上学要花多长时间？	7.26	7.34		
76. 走读、寄宿哪个更能提高学习成绩？	6.91	7.27		
77. 你多长时间回家一次？	6.58	6.90		
78. 你已经住校几年了？	6.30	8.23		
79. 你今年几岁？	7.27	7.02		
合计得分	557.27	555.55	70.52分	70.01分

第五章

农村低龄寄宿儿童生存困境的原因分析

改革开放 40 多年来，中国农村发生了翻天覆地的变化，农村人口的生存方式发生了根本性的改变，原来"足不出户"的小农经济受到强烈冲击，镶嵌在农村的教育自然也受到了震荡。城市对农村产生全方位的"虹吸"效应也波及教育——特别是农村小学教育，其最大的影响在于破坏了农村小学教育生态环境。农村小学赖以存在的生源严重流失，支撑农村教育大厦的师资失掉了稳定供给渠道，大量生源在城镇化进程中单向向城市流动，面对生存危机，农村教育仓促应对，"自下而上"地产生寄宿制教育。由于顶层设计滞后，农村寄宿制小学教育尚缺乏规范与系统考虑，导致低龄儿童遭遇生存困境，生存质量遭到严重挑战。本章拟从农村寄宿制小学的人力、财力、物力保障、管理方面及农村社会大背景的变化中寻求原因，希冀为破解困境提供新思路。

第一节　人力配置忽视低龄寄宿儿童生活服务的专业性

低龄儿童生活自理能力差，衣、食、住、行、学习、娱乐等方面均需专业人员特殊关照。农村寄宿制小学在配齐专任教师的同时，还必须妥善安排生活服务教师、后勤工作人员、安全保卫、心理健康辅导、医务人员等，统筹教学与生活服务人员的数量、质量、结构。但是，我国农村寄宿制小学人员配备基本走过了一条"倒退"路径，从"生活服务"退至"生活管理"，中央政府、各省（区、市）、县级教育行政部门，直至农村寄宿制小学领导与教师，普遍忽视儿童生活服务及其专业性，导致我国农村低龄寄宿儿童生存遭遇困境。

一 顶层设计中生活服务人员配备定位不高

从某种意义上讲，寄宿制教育需求一直都存在，只是不同历史时期需求人群及数量不一样。从革命根据地创建直至中华人民共和国成立后还存续了近8年的干部子女寄宿制小学，到"大跃进"时期普遍兴起的保育寄宿制小学，再到民族地区、山区、牧区举办的各类寄宿制小学，发展到今日农村寄宿制小学，可以说，寄宿制小学无时不在。然而，国家层面对寄宿制小学的制度设计并不敏感，表现出政策的滞后性。举办寄宿制小学除了有生活服务设施的要求外，生活服务人员的配备必不可少。时至今日，农村寄宿制小学仅仅在生活管理人员配备方面"打转"，对于专业生活服务人员配备的理念表现出一种倒退的趋势。

（一）中华人民共和国成立初期：超越物质贫乏的关爱

中华人民共和国成立初期至"文化大革命"这段历史属于物质贫乏的年代，农村寄宿制小学"零星"出现，基础设施也十分简陋。但是，农村寄宿制小学却配备了数量充足、心怀大爱的生活服务人员关照儿童生活，农村低龄寄宿儿童生活充满温暖。早在1952年5月5日，政务院批准实施的《干部子女小学暂行实施办法》第8条明文规定："收容寄宿生的干部子女小学，应配备适当数量的保育员、医务人员、校警。其教职员工数与学生数的比例，一般以1：6为原则。"[①] 干部子女寄宿制学校为适应战争年代革命根据地干部频繁调动设置，办学地点一般都设在农村，其实就相当于现在的农村寄宿制小学。革命战争年代，干部子女寄宿制学校配备了充足的保育人员，他们充满阶级感情之"大爱"，精心照料与教育革命后代，革命干部子女虽苦犹乐，寄宿制教育效果显著。虽然随着全国小学教育网络的建立，1955年开始逐步取消了这类学校，但其办学理念堪为楷模。

少数民族教育一直受到国家层面的特殊关注，其中，关于人员配备问题也有特殊规定。1956年9月，国务院发出了《关于少数民族教育事业经费问题的指示》规定："民族小学的编制定额应予适当照顾。有寄宿生的学校得根据实际需要设炊事员与保育员。"值得注意的是，这一时期的炊事员

---

① 《干部子女小学暂行实施办法》，1952年5月5日政院批准，1989年1月1日国务院明令废止。

和保育员具有正式编制。"大跃进"时期，国家层面将儿童保育工作作为一项重要政治任务与共产主义建设紧密联系起来，同时还将保育工作作为解放妇女劳动力的有效措施。社会普遍认为，私人的家务将变成社会的工业，孩子的照管和教养将成为公众的事情，社会将同等地关爱一切儿童。中华人民共和国成立后的近10年时间，全国培养了一支约600万人的保育队伍，为社会主义建设劳动力供给提供了有力保障。农村人民公社的社员全民动员，保育人员除了负责孩子的教育和伙食外，还将保育内容扩展至孩子的洗澡、理发、看病、缝衣补袜等方面，有的地方甚至还建立了儿童营养食堂、儿童浴室、理发室等。这一时期的保育工作虽然基于幼儿园、托儿所，实际操作中已经延伸至所有低龄儿童。[①] 可以说，中华人民共和国成立初期至"文化大革命"，我国农村各类寄宿制小学人员配备充分考虑了生活服务的问题，从人员的数量和质量方面做出了最大努力，体现了党和国家无微不至的关爱，在物质匮乏的年代让孩子及其家庭感受到了无比的温暖。

（二）"普九"阶段：因陋就简的放任

严格地讲，普及初等教育从20世纪50年代就已经开始，西部地区到21世纪初期才真正完成。从党的十一届三中全会召开，到普及初等教育甚至普及九年义务教育完成，我国农村正处在中小学布局调整的时期。由于义务教育管理权限下放至乡级政府，基层政府为迎接"普九验收"，大规模撤并学校，农村寄宿制小学在没有准入门槛的情况下自由放任、因陋就简，相关服务人员配备无从谈起，大量工作转嫁给专任教师。因此，这一阶段国家层面很少出台相关政策。

自1975年开始，全国小学生数量就开始明显下降，农村地区也不例外。统计显示，1978年，全国共有农村小学91.6万所，在校小学生12878.7万人，招生2919.5万人，到2000年，农村小学减少到44万所，在校学生减少到8503.7万人，每年新招人数降至1253.7万人。[②] 学生数量下降，直接影响学校规模，进而影响农村学校布点。恰逢此时，全国开始酝酿并实施九年义务教育。农村地区乡级政府迫于财政压力，撤并了大量的农村小学，普遍兴办寄宿制小学以解决学生上学远的问题。据1982年的

---

① 评论员：《大力普及和提高保育工作》，《人民日报》1960年5月6日第2版。
② 资料来源：根据国家统计局农村社会调查总队主编《中国农村统计年鉴》（1985—2001）整理。

统计，全国少数民族牧区和部分山区就有寄宿制小学 2720 所，在校生达到 26 万人。表面上看，学校逐年减少，所需教师也会减少。然而，大量寄宿制小学的产生只是改变了人员需求结构，在减少专任教师需求的同时，因寄宿而产生的生活服务与管理人员却会大量增加。遗憾的是，这一变化并没有引起国家层面的足够重视。1979 年 12 月 6 日，教育部、卫生部联合印发的《中、小学卫生工作暂行规定（草案）》（以下简称《暂行规定》）提出："小学要尽快配备保健教师 1—2 人，规模较大的学校可配备学校卫生人员 1—2 人。寄宿制学校可按照寄宿生的多少酌情增加学校卫生人员或保健教师。"1990 年 6 月 4 日，国家教委正式发布了《学校卫生工作条例》，废止了《暂行规定》，并删掉了寄宿制学校可以增加人员编制的提法。1984 年 5 月 5 日，教育部报送中央办公厅《关于少数民族牧区中小学教育情况和问题》的报告中指出："在牧区，新办一所寄宿制小学用人多。牧区寄宿制小学从一年级到五年级学生全部住校，学生年龄小、衣、食、住、行、学习，全由学校派人负责管理，加上学校规模、班额都小，配比教师比例高。"可见，教育部实际上已经意识到了寄宿制学校教育的特殊性，只是没有具体出台解决措施。

2001 年 10 月 8 日，中央编办、教育部、财政部联合出台了《关于制定中小学教职工编制标准的意见》（国办发〔2001〕74 号，以下简称《意见》）。《意见》中界定中小学教职工包括教师、职员、教学辅助人员和工勤人员。其中，职员中含管理人员，教学辅助人员中含卫生保健人员，工勤人员是指学校后勤服务人员。可以看出，寄宿制学校的生活服务人员可以核定正式编制。但是，《意见》的主旨是"力求精简与高效"，于是提出"中小学校的管理工作尽可能由教师兼职，后勤服务工作应逐步实行社会化。各地在具体核定中小学教职工编制时，寄宿制中小学按照从严从紧的原则适当增加编制"。《意见》还鼓励"专兼结合、一人多岗"，并提出"压缩非教学人员，清退临时工勤人员"。2002 年，教育部办公厅出台的《关于贯彻〈国务院办公厅转发中央编办、教育部、财政部关于制定中小学教职工编制标准意见的通知〉的实施意见》（教人〔2002〕8 号）规定："农村小学每班可配备教职工数由各省（区、市）根据实际情况确定。教师数确定后，职员、教学辅助人员、工勤人员编制按教职工总数的一定比例计算，由县级以上教育行政部门统一核定到校。"从某种意义上说，这是一份以精简和压缩在编人员为主要目的的规范，国家层面并没有过多关注全国农村已经"风起云涌"的寄宿制小学，表现出政策的滞后。笔者亲历了 20 世纪 90 年代家乡寄宿制中小学办学状况，小学高年级段学生基本住校，条件艰苦异常，生活服务水平低下。一般学校仅有一个工友负责学生食堂，学生自带粮食到厨房蒸饭，专任教师既要负责上课，还要管理就寝秩序，低龄孩子照料无从谈起。举办寄宿制学校也是一种自下而上的行为，政府基本放任不管。

（三）"两基攻坚"：重硬件轻人员配备

国家层面真正关注农村寄宿制学校问题应该从 2003 年开始算起，这一年，国务院颁布的《关于进一步加强农村教育工作的决定》（以下简称《决定》）提出："力争用五年时间完成西部地区'两基'攻坚任务。"《决定》提出，未实现"两基"的西部地区，要以农村寄宿制初中建设为突破口，开展攻坚行动；已经实现"两基"目标的地区，继续推进中小学布局结构调整，努力改善办学条件，重点加强农村初中和边远山区、少数民族地区寄宿制学校建设。2004 年 2 月 10 日，教育部出台的《2003—2007 年教育振兴行动计划》提出："以实施'农村寄宿制学校建设工程'为突破口，加强西部农村初中、小学建设。"2004 年 2 月 12 日，教育部、财政部紧接着又出台的《关于进一步加强农村地区"两基"巩固提高工作的意见》提出："高度重视学生宿舍和学校公共卫生设施建设，改善寄宿学生的食宿条件和学校公共卫生设施条件，学生宿舍、食堂、厕所等要符合国家建设和卫生标准。重点加强农村寄宿制初中建设，有条件的地方可以建设九年一贯制的农村寄宿制义务教育学校。"上述两个文件都围绕农村寄宿制学校硬件设施薄弱问题展开，只字未提寄宿制教育学校人员配备的特殊性。2004 年 4 月 7 日，教育部、国家发展和改革委员会、财政部联合出台的《西部地区农村寄宿制学校建设工程实施方案》对农村寄宿制学校的校长和专任教师提出了新的严格要求，对于生活服务方面的非教学人员不仅没有增编的提法，相反提出"要精简、清退超编人员，不得以新建和新改造寄宿制学校为借口增加非教学人员"。提高校长及专任教师素质并不是寄宿制教育的主要矛盾，非寄宿制学校同样需要，而低龄儿童住校所面对的生活问题则是人员配备需要解决的特殊问题。否则，寄宿制教育的优势将会因为生活服务不到位而消解。

目前，农村寄宿制小学寄宿生的学业成绩与非寄宿制学校无差异甚至是更低，充分暴露了忽视寄宿制教育人员配备的弱点。2005 年 6 月 15 日，教育部印发的《关于进一步做好中小学幼儿园安全工作六条措施》提出："寄宿制学校要配备教师或管理人员专门负责管理学生宿舍，落实夜间值班、巡查制度，坚持对寄宿学生实行晚点名和定时查铺。"从安全的角度考虑了寄宿制学校人员配备的特殊性，但是，县级政府一般都选择教师兼职管理学生宿舍，或是低薪聘请临时人员管理学生就寝秩序。实地调研发现，绝大部分学校仍然采用这一模式将学生宿舍纪律管理交给保安负责。很多保安自身素质不高，管理方法粗暴简单。最先全方位关注寄宿制学校人员配备特殊性缘起于寄宿制民族中小学。

2005 年 5 月 11 日，教育部、国家民委联合发布的《关于进一步做好民族地区寄宿制中小学管理工作若干问题的意见》（教民〔2005〕4 号）明确提出："县级教育行政部门要合理核定学校的教职工编制，生活指导、管理教师、保安、炊事员等要设立专门岗位，核定必需的编制。"文件初衷毋庸置疑，实际执行中失真现象也比较严重，囿于基础教育管理体制，县级教育行政部门往往在生活服务与管理人员数量和质量上大打折扣，特别是生活指导教师数量严重短缺。从 2005 年开始，义务教育均衡发展进入政策视野，关注弱势群体接受义务教育的状况逐渐成为教育政策主旋律。2006 年 5 月 17 日，教育部出台的《关于教育系统贯彻落实〈国务院关于解决农民工问题的若干意见〉的实施意见》提出："农村劳动力输出规模大的地方人民政府要把做好农村留守儿童教育工作与农村寄宿制学校建设结合起来，满足包括留守儿童在内的广大农民子女寄宿需求。"无疑，留守儿童家庭抚育缺失更为严重，农村寄宿制小学将面临更大的挑战。如何保证留守儿童在校"快乐生活、健康成长、学习进步"，单纯教学改进根本没有办法完成这一重任。正是在教育均衡发展的背景之下，教育部首次提出了低龄寄宿的特殊性。

2006 年 6 月 7 日，教育部办公厅印发的《关于切实解决农村边远山区交通不便地区中小学生上学远问题有关事项的通知》（以下简称《通知》）提出："要加快对现有条件较差的寄宿制学校的改造工作，使确需寄宿的学生能进入具备基本条件的寄宿制学校学习。尤其要强化寄宿制学校的管理，确保低学龄学生在校的安全、生活和学习，努力为学生健康成长提供一个良好的环境。"遗憾的是，《通知》中并没有提出如何照料低龄寄宿生的生活。2006 年 6 月 9 日，教育部印发的《关于实事求是地做好农村中小学布局调整工作的通知》强调了按标准建设寄宿制学校、确保安全、优先解决因布局调整产生的寄宿需求、贫困家庭寄宿生生活费补助四项内容，人员配备的特殊性问题仍然没有引起重视。之所以如此，主要因为政策依据"小学就近入学，初中相对集中"的布局原则，而不是业已形成的事实。实际上，2007年全国农村小学寄宿生总规模已经达到了714.8万人，占在校生比例达到了8.2%。西部地区农村小学寄宿生比例已经达到11.6%，中西部有9个省份农村小学寄宿生比例超过10%，西藏、内蒙古、云南、青海4个省（区）超过了20%。

2006年9月28日，国家西部地区"两基"攻坚领导小组办公室出台了《国家西部地区农村寄宿制学校建设工程项目学校管理暂行办法》（以下简称《暂行办法》），这是继教民〔2005〕4号文件之后又一个规范农村寄宿制学校管理文件，只是前者侧重于民族地区，后者则强调西部地区。从严格意义上讲，这些文件还没有针对全国农村寄宿制学校。《暂行办法》中划分了各级政府及学校的职责，提及了人员配备问题，如按标准配备专职或兼职安全保卫人员；配备具有从业资格的专职医务（保健）人员或者兼职卫生保健教师；聘任专门食堂管理员，食堂从业人员；按标准配备生活教师，小学低年级寄宿生原则上要配备生活保育员，生活教师和保育员负责宿舍管理和安全保卫工作。这里存在两个问题：一是没有专门针对寄宿制学校的标准；二是生活教师和保育员职责并非生活服务，主要是宿舍管理。

2007年5月7日，人事部、教育部联合出台了《高等学校、义务教育学校、中等职业学校等教育事业单位岗位设置管理的三个指导意见》（国人部发〔2007〕59号），其中，《关于义务教育学校岗位设置管理的指导意见》（以下简称《指导意见》）规定："义务教育学校岗位分为管理岗位、专业技术岗位和工勤技能岗位三种类别。"将国办发〔2001〕74号文件中"教师"改为"专业技术岗位"、"职员"改成"管理岗位"、将"教辅人员"划归"专业技术岗位中的其他专业技术岗"、将"工勤人员"改为"工勤技能岗位"，从各自职责划分来看，农村寄宿制学校的卫生保健人员属于专业技术编制。《指导意见》规定："工勤技能岗位指承担技能操作和维护、后勤保障、服务等职责的工作岗位。对寄宿制学校可适当增加管理岗位和工勤技能岗位。普通小学管理岗位、其他专业技术岗位和工勤技能岗位一般不超过10%。"据此，农村寄宿制学校的生活教师、安保人员、食堂从业人员可归为"工勤技能岗位"，增加编制有政策依据。但是，《指导意见》又规定："义务教育学校可实现社会服务的一般性劳务工作，不再设置相应的工勤技能岗位。"显然，安保、食堂工作等可以看作"可实现社会服务的一般性劳务工作"，可以采取政府购买服务的方式进行操作。如果将生活教师的职责定位为宿舍管理员，其实也属于一般性劳务工作。但是，如果将生活教师定位为具有一定教育学、心理学及一定育儿知识，负责低龄寄宿生课余活动安排的角色，那么，他们就应该划归"其他专业技术岗"。然而，文件中并没有关照农村寄宿制小学的特殊性。

（四）"后普九"时代：探索政府购买服务

2009年4月22日，教育部出台的《关于当前加强中小学管理规范办学行为的指导意见》提出："地方各级教育行政部门要建立健全寄宿制学校管理制度，争取和落实相关编制，配备必要的管理人员，促进寄宿制学校管理的规范化和科学化。"什么是必要的管理人员？管理岗位是否包括生活教师？语焉不详。"争取"一词体现了教育部在义务教育"以县管理为主"的体制下的弱控制力。2012年9月6日，国务院发布了《关于规范农村义务教育学校布局调整的意见》（国办发〔2012〕48号，以下简称《意见》），叫停过度"撤点并校"，进一步规范农村义务教育学校布局调整。为了解决学校撤并带来的突出问题，《意见》强调："加强农村寄宿制学校建设和管理。学校撤并后学生需要寄宿的地方，要按照国家或省级标准加强农村寄宿制学校建设，为寄宿制学校配备教室、学生宿舍、食堂、饮用水设备、厕所、澡堂等设施和聘用必要的管理、服务、保安人员，寒冷地区要配备安全的取暖设施。有条件的地方应为学校配备心理健康教师。"该文件对聘用人员比较随意，与以前出台的文件难以对应。如管理、服务人员到底包括哪些方面？生活教师、食堂从业人员、保安都应该是服务人员，唯有心理健康教师可算作其他专业技术人员。文件前后不衔接体现了国家层面对寄宿制学校人员配备并没有高度重视。

2013年1月4日，教育部等5部门出台的《关于加强义务教育阶段农村留守儿童关爱和教育工作的意见》（教基一〔2013〕1号）强调："为寄宿制学校配备必要的生活教师"。"留守儿童"占比较大的寄宿制学校是否需要配备更多的生活教师？文件中并没有明确规定。2014年11月13日，中央编办、教育部、财政部联合出台的《关于统一城乡中小学教职工编制标准的通知》规定："县镇、农村中小学教职工编制标准统一到城市标准，即高中教职工与学生比为1：12.5、初中为1：13.5、小学为1：19。鼓励有条件的地方，探索将一般性教学辅助和工勤岗位不再纳入编制管理范围，并相应适当降低教职工编制核定标准。"该文件为今后农村寄宿制小学生活服务人员补充问题划定了探索方向，在全国精简机构和减轻财政负担的大背景下，这种提法无疑顺应了形势。2016年2月4日，国务院的《关于加强农村留守儿童关爱保护工作的意见》（国发〔2016〕13号）提出："加强对农村留守儿童相对集中学校教职工的专题培训，着重提高班主任和宿舍管理人员关爱照料农村留守儿童的能力。"可以看出，文件对宿舍管理员赋予了关爱照料的职责。其实，这一需求群体何止是留守儿童，低龄寄宿儿童同样需要关爱照料。2016年5月11日，国务院办公厅出台的《关于加快中西部教育发展的指导意见》（国办发〔2016〕37号）提出："标准化建设寄宿制学校，配备必要的教职员工，有效开展生活指导、心理健康、卫生保健、后勤服务和安全保卫等工作。"从人员配备标准化的角度，较为全面地列出了寄宿制学校生活服务人员的种类，但是，这一规定还不是站在全国农村寄宿制学校的高度，仅限于中西部地区。而且，上述人员应该归口到义务教育学校哪一类岗位并无明确规定，使实际操作面临很多困难。

2016年7月2日，国务院《关于统筹推进县域内城乡义务教育一体化改革发展的若干意见》（国发〔2016〕40号）提供了生活服务人员配备方式基本方向："重点提高乡镇寄宿制学校管理服务水平，通过政府购买服务等方式为乡镇寄宿制学校提供工勤和教学辅助服务。"也就是说，教师岗位的提供与非寄宿制学校并无差异，生活指导、心理健康、卫生保健、后勤服务和安全保卫等工作所需人员，主要以"政府购买服务"的方式配备。显然，这一规定还是没有将小学寄宿生与初中寄宿生区别对待。可以设想，如果不能成功解决农村低龄寄宿儿童生活照料问题，寄宿制小学教育就难以对学生学业成绩产生正向影响，低龄儿童的养成教育仅靠专任教师也难以实现。2017年4月25日，国务院办公厅出台的《关于加强中小学幼儿园安全风险防控体系建设的意见》（国办发〔2017〕35号）提出："建立专兼职结合的学校安保队伍，寄宿制学校要根据需要配备宿舍管理人员。"这一提法与2006年"两基攻坚"办公室一致，用宿舍管理人员代替了生活教师，从终点又回到了起点。2018年1月20日，中共中央国务院出台的《关于全面深化新时代教师队伍建设改革的意见》进一步强调："创新和规范中小学教师编制配备，实行教师编制配备和购买工勤服务相结合，满足教育快速发展需求。"2018 年 4 月 25 日，国务院办公厅发布了《关于全面加强乡村小规模学校和乡镇寄宿制学校建设的指导意见》（国办发〔2018〕27 号，以下简称《指导意见》），文件再一次提出了农村寄宿制学校生活服务人员的配备方式，即"完善编制岗位核定，对寄宿制学校应根据教学、管理实际需要，通过统筹现有编制资源、加大调剂力度等方式适当增加编制。各地要针对乡镇寄宿制学校实际需要，严格按照政府购买服务的有关规定，探索将属于政府职责范围且适宜通过市场方式提供的学校安保、生活服务等事项纳入政府购买服务范围，所需资金从地方财政预算中统筹安排"。分析发现，这一提法实际上主张一方面盘活存量，不增加编制总量，实行现有教师内部调剂，让一部分教学人员充实到生活服务岗位；另一方面又通过"政府购买服务"的方式解决因实际需要产生的生活服务人员增量问题。其实，这一提法还是忽略了低龄儿童生活照料、养成教育的特殊性和专业性，没有意识到生活教师应该归为"其他专业技术岗位"的重要性。

虽然如此，但留守寄宿儿童还是一直受到政策关注。《指导意见》强调："进一步完善农村留守儿童教育关爱体系，优先满足他们的寄宿需求，配齐照料留守儿童生活的必要服务人员，使乡镇寄宿制学校真正成为促进孩子们身心健康成长的重要阵地。"提到了寄宿生中留守儿童生活照料问题，不可否认，留守寄宿儿童确实具有特殊性。但是，其特殊性主要表现在情感缺失与家庭生活方面，对于学校生活而言，低龄寄宿儿童生活问题远比初中留守寄宿生特殊。《指导意见》提出："各省（区、市）要统筹制定寄宿制学校宿管、食堂、安保等工勤服务人员及卫生人员配备标准，满足学校生活服务基本需要。"表明中央层面不会提出统一人员配备标准，地方可根据实际情况制定。令人担心的是，囿于现行义务教育管理体制和财政体制，如果中央政府没有底线标准要求，低龄寄宿儿童的特殊生活服务需要就难以真正满足。

分析农村寄宿制学校生活服务与管理人员配备政策路径发现，政策设计理念从管理逐步向服务转变，所需生活服务与管理的人员类别也在逐步统一。但是，生活服务人员的配备方式一直还存在争议——增加编制还是由社会提供服务，配备标准还未提出指导性意见，对低龄寄宿儿童生活服务的特殊性始终没有引起重视。国家层面顶层设计站位还有待拔高，应当高度重视"农村低龄寄宿儿童"群体生活服务与养成教育的专业性，安排相当于教师岗位的高素质生活教师承担这一重任。从某种意义上讲，农村低龄寄宿儿童生活教师的作用不亚于专任教师，他们要通过生活照料完成育人的重任，而且，生活照料水平还会直接影响到专任教师的教学效果。总之，现有政策从义务教育学校整体来关注寄宿制教育，提出了很多有效措施，对于未来农村寄宿制学校的发展，以及农村中小学寄宿生生存状况的改善具有重要意义。但是，现有政策忽视了农村低龄寄宿儿童生活服务与管理的专业性，对人员配备的低要求等问题还需进一步改善，数量充足、专业素质高、结构合理的生活教师队伍是提升农村低龄儿童学校生活质量的关键。

二 实践探索中生活教师配备标准尚未统一

在农村寄宿制学校生活服务人员中，生活教师处于核心地位，也是目前争议最大的地方。配备数量充足、素质较高的生活教师一直难以实现，各地配备标准相差很大。

（一）省级层面生活服务人员配备标准各异

省级层面的标准大多体现在各省制定的《义务教育学校办学基本标准》中，中西部地区省份大多在人员配备条款中进行了说明，部分省甚至明确了具体的数字指标。比较发现，各省对生活服务教师的名称各不相同，有生活管理员、生活辅导员、生活辅导教师、宿管员、保育员等多种名称；河北、重庆、甘肃3省（市）明文规定将生活辅导员纳入教师编制管理；河南、广西两省（区）明确提出以"政府购买服务"方式提供（见表5-1）。

表5-1 　　　　　全国部分省（区、市）寄宿制学校生活服务人员配备标准

省份	年份	配备标准
山西	2015	生活辅助人员配备标准：所有寄宿制学校应配备卫生专业技术人员。寄宿制学校要按实际需要配备专门的生活管理、炊事、安全保卫等人员。生活管理、炊事人员须持证上岗并定期体检
四川	2012	充实其他人员：地方各级人民政府应按学校实际需要配备生活管理、炊事、安全保卫等人员。寄宿制学校应配备卫生专业技术人员
河北	2011	寄宿制学校应按实际需要配备专门的生活辅导员和炊事、安全保卫等人员，生活辅导员纳入教师编制管理，炊事人员须持证上岗并定期体检

续表

省份	年份	配备标准
河南	2016	寄宿制学校应通过政府购买服务或教育系统内部调剂等方式配置管理服务人员
湖北	2011	寄宿制学校配备持有卫生专业执业资格证书的专职卫生专业技术人员。寄宿制学校配备一定数量的学生生活管理员
湖南	2016	寄宿制学校还应配备专门的生活辅导教师
重庆	2011	实行寄宿制的义务教育学校，200 名以下住宿生可核定附加教师编制 2—3 个，200 名以上的每增加 150 名住宿生可增加教师编制 1 个。单设初级中学和九年一贯制学校（寄宿生 200 名以上）配备专职卫生保健工作人员 1 名；中心小学配备专职或兼职卫生保健工作人员 1 名
广西	2011	生活管理人员、炊事人员、安全协管员等工勤人员，采取向社会购买服务等形式解决
甘肃	2012	寄宿制学校每 30 名小学生配备 1 名学生生活管理员，并将之纳入教师编制管理。寄宿制学校配备持有卫生专业执业资格证书的专职卫生专业技术人员。农村学校要至少配备 1 名专兼职心理健康教育教师
云南	2014	按学生人数 600：1 的比例配备专职卫生技术人员，学生人数不足 600 人的学校，可以配备专职或兼职保健教师。 把第二课堂和课外活动纳入寄宿制学校教育教学常规工作，配备必要的辅导老师。配备具有专业资质的专职心理健康教育教师，开展心理健康教育。寄宿制中小学应当足额配备专职安全保卫人员，在校师生员工人数在 1000 人以下的，至少聘用 3 名专职保安人员；在校师生员工人数超过 1000 人的，应按照不低于总人数 4‰的比例聘用专职保安人员
贵州	2011	具备一定规模的学校，特别是寄宿制学校，至少配备 1 名心理健康辅导教师。原则上寄宿制中小学校至少要配备男、女管理人员各 1 人。寄宿学生规模在 300—500 人的，配备 3—6 名管理人员；500—1000 人的，配备 6—8 名管理人员；超过 1000 人的，每增加 200 名寄宿生可以增加 1 个编制，男、女管理人员的配比应符合寄宿生性别比例需求。按照学生规模 500 人以下（不含 500 人）聘用 2—3 名、500—1000 人（不含 1000 人）聘用 3—5 名、1000 人以上按不低于学生总数 3‰的比例聘用专职保卫人员。学校食堂工勤人员数额由各县根据就餐学生规模合理确定
宁夏	2013	对寄宿制学校可适当增加管理岗位和工勤技能岗位。普通小学教师岗位占岗位总量的比例一般不低于 90%，管理岗位、其他专业技术岗位和工勤技能岗位一般不超过 10%
内蒙古	2003	附加编制标准：小学一至三年级，按实际住校生计算，每 30 名配备 1 名保育员。有食宿生的中小学：40 人以下的配备一名炊事人员，每增加 40—50 名学生增加 1 名炊事员。不足 100 人的配备 1 名宿舍管理人员，每增加 150 名学生增加 1 名宿舍管理人员
广东	2013	寄宿制学校至少配备 1 名专职心理教师。后勤服务实行社会化，按不超过学校在编在岗教职员总数的 15% 聘请后勤服务人员。专职心理教师的正常工作量计算和工作待遇不低于班主任。寄宿制学校或 600 名学生以上的非寄宿制学校应配备卫生专业技术人员（《广东省义务教育标准化学校标准》）

续表

省份	年份	配备标准
浙江	2011	寄宿制学校应配备卫生专业技术人员；鼓励校内卫生机构以托管、购买服务等方式，与当地医疗机构合作，提高卫生医疗服务水平。寄宿制学校和治安复杂地区的学校要增加保卫人员的数量（《浙江省义务教育标准化学校基准标准》）

（二）省内各县市生活服务人员配备侧重点不同

省内各县市在省级标准上又有很多创新。如2005年3月，湖南省沅陵县制定的《农村低龄寄宿制学校管理规程》规定："按照1：15的比例组成保育教师队伍，对他们在德、能、勤、绩四个方面提出了明确的要求，并进行严格管理，要求他们一身承担三种角色，即保姆—妈妈—教师，要对寄宿生的生活进行全程监控，贴身服务。"[1] 十多年来，该县一直坚持这一标准，为小学三年级以下的寄宿生配备保育员，取得了较为显著的成效。2006年9月10日，四川省教育厅印发的《民族地区义务教育阶段寄宿制学校标准（规范）化管理办法》（川教〔2006〕239号）规定："寄宿制学校原则上应按每60名用餐学生配1名的标准配足食堂从业人员，规模较大的学校可酌情降低标准；寄宿制学校原则上应按每100名寄宿学生配1名的标准配足生活指导教师（宿舍管理员）。寄宿学生规模在500人以上的学校可酌情降低配备标准。生活指导教师的职责是负责学生宿舍的安全、卫生管理，指导、帮助学生做好洗漱及床、被褥、衣、物的整理工作，不断提高学生的生活自理能力。"[2]

2018年，四川省德阳市规定："通过政府向社会购买服务的方式，逐步配齐配足宿舍和食堂管理服务人员，宿舍管理服务人员与住宿学生比原则上不低于1：200，学生数低于200人的按2名宿舍管理服务人员配备；食堂管理服务人员与就餐学生比原则上不低于1：100，学生数低于100人的按2名食堂管理服务人员配备。通过'医校共管'，逐步配齐配足

---

[1]《山里人和城里人一样有盼头——湖南沅陵加强低龄寄宿制学校建设的探索》，《中国教育报》2006年12月7日第1版。

[2]《四川省教育厅关于在民族地区义务教育阶段寄宿制学校实行标准（规范）化管理的通知》（川教〔2006〕239号），四川教育网，http://www.scedu.net/p/78/?StId=st_app_news_i_x4001_27702。

专兼职校医，医务室人员暂缺编的，由当地乡（镇）卫生院到校指导、派驻医生。"[1]2018 年，广东省连山壮族瑶族自治县制定的《2018—2020 年农村义务教育寄宿制学校建设和管理实施方案（征求意见稿）》提出："通过政府购买服务、调整富余教师岗位、利用家长或社会志愿服务等多种方式为农村寄宿制学校配齐生活教师、卫生保健人员、保安人员、炊事员等后勤服务人员。"[2]2008 年，山西省朔州市政府发布的《朔州市农村寄宿制学校建设的标准》（朔政办发〔2008〕20 号）规定："寄宿制小学 1—3 年级每 30 名寄宿生配备 1 名生活指导教师，4—6 年级每 50 人配备 1 名生活教师，负责学生生活起居工作。"2009 年 2 月 16 日，山西省长治市政府出台的《开展农村义务教育阶段寄宿制学校标准化建设实施意见》提出："学校要有性别匹配的生活教师，小学低段生活教师生师比按照 30∶1 配备，小学高段和初中按照 50∶1 配备。"截至 2017 年年底，长治市有 180 所农村寄宿校实现了标准化建设。[3]湖北省恩施市从 2011 年春季学期开始，采用"占编不进编"的办法，按照 100∶1 编制标准配备农村寄宿制学校生活指导教师，200 人以下规模的农村寄宿制学校可配备男女生活指导教师各 1 名；将农村寄宿制学校生活指导教师所需经费纳入市财政预算，市财政每年安排 100 万元专款；生活指导教师由农村寄宿制学校面向社会公开招聘。[4]2017 年 9 月 8 日，河南省洛阳市政府出台的《关于进一步加强农村义务教育寄宿制学校建设管理工作的意见》提出："按照寄宿生人数小学 1∶50 的标准，通过政府购买服务方式为寄宿制学校配足配齐生活服务人员。"2018 年 7 月 11 日，清远市政府办公室出台的《关于推进农村义务教育寄宿制学校建设和管理的实施意见》提出："配足配齐生活指导老师、卫生专业技术人员、心理健康老师和安全保卫员。按小学 1—3 年级每 50 名学生、4—6 年级和初中每 100 名学生配备 1 名生活教师（兼宿舍卫生

---

① 《德阳市"五个确保"强化农村义务教育寄宿制学校管理》，四川教育网，http://www.scedu.net/p/78/?StId=st_app_news_i_x636540222971649867。

② 《2018—2020 年农村义务教育寄宿制学校建设和管理实施方案（征求意见稿）》，连山壮族瑶族自治县政府门户网，http://www.gdls.gov.cn/content/article/4718071。

③ 《今年全市 180 所农村寄宿校将实现标准化建设》，搜狐网，http://www.sohu.com/a/143157777_121391。

④ 《恩施市配备农村寄宿制学校生活指导教师》，恩施新闻网，http://www.enshi.cn/2011/0302/309336.shtml。

管理人员）；每600名学生以下的寄宿制学校须配备1名卫生专业技术人员，600名以上寄宿制学校须增配1名卫生专业技术人员，卫生专业技术人员应持有卫生专业执业资格证书；每间寄宿制学校至少配备1名专职心理健康教师，设分校区的学校，每个独立校区至少配备1名专职心理健康教师，暂无专职心理教师的学校应配备获B级以上培训证书的兼职心理教师；500名学生以下学校需配备3名安全保卫员，每增加200名学生，需增配1名安全保卫员。"详细规定了生活服务人员的配备标准。

据《中国教育报》报道，某县28所乡村寄宿制学校共有安保、生活服务、宿管人员78名，平均每校2.8名，平均年龄在52岁，文化程度80%在高中以下，绝大多数没有经过专业的安保、食品卫生、宿舍管理等专业培训，更没有经过教育学、心理学、卫生学、营养学、管理学等方面的学习，多数属于无证上岗。由于生活服务管理人员普遍能力不强、素质不高，因而乡村寄宿制学校食堂菜品单调、形式单一、色味不佳、营养不全、对儿童缺乏吸引力。宿舍管理员多数是五六十岁以上的人员，所做的工作大多是做做卫生、锁门关灯，缺少对寄宿儿童进行生活上的指导与帮助、心理上的关怀与慰藉、行为上的教育与矫正的能力。[①]

（三）校级层面生活教师政策执行力度也难一致

针对教师的问卷调查显示，89.1%的学校都配备了生活指导教师（或宿管员）。针对"每名生活指导教师服务多少名寄宿生"的调查发现，服务30人以下的生活指导教师占20%，服务100人以上的生活指导教师占11.3%，68.7%的生活指导教师服务人数在50—100人，平均每名生活教师负责62.9人，中位数与众数都是50人（见图5-1）。对生活指导教师的访谈了解到，1名生活指导教师负责25—30名寄宿生最合适，我们所接触的生活指导教师都认为自己任务太重，没有精力照料学生的生活起居，顶多管管晚上睡觉的纪律。

[①] 《建设乡村寄宿制学校，生活指导教师是短板》，东北师范大学农村教育研究所网，http://ire.nenu.edu.cn/info/1041/2819.htm。

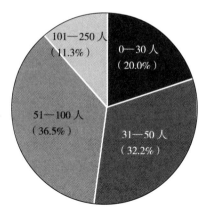

图 5-1　每名生活指导教师负责寄宿生人数分布情况

　　贵州省 AZ 小学的一位生活指导教师谈道：自己已经 50 多岁了，原来是教数学的专任教师，转岗当生活教师已经 3 年多。几年下来发现，这一行比教书要花费更多心思，学生太小，生活自理能力不强，自己每天都要面对很多琐事。最"老火"（方言：恼火）的是两件事：一是同行瞧不起，以为自己是教不好书才当生活教师的，没地位。其实，自己是禁不住校长"软磨硬泡"才答应的。二是安全问题。每天晚上都有事情，只分大小。记得有一次学生晚上发高烧，自己和另一个同事半夜将孩子送到附近的卫生所，折腾了一整夜。学校有 192 名住校生，就两个生活教师，实在是忙不过来，要是一个人管一个班的话，就可以像照顾自己的孩子一样给寄宿生更多关怀，现在是心有余而力不足。对全国 8 个省 19 所农村寄宿制小学的实际数据统计发现，生活指导教师平均生师比为 72.4∶1，中位数为 70.2∶1，小于 60∶1 的学校有 7 所，占比 36.8%，大于 100∶1 的学校 4 所，占比 21.1%，生师比在 60—100∶1 的学校占 42.1%（见表 5-2）。

表 5-2　　　　　8 省（区）部分农村寄宿制小学生活指导教师配备情况

学校名称	寄宿生人数	生活教师（宿管员）	生师比
甘肃省 HS 学校	569	6	94.8∶1
山西省 WCH 学校	158	2	79.0∶1
山西省 WYT 小学	421	6	70.2∶1
山西省 WJY 九年制学校	98	3	32.7∶1
山西省 GZ 学校	111	2	55.5∶1
贵州省 YJ 小学	146	2	73.0∶1

续表

学校名称	寄宿生人数	生活教师（宿管员）	生师比
贵州省 DG 小学	248	4	62.0：1
贵州省 XP 小学	114	1	114.0：1
贵州省 ZT 小学	84	1	84.0：1
贵州省 HGS 小学	120	2	60.0：1
湖北省 LM 小学	381	4	95.3：1
广西 HN 镇九年制学校	200	2	100.0：1
广西 JA 镇中心小学	338	6	56.3：1
广西 NP 乡中心小学	345	3	115.0：1
青海省 NMX 镇 MT 小学	180	1	180.0：1
山西省 JJZ 九年制学校	380	7	54.3：1
江苏省 DSG 镇小学	157	3	52.3：1
河北青龙县 A 小学	400	6	66.7：1
河北青龙县 B 小学	112	2	56.0：1
新疆柯坪县 QL 中心学校	360	2	180.0：1
江西万载县 XK 中心小学	160	0	—
贵州荔波县 XLDKF 小学	86	1	86.0：1
云南大关县 TX 镇完小	178	1	178.0：1
福建上杭旧县中心小学	462	4	115.5：1
合计	5808	71	81.8：1

生活指导教师数量严重不足已经成为不争的事实，然而，比数量不足更为严重的是生活教师职责设计与质量要求不高。绝大部分学校的领导与教师都没有充分认识到生活指导教师的专业性，针对"你觉得生活教师应该充当什么角色？"的问题，46.8%的教师倾向于"管学生就寝纪律及夜间安全巡查"，37.0%的教师认为生活教师应当充当代理家长的角色，照顾学生饮食起居，16.2%的教师认为生活教师还可以负责组织寄宿生下午放学后的娱乐活动。80%的生活教师自身认为自己的工作就是管学生就寝纪律。无论是学校领导，还是专任教师，都认为生活教师只要管好了学生就寝纪律就可以了。其实，无论是国家层面出台的相关文件，还是各地自行的职责安排，无不趋于简单化。2006年9月28日出台的《国家西部地区农村寄宿制学校建设工程项目学校管理暂行办法》第24条规定："建立宿

舍管理制度，按标准配备生活教师，小学低年级寄宿生原则上要配备生活保育员，生活教师和保育员要严格履行工作职责，负责宿舍管理和安全保卫工作。严格外来人员登记制度，禁止外来人员随意出入学生宿舍。"明确提出生活教师（保育员）的两项职责：宿舍管理与安全保卫。正是由于生活教师职能顶层设计站位不高，各学校在招聘生活教师时要求都很低。针对"生活指导教师的来源"调查发现，"本校教职工转岗"的占 58.9%，"招聘的临时工"占 20.5%，有 11.7% 的生活教师由教职工家属担任，从其他渠道进来的占 8.9%。另外，除了乡镇寄宿制小学外，还有很多村级完全小学也实行寄宿制。由于地处乡村，素质较高的人也不会下乡，学校大多低薪聘请学校周边农民作为保育员或生活指导教师，很难引导寄宿生良好行为习惯的养成。访谈中得知，很多农村寄宿制小学校长认识停留在"管理"层面，缺乏服务意识。对宿舍的管理基本上就是督促学生按时就寝，对于学生衣、食、住、行、情感等生活方面的照料很少。其实，寄宿制学校是否具有吸引力很多时候源自学校与家庭条件比较，当下农村家庭经济条件发生了巨大变化，很多家庭生活条件大为改观，如果此时学校各种条件比家庭差得太多，势必会影响寄宿制学校的吸引力。

第二节　财力供给忽视新增低龄儿童生活服务人员经费

所谓财力，就是用于教育的人力和物力的货币表现形态，包括一切物质资源的货币形态和支付劳动的报酬费用等。[1]早在 1980 年，教育部、国家民委出台的《关于加强民族教育工作的意见》就指出："牧区供一名住校小学生的家长负担，相当于在城市供一名大学生。"1982 年 12 月 20 日，教育部印发的《全国牧区山区寄宿制民族中小学经验交流会纪要》也提道："办一所寄宿制学校，比农村、城镇办一所走读学校，经费开支要高三四倍。"[2]毫无疑问，寄宿制教育是一种高成本办学模式。与非寄宿制学校相比，寄宿制办学不仅需要新增食宿设施、娱乐活动设备及水电等物力成本，还需要增加大量的生活服务与管理人力成本。由于低龄寄宿儿童生活

① 王善迈：《教育投入与产出研究》，河北教育出版社 1996 年版，第 79 页。
② 何东昌：《中华人民共和国重要教育文献（1949—1997）》，海南出版社 1998 年版，第 667、2058、2180 页。

自理能力差，在生活服务设施设备上有更特殊的要求，在生活照料上需要更多专业人力，其办学成本更高。目前，农村寄宿制小学新增人力成本始终未引起高度重视，大部分服务工作要么转嫁给专任教师，要么低薪临聘社会人员承担。由专任教师负责低龄学生生活服务与管理，容易分散教师教学精力，聘请廉价劳动力的非专业化服务严重影响了儿童生活质量，不利于其综合素质提升。农村寄宿制教育属于义务教育的特殊形式，其经费投入与非寄宿制学校一样，表现为教育事业费和基本建设费两部分。其中，教育事业费包括人员经费和公用经费。

一 生活服务与管理人员财政保障水平过低

寄宿生生活服务与管理人员成本是举办农村寄宿制学校最大新增成本。我国现行教育经费支出结构中，人员经费主要包括学校各类人员的工资、补助工资（如降温费、取暖费、交通补贴、兼课酬金、教师超工作量酬金、教龄津贴、班主任津贴、物价补贴、聘用退休人员的工资差补贴等）、职工福利费（如拨交的工会经费、按规定提取的工作人员福利费、职工死亡丧葬费、遗属补助费等）、奖、贷、助学金。[①] 严格地讲，为寄宿制学校运行所需的各类人员工资待遇应该体现"同工同酬"的基本原则，工作性质应该一样，只是分工不同而已。也就是说，财政必须平等提供相应保障。实际上，我国现行政策中仅仅关注了贫困寄宿生生活补助问题，对生活服务与管理人员只是提供低层次的保障，主要体现在财政保障级别低和生活服务人员工资低两个方面。

（一）生活服务与管理人员经费保障级别低

由于农村寄宿制学校生活服务人员未纳入教职工编制体系，其经费缺乏长效保障机制。目前，虽然各地义务教育经费基本实行省级统筹，具有编制的教职工以及学校公用经费保障力度空前加大。但是，对于农村寄宿制学校新增生活人员工资却不在统筹范围内，一般交由县级财政负责。由于县级财力相对较弱，各县之间差异较大，部分县市往往会划分一部分交由学校自筹，造成了农村寄宿制学校生活服务人员经费实际保障级别低的现实。

---

① 范先佐：《教育经济学》，人民教育出版社 2003 年版，第 241—242 页。

2013 年 12 月 17 日，教育部发布的《关于进一步做好村小学和教学点经费保障工作的通知》强调："寄宿制学校生活老师和实施营养改善计划的学校食堂从业人员的工资等支出，应全部纳入地方财政预算予以保障，不得挤占国家确定的公用经费基准部分。"这样的规定折射出了寄宿制学校生活服务人员的尴尬地位，即生活教师与食堂从业人员的工资既要纳入地方财政预算，又不能列入人员经费。财政性教育经费一般包括人员经费和公用经费两部分，如果将生活教师与食堂从业人员的工资归口到人员经费，也就不存在挤占公用经费基准部分的情况了。换句话说，农村寄宿制学校生活服务人员的工作重要性并没有引起国家层面的高度重视，低龄儿童寄宿的特殊性更是被严重忽视。所以，才有了湖北省 ES 市实行的"进编不占编"的先进经验，仔细斟酌就会发现，此举实际上是在上位政策忽视生活教师特殊性的前提下，基层实际需要逼迫出来的"无奈之举"。

2014 年 11 月 13 日，中央编办、教育部、财政部出台的《关于统一城乡中小学教职工编制标准的通知》（以下简称《通知》）提出："对适合社会力量提供的工勤和教学辅助等服务，鼓励探索采取政府购买服务方式，纳入当地政府购买服务指导目录，所需资金要通过合理渠道和方式妥善解决。"《通知》中关于"鼓励"和"合理渠道"的措辞带有很大的不确定性，其实，很多地方条件还不成熟，只能在各地实践取得一定效果的基础上形成规范。2018 年 4 月 25 日，国务院办公厅发布的《关于全面加强乡村小规模学校和乡镇寄宿制学校建设的指导意见》（国办发〔2018〕27 号）提出："对寄宿制学校应根据教学、管理实际需要，通过统筹现有编制资源、加大调剂力度等方式适当增加编制。各省（区、市）要统筹制定寄宿制学校宿管、食堂、安保等工勤服务人员及卫生人员配备标准，满足学校生活服务基本需要。各地要针对乡镇寄宿制学校实际需要，严格按照政府购买服务的有关规定，探索将属于政府职责范围且适宜通过市场方式提供的学校安保、生活服务等事项纳入政府购买服务范围，所需资金从地方财政预算中统筹安排。"从上面两项政策可以看出，中央层面并不是不承认给生活服务人员编制，而是强调在现有编制内解决新增生活服务人员编制。

目前，各地主要利用富余人员（教师充当），外聘人员，由地方政府自行支付工资。所谓地方政府是指省及其以下的各级政府，由于国家层面没有明确地方各级政府的承担比例，生活服务人员成本最后就落到了县级财政。中央政府要求农村寄宿制学校外聘生活服务人员工资由地方自行解决，

省级政府要求地（州、市）自行解决，最终还是落到了县级层面。2014 年
1 月 27 日，云南省教育厅发布的《农村寄宿制学校管理办法（试行）》规
定："利用中小学校布局调整后的富余教师，通过培训，充实进学校食堂
作为后勤人员；对外聘用食堂临时工勤人员，支付聘用人员工资，经费由
当地政府自行解决。"县级财政在无力全额承担的情况下，又会转嫁给学
校，学校只好违规将食堂工友工资部分计入成本，或是违规挤占公用经
费。如广西壮族自治区 SS 县 JAZ 中心小学有学生 687 人，学校共聘请了
生活服务人员 19 人，其中，生活指导教师（宿管员）6 人，保安 4 人，食
堂工勤人员 9 人。而食堂工勤人员中只有 5 人工资由财政支付，其余 4 人
由于招不到符合教育局要求的人员（45 岁以下），只好由学校自筹。

（二）生活服务与管理人员工资水平过低

目前，生活服务人员供给主要有两条渠道：一是通过布局调整实现一
定规模的办学，在编制总量不变的情况下进行内部调剂；二是实行编外招
聘，其性质属于临聘人员。目前，对于新增生活服务人员基本采取政府购
买服务的方式进行。在正式向社会购买服务的规范没有出台之前，各地基
本采取"低要求、低薪"的方式聘请。

调查发现，各地农村寄宿制小学聘请的临时人员工资平均在 1000—
1500 元。生活教师（宿管员）、工勤人员、保安还有细微区别，如贵州省
SC 县 YJ 小学食堂工勤人员工资为 1000 元 / 月、生活教师（宿管员）工
资为 1300 元 / 月、保安工资为 1500 元 / 月，2016 年以前，这些人员的工
资大多从公用经费中腾挪而来，2016 年起由县财政解决。该县的 DG 小学
和 HGS 小学，工勤人员、生活教师（宿管员）、保安的月工资均为 1500
元，这些支出也已经纳入县级财政预算。SC 县 XP 小学与以上两所学校又
不同，生活教师（宿管员）月工资为 2100 元，工勤人员为 1500 元，保安
为 1510 元。在生活服务人员工资纳入财政预算之后，各学校还存在一定
差异，主要是各地情况不一样，当聘请不到合适的人员时，学校往往会采
取谈判的方式，略微提高工资，这些新增经费有时就只能在公用经费中想
办法了。贵州省 HP 县 GLZ 中心小学有学生 1767 人，由于要负责学生营
养午餐，学校聘请了食堂工友 11 人，月工资为 2100 元，其中县财政拨款
1800 元，学校每月补助 300 元；宿管员工资 1500 元全部由学校自筹；保
安工资 1500 元，其中，县财政拨款 1000 元，学校自筹 500 元。HP 县 SK

小学共有学生 377 人，聘请食堂工友 5 人，月工资 1500 元（含"五险一金"），保安和宿管人员各 1 人，工资 1000 元。宿管人员主要负责宿舍卫生和就寝纪律。广西壮族自治区 SS 县 NP 中心小学全校共有教职工 36 人，其中宿管 3 人，保安 2 人，食堂工友 6 人，生活服务的三类人员工资均为 1000 元 / 月，其中 600 元由财政负责，400 元由学校自筹。县教育局要求：工勤人员要求 40 岁或 45 岁以下，超过年龄界限由学校自己负责工资。学校相关负责人反映，由于工资太低，根本无法聘请到年轻人，学校招聘的工勤人员大多在 50 岁以上，因此，工资部分学校负担很重。

相比之下，山西省 HT 县 ZC 乡 WYT 小学情况更糟，别说生活服务人员，就连专任教师供给都以临聘人员代替。2017 年秋季学期，WYT 小学共有学生 715 人，其中，寄宿生 421 人，寄宿生大多来自学校附近村庄。校舍破旧而且拥挤，学校仅能容纳 200 人左右的操场，现在只好在地上"打点定位"以容纳 700 多人，学生做操时勉强能够排开，手脚都难以舒展。32 名教职工中仅有 2 名公办教师。其余教师大多是来自附近村中有中专或专科文凭的毕业生，并且没有编制、没有"五险一金"，每月由县财政补助 954 元，学校和村上贴补一部分，总工资仅 2000 元左右。由于没有正式编制教师，该校生活服务人员工资只好从公用经费中支出。学生公用经费分两部分："跑校生"生均 665 元 / 年，住校生生均 865 元 / 年，每年实际拨款 559675 元。学校每年要拿出 22.8 万元补助代课教师工资，自行支付 13 名生活服务人员工资 23.4 万元，两项就耗费公用经费 46.2 万元，剩下办公经费仅有 10 万元。学校食堂实行承包制，学生每月要交 150 元左右，每月可以从中结余一部分补贴后勤人员工资。另外，学生宿舍还是大通铺，还有部分寝室打地铺。由于宿舍不够，学校直接在楼顶加盖了一层板房。令人欣慰的是，该校学生宿舍简陋却干净整洁，学生成绩居全乡前列。

总之，寄宿制教育形式对教职工结构产生了新的要求，除了原来的管理人员和专任教师外，承接学生的食宿将会增添许多服务人员需求，包括宿舍管理与服务人员、食堂等后勤服务人员、心理健康教育教师、医疗保健专业技术人员、安保人员等。这些人员都是举办寄宿制学校所必须配备的，各自的服务内容都具有专业性，其服务内容的质量高低将直接影响寄宿生的学业成绩及养成教育。如果强行将这些人员的任务转嫁给专任教师，不仅会影响寄宿生生活服务质量，还会分散专任教师精力，波及学生学业成绩。低龄寄宿学生需要更多的生活服务与管理人员，提供更深层次的、更专业的生活服务，新增人员不仅数量相对较大，人员素质也会相应提高。理论上讲，举办农村寄宿制小学人力成本会大幅上升，保质保量供给寄宿生生活服务与管理人员，各级政府就必须增加"人员经费"中人员工资总量。工资总量又与人员的数量和质量有关，相同数量的员工，如果质量要求高，其个人待遇也会相应提高。至于生活服务与管理人员的供给方式，可以根据人员职责与素质要求区别对待。如果赋予生活教师生活照料、宿舍管理、养成教育等职责，其服务就需要专业化，应当归为义务教育学校人员配置中的"其他专业技术人员"，需要有相应编制和待遇保障，属于教师系列。心理健康教师、医疗保健人员的工作也具有专业性，也应该纳入教师编制系列，划为"其他专业技术岗"，至于后勤人员只需要有相应的职业资格，采取社会化的方式供给即可。由于农村寄宿制小学普遍存在四年级以下的超低龄寄宿儿童，五、六年级的孩子生活自理能力也不强，生活教师的职责不能简单定位为宿舍管理员，必须是具有一定教育学、心理学和育儿知识的专业人员，要充当"代理家长"的角色，其地位要等同于专任教师，其工作性质应属于"其他专业技术岗"。如此一来，生活教师、心理健康教师、医疗保健人员的工资待遇就应与专任教师等同，且纳入正式教职工编制。后勤服务人员既可以纳入工勤技能岗，也可以采取购买服务的方式招聘。关于农村寄宿制学校生活服务与管理人员的配备，目前各地政策并没有新的突破，各地政策都提及了将生活服务与管理人员工资纳入财政预算，但是没有出台明确的底线标准。由于没有编制和基本工资标准，各地执行政策时也多用所谓的"政府购买服务"低成本应付，游离在"人员经费"与"公用经费"之间，要么实行低薪临聘，要么变相挤占公用经费。

二 教师新增工作量没有合法经济补偿渠道

寄宿制办学将原本属于家庭的活动时间移至学校，学校必然新增教育和管理内容。这些内容涉及下午放学后课余活动安排、晚餐秩序维护、晚间寄宿教育与作业辅导、就寝值日、起床管理及突发事件处理等方面。如前所述，新增的工作内容与工作量并没有配备数量充足、素质较高的人员，大部分工作实际上落到了专任教师身上。同时，由于没有相应的政策法规出台，教师这部分新增工作量实际上没有得到承认。换句话说，寄宿制学校新增成本基本通过教师无偿劳动隐性分担了。

（一）乡镇寄宿制学校教师工作量明显高于非寄宿制学校

因学生寄宿而安排的晚自习，以及负责学生就餐、就寝、课余活动等方面而延长的在校时间是反映新增工作量的最直接指标。对乡镇寄宿制小学近 300 名教师结构性访谈结果整理发现，寄宿制小学专任教师平均每周工作量为 17.2 课时，与没有实行寄宿制之前相比，每位教师每周平均增加了 4.4 课时。50.0% 的教师作息时间基本与学生同步，每周才回家一次，还有 11.1% 的教师住在学校，以校为家。专任教师平均每天在校时间长达 13.8 小时，22.0% 的教师甚至 24 小时都在学校。一般学校都有教师白天坐班的要求，但要求教师晚上必须住校的学校仅占 11.8%，40.9% 的学校要求教师在值日的当天必须住校。可见，寄宿制学校专任教师在校工作时间长是一种主动行为，同时也折射出学生住校以后工作任务繁多，教师必须完成自己分内之事才能离开。除了教学任务外，教师还有值周、值日的任务。很多寄宿制学校虽然配备了一定数量的宿管员、保安，但是数量严重不足，学生就餐就寝的大多数工作还是落到了专任教师头上。调查显示，专任教师平均每学期要参加约 12 次左右值日，负责学生寄宿生就餐和就寝秩序维护。23.7% 的教师晚上 23 点以后才休息，30.4% 的老师早上 5—6 点就要起床，53.4% 的老师在值日期间有过深夜被叫醒处理临时事务的经历。83.1% 的教师认为寄宿生管理明显难于走读生，管理 1 名寄宿生大约相当于管理 3.8 名走读生的工作量。学生调查问卷结果显示，75.5% 的学校值日教师经常对宿舍进行夜间巡逻，71.4% 的学校都会在学生就寝前进行晚点名。班主任更是每晚都要参加学生就寝秩序维持工作，同时还要了解学生生活中的实际困难。一项关于西藏的研究表明，寄宿制学校教师的平均周课时量为 22—28 节非寄宿制学校教师平均周课时量 12—16 节，悬殊近 1 倍。[①] 对甘肃研究也发现，83% 的教师认为寄宿制学校的工作量比非寄宿制学校大得多。[②]

全国政协委员唐瑾曾对湖北、湖南等地调研时发现，农村寄宿学校每天工作超过 10 个小时，教师、父母、保姆、保安、心理辅导、营养师等

---

① 邢俊利：《西藏寄宿制学校教师工作满意度实证研究》，《西藏大学学报》（社会科学版）2018 年第 2 期。

② 李钰：《西北农村地区寄宿制学校问题研究——基于甘肃省 S 县的调查与分析》，《学术探索》2017 年第 9 期。

多项职责"一肩挑"。张秀英是四川巴中的一所农村小学的数学老师，因为学校没有专职生活老师，学校 200 多名住校孩子的生活起居也是由任课老师轮流值班照顾。每当值班时，她的日程表通常是：凌晨 3 点，起身去宿舍查寝，这是当天的第五轮巡夜。她先来到一、二年级女生宿舍，挨个伸手到被窝里，到第三个孩子时，发现这个孩子尿床了。因为是两个孩子一个铺，张秀英不得不把两个孩子都抱到自己床上，然后把尿湿的床单扔进盆里，等到第二天再处理。为了避免同样的情况发生，凌晨 4 点和 5 点，张秀英还得起来，督促有习惯性尿床的孩子去上厕所。[①] 在中国教育新闻网—蒲公英评论网上看到一则发言，一位寄宿制学校的教师描述了自己的"24 小时"工作制："从参加工作到现在，我一直在乡镇寄宿制初中做教师。30 多年来，我每周星期日下午到校——上班，星期六中午（后来由于'减负'改成了早上）离校——下班。天不亮就起床跟班，白天除了备课、上课、改作业等常规教学工作，还要负责学生的早操、课间操、午休、课外活动以及早中晚餐等，天黑后又要上两节晚自习。下晚自习后紧接着要看着学生睡觉，查数次晚寝。即使睡觉了，如果学生宿舍有了事，也得马上起来处理。一天什么时候上班，什么时候下班，似乎根本就没有概念。"有些地方教育行政部门对寄宿制学校教师丝毫没有表示理解和关心，法制观念淡薄。当有教师质疑星期六、星期天都对教师进行考勤是否违犯了《劳动法》时，马上就会受到"要有奉献精神"的训斥，并会被警告"对上级制定的政策不要说三道四"。[②]

（二）乡镇寄宿制学校教师新增工作量没有合法经济补偿

按理说，学校实行寄宿制以后，每天 17 点左右放学后至次日 7 点早操之前近 14 小时的时间交由学校管理，学校领导与教师应该明确意识到新增工作量的存在。实际上，在与教师谈及"寄宿生管理任务"时，26.4%的人认为"这项工作是教师的应尽职责"，7.4%的老师认为"习惯了，没感觉"。问及新增工作量的报酬问题，19.0%的老师认为这是一种"额外负担，应该有相应报酬"，45.5%的老师认为，这不是经济补偿的问题，教师精力有限，应该配备专门人员管理学生生活。否则会影响教学质量。现实

---

① 韩柳洁：《委员关注农村寄宿学校教师困境》，人民政协报数字报，http://epaper.rmzxb.com.cn/detail.aspx?id=358768。

② 李兴旺：《农村寄宿制学校教师的"不能承受之重"》，《中国民族教育》2016 年第 4 期。

中，很少有学校补偿教师新增工作量。调查显示，84.8%的学校对教师维持学生就寝及新增晚自习并没有相应的补偿，仅有13.9%的学校变相补偿。实施变相补偿的某学校校长坦言，补偿教师劳动在现行政策下是一种违规行为，校领导为此承担了很大风险。公用经费明文规定不能用于人员津贴发放，很多学校公用经费实际有很多结余，但却无能为力。学校只能在绩效工资发放中"打擦边球"。一项对西南地区贵州和云南两省的研究也证实，当地政府并没有对寄宿制学校教师提供额外补偿，寄宿制学校教师的待遇与非寄宿制学校完全一样。寄宿制实行后，教师被安排值班。很多教师反映参加值班并没有额外收益，或只有象征性的经济补偿。部分学校开始出现违规操作，变相用公用经费补偿教师劳动付出。[①] 对西藏的研究得出同样结论，寄宿制学校工资薪酬和非寄宿制学校一样，超量的工作并没有任何补偿或津贴，工作量与教师的薪酬待遇明显不对等。[②] 对甘肃省的研究发现，95%的教师认为农村寄宿制学校的教师经常在面对较大的工作量且没有额外经济补偿的情况下工作，积极性普遍不高。[③] 明显增加的工作量，政府层面没有文件予以认可，学校领导虽然认可，但却无能为力。一位年轻教师坦言："其实问题很简单：下午放学后，教师有回家的权利吗？我想没有哪一条法律规定教师必须住校。再说，随着交通状况的改变，很多农村教师的家实际上在镇上或是县城，如果没有寄宿生，他们是可以回家的。问题是，一旦所有老师都走了，一个学校几百人住校，三五个生活教师能管得住寄宿生吗？我的意见：不管今后是否配备更多的生活教师、保安、宿管员，教师的值日必不可少，只要有学生住校，教师就无法置身事外。"

实践中，也有一些地方教育局出台政策承认寄宿制学校的劳动，但是，对照现行政策分析，这些规定要么是"擦边球"，要么就是明显违规。2016年5月30日，攀枝花市教育体育局出台的《关于进一步加强农村寄宿制学校管理的意见》（攀教体发〔2016〕49号）提出："各县（区）要认真研究因作息时间调整而产生的学校运行经费提高和教职工工作量增加等

① 袁玲俊：《西南农村寄宿制学校教师满意度现状及其原因分析》，《教师教育研究》2014年第5期。

② 邢俊利：《西藏寄宿制学校教师工作满意度实证研究》，《西藏大学学报》（社会科学版）2018年第2期。

③ 李钰、白亮：《西北农村地区寄宿制学校问题研究——基于甘肃省S县的调查与分析》，《学术探索》2017年第9期。

问题，要将教职工因休息日值班而增加的工作量计入绩效考核，在加班补助、奖励性绩效工资和艰苦边远地区津贴中统筹发放，保障教职工合法权益。"应该说，这是一个遵循现实的人性化规定。从上位政策来看，2008年12月，国务院办公厅转发人力资源社会保障部、财政部、教育部《关于义务教育学校实施绩效工资指导意见的通知》（以下简称《通知》），《通知》规定："奖励性绩效工资主要体现工作量和实际贡献等因素，在考核的基础上，由学校确定分配方式和办法。根据实际情况，在绩效工资中设立班主任津贴、岗位津贴、农村学校教师补贴、超课时津贴、教育教学成果奖励等项目。"可以看出，在绩效工资中承认新增工作量有政策依据。但是，《通知》同时还规定："实施绩效工资后，学校不得在核定的绩效工资总量外自行发放任何津贴补贴或奖金。"也就是说，如果不考虑因实行寄宿制而产生的工作量，绩效工资仍然可以分配，寄宿制学校和非寄宿制学校在总量上并没有区别，政府层面并没有承认实际增加工作量，这种承认只是在学校层面。从2016年开始，各地对农村寄宿制学校按寄宿生人数生均增加了200元公用经费，同时规定了不允许挪用公用经费发放人员经费。如此一来，所有政策并没有触及核心问题——新增工作量。

三　农村寄宿制学校公用经费增幅判断有误

公用经费公用经费是行政事业单位用于日常办公、业务活动方面的经常性开支。如果保证公用经费不挤占与挪用，农村寄宿制学校与非寄宿制学校公用经费增加并不太大。2006年1月19日，财政部、教育部出台的《农村中小学公用经费支出管理暂行办法》（财教〔2006〕5号）规定："农村中小学公用经费是指保证农村中小学正常运转、在教学活动和后勤服务等方面开支的费用。公用经费开支范围包括：教学业务与管理、教师培训、实验实习、文体活动、水电、取暖、交通差旅、邮电、仪器设备及图书资料等购置，房屋、建筑物及仪器设备的日常维修维护等。不得用于人员经费、基本建设投资、偿还债务等方面的开支。教师培训费按照学校年度公用经费预算总额的5%安排，用于教师按照学校年度培训计划参加培训所需的差旅费、伙食补助费、资料费和住宿费等开支。"① 从理论上讲，除了

---

① 财政部、教育部：《关于印发〈农村中小学公用经费支出管理暂行办法〉的通知》，中华人民共和国财政部网站，http://jkw.mof.gov.cn/czzxzyzf/201108/t20110822_588180.html。

水电、宿舍和食堂设备维修会增加一些支出外，农村寄宿制学校的公用经费并不会比非寄宿制学校有显著增加。钟秉林等研究发现，寄宿制学校的运行成本高于非寄宿制学校。寄宿制学校维持基本运转的经费占总支出的61.39%，而非寄宿制学校仅为51.63%，相差近10个百分点。导致寄宿制学校维持基本运转经费偏高的开支项目主要是劳务费及其他人员经费。寄宿制学校的劳务费及其他人员经费占总支出的4.34%，而非寄宿制学校为2.53%，前者比后者高1.81%。寄宿制与非寄宿制学校在公用经费支出结构上的差异最大的项目在"大型修缮费"上，非寄宿制学校的此项支出比寄宿制学校高11.4%。另外，虽然财政部、教育部明令禁止农村中小学公用经费用于支付人员经费，但此类支出占总支出的比例仍然超过了3%，农村义务教育学校公用经费被挤占和挪用的现象还比较普遍。[①]换句话说，如果农村寄宿制学校不违规将挤占公用经费作为新增人员经费，那么，寄宿制学校与非寄宿制学校在公用经费这块相差并不太大。

但是，新一轮关于"两类学校"的保障政策中，增加公用经费成为主题。2015年11月25日，国务院发布的《关于进一步完善城乡义务教育经费保障机制的通知》（国发〔2015〕67号）提出："从2016年春季学期开始，统一城乡义务教育学校生均公用经费基准定额。中央确定2016年生均公用经费基准定额为：中西部地区普通小学每生每年600元；东部地区普通小学每生每年650元。在此基础上，对寄宿制学校按照寄宿生年生均200元标准增加公用经费补助。"各省相继出台相关政策落实国务院规定，从各地文本中发现，31个省（区、市）均承诺从2017年春季学期开始"按照寄宿生年生均200元标准增加公用经费"。2018年4月25日，国务院办公厅出台的《关于全面加强乡村小规模学校和乡镇寄宿制学校建设的指导意见》（国办发〔2018〕27号）提出："对乡镇寄宿制学校按寄宿生年生均200元标准增加公用经费补助政策。"将各地增加寄宿制学校按寄宿生生均200元公用经费的实践上升为国家底线标准。实际上，新增的200元在支出中却受制于"不得用于人员经费、基本建设投资、偿还债务等方面的开支"的规定。如果不用于人员方面，在教学业务与管理、教师培训、实验实习、文体活动、水电、取暖、交通差旅、邮电、仪器设备及图书资料等

---

① 钟秉林等：《农村义务教育学校公用经费支出实证研究——基于对我国9个省份107所农村学校的调查分析》，《中国教育学刊》2012年第8期。

购置、房屋、建筑物及仪器设备的日常维修维护12个支出项目中，除了水电、取暖、文体活动等新增部分可以列为寄宿新增成本外，其他各项并不是寄宿制教育的特殊项目。一位校长坦言："目前不是差钱的问题，问题在于有钱用不出去。学生营养午餐要抽专人管理、学生就餐秩序需要人维护、下午寄宿生课余活动要安排专人看管或组织、晚上寄宿生要上晚自习、就寝要值日、夜间安全要巡逻、早上要督促学生起床、平常低龄住校孩子生活需要照料，所有都需要人。上面不给人，只好老师顶着这些事，想给老师们发点辛苦费，看着有钱不能动。""买酱油的钱不能打醋"，公用经费虽然满足了因寄宿而产生的需求，但绝不是全部。

其实，农村寄宿制学校对公用经费的需求大多来源于房屋、建筑物及仪器设备的日常维修维护。据广西壮族自治区 SS 县 NP 中心小学校长介绍："2017 年秋季学期，全乡共有小学生 1063 人，其中，内宿生 653 人，寄宿率超过了 60%。学校公用经费实际缺口较大，每年大约要 100 万元，而实际需要约 500 万元，有 400 万元缺口，主要是基础设施维修方面。"该县 HNZ 九年制学校校长谈到公用经费的使用情况时也说："学校每年公用经费拨款约 80 万元，但是，实际需要 300 万元，相差 220 万元。主要是水电费增加、食堂后勤人员财政负担之外的支出、食堂扩容、教师宿舍等方面需要很多钱。"贵州省 SC 县 HGS 小学校长建议："希望在基础设施建设方面，政府及相关部门更多投入资金，保政（证）寄宿学生的住宿质量。"XP 小学校长建议："要修建专门的学生宿舍、浴室等。"DG 小学校长说："要办好农村寄宿制小学，必须加强学生管理，丰富学生课余活动，关注学生身心健康，总体上应当提高管理者各方面的素质。同时，应当给寄宿制学校配齐相应的设施设备等。"YJ 小学校长建议："为了管理方便，再修一栋学生宿舍，将男女学生分开管理。"从以上访谈材料中可以看出，很多学校资金需求集中在基本建设方面，部分校长将学校的基本建设费以及人员经费都算到了公用经费之中。类似的情况还很多，课题组每到一所学校，问及公用经费是否够用，校长们就开始"倒苦水"，将他们的需求归纳起来，主要表现在厕所蹲位不够、食堂太小、图书室面积太小、自来水不够用、还差住宿楼、教师需要住校，周转房不够等方面，而这些其实已经超出了公用经费能解决的范围。究其根本原因，还在于我国义务教育学校基本建设费总量不足、来源不稳定，缺乏长效保障机制。所谓基建支出，就是指属于基本建设投资额度范围内的，并列入各级计划部门基建计划，由建设银行限额拨款的当年基建财务拨款，包括国家预算内基建支出和自筹基建支出两部分。就学校而言，我国只有高校才有相对稳定的基本建设拨款，中小学的基本建设拨款大多是一次性的，根据学校需要和财力可能采取一次性投入，在教育经费总支出中，基本建设支出比重很小。①

"普九"以来，国家层面多以"财政专项"推动农村义务教育学校基础建设。1995—2000 年，国家为了帮助贫困地区加快实施普及义务教育，教育部、财政部联合组织实施了第一期"国家贫困地区义务教育工程"。为实施这一工程，中央财政投入 39 亿元，地方财政配套 87 亿元，共计 126 亿元。通过实施工程，共新建项目中小学 3842 所，改扩建项目中小学 28478 所。项目县中小学校舍面积由 13000 万平方米增加到 18800 万平方米，增加了 5800 万平方米；危房比率由 10% 左右下降到 3% 以下。"十五"期间继续实施第二期"国家贫困地区义务教育工程"，中央财政投入 50 亿元，地方财政配套 23.6 亿元，共计 73.6 亿元。二期工程覆盖 522 个项目县，共新建、改扩建中小学 10663 所。②为解决制约西部农村地区实现"两基"的"瓶颈"问题，中央投入 100 亿元，从 2004 年起，用 4 年左右的时间，新建、改扩建一批以农村初中为主的寄宿制学校。寄宿制工程共新建、改扩建农村中小学 7651 所，其中，初中 5113 所，小学 2538 所，基本解决了西部农村地区学生"进得来"的问题。满足了 195.3 万新增学生的就学需求，满足了 207.3 万新增寄宿生的寄宿需求，其中初中生 165 万人，小学生 42.3 万人。③为贯彻落实《国家中长期教育改革和发展规划纲要（2010—2020年）》精神，教育部、财政部从 2010 年开始实施"农村义务教育薄弱学校改造计划"，薄改补助资金用于"校舍及设施建设类"和"设备及图书购置类"两类项目。其中，"校舍及设施建设类"包括新建、改建和修缮必要的教室、实验室、图书室，以及农村小学必要的运动场等教学设施；新建、改建和修缮农村小学必要的学生宿舍、食堂（伙房）、开水房、厕所、澡堂等生活设施，以及必要的校园安全等附属设施。其中还特别规定：一

① 王善迈：《教育投入与产出研究》，河北教育出版社 1996 年版，第 155—165 页。
② 《国家贫困地区义务教育工程》，中国网，http://www.china.com.cn/aboutchina/data/zgjy/2008-08/20/content_16282359.htm。
③ 《国家西部"两基"攻坚工程取得四大成效》，人民网，http://edu.people.com.cn/GB/6577657.html。

次性投入低于5万元的校舍维修和零星设备购置项目不在薄改计划范围。①
除专项工程外，各级财政每年拨给农村中小学的基建费实际上很少（见表
5–3）。从表5–3中可以看出，2006年以前公用经费中有一半以上用于校舍、
设备等维修方面，2009年以后，平均有35%左右的公用经费用于专项项
目建设；而统计的所有年份的基建费占教育总经费的比例均值在1.5%左
右。统计结果正好印证了基层学校所说"公用经费"不足，实际上是将所
有的基建费都包括进去了，导致这种情况的原因就是农村小学基建费稳定
性财政拨款太少。近年来，虽然中央和地方不断推出专项工程改善农村学
校办学条件，但是，这些项目并不是所有学校"雨露均沾"，很多学校由
于没有较为稳定的基建投入，又不属于项目覆盖的范围，就只好挪用公用
经费，造成了公用经费需求"虚增"假象，影响了政府决策。

表 5–3　　　农村小学地方财政预算内基建费占教育总经费的比例与修缮费
占公用经费的比例对照

年份	修缮费占公用经费的百分比（%）	基建费占教育总经费的百分比（%）
1999	50.33	1.36
2001	50.78	1.32
2003	92.26	1.60
2005	82.29	2.06
2006	61.01	1.68
2009	26.00	1.80
2010	28.90	1.89
2011	31.04	1.72
2014	40.90	1.53
2015	40.74	0.88
2016	39.25	1.09

资料来源：根据《中国教育经费统计年鉴》相关数据计算整理。2009年以前，公用经费中含"修缮费""校舍建设费"，2009年以后修缮费取"专项项目经费"。

四　贫困寄宿生生活补助资金使用效率不高

"两免一补"政策中"对贫困家庭学生补助寄宿生生活费"，实际上是

---

① 《关于印发〈农村义务教育薄弱学校改造补助资金管理办法〉的通知》，中华人民共和国财政部网，http://jkw.mof.gov.cn/zhengwuxinxi/zhengcefabu/201502/t20150202_1187126.html。

基于当时农村经济水平，部分家庭经济困难的寄宿生生活没有保障。时至今日，农村经济状况已经发生了很大变化，除了少数家遇变故或先天残疾的情况外，农民的贫困主要不在于"吃不上饭"，也不在于"供不起孩子接受完义务教育"。换句话说，贫困寄宿生家庭担负不起生活费已经不是农村的主要矛盾。但是，"两免一补"政策中的"一免"政策却继续向纵深推进，不断加大生均补助力度而不在补助广度上拓展。"对贫困家庭学生补助寄宿生生活费"的政策定位为分担农村家庭新增寄宿成本，实行全员补助更具有保障公平的意义。随着农村贫困面的逐渐缩小，各地的补助资金在政策范围已出现剩余，很多学校不得不将家庭并不贫困寄宿生纳入补助范围。在贫困对象的确定上，标准越来越模糊，甚至出现了"寻租"空间，导致基层矛盾频发。未来此项政策如果在资助广度上做文章，将政策延伸至所有农村寄宿学生，将公平保障范围拓展至住校生与走读生两个群体之间的比较，而不仅仅局限于住校生内部的比较，这样更能提高财政经费保障公平的效率。

回顾"贫困寄宿生生活补助"实施的路径，我们很容易发现其纵深推进有余而广度拓展不足的问题。2001 年 5 月 29 日，国务院发布的《关于基础教育改革与发展的决定》（国发〔2001〕21 号）提出："从 2001 年开始，对贫困地区家庭经济困难的中小学生进行免费提供教科书制度的试点，在农村地区推广使用经济适用型教材。采取减免杂费、书本费、寄宿费等办法减轻家庭经济困难学生的负担。"2002 年 7 月 7 日，国务院出台的《关于深化改革加快发展民族教育的决定》（国发〔2002〕14 号）提出："中央财政通过综合转移支付对农牧区、山区和边疆地区寄宿制中小学校学生生活费给予一定资助；少数民族和西部地区各级财政也要相应设立寄宿制中小学校学生生活补助专项资金。"2005 年 5 月 11 日，教育部、国家民委出台的《关于进一步做好民族地区寄宿制中小学管理工作若干问题的意见》提出："民族地区寄宿制中小学建设经费由中央财政支持，地方各级财政对教职工工资、学校公用经费、贫困家庭学生的资助负责。"2005 年 12 月 14 日，国务院发出了《关于深化农村义务教育经费保障机制改革的通知》（国发〔2005〕43 号）正式提出："全部免除农村义务教育阶段学生学杂费，对贫困家庭学生免费提供教科书并补助寄宿生生活费。"并规定："补助寄宿生生活费资金由地方承担，补助对象、标准及方式由地方人民政府确定。"自此之后，补助贫困寄宿生生活费就成为各地农村义务教育经费保障新机制的重要内容。2015 年 11 月 25 日，国务院印发的《〈关于进一步完善城乡义务教育经费保障机制〉的通知》（国发〔2015〕67 号）提出："家庭经济困难寄宿生生活费补助资金由中央和地方按照 5 ：5 比例分担，贫困面由各省（区、市）重新确认并报财政部、教育部核定。"为贯彻中央精神，各省也相继出台了关于补助贫困寄宿生生活费的政策，很多省份已经将其写进了地方条例，成为具有长期执行效力的法规性公文（见表 5–4）。

表 5–4　　　　　　全国部分省出台关于补助贫困寄宿生生活费的法规

省　份	法律文本	内　容	年份
四川省	《实施〈中华人民共和国义务教育法〉办法》第 6 章第 51 条	县级以上地方人民政府应当补助家庭经济困难寄宿生生活费并逐步提高标准	2014
河北省	《实施〈中华人民共和国义务教育法〉办法》第 6 章第 53 条	县级以上人民政府对在学校寄宿的经济困难家庭的适龄儿童、少年，应当补助寄宿生活费	2009
西藏自治区	《实施〈中华人民共和国义务教育法〉办法》第 6 章第 45 条	自治区对接受义务教育、符合寄宿条件的农牧民子女实行三包，在学习、住宿、生活等方面给予保障	2008
青海省	《实施〈中华人民共和国义务教育法〉办法》第 6 章第 52 条	鼓励社会组织和个人捐资助学，对农村牧区寄宿学校学生和家庭经济困难学生补助生活费	2009
重庆市	《义务教育条例》第 6 章第 56 条	应当对家庭经济困难的义务教育阶段寄宿生补助生活费	2011
湖北省	《义务教育条例》第 51 条	各级人民政府对农村适龄儿童、少年免费提供教科书，补助农村贫困家庭寄宿生活费并逐步提高标准	2010
贵州省	《义务教育条例》第 13 条	县级以上人民政府应当为家庭经济困难寄宿生提供生活补助	2012
山东省	《义务教育条例》第 2 章第 16 条	对农村寄宿生免收寄宿费；对家庭经济困难寄宿生补助生活费	2010
江西省	《义务教育条例》第 3 章第 56 条	各级人民政府应当对家庭经济困难的学生给予资助；寄宿的，提供生活补助	2011
辽宁省	《义务教育条例》第 34 条	对寄宿生免收寄宿费，具体办法由省人民政府制定。对农村贫困家庭寄宿生生活费和家庭困难且路途较远的走读生交通费予以补助，所需经费由市、县人民政府共同承担	2009

截至 2016 年年底，全国绝大部分省已将农村贫困小学寄宿生生活补助标准提高到 1000 元 / 生·年。新疆维吾尔自治区小学寄宿生生活补助

早在 2010 年就达到 1250 元／生·年的标准，覆盖面达到了全部寄宿生的 95%。北京地区从 2009 年开始就已经推行"寄宿生生活补助"，将补助范围扩展到全部寄宿生，按 160 元／生·月的标准补助。可以说，这种补助方式源于"两免一补"又超越了这一政策。广东省规定："从 2017 年起，对城乡义务教育家庭经济困难寄宿生，按小学每生每年 1000 元、初中每生每年 1250 元标准给予生活费补助。所需资金由省财政承担。"云南省规定：从 2017 年起，寄宿生生活补助范围实现"全覆盖"，补助标准按照小学每生每年 1000 元，所需资金由"中央财政和省级财政拿大头，县级财政根据财力承担 10%—25%"。江苏省规定："家庭经济困难学生生活费补助资金，寄宿生所需补助资金由省财政统筹中央财政资金按不低于 50% 的比例对所有市县分档补助。"河南省规定："家庭经济困难寄宿生生活费，按隶属关系由中央和学校所在省辖市或县（市、区）财政按照 5∶5 比例分担。补助标准为小学每生每年 1000 元，覆盖面为农村寄宿生人数的 27%。省辖市和县（市、区）要根据本区域家庭经济困难寄宿生情况，向贫困面较大的学校倾斜，确保覆盖每一个家庭经济困难寄宿生。"从农村贫困家庭寄宿生生活补助政策的实施路径来看，各地考虑了物价变化因素，不断提高了生均补助标准，对于分担学生新增寄宿成本，维护教育公平起到了重要作用。但是，在执行"两免一补"政策的过程中，新的不公平现象又出现了。各省在确定补助范围大多规定了一个补助比例，受资助的贫困寄宿生占寄宿生总数的 10% 以上，大多数地方达到了 30% 左右。

调查发现，如果以贫困程度判断，绝大多数学校的寄宿生贫困面有减少的趋势。但是，财政资助总金额却不会减少，很多学校是"以收定支"，在总经费不变或增加、贫困面缩小的情况下，就会出现很多非贫困生被纳入补助范围的情况。如此一来，非贫困寄宿生中就产生了新的不公平，财政资助丧失了本初职能，降低了财政资金使用效率。其实，在目前农村生源大幅向城市流动的情况下，为全部农村寄宿生提供生活补助，提供优于家庭的生活条件，可能会留住更多的学生在农村学校就读，对于振兴乡村教育会发挥更大的政策效应。

综上所述，农村寄宿制小学不仅是低龄儿童学习的场所，更是其生活的地方。在长时间失去父母关心照料和养成教育的情况下，学校要承担起培养孩子良好生活习惯的重任，生活服务与管理人员干系重大。各级财政在改善学生生活条件方面已经开始行动，但是，侧重点出现偏差，忽视了生活教师、工勤技能人员、保安、心理健康教师及医疗保健人员等方面的人员经费投入水平，导致低龄寄宿生遭遇生存困境，过早过上了与同龄人不一样的生活。可以说，财力保障总量不足以及侧重点偏差是农村低龄寄宿儿童生存遭遇困境的最根本原因。

第三节 地方政府降低寄宿制办学生活设施准入门槛

长期以来，我国农村寄宿制学校举办存在准入门槛过低的问题。20世纪90年代，全国农村积极开展"普九"运动，基于财政保障级别过低的现实，撤点并校、集中办学成为当时最有效的手段。一时间，农村寄宿制学校大幅增加，农村寄宿制小学也进入快速发展时期，短时期内规模的快速扩张必然带来"因陋就简"的问题。其实，国家层面很早就有关于寄宿制学校建设的基本标准，只是各地在执行过程中执行不力，故意降低准入门槛。也正是由于多年来"有法不依"，才导致我国农村寄宿制学校基础设施简陋，影响了儿童的正常生活。

一 农村寄宿制学校建设国家标准相对滞后

举办农村寄宿制学校是一种"自下而上"的行为，农村基层政府及学校迫于"上学远"的压力而自觉选择寄宿制教育形式。20世纪90年代，农村中小学布局调整推动了寄宿制小学的自由发展，1997年《农村普通中小学校建设标准（试行）》出台时，第一轮建设高峰已过。21世纪的前十年，西部农村寄宿制学校建设工程再一次壮大了寄宿制小学的规模，遗憾的是，2008年和2011年出台的相应标准并没能约束到这一波大规模的建设。也就是说，农村中小学建设标准总是滞后于行动。

1987年10月1日，国家计划委员会颁布的《中小学校建筑设计规范》（GB99—86）规定："学生宿舍宜由居室、管理室、盥洗室、厕所、贮藏室及清洁用具室组成；学生宿舍的居室应设贮藏空间，每室居住人数不宜多于7—8人；学生宿舍应设晒衣设施；食堂的餐厅和厨房，应设部分走读生吃午饭热饭和课间加餐设施；中学、中师、幼师学生宿舍的使用面积，应按每床为2.7平方米计算；学生宿舍贮藏间的使用面积，宜按每生为0.1—0.12平方米计算。"该标准的适用范围包括普通中小学校、中等师范学校和幼儿师范学校，虽然没有包括农村中小学，但是，《中小学校建筑设计规范》中关于寄宿制学校建设的条款对农村寄宿制小学建设具有参考意义。

1997年6月1日，原国家教委主编、国家建设部批准的《农村普通中小学校建设标准（试行）》第25条规定："学生宿舍：初小不设置学生宿舍。完小宜设置，并按学生人数的20%住校计，居住面积为2.4平方米/生，6班、12班、18班的总居住面积分别为130平方米、260平方米、389平方米。学生食堂：初小不设置学生食堂。完小均应设置，就餐人数宜按学生人数的30%计，使用面积为1.5平方米/生，6班、12班、18班的总使用面积分别为122平方米、243平方米、365平方米。开水房及浴室：初小不设置开水房及浴室，师生饮水用开水，由教工食堂加工。完小均应设置开水房及浴室，6班、12班、18班的总使用面积均为24平方米。"这是第一个专门针对农村中小学的建设标准，适用于县镇以下农村中小学校新建项目，改扩建项目参照执行。标准出台时，"普九"工作已经接近尾声，之前的农村寄宿制学校建设基本处于"放任自由"的状态。

2008年9月3日，国家住建部和发改委批准了教育部主编的《农村普通中小学校建设标准》（建标109—2008），同时废止了原《农村普通中小学校建设标准（试行）》（建标〔1996〕640号）。建标109—2008首先对农村寄宿制小学的规模、建筑面积、用地面积及生活用房面积做了具体规定。按班额40—45人计算，每所农村寄宿制小学规模应该在480—1080人。从生均建筑面积来看，12班规模的农村寄宿制小学应该比非寄宿制学校高出8平方米，18班规模的应高出7.56平方米，24班规模的应高出7.47平方米。生均用地面积也一样，12班、18班、24班规模的寄宿制小学分别比非寄宿制小学高出10平方米、11平方米、12平方米（见表5-5）。完全寄宿制小学生活用房包括教工宿舍、食堂、开水房及浴室、教工厕所、学生厕所以及按全校学生规模设置学生宿舍。一般学校学生宿舍的总建筑面积和用地面积，应根据实际情况确定住宿生人数（比例），完全小学按使用面积3平方米/生。寄宿制小学学生食堂使用面积按1.2平方米/生计算，就餐率设定100%；完全非寄宿制小学按就餐率30%计算。另外，《农村普通中小学校建设标准》（建标109—2008）还提出了浴室的建设标准。也就是说，相关标准已经充分考虑了农村寄宿制学校的特殊性。遗憾的是，"建标109—2008"出台时，"西部农村寄宿制学校建设工程"已经结束，新标准无法约束 2004—2007 年新建和改扩建的大批农村寄宿制小学。

表 5-5　　　农村全寄宿制小学建设规模、建筑面积、用地面积及生活用房面积指标

（平方米）

项目	寄宿制小学建设规模			非寄宿制小学建设规模		
	12 班	18 班	24 班	12 班	18 班	24 班
建筑面积	7752	10785	14185	3432	4655	6117
生均建筑面积	14.35	13.31	13.13	6.35	5.75	5.66
用地面积	21292	27901	34226	15699	18688	21895
生均用地面积	39	34	32	29	23	20
生活用房使用面积	2631	3925	5243	509	736	971
生均生活用房面积	4.87	4.85	4.85	0.94	0.91	0.90
食堂使用面积	648	972	1269	243	365	486
生均食堂使用面积	1.2	1.2	1.2	1.5	1.5	1.5

资料来源：根据《农村普通中小学校建设标准》（建标 109—2008）数据整理得到。

2010 年 12 月 24 日，国家住房和城乡建设部发布了《中小学校设计规范》（GB 50099—2011），这一规范是在《中小学校建筑设计规范》（GBJ-99—86）的基础上修订而成的，适用于城镇和农村中小学校（含非完全小学）的新建和改建扩建项目的规划和工程设计。《中小学校设计规范》规定："寄宿制中小学校生活服务用房应包括：饮水处、卫生间、配餐室、发餐室、设备用房，宜包括食堂、淋浴室、停车库（棚）。寄宿制学校应包括学生宿舍、食堂、浴室。寄宿制学校的食堂应包括学生餐厅、教工餐厅、配餐室及厨房。学生宿舍应包括居室、管理室、储藏室、清洁用具室、公共盥洗室和公共卫生间，宜附设浴室、洗衣房和公共活动室。学生宿舍每室居住学生不宜超过 6 人。居室每生占用使用面积不宜小于 3 平方米。学生宿舍的居室内应设储藏空间，每人储藏空间宜为 0.3—0.45 立方米，储藏空间的宽度和深度均不宜小于 0.6 米。"《中小学校设计规范》甚至还对学生宿舍换气和温度做了具体规定，即最小换气次数标准为 2.5 次 / 小时，人均新风量为 10 立方米 / 小时·人；采暖设计宿舍内温度为 18℃。这套标准于 2012 年 1 月 1 日才开始实施。

2011 年 8 月 16 日，教育部和卫生部联合出台了《农村寄宿制学校生活卫生设施建设与管理规范》，重点对饮用水设施、宿舍、食堂、浴室、厕所、垃圾和污水设施等学校生活卫生设施的建设与管理提出要求。这是

第一个专门针对寄宿制学校生活设施的标准，很多规定依据了《中小学校设计规范》，在此基础上，《农村寄宿制学校生活卫生设施建设与管理规范》还对宿舍内的床铺、浴室、垃圾处理做了更为详细的规定。2018年4月25日，国务院办公厅出台的《关于全面加强乡村小规模学校和乡镇寄宿制学校建设的指导意见》（国办发〔2018〕27号）进一步强调："各省（区、市）要认真落实国家普通中小学校建设标准、装备配备标准和全面改善贫困地区义务教育薄弱学校基本办学条件有关要求，对于寄宿制学校，要在保障基本教育教学条件基础上，进一步明确床铺、食堂、饮用水、厕所、浴室等基本生活条件标准和开展共青团、少先队活动及文体活动所必需的场地与设施条件。并要求各省2019年制定乡镇寄宿制学校办学基本标准。"

综上所述，从1986年开始，国家便相继出台关于农村中小学的基本建设标准，其中很多条款为农村寄宿制小学建设提供标准。遗憾的是，各地方政府迫于经费压力，无力执行标准。再加上部分标准出台滞后于寄宿制学校建设工程，失去了规范农村寄宿制小学硬件设施的大好时机。2011年出台的《农村寄宿制学校生活卫生设施建设与管理规范》将为未来乡镇寄宿制学校建设指引方向，《关于全面加强乡村小规模学校和乡镇寄宿制学校建设的指导意见》文件的相关规定也为标准化寄宿制学校建设提供了政策依据。可以说，农村寄宿制小学硬件设施从一开始便"有法可依"。

二　地方政府执行农村学校建设标准不到位

学校建筑面积与生均建筑面积、学校用地面积与生均用地面积、生活用房面积与生均生活用房面积、生均宿舍面积、生均食堂面积等指标是农村寄宿制小学硬件设施建设的基本指标。《农村普通中小学校建设标准（试行）》（建标〔1996〕640号）、《农村普通中小学校建设标准》（建标109—2008）、《中小学校设计规范》（GB 50099—2011）、《农村寄宿制学校生活卫生设施建设与管理规范》等国家层面的标准在不同时期规范着农村寄宿制小学的基本建设，梳理不同时期农村寄宿制小学硬件设施的状况发现，很多省份并没有严格执行标准，以至于农村寄宿制小学的基本办学条件长期以来处于不达标状态。

资料显示，2008年宁夏回族自治区中小学生均宿舍、食堂面积分别为

2平方米和0.9平方米，"大通铺"和校外寄宿的情况比较普遍。① 按时间推算，2008年以前的办学条件标准应执行《农村普通中小学校建设标准（试行）》，规定："小学生均宿舍面积为2.4平方米，生均食堂面积为1.5平方米。"显然，该省有很多学校的寄宿学校建设并没有按照标准执行。2012年5—8月，国家审计署对全国27个省1185个县农村中小学布局调整情况进行了审计调查。这次审查时间段为2006—2011年，系《农村普通中小学校建设标准》（建标109—2008）实施的阶段。审计结果显示：12533所寄宿制学校中，有919个县的4515所学校（占36%）生均宿舍面积未达到国家规定的3平方米标准，涉及寄宿生185.56万人；538个县的1601所学校（占13%）存在"大通铺"或两人一床等现象；878个县的4990所学校（占40%）的学生宿舍楼内未配备厕所等设施。② 20世纪90年代中期以来，各地农村开启了第二轮以撤点并校为主要手段的学校布局调整。农村寄宿制小学被迫仓促上阵，宿舍等生活服务设施"因陋就简"已经成为普遍存在的问题。就生均宿舍面积这一指标来看，2006—2011年，全国农村寄宿制小学一直徘徊在2.50平方米/生，全国31个省（自治区、直辖市）生均宿舍面积达到的比例大多数时间达不到1/3，而且，达标的省份基本集中在东部地区，中西部地区仅有安徽省和重庆市2011年勉强达到了3平方米/生的标准（见表5-6）。

表5-6　　　　2006—2011年全国各地区农村小学寄宿生生均宿舍面积　　　（平方米）

地区	2006年	2007年	2008年	2009年	2010年	2011年
全国	2.31	2.41	2.21	2.34	2.52	2.45
东部	4.14	4.08	3.52	3.52	3.78	3.87
中部	2.26	2.27	2.13	2.18	2.10	2.02
西部	1.76	1.99	1.86	2.08	2.50	2.42
北京	3.59	3.52	3.28	4.18	4.40	4.86
天津	2.34	7.03	5.16	9.51	9.61	4.60
河北	3.11	3.15	2.88	2.85	2.92	2.92

① 《宁夏将加强农村寄宿制学校建设缓解"大通铺"现象》，中国政府网，http://www.gov.cn/Jrzg/2009-02/06/content_1223383.htm。

② 审计署：《1185个县农村中小学布局调整情况专项审计调查结果》，中央政府门户网，http://www.gov.cn/zwgk/2013-05/03/content_2395337.htm。

续表

地区	2006 年	2007 年	2008 年	2009 年	2010 年	2011 年
辽宁	1.34	1.37	1.81	1.70	1.53	1.88
上海	5.22	5.23	2.12	0.95	1.21	23.66
江苏	4.51	3.75	3.08	3.48	4.02	3.77
浙江	3.77	4.48	4.94	5.48	5.91	7.39
福建	3.88	3.41	4.68	5.38	6.25	6.07
山东	4.28	3.62	2.36	2.04	2.05	2.34
广东	6.33	7.55	5.15	4.67	6.05	6.42
海南	2.59	3.10	2.67	2.77	2.97	3.03
山西	2.05	2.36	2.42	2.67	2.77	2.95
吉林	2.56	2.99	2.51	2.13	2.07	1.70
黑龙江	2.65	2.64	3.18	2.65	2.09	2.03
安徽	1.99	2.19	2.68	2.84	3.08	3.00
江西	1.93	1.95	1.75	1.82	1.71	1.49
河南	2.45	1.87	1.85	2.04	1.98	2.10
湖北	2.34	2.52	2.31	2.44	2.26	2.14
湖南	2.34	2.40	1.95	1.86	1.85	1.60
内蒙古	1.60	1.69	1.66	1.95	2.55	3.17
广西	2.82	2.87	2.58	2.80	2.99	2.87
重庆	2.59	2.49	2.08	2.29	2.89	3.38
四川	1.78	2.03	1.71	2.10	2.99	2.93
贵州	1.27	1.81	1.33	1.52	1.74	1.50
云南	1.53	1.86	1.82	1.98	2.37	2.02
西藏	2.01	2.06	2.07	2.05	2.13	2.77
陕西	1.43	1.80	2.09	2.45	2.71	2.72
甘肃	0.74	0.82	0.83	0.99	1.44	2.31
青海	1.08	1.23	1.19	1.39	1.57	1.60
宁夏	1.64	2.28	1.89	1.83	2.23	2.88
新疆	2.39	2.64	2.81	2.92	2.84	1.68
达标率	25.8%	32.3%	22.6%	19.4%	22.6%	35.5%

资料来源：根据教育部发展规划司《全国教育事业发展建明统计分析》（2006—2011）整理。

2010 年 7 月 29 日，教育部发布的《国家中长期教育改革和发展规划纲要（2010—2020 年）》提出："推进义务教育学校标准化建设，均衡配置教师、设备、图书、校舍等资源。"各省相继出台了《义务教育学校办学基本标准》，对小学、初中的人力、物力、财力及管理做了详细规定与规范。分析各省出台的办学基本标准发现，各地执行标准的力度并不一致。《农村普通中小学校建设标准》（建标 109—2008）中规定："寄宿制小学生均用地面积为 32—39 平方米，生均食堂面积为 1.2 平方米。"《中小学校设计规范》（GB 50099—2011）规定："学生宿舍每室居住学生不宜超过 6 人。"2011 年 10 月 20 日，重庆市发布的《义务教育学校办学条件基本标准（试行）》规定："全市义务教育学校建设用地标准按照《重庆市规划局关于印发重庆市城乡规划公共服务设施规划导则（试行）的通知》（渝规发〔2008〕14 号）执行。寄宿制小学每增加 1 名寄宿生，增加占地面积 1 平方米。"查阅渝规发〔2008〕14 号发现，24 班的普通小学用地面积为 17280 平方米，生均为 16 平方米。寄宿制小学一般按寄宿率 30% 计算，24 班规模的农村寄宿制小学生均用地面积为 16.3 平方米，这一标准远远低于"建标 109—2008"的要求。

2011 年 12 月，青海省出台的《标准化中小学校办学标准（试行）》中规定："12 班 540 人规模的小学生活用房为 466 平方米，18 班 810 人规模的小学生活用房为 659 平方米，学生宿舍按照 3 平方米 / 生另计。"分别低于"建标 109—2008"标准 43 平方米、77 平方米，如果按照寄宿制小学计算，则分别比"标准"低 545 平方米、836 平方米。2013 年 5 月 31 日，云南省出台的《义务教育学校办学基本标准》规定："规模为 12 班（540 人）的农村小学生均校舍建筑面积合格标准为 6.35 平方米，基本合格为 4.34 平方米。农村小学每名住宿生学生宿舍面积为 5 平方米。"如果按全寄宿制小学计算，生均校舍面积合格标准为 11.35 平方米，低于"建标 109—2008"中 14.35 平方米 / 生的标准，"基本合格"标准就更低了。2016 年 7 月 29 日，河南省颁布的《义务教育学校办学条件基本标准（试行）》规定："完全小学（≤ 24 班）生均用地面积 18 平方米，住宿生生均用地面积应控制在 4—5 平方米（如果按照寄宿制小学计算，生均用地面积为 22—23 平方米）。学生宿舍生均面积 3 平方米；学生宿舍每室居住学生宜为 4—8 人，不应超过 10 人。学生餐厅生均面积 0.6—0.7 平方米。"

比较国家和省级关于农村寄宿制小学主要生活设施标准发现，两者在学校规模、宿舍面积、食堂面积、平均每间宿舍的人数等方面都存在很大差异（见表5-7）。就寄宿制小学规模而言，国家标准中关于寄宿制小学规模最大设计为 24 个班 1080 人，而全国有 10 个省的最大规模设计为 30 班 1350 人，青海、北京、山东的最大规模设计为 36 班 1620 人，远远超过国家标准。调研中发现，贵州省 HP 县 GL 小学学生总数达到 1800 余人，河北省 QL 县某农村寄宿制小学学生总数也超过了 1800 人。再看有关寄宿生宿舍面积的规定，国家标准为生均使用面积不宜低于 3 平方米，很多省使用了生均宿舍建筑面积不低于 5 平方米，建筑平面利用系数（使用面积与建筑面积）k 必须取 0.6，两者标准才一致，实际上，很多省并没有规定平面系数标准。同样，省级层面关于食堂的标准与国家标准也有出入。国家关于食堂的使用面积标准为生均 1.2 平方米，而查阅 20 省的相关标准发现，明确规定了食堂面积标准的省份有 10 个，占总数的 50%；10 个省中有 9 个省规定了"生均食堂建筑面积"指标，其中，有 2 个省直接规定了餐厅面积为 0.6—0.7 平方米 / 生，如果按照平面利用系数 0.6 计算，只有 2 个省达到了国家规定的标准。最后看每间宿舍住宿学生数标准，国家标准为"每间宿舍不能超过 6 人"，而 20 个省份中仅有北京、河南、山东 3 省提出了具体标准。其中，河南省标准为"4—8 人 / 间，不应超过 10 人"，北京和山东规定了每间宿舍不能超过 6 人。实地调研发现，宿舍较为规范的学校一般标准为 8 人 / 间，部分学生设计为 10—12 人 / 间，还有很多学校使用"大通铺"。

表 5-7　　　　　　　　农村寄宿制小学主要生活设施国家与省级标准比较

	发文编号	关于农村寄宿制小学硬件设施建设的标准
国家层面标准	《农村普通中小学校建设标准（试行）》	1. 完小宜设置学生宿舍，并按学生人数的 20% 住校计，居住面积为 2.4 平方米 / 生，6 班、12 班、18 班的总居住面积分别为 130 平方米、260 平方米、389 平方米。 2. 完小均应设置学生食堂，就餐人数宜按学生人数的 30% 计，使用面积为 1.5 平方米 / 生，6 班、12 班、18 班的总使用面积分别为 122 平方米、243 平方米、365 平方米。 3. 完小均应设置开水房及浴室，6 班、12 班、18 班的总使用面积均为 24 平方米。 4. 规模为 6 班、12 班、18 班的完全小学生均建筑面积分别为 4.84 平方米、4.34 平方米、4.02 平方米，平面利用系数 k 取 0.6。 5. 可增加相应的学生宿舍和学生食堂的面积。

续表

	发文编号	关于农村寄宿制小学硬件设施建设的标准
国家层面标准	《农村普通中小学校建设标准》（建标109—2008）	1. 规模为12班、18班、24班的农村全寄宿制完全小学生均建筑面积分别为14.35平方米、13.31平方米、13.13平方米。 2. 规模为12班、18班、24班的农村全寄宿制完全小学生均用地面积分别为39平方米、34平方米、32平方米。 3. 规模为12班、18班、24班的农村全寄宿制完全小学生活用房使用面积分别为2631平方米、3925平方米、5243平方米。 4. 全寄宿制完全小学设置教工宿舍、学生宿舍、食堂、开水房及浴室、教工厕所、学生厕所。 5. 农村完全小学校舍的使用面积、建筑平面利用系数为0.6。建筑容积率≤0.7。 6. 全寄宿制完全小学食堂生均使用面积1.2平方米。 7. 完全小学6班、12班使用面积均宜为16平方米，18班、24班使用面积均宜为20平方米。凡有寄宿学生，浴室使用面积按寄宿生人数设置。
	《中小学校设计规范》（GB50099—2011）	1. 中小学校建筑用地应包括教学及教学辅助用房、行政办公和生活服务用房等全部建筑的用地；有住宿生学校的建筑用地应包括宿舍的用地。 2. 寄宿制学校的食堂应包括学生餐厅、教工餐厅、配餐室及厨房。 3. 学生宿舍应包括居室、管理室、储藏室、清洁用具室、公共盥洗室和公共卫生间，宜附设浴室、洗衣房和公共活动室。 4. 学生宿舍每室居住学生不宜超过6人。居室每生占用使用面积不宜小于3平方米。 5. 学生宿舍的居室内应设储藏空间，每人储藏空间宜为0.3—0.45立方米，储藏空间的宽度和深度均不宜小于0.6米。学生宿舍应设置衣物晾晒空间。
	《农村寄宿制学校生活卫生设施建设与管理规范》教体艺〔2011〕5号	1. 学生宿舍用房一般由居室、管理室、盥洗室、厕所、贮藏室及清洁用具室组成。 2. 人均居室使用面积不宜小于3平方米。 3. 学生宿舍应具有一定的储藏空间，每人储藏空间宜为0.3—0.45立方米，储藏空间的宽度和深度不宜小于0.6米。 4. 学校食堂一般应包括工作人员更衣间、原料存放间、食品加工操作间、备餐间、食品出售场所、就餐场所等。 5. 公共浴室应设有更衣室、浴室、厕所等房间，公寓内的浴室可不设更衣室。
河南	豫政办〔2016〕129号	1. 24班以下规模学校生均用地面积18平方米，30班以上规模学校生均用地面积17平方米。学生宿舍和生活用地可根据实际情况确定，住宿生均用地面积应控制在4—5平方米。学生住房容积率应为0.9。 2. 寄宿制学校应根据学生住宿人数配置学生宿舍、食堂、浴室等相关生活用房。学生餐厅人均使用面积0.6—0.7平方米，小学生宿舍人均使用面积3平方米，学生浴室人均使用面积0.2平方米。 3. 学生宿舍每室居住学生宜为4—8人，不应超过10人。
云南	云教〔2013〕12号	1. 6班、12班、18班、24班规模的农村小学生均占地面积"基本合格"标准分别为21.6平方米、16.2平方米、15.2平方米、13.6平方米。没有对农村寄宿制小学生均用地面积作特殊规定。 2. 6班、12班、18班、24班规模的农村小学生均校舍建筑面积"基本合格"标准分别为4.84平方米、4.34平方米、4.02平方米、4.02平方米。农村小学每名住宿生按生均建筑面积5平方米增加。

	发文编号	关于农村寄宿制小学硬件设施建设的标准
青海	2011 年	1. 12 班、18 班、24 班、30 班、36 班规模学校生活用房面积分别为 466 平方米、659 平方米、850 平方米、1056 平方米、1245 平方米；学生宿舍面积按生均使用面积不小于 3 平方米设置。 2. 教工与学生食堂按 0.48 平方米 / 生设置，没有考虑寄宿生情况。浴室、锅炉房按实际需要设置。
重庆	渝教基〔2011〕69 号	小学规模 12 班、18 班、24 班、30 班的生均用地面积分别为 18 平方米、17 平方米、16 平方米、14 平方米，生均建筑面积分别为 6.8 平方米、5.9 平方米、5.5 平方米、5.2 平方米。寄宿制小学每增加 1 名寄宿生，增加占地面积 1 平方米、校舍面积 4.5 平方米。
湖北	鄂教规〔2011〕3 号	1. 全寄宿制小学生均用地面积 32 平方米。 2. 全寄宿制小学生均校舍建筑面积基本要求 12.25 平方米，规划要求 13.31 平方米。 3. 小学生宿舍的建筑面积 5 平方米 / 生，食堂面积 1.7 平方米 / 生。
湖南	湘教发〔2016〕4 号	1. 不同规模学校生均占地面积分别为：小于 12 班（基本达标 22 平方米）、12 班（18.79 平方米）、18 班（17.57 平方米）、24 班（15.45 平方米）、30—45 班（14.68 平方米）。不区分寄宿制与非寄宿制学校。 2. 农村小学"小于 12 班"、12 班、18 班、24 班、30 班规模生均校舍建筑面积（不含寄宿制学校学生宿舍和食堂）基本达标要求分别为 7.4 平方米、6.6 平方米、5.8 平方米、5.4 平方米、5.2 平方米。 3. 寄宿制学校学生宿舍、食堂建筑面积配置标准为：生均宿舍建筑面积不低于 3 平方米；生均食堂建筑面积不低于 1.5 平方米。
甘肃	甘政办发〔2012〕233 号	1. 中心城区外的农村全寄宿制小学生均用地面积 32.0 平方米。 2. 全寄宿制小学生均校舍建筑面积基本要求 12.25 平方米，规划要求 13.31 平方米。 3. 小学生宿舍的建筑面积 5 平方米 / 生，食堂面积 1.7 平方米 / 生。
福建	2017 年	1. 校园用地面积达到办学规模相应标准，小学生均不低于 15 平方米（不含学生食堂宿舍用地）。 2. 校舍建筑面积达到办学规模相应标准，小学 6 班、12 班、18 班、24 班、30 班分别生均不低于 6.7 平方米、5.8 平方米、5.0 平方米、4.7 平方米、4.4 平方米（不含学生食堂宿舍面积）。 3. 小学生食堂生均建筑面积 1.72 平方米，生均宿舍建筑面积 4 平方米。
广西	桂政办发〔2011〕164 号	1. 农村全寄宿制完全小学 12 班、18 班、24 班规模生均用地面积分别为 39 平方米、34 平方米、32 平方米。 2. 完全小学学生食堂生均建筑面积 2.5 平方米，学生宿舍生均建筑面积 5 平方米。 3. 完全小学 6 班、12 班、18 班、24 班规模生均建筑面积分别为 10.35 平方米、8.85 平方米、8.25 平方米、8.16 平方米。其中，生均校舍建筑面积总指标按照完全小学寄宿率 50%。
河北	冀教基〔2011〕32 号	1. 新建小学生均占地面积要达到 20 平方米。 2. 小学校舍建筑面积基本指标不低于 5.2 平方米 / 生，规划指标不低于 7 平方米 / 生。寄宿制小学宿舍按生均建筑面积不低于 5 平方米增加。 3. 学生食堂生均建筑面积按照不低于 2 平方米的标准建设。

续表

	发文编号	关于农村寄宿制小学硬件设施建设的标准
江西	赣教基字〔2011〕54号	1. 寄宿制小学规模为"≥24班"、"18—24班"、"＜18班"的生均用地面积分别为32平方米、34平方米、39平方米。 2. 规模为6班、12班、18班、24班的小学生活用房使用面积分别为281平方米、509平方米、736平方米、971平方米，生均建筑面积分别为7.85平方米、6.36平方米、5.75平方米、5.66平方米。 3. 学生宿舍的居室，人均使用面积不应低于3.0平方米。 4. 食堂加工操作间最小使用面积不得小于8平方米。
四川	川教〔2012〕184号	1. 规模为6班、12班、18班、24班的农村小学生均用地面积分别为34平方米、29平方米、23平方米、20平方米，生均建筑面积分别为7.85平方米、6.36平方米、5.75平方米、5.66平方米。 2. 寄宿制小学按学生宿舍不低于生均5平方米相应增加生活用房建筑面积。 3. 完全小学的建筑容积率原则上不大于0.7。
广东	粤教基〔2013〕17号	1. 小学生均用地面积不低于18平方米。 2. 小学生均校舍建筑面积（不含宿舍）不低于7平方米，小学生宿舍按生均建筑面积不低于5平方米相应增加。
贵州	黔教规划发〔2015〕239号	1. 小学生均占地面积不低于20平方米；小学生均校舍建筑面积（不含学生宿舍）不低于4.5平方米，规模为6班、12班、18班、24班、30班及以上的小学生均校舍建筑面积分别为4.5—7.85平方米、4.5—6.35平方米、4.5—5.75平方米、4.5—5.66平方米、4.5—5.35平方米。 2. 寄宿制小学按照寄宿生生均3—5平方米的标准建设功能完善的学生宿舍。学生宿舍应包括寝室、公共盥洗室和公共卫生间、管理室，宜附设浴室、洗衣房和公共活动室，并配备急救箱。 3. 小学浴室不低于160平方米，并配有四季能用的供水设施。 4. 寄宿制学校学生食堂建筑面积达到寄宿生生均0.75—1.2平方米，加工操作间最小使用面积一般不小于8平方米，餐厅能满足学生就餐的需要。 5. 小学厕所建筑面积不低于0.2平方米。
安徽	皖教基〔2017〕24号	1. 小学生均占地面积不低于22.0平方米。 2. 小学生均校舍建筑面积（不含宿舍）不低于8.5平方米，规模为6班、12班、18班、24班、30班、36班生均建筑面积分别为10.3平方米、10.6平方米、9.5平方米、9.2平方米、8.8平方米、8.5平方米。不包括学生餐厅、宿舍、浴室、单身教师宿舍、教工值班宿舍及室外厕所。 3. 小学生餐厅生均使用面积0.6—0.7平方米，宿舍生均使用面积3.0平方米，学生浴室和室外厕所生均使用面积0.2平方米。
浙江	浙教办〔2011〕63号	1. 完全小学规模为6班、12班、18班、24班、30班的生均用地面积分别为14.89平方米、14.89平方米、13.54平方米、17.33平方米、16.05平方米、15.40平方米（不含寄宿生）。 2. 完全小学规模为6班、12班、18班、24班、30班的生均校舍建筑面积分别为7.09平方米、5.5平方米、4.94平方米、4.8平方米、4.74平方米、4.71平方米。寄宿生按照生均建筑面积不小于5平方米的标准增加相应的学生宿舍面积。

续表

	发文编号	关于农村寄宿制小学硬件设施建设的标准
北京	京教建〔2018〕11号	1. 规模为 12 班、18 班、24 班、30 班、36 班的小学生均用地面积分别为 45.83 平方米、34.03 平方米、29.27 平方米、27.08 平方米、26.04 平方米。有寄宿需求的学校，学生宿舍用地需单独测算。 2. 规模为 12 班、18 班、24 班、30 班、36 班的小学生均建筑面积分别为 21.78 平方米、18.34 平方米、17.15 平方米、15.92 平方米、15.30 平方米。生活服务用房 k=0.75。 3. 每间宿舍容纳学生不得超过 6 人，每人使用面积不得少于 4 平方米（含平日使用衣物的储藏空间）。 4. 使用面积计算应按厨房不小于 0.85 平方米 × 全部就餐人数。师生餐厅面积不小于 0.85 平方米 × 每批就餐人数。
山东	鲁教基发〔2017〕1号	1. 完全小学学校建设用地面积 I 类标准：6 班、12 班、18 班、24 班、30 班、36 班规模学校生均用地面积分别为 24.52 平方米、27.31 平方米、22.48 平方米、23.72 平方米、21.67 平方米、20.35 平方米；生均校舍建筑面积分别为 7.99 平方米、7.39 平方米、6.50 平方米、6.27 平方米、6.06 平方米、5.93 平方米。校舍使用面积系数 k=0.6。寄宿制小学要增加相应的宿舍、食堂及辅助设施面积。 2. 餐厅面积一般应满足学生可一次就餐，条件不具备时或在校就餐学生较多的学校，可分批次就餐。学生厨房餐厅使用面积按就餐学生人数配置，生均使用面积宜为 1.2 平方米。 3. 小学生宿舍生均使用面积 3 平方米。学生宿舍按常规住校学生数配置，每室居住学生不宜超过 6 人。浴室按住宿学生数生均使用面积 0.2 平方米配置。
陕西	陕教发〔2011〕39号	1. 规模为 4 班、6 班、12 班、18 班、24 班的农村小学生均用地面积分别为 25 平方米、34 平方米、29 平方米、23 平方米、20 平方米；生均建筑面积基本指标分别为 4.52 平方米、7.85 平方米、6.35 平方米、5.75 平方米、5.66 平方米。 2. 完全小学学生宿舍使用面积按 3 平方米 / 生设置，使用面积 k 值取 0.6，即宿舍按生均建筑面积 5 平方米增加。 3. 学生食堂使用面积按 0.53 平方米 / 生设置。浴室设置没有考虑寄宿生。
吉林	吉教发〔2010〕9号	小学生均校舍建筑面积（不含学生宿舍）不低于 5.2 平方米。

资料来源：教育部及各省教育厅官方网站收集整理。

　　县市级政府在执行标准的时候也存在偏差，这不仅仅是经费制约的问题。2016 年 5 月 30 日，四川省攀枝花市教体局印发的《关于进一步加强农村寄宿制学校管理的意见》（攀教体发〔2016〕49 号）规定："农村寄宿制小学学生宿舍建筑面积不低于生均 5 平方米；农村寄宿制学校食堂建筑面积不低于就餐人数人均 1 平方米。"食堂人均面积低于"建标 109—2008"中"食堂人均面积 ≥ 1.2 平方米"的标准。2016 年 8 月 26 日，湖南省张家界市政协的一份调查报告显示："2016年，桑植县61所农村寄宿制学校共有3958名寄宿学生，人均宿舍面积仅有1.32平方米、人均食堂面积只有1.08平方米、人均浴室面积只有0.17平方米。"①2018年7月11日，广东省清远市出台的《清远市农村义务教育寄宿制学校生活设施配备和管理标准（试行）》规定："学生宿舍每间住宿学生以不超过10人为宜。按住宿生70%计人数，食堂人均面积≥1.0平方米；食堂总面积中餐厅与厨房比例为7：3。"②尽管清远市关于寄宿制小学的其他规定非常全面，但是，学生宿舍中10人/间的住宿标准远远低于"GB 50099—2011"中6人/间的要求，食堂人均面积也低于"建标109—2008"中"食堂人均面积≥1.2平方米"的标准。

　　每当分析农村学校硬件设施落后的原因时，人们总是认为经费投入不足。其实，教育经费投入不足只是农村寄宿学校条件落后的原因之一，更主要的原因在于各级政府"有法不依"，对各种标准选择性执行。从普及九年义务教育开始，国家就相继出台了关于农村中小学建设的标准，各级政府总以"缺钱"为借口选择性执行标准。很多省份在农村普通小学的用地面积、建筑面积、生活用房面积等方面都能执行国家标准，甚至把生均宿舍面积提高到5平方米。但是，对农村寄宿制小学却并不执行"建标109—2008"相关规定，致使寄宿制学校生均用地面积离标准相差甚远。各地对《中小学校设计规范》（GB 50099—2011）提出的"每间居室最多不能超过6人"更是置若罔闻，撇开"大通铺"不说，现实中每间宿舍住8人就算条件很好了。目前，农村义务教育经费已经在省级财政单列，农村教育经费较为充足，只要高度重视农村寄宿制小学教育的特殊性，转变观念，认真执行国家各项标准，寄宿制学校办学条件必然会逐年改善。

---

　　① 《关于我市农村义务教育寄宿制学校建设与发展情况的调研报告》，张家界市政协网，http://zx.zjj.gov.cn/c1269/20170315/i98785.html。
　　② 《清远市人民政府办公室关于推进农村义务教育寄宿制学校建设和管理的实施意见》（清府办〔2018〕29号），清远市人民政府门户网，http://www.gdqy.gov.cn/gdqy/202sfbwj/201808/ baf6c80c8fbb4b31afd77ec6d01f903f.shtml。

第四节 农村小学低龄寄宿儿童管理理念重管束、轻服务

农村低龄寄宿儿童是一个特殊群体，小学低年级儿童还具有较为明显的学前儿童生理和心理特征，他们往往表现出较弱的生活自理能力，对成人的依赖性较强。低龄寄宿儿童的生活除了吃饭、睡觉外，对以"玩耍"为主的娱乐活动也具有十分明显的需求。学校管理行为必须尊重管理对象的特殊性，制定相应的政策，从注重"管束"转向提供"服务"，以促进儿童"健康生活、阳光成长"为宗旨。然而，我国农村寄宿制小学的管理忽视了低龄寄宿儿童群体的特殊性，将他们当作"小大人"进行管理，所有的管理措施与初中、高中甚至大学并无两样，重纪律约束而轻生活服务，使本应活泼快乐的"花季"变得了无生趣，这种管理模式消解了寄宿制学校教育本来的优势，既不利于学生健康成长，也不利于学生学业成绩的进步。

一 寄宿制教育政策设计忽视低龄寄宿群体

一般来说，小学低年级阶段儿童身体发育相对缓慢而稳定，基本处于匀速发展阶段。研究表明，我国儿童生长发育的高峰年龄是 12 岁，女生一般从 10 岁、男生从 12 岁开始，先后进入人生的第二次生长发育快速阶段，这一阶段正值小学高年级阶段。[①] 埃里克森将 7—12 岁称为"学龄期"，认为儿童的社会活动范围扩大了，依赖重心已由家庭转移到学校、教室、少年组织等社会机构方面。弗洛伊德心理发展观认为，6—11 岁儿童在前生殖期的恋母情结的各种记忆元素逐渐被遗忘，儿童进入了一个相当平静的"潜伏期"。[②] 因此，小学低年级段身心发育与初中生差异很大，低龄寄宿儿童对宿舍、食堂以及课余活动等生活服务设施有不同的需求。然而，我国义务教育顶层设计将小学生与初中生强行绑定在一块儿，相关政策出台从不考虑两者差异，所有设施设备配置也没有估计小学生的特殊需求。

按照各级政府的整体设计，农村就不应出现低龄寄宿儿童，而且，小学高年级段寄宿生和初中阶段学生并无差别。1952 年至今，国家层面共发

---

① 李晓东：《小学生心理学》，人民教育出版社 2003 年版，第 52—55 页。
② 林崇德：《发展心理学》，人民教育出版社 1995 年版，第 34—36 页。

布与寄宿制直接相关的文件约 53 个，仅有 4 个文件提及了低龄儿童的特殊性，其中有两个文件提及了低龄寄宿的特殊性，另有两个文件明确反对低龄寄宿。2006 年 6 月 7 日，教育部办公厅印发的《关于切实解决农村边远山区交通不便地区中小学生上学远问题有关事项的通知》提出："尤其要强化寄宿制学校的管理，确保低学龄学生在校的安全、生活和学习，努力为学生健康成长提供一个良好的环境。"首次提出低学龄生住校生管理的特殊性，但没有提出相应的政策措施。2006 年 9 月 28 日，《国家西部地区农村寄宿制学校建设工程项目学校管理暂行办法》第 24 条规定："按标准配备生活教师，小学低年级寄宿生原则上要配备生活保育员，生活教师和保育员要严格履行工作职责。"谨慎地提出了"小学低年级寄宿生"需要特殊关照。2012 年 9 月 6 日，国务院办公厅出台的《关于规范农村义务教育学校布局调整的意见》（国办发〔2012〕48 号）明确规定："农村小学 1 至 3 年级学生原则上不寄宿，就近走读上学；小学高年级学生以走读为主，确有需要的可以寄宿。"2018 年 4 月 25 日，国务院办公厅出台的《关于全面加强乡村小规模学校和乡镇寄宿制学校建设的指导意见》（国办发〔2018〕27 号）提出："原则上小学一至三年级学生不寄宿，就近走读上学，路途时间一般不超过半小时；四至六年级学生以走读为主，在住宿、生活、交通、安全等有保障的前提下可适当寄宿。"这两项政策表达基本一致，不主张低龄寄宿。

其实，"原则上小学一至三年级学生不寄宿"只是一种理想状态，实践中，农村寄宿制小学中寄宿生已经覆盖了一至六年级。调查发现，小学四年级以下的寄宿生占住校生总数的比例高达 38.2%，三年级以下寄宿比例也达到了 15.8%。部分学校"超低龄寄宿"比例更高，2018 年秋季学期，湖北省 YC 市 YL 区 HY 小学学生总数 327 人，其中，寄宿生 259 人，寄宿率达到了 79.2%。一、二年级共有 103 人，寄宿生 52 人，超低龄儿童寄宿率高达 50.5%。这是在政策限制后的低龄儿童寄宿规模，实际上，还有很多家庭的低龄寄宿需求没有得到满足。问卷调查显示，有 4.6% 的农村小学生租住在校外和亲戚朋友家里，校外租住人群中，四年级及以下的学生占 57.8%。谈及校外租住的原因，大多数孩子说："爸爸妈妈打工去了，学校不让家离学校近的人住校。"翻阅各省出台的相应文件发现，学校一般只为离学校 3 公里以外的学生提供寄宿条件。尽管很多文件要求"优先满足留守儿童寄宿需求"，但是，学校一般是"能推就推"，只要学生家里有监护人（包括父母一方或爷爷奶奶、外公外婆），学校一般不主张孩子住校。换句话说，低龄寄宿需求没有因为政策规定而减少，相反，大量留守儿童寄宿需求与年龄无关、与家校距离无关。显然，制定政策必须面对既成事实，满足业已形成的巨大寄宿需求。由于身心发展尚不成熟，生活自理能力差，庞大的农村低龄寄宿儿童群体实际上属于处境不利人群，需要特殊政策关照。对低龄孩子的关照要体现在各个方面，除了安排生活教师等专人负责外，学校的硬件设施设备必须贯穿"关照"理念。显然，各级政府的政策大多基于低龄儿童"不应该住校"的逻辑展开，而不是尊重实际。

我国农村寄宿制初中有较长的办学历史，经过两轮大规模的"撤点并校"，基本形成了"一乡一所寄宿制初中"的格局。初中生生活自理能力相对较强，再加上有"初中升高中"的压力存在，学习成为整个寄宿生活的实际中心，学校管理相对单一，管理目标明确。农村寄宿制小学兴起的高峰与初中并不同步，很多政策来自基层实践，至今没有形成一种共同认可的理念。因此，从政策的顶层设计到基层实践基本套用寄宿制初中政策，即使有些微差异，那也是一些主观判断。如小学与初中生均公用经费相差200元、营养午餐生活费用初中比小学每天高出1元、贫困寄宿生生活补助每年相差200元，诸如此类的政策的基本假设就是小学生吃得少、管理小学生比管理初中生难度小。其实，这些政策并没有以学生生活为背景，违背了一个基本常识——抚育小孩比养育成人要难。义务教育政策将小学和初中划为一段体现了"学习中心"的政策初衷，如果兼顾儿童生活的规律，将小学与初中绑定显然不合理。退一步说，非寄宿制学校中小学生的生活责任大部分在家庭，将初中与小学划为一段并无不妥。但是，寄宿制小学的学生生活主要场所在学校，如果制度安排忽视这一重大区别，必将牺牲小学生的利益。因此，忽视低龄寄宿儿童群体生活的特殊性就是重"学习"轻"生活"体现。

二　学校重寄宿管理制度建设而轻寄宿教育

一般来说，低龄儿童正常的生活状态是在相对自由的空间中活动。在家庭中，父母也会做出较为严格的规定，如做完作业之后可以自由玩耍等。在学校，由于寄宿生太多，生活教师数量不够，出于安全考虑，管理者一般会做出更加严格甚至是苛刻的限制。本该是淘气的年纪，却变得老成持重，稍有"出格"行为就会遭遇责罚。诚然，纪律约束是集体生活有序的保障，但是，对于低龄儿童来说，管理者除了制定严格的管理制度外，更应该加强寄宿教育，以说服、引导为主，而不是像对待中学生一样动辄采取强制性措施。所谓寄宿教育，就是学校通过寄宿教育课、活动课、生活管理以及小学生对半独立生活的探索与实践，使寄宿生明确寄宿规则、遵守寄宿秩序、养成良好的行为习惯的教育教学活动。其中，寄宿教育课是主要载体。为了保障学校正常秩序和培养学生良好的行为习惯，农村寄宿制学校都会出台相关的制度，从早上起床到晚上就寝，细致入微。如何保障规章制度落实，所有学校基本采取了强制手段，对于违规者实施一定惩罚。对于小学高年级学生、初中生来说，他们对学校规章制度基本能够理解并能够自觉约束自己的行为。因此，规章制度一旦颁布，他们便可执行，如果违反规定，大多属于故意行为。对于低年级小学生来说，其行为养成需要借助外力帮助，需要管理人员与教师的引导，并不是"规章制度上墙"那么简单。

实地调查发现，所有农村寄宿制小学都制定了《寄宿生一日常规》，对寄宿生（含走读生）行为进行细化。从各校的条文语气中能够明显感觉出"成人化"味道。有些条文低龄孩子根本没法理解，即使自己做了违规的事情也不一定能意识到。表5-8是某小学贴在宿舍外的规章制度，总共800余字，语气明显"成人化"，四年级以下的孩子要读懂规章制度都不容易，如何能保证他们理解并执行呢！除非学校安排时间认真学习，不断强调。学校老师坦言："学生应该能看懂这些文字，班上也很少解释、引导寄宿生如何执行，一般在评比时扣分后，班主任会追究责任，轻则批评，重则适当惩罚。"由于很多安排主要针对寄宿生，白天上课宣讲这些制度会影响走读生。因此，引导寄宿生领会这些条款的最佳时机就是晚自习。然而，晚自习除了安排班主任负责外，其他老师基本就是维持秩序。所有调查的学校都没有安排寄宿教育课程，以此教会学生住校规则、行为习惯的养成，很多学校根本没有意识到寄宿教育的重要性。调查发现，样本学校晚自习形式多样，有的学校安排低年级学生看电视，也有的学校允许学生在完成作业后下棋，还有的学校将学生集中到食堂餐厅统一管理，也有少部分老师利用这段时间给学生讲课。遗憾的是，没有一所学校安排教师或生活教师进行寄宿教育，以引导学生了解常规和加强行为习惯培养。其实，很早以前就有一些城市寄宿制学校探索寄宿教育课程。北京小学长期以来对住校班实行食、宿、学一体化服务和管理，并以"生活自理、学习自主、行为自尊、健康自强"作为寄宿教育的宗旨，并以寄宿教育课为主要载体逐步渗透"四自"理念。学校每天晚上都安排了寄宿教育课，老师上课需要备课，围绕"四自教育"分解教学目的、内容、方法，教育内容包括完成作业、安排课余时间、选择好书、公益、自我服务劳动、交往、自护与自救、讲卫生、物品摆放、营养进餐、科学健身、约束自己、个性发展、知冷暖、防病与服药、关爱他人等内容。[1]

表 5-8　　　　　　　　广西壮族自治区 SS 县 NP 小学内宿生管理制度

一、内宿生常规

1. 听到起床铃后，及时起床并迅速整理内务工作，宿舍值日生打扫卫生

2. 按时打饭、就寝，打饭时要排队，严格按照学校规定时间、规定地方就餐。就餐期间出现问题及时报值班领导或老师解决。要珍惜粮食，珍惜他人劳动，剩饭菜禁止乱洒、乱倒，要倒到指定位置

3. 按时到校上课，到上课预备铃响后离开宿舍。各宿舍值日生要在离开宿舍前关好门窗。上课期间不准中途回宿舍，因特殊事情出入宿舍者，必须持有班主任分管主任准许的假条

4. 按时上晚自习，不允许无故迟到、早退、旷课。晚自习要认真学习，不准说话、打闹或做与学习无关的事

5. 下晚自习后，立即回宿舍，准备就寝，做好洗漱等睡前准备工作，班主任查床时，同学做好配合。熄灯铃响后不准再出现说话、打闹等影响他人休息的行为，更不准外出宿舍楼

6. 内宿生回到宿舍，同学之间要讲文明，不说脏话；要讲团结，遇到困难要相互帮助；要讲究仪表，言行举止、仪表要符合学校要求

7. 晚间遇到停电时，要在管理员的指导下，正确使用火烛，以确保师生安全

二、内宿生规则

1. 按统一指定的房间、床位就寝

2. 遇到突发事件或病、事假及时报告宿舍管理员

3. 晚上必须在规定的时间前返回宿舍，晚点名后不得私自离开

4. 严格遵守作息时间制度，按时起床、就寝、熄灯

5. 爱护宿舍内的一切公共设施，未经允许不得私自搬动

6. 节约水电，严禁私用电器，严禁乱动公用电源，严禁在宿舍内烧水

7. 严禁带领外来人员进入宿舍私自逗留，严禁留宿外来人员或非本宿舍人员

8. 严禁在宿舍内抽烟、喝酒、打牌、下棋、打架

9. 严禁乱串宿舍

10. 做好宿舍保卫工作，不准把蜡烛等火种带进宿舍，不私自拿同学的物件

---

[1]　李钟庆：《促进合作与交往的寄宿教育》，社会科学文献出版社 2002 年版，第 184—234 页。

续表

二、内宿生规则

11. 未经班主任批准，不准直接去亲戚家、同学家过夜

12. 不得向窗外、楼下及其他地方乱扔杂物、乱倒脏水

13. 不能把收音机、录音机、随身听、MP3、手机等带入宿舍

14. 不能在床、门、门窗玻璃、墙壁等处乱贴乱画

15. 熄灯后，不能在宿舍内说话，影响他人休息

　　注：表5-8内容系调研时获得的广西壮族自治区某小学学生宿舍的规章制度，在整理资料时发现，这份制度就是从百度上下载的某中学学生宿舍管理制度，几乎没做任何变动。

三　寄宿制学校管理中规范有余而关爱不足

　　此次调查发现，大部分农村寄宿制小学宿舍内务整理都表现出"准军事化"。被子折叠成"方块"，毛巾达成"一条线"，洗漱用品摆放有序，鞋袜放在寝室外面，有的学校在宿舍外面设置的鞋架。有学校还安排了学生"大带小"，上铺睡五、六年级的孩子，下铺睡四年级以下的孩子，责任到人。早上起床迅速而有序，晚上睡觉"鸦雀无声"，部分学校中午吃饭的饭桌上贴着学生名字，对号入座，吃饭推行"光盘行动"。很多学校不准孩子晚上互串寝室，不准在寝室做游戏。有的学校甚至规定孩子晚饭后到上晚自习之前也不准在校园里嬉戏玩耍，追逐打闹。所有学校都实行了严格的封闭式管理，即使是在远离集镇的偏远山区，学校也把孩子"圈"在校园里。表面看起来无可挑剔，实际感觉总欠缺点什么。仔细分析发现，由于过于规范，原本活泼可爱的一群"小精灵"变成了举手投足都得小心翼翼的"小大人"。在严格的纪律约束下，实际上还有不为人知的另一面。很多孩子生活自理能力差，跟不上同伴的节奏，每天都在紧张中度日。学校人手不够，只能通过严格的制度来管束学生。

　　我国农村小学一般将寄宿生的生活服务责任交给宿管员或生活教师，没有过多强调其保育性质。很多农村低龄儿童穿衣、吃饭、睡觉等基本生活能力欠缺，还需要具备保育能力的相关人员协助。实践中，宿管员的职责中并没有强调这一点。以湖北省YC市YL区HY小学为例，该校259名寄宿生中，三年级以下的寄宿生就有102名，急需保育式生活服务，而该校的保育员职责中并没有着重强调这一点（见表5-9）。岗位职责中，我们感受到更多的是"管束"与"安全"责任。该校共有2名宿管员，与其中

一位女宿管员交谈了解到，她平时也自觉不自觉地关照寄宿生，但孩子太小，有的生活自理能力很差，光说没有用，需要手把手教他们做。低年级寄宿生中常有人尿床，孩子早上上课以后，她就挨铺检查，如果发现尿床的就把被子撤下来洗。其实，如果政策制定关注低龄儿童身心发展特点，配备较为充足的保育员照料低龄寄宿儿童生活，很多问题就可以避免。

表 5-9　　　　　　湖北省 YC 市 HY 宿舍管理（保育）员岗位职责

1. 宿舍安全和设施设备安全使用的第一负责人
2. 建立住宿生及家长档案，建立特异体质学生档案，建立住宿生班级管理和班主任联系制度，管好学生家长和班主任的联系电话
3. 在学校德育室和安全办的指导下成立学生宿舍管理委员会，每个寝室设室长，配合管理员做好宿舍的各项管理工作
4. 做好宿舍大门和出入人员管理，按时开关宿舍大门，严禁非住宿人员进入宿舍。认真落实宿舍管理值班制度，值夜班时不得睡觉或离岗
5. 定期排查维护宿舍各类设施和用品（门、窗、水、电、床、柜、电扇等），发现隐患及时报告相关领导和部门，配合有关部门及时消除隐患
6. 加强宿舍区消防安全管理，严禁私拉乱接或使用大功率电器，严禁安全通道堆放杂物，定期或不定期开展宿舍火灾等应急疏散演练，在宿舍醒目位置张挂疏散路线图，确保消防通道畅通
7. 掌握消防栓、灭火器的正确使用方法和扑救初起火灾的能力，突发事件来临时，组织学生有序疏散并及时上报
8. 严格执行学生请销假制度，学生请假回家要填写请假登记表，并告知家长和班主任，取得他们的同意方能准假
9. 每晚熄灯前，清点各宿舍人数，发现学生未归的，要立即查找，并及时与家长和班主任联系。熄灯后，认真巡逻宿舍及周边环境并督促学生就寝，同时注意检查门、窗、水、电。巡逻时发现学生生病，应及时与值周教师联系，送医就诊，并告知家长和班主任
10. 学生上课后，逐个检查宿舍。发现滞留在宿舍的学生要问明情况，并通知班主任
11. 做好宿舍环境卫生和消毒管理工作，组织指导宿舍管理委员会定期评比宿舍卫生并公布，对宿舍内务和卫生差的要及时进行教育，并限时改正
12. 完成领导小组交办的其他安全工作

湖南省沅陵县从 2005 年就开始举办农村低龄寄宿制学校，十多年来积累了丰富的经验，其中最大的亮点就是对低龄寄宿儿童实行全程保育服务。学校从教师中精心挑选年富力强，责任心突出，服务意识浓厚，为人和蔼可亲，工作不辞辛苦的教师，按照 1∶15 的比例组成保育教师队伍，要求保育教师身兼三种角色——保姆、妈妈、教师，对寄宿生的生活进行全程监控，贴身服务。马底驿九校创造性地将保育工作细化为"三陪"：陪吃、陪住、陪睡，"四管"：管吃、管喝、管拉、管撒，"五教"：教洗

脸洗脚、教铺床叠被、教穿衣穿袜、教刷牙漱口、教安全防范。每天早上保育员提前30分钟烧好热水，组织学生有序起床，在教师的指导下叠好被褥、洗脸漱口，为一天的学习生活做好准备。中午要组织学生午睡，下午和晚上要确保学生冷天一天一洗脚、热天一日一洗澡，特别是对学生的换洗衣服要及时清洗干净，挂晒晾干，晚上学生就寝后要轮流值班，每30分钟巡视一次，帮助学生盖好被子，发现有尿床的要及时更换，对极少数由于胆小的而不敢单独入睡的，保育教师还要守在身边，哄到入睡才能离开。① 关爱学生无小事，北京小学充分考虑学生晚饭吃得太早，晚上饿肚子的实际情况，每天晚上8：00左右安排学生奶加餐。问卷调查发现，有20.3%的寄宿生感觉自己晚上比较饿，54.0%的寄宿生会选择饿着，有部分学校为防止学生吃零食，校园里没有小卖部，寄宿生也只能选择饿着。

重"管束"轻"关爱"管理行为还表现在对学生天性的限制方面。农村寄宿制小学面临着如何消化新增的在校时间问题，小学五、六年级寄宿率与初中接近，具备了晚间集中上课与复习的条件，新增时间安排比较简单。四年级以下的寄宿生受到两方面制约：一是寄宿率低，走读生相对较多，晚上集中讲解不现实；二是学习内容相对简单，学习时间太长会影响学生积极性，因此，低龄寄宿生新增在校时间要么安排活动，要么让学生自由活动。安排活动太多，学校教师负担太重，让学生自由活动不仅安全风险高，而且还需要提供更多的活动器材和更广阔的活动场所。两相比较，为学生提供丰富的活动器材与扩展活动空间较为符合学生需求。但是，出于安全考虑，学校却更倾向于限制自由活动，采取看管的方式组织集体活动。如集中看电视、阅读课外书、适当举行文娱活动等。那么，学生希望采取什么方式度过新增寄宿时间呢？调查显示，学生课余活动愿望排名前三分别是看课外书、自由玩耍、体育运动，在4208份有效问卷中分别占57.1%、48.2%、47.6%。可见，更多学生倾向于自由玩耍。实践中，自由玩耍更能保护学生的天性，让学校成为最快乐的地方更能留住学生。贵州省黔西南州兴仁县巴铃镇塘坊小学，实行寄宿制已经10年。十年来，学校秉承"让学生喜欢就是学校的最大追求"、"建师生共有的'吃、住、学、乐'幸福学校"、"学生是来学校'玩'的，在此基础上去学习和进步"等

① 梁兴科、向志家：《沅陵县农村低龄寄宿制学校调研报告》，湖南省教育科学"十一五"规划一般课题（课题批准号：XJK06CJJ002）研究成果。

管理理念，学生由 10 年前的 78 人增加到 1002 人，寄宿生达到 521 人。在"吃"的方面，学校让学生参与食堂做饭，从学生家中采购食材，增加了"家"的味道，增加了学生家庭经济收入，拉近了家校距离，学校得到了家长的积极支持。在娱乐方面，学校倾力提供条件，加大娱乐设备的配备，让学生课间能尽情地玩耍，创造自由快乐校园。实现了"在喜欢学校的基础上喜欢老师，进而达到喜欢学习的目的"。学校建立学生卡拉 OK 室、舞蹈室，让孩子们课余唱歌、跳舞，消除孤独感。近期还准备建一个数字卡拉 OK 室，正在筹建露天舞台，准备开展露天舞台天天演活动。学校还开设了中国象棋娱乐活动。建成了学校棋廊和露天棋吧，组织指导队伍，象棋成为"校棋"，成为学校师生娱乐主打项目，普及率在 80% 以上。开展校园篮球活动。每天一场篮球赛，激励班级竞争，培养学生裁判员。乒乓球大赛贯穿全学期。学校每天组织开展不少于 60 分钟的大课间活动和少年宫活动。包括球类、歌舞类、体育游戏类、体操类、棋类、美术书法类、手工制作类、语言类、摄影类、阅读类等。学生根据自己的兴趣爱好自由选择，课余活动如火如荼，真正保护了儿童的天性。吴校长说："让学生觉得有做不完的事，使不完的劲儿，累却快乐着。"期末质量监测显示，塘坊小学各项指标均达到县城标准，学生并没有因为"贪玩"而耽误了学习。

第五节　农村社会年轻父母抚育后代的责任落实不到位

一般来说，家庭承担着生产、生殖、抚育等功能，抚育功能包括抚养和家庭教育两个方面，抚养涉及科学营养搭配和情感关怀等内容，家庭教育则关涉儿童行为习惯的养成和课业辅导等方面。[1]无论从伦理意义还是法律责任来说，未成年人抚养的主要责任在监护人，寄宿制学校及其他社会组织只能承担有限责任。然而，以农民进城务工经商、获得城乡差别效益为主要特征的"民工经济"形态改变农村家庭的生活方式，从而也改变了农村儿童，特别是低龄儿童抚养的传统模式。大批农村青壮年人口进城

---

[1]　董世华：《西部农村寄宿制小学功能定位及实现路径研究——基于义务教育均衡发展视角》，中国社会科学出版社 2016 年版，第 186 页。

务工，造成了农村儿童抚育父母缺位的局面。与此同时，新生代农民缺乏家庭责任感，推卸子女抚养和教育的责任，直接将责任全面移交给学校。在没有父母关怀和照料的情况下，农村儿童生存质量面临着严重挑战。

一 青壮年人口"空心化"导致农村儿童家庭抚育缺位

经济全球化引致产业布局全球化，我国的农业与西方国家相比，既不具备技术优势，又不存在要素禀赋优势，大量粮食的进口腾出了农村劳动力，使农村人力资源反而具备了比较优势。因此，改革开放以来，数以亿计的农民工脱离农业，成为推动中国经济迅速增长的主力军。由于工业产业大多集中在城市，大量农村劳动力流向城市，成为产业工人。1986年中央一号文件允许农民自理口粮进城务工经商，1992年，中国经济改革迎来新高潮，东部沿海城市出现大量劳动力缺口，我国迎来前所未有的打工潮，当年4000多万农民工流入沿海城市去，此后外出打工农民逐年增加。由于大批农村人口脱离农业生产，长时间外出从事非农工作，导致农业产业劳动力严重匮乏，乡村人气不旺、产业不兴、田地撂荒、房屋空置等现象凸显。农民工规模的迅速扩大还遭遇了政策保障滞后的"瓶颈"，大部分农民工"别妻离子"只身进城改变了农村家庭的结构，年轻父母长时间与子女分开给农村儿童成长带来了极大挑战。城市的繁荣造成了乡村发展滞后，乡村衰败态势明显。

（一）农村青壮年人口外出务工规模庞大

随着农民工总量的增加，其结构特点也逐步显现以青壮年男性为主的特征。统计数据显示，2008—2018年，我国农民工总量从22542万人上升至28836万人，农民工占农村人口比例从32.0%增加到51.1%。一般来说，农业人口转变为第二、第三产业的工人后，具体工作岗位获得与其文化程度、接受培训情况密切相关，从事技术性含量较高的工作一般对学历或培训要求较高。一直以来，农民工群体文化程度以小学和初中毕业为主，2014—2018年，农民工中小学、初中文化程度占比分别为77.0%、73.7%、72.6%、71.6%、71.3%。农民工接受非农技术培训的情况也不容乐观，2014年、2016年、2017年接受培训人员分别为32.0%、30.7%、30.6%。相应地，农民工从事的工作也集中在制造业、建筑业、仓储、住宿餐饮、居民服务等领域，这些行业对劳动力的需求主要以青壮年为主。建筑业、仓储等行业对男性需求明显高于女性。因此，能够脱离农业从事第二、第三产业的农民主要是青壮年人口。农民工监测调查报告数据显示，2008—2018 年，农民工中年龄分布主要集中在"21—30 岁"、"31—40 岁"和"41—50 岁"年龄段，三个年龄段占比之和一直趋近 80%；从性别来看，男性占比一直接近 70.0%（见表 5-10）。由此可见，从农业产业转出的劳动力不仅数量大，而且是最有活力的青壮年劳动力，这也正是乡村产业衰败的根源。①

表 5-10			2008—2018 年农民工年龄构成情况			（%）
年份	16—20 岁	21—30 岁	31—40 岁	41—50 岁	50 岁以上	男性比例
2008	10.7	35.3	24.0	18.6	11.4	—
2009	8.5	35.8	23.6	19.9	12.2	65.1
2010	6.5	35.9	23.5	21.2	12.9	—
2011	6.3	32.7	22.7	24.0	14.3	65.9
2012	4.9	31.9	22.5	25.6	15.1	66.4
2013	4.7	30.8	22.9	26.4	15.2	—
2014	3.5	30.2	22.8	26.4	17.1	69.0
2015	3.7	29.2	22.3	26.9	17.9	68.8
2016	3.3	28.6	22.0	27.0	19.2	68.3
2017	2.6	27.3	22.5	26.3	21.3	68.7
2018	2.4	25.2	24.5	25.5	22.4	69.2

按照农村现行上小学的年龄推算，31—40 岁的农民工子女正处在小学阶段。也就是说，将近 1/4 的农民工子女在小学就读。2018 年农民工监测调查报告数据显示，在全部农民工中，未婚的仅占 17.2%，已经结婚成家的农民工大约占 79.7%。以此推算，大约有 20% 的"31—40 岁"农民工有子女在小学就读。其实，年龄在 40 岁以下的农民工均有可能有孩子在接受学前教育或小学教育。2018 年，农民工平均年龄为 40.2 岁，40 岁及以下农民工所占比重为 52.1%，农民工子女在小学阶段以下就读的比例会远远超过 20%。② 总之，大部分青壮年农民工的子女都可以算作"低龄儿

---

① 资料来源：国家统计局 2008—2018 年《农民工监测调查报告》。
② 资料来源：国家统计局 2008—2018 年《农民工监测调查报告》。

童"。由于农民工进城务工的保障政策滞后于规模的快速扩张，农民工子女随迁就读也经历了一个艰难的历程。尽管各级政府做出了不懈努力，迫于经济压力，很多家庭其实无力将低龄孩子带在身边抚育。2008—2014年，外出农民工中能够举家全迁的农民工百分比始终在20%左右，近80%的家庭父母根本无法将孩子带在身边（见表5-11）。

表5-11   2008—2014年外出农民工中举家外出情况

年份	外出农民工（万人）	住户中外出农民工及其百分比（%）	举家外出农民工及其百分比（%）
2008	14041	11182（79.6）	2859（20.4）
2009	14533	11567（79.6）	2966（20.4）
2010	15335	12264（80.0）	3071（20.0）
2011	15863	12584（79.3）	3279（20.7）
2012	16336	12961（79.3）	3375（20.7）
2013	16610	13085（78.8）	3525（21.2）
2014	16821	13243（78.7）	3578（21.3）

（二）农村低龄儿童父母外出务工仍将持续

未来农村劳动力外出务工仍将是大趋势，农村低龄儿童成长环境仍将面临严峻挑战。从经济学的角度分析，农民的收入水平与城镇居民大体相当，也就要求农村地区相同人口创造与城镇大抵相当的GDP，才能遏制农民工大规模进城。[①] 事实上，2017年全国国内生产总值（GDP）为827121.7亿元，第一产业产值65467.6亿元，仅占7.9%，而该年从事第一产业的人员却占就业人口总数的27.0%。[②] 如果按照当年城乡常住人口比例计算，相当于41.4%的乡村人口只能创造7.9%的GDP。一般来说，提高乡村人口收入可以通过两条渠道：一是继续推进剩余劳动力向城镇转移，减少乡村地区就业人口，推进土地流转，实现规模经济效益，提高人均收入；二是提高传统农民素质，加大农业科技推广力度，提升生产能力。事实证明，选择外出务工效果更明显。2017年，农民工月均收入3721元，

---

① 宋伟：《基于农村人口承载力的乡村振兴多维路径》，《农业经济问题》（月刊）2019年第5期。

② 资料来源：《中国统计年鉴》（2018）表3-1"国内生产总值"。

外出务工农民工月均收入 4107 元，本地务工农民工月均收入 3340 元。[①]
我国农村人多地少，2016 年全国耕地面积 20.24 亿亩，当年农村常住人口
58973 万人，人均耕地面积约 3.43 亩，户均土地经营规模约 0.6 公顷。[②] 如
果不大规模种植经济作物，一亩地年均收入也就 1000 元左右，其收益远
远低于打工收入。而且，我国农村主要以小农户为主体，土地规模经营难以
推行，传统生产方式难以改变，这是"三农"问题的根源，也是乡村振兴战
略推进的最大阻碍。[③] 因此，农民选择从事非农产业是一种理性的经济行为。

从政策角度分析，鼓励剩余劳动力转移，进一步推进新型城镇化仍然
是主流政策价值取向。实施城镇化战略、鼓励农民进城务工必然出现城市
"虹吸"乡村人口与资源的现象。实施新农村建设、大扶贫战略、乡村振
兴战略可以阻止乡村人口与资源过度流向城市。如果这是一对平衡力，城
市与乡村的人口与资源就会产生自动平衡机制。问题在于，随着户籍限制
的放开，乡村人口进城通道几乎全方位开放，农村资源在市场机制作用下
也能顺利入城。相反，城市资源进入乡村的主要动力源于行政干预，城市
人口落户乡村政策并不成熟。也就是说，城乡要素自由流动、平等交换和
公共资源合理配置等机制并不完善。

（三）隔代抚养导致农村家庭抚育功能弱化

由于年轻父母倾向于外出务工，在无法携带子女进城就读的情况下，
他们要么选择母亲留守，要么选择爷爷奶奶（外公外婆）"隔代抚养"。随
着农村寄宿制学校条件的改善，很多家庭索性选择父母同外出，将绝大
部分抚育责任推给学校。家庭抚育功能弱化直接消解了农村寄宿制学校做
的努力，缺少了父母的陪伴，低龄寄宿儿童的生活终究是不完整的。课
题组调查发现，住校生周末回家后和爷爷奶奶（或外公外婆）住一起的人
数占比达到 33.3%（见表 5-12）。而寄宿生（2658 人）父母同时外出的人
数为 755 人，占寄宿生总数的 28.4%，可以看出，除了父母同时外出的寄
宿生只能隔代抚养外，还有 5% 左右的孩子回家之后也只能由爷爷奶奶照
顾。一般来说，30—40 岁的青壮年父母的年龄都会在 60 岁左右，甚至会

---

① 资料来源：2018 年《农民工监测调查报告》。
② 《2016 年度全国土地变更调查：全国耕地面积 20.24 亿亩》，中国网，http://www.
china.com.cn/top/2017-07/21/content_41258083.htm。
③ 资料来源：《国家新型城镇化规划（2014—2020 年）》。

更高，这一群体本身的生活自理能力都开始衰减，承担抚养和教育孙辈的能力也很弱。也就是说，留守低龄寄宿生星期五放假回家，一周就有近3天的时间属于隔代抚养，其生存境遇可想而知。调查发现，除了隔代抚养外，还有近9.5%的寄宿生周末回家既没有和父母在一起，也没有和爷爷奶奶在一起，这类学生一般都亲戚或朋友代为监护，其抚养和教育的效果并不比隔代抚养强。

表5-12　　住校生—走读生"周末回家一般都和谁住在一起呢?"交叉列联表

			周末回家一般都和谁住在一起呢?			合计
			爷爷奶奶（外公外婆）	爸爸妈妈	其他	
你是住校生吗?	不是	计数（人）	463	907	116	1486
		"你是住校生吗?"中的百分比	31.2	61.0	7.8	100.0
	是	计数（人）	886	1520	252	2658
		"你是住校生吗?"中的百分比	33.3	57.2	9.5	100.0
合计		计数（人）	1349	2427	368	4144
		"你是住校生吗?"中的百分比	32.6	58.6	8.9	100.0

二　新生代农民工生存方式变化影响后代生存质量

农村家庭抚育功能的实现还取决于父母的主观责任心，如果父母责任意识缺乏，即使在家守护也难尽抚育之责。《中华人民共和国义务教育法》第11条规定："凡年满六周岁的儿童，其父母或者其他法定监护人应当送其入学接受并完成义务教育；条件不具备的地区的儿童，可以推迟到七周岁。"现行小学教育学制以6年为主，可以推算出义务教育阶段学生的年龄一般在6—12岁。《中华人民共和国婚姻法》第6条规定："男方结婚年龄不得早于22周岁，女不得早于20周岁。"从理论上讲，2014—2018年就读小学儿童的父母属于"80后"，1980年及之后出生的、进城从事非农业生产6个月及以上的，常住地在城市，户籍地在乡村的劳动力，被称为"新生代农民工"。2014—2018年，全国农民工中"80后"新生代农民工占比从47.0%上升至51.5%（见图5-2）。[1] 新生代农民工基本没有从事过

农业生产，对乡村也不像父辈那般依恋，他们渴望融入城市，但受到经济收入、文化程度等因素制约，城市对于他们来说却没有归属感。

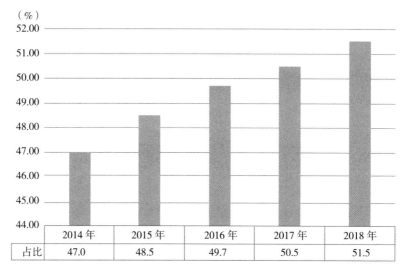

（%）	2014 年	2015 年	2016 年	2017 年	2018 年
占比	47.0	48.5	49.7	50.5	51.5

图 5-2　2014—2018 年新生代农民工占农民工总量的比重

就子女教育选择而言，新生代农民工携带子女进城接受教育的主观愿望强烈。从现实来看，新生代农民工子女接受城市教育的客观困境依然存在。受制于工作的不稳定，随着新生代农民工自身出于个人发展需要而频繁地更换工作或务工地点，或者因为各种行业随经济发展而波动从而造成新生代农民工失业后不得不更换工作，更严重的情况是，新生代农民工短暂失业后不得不临时返乡等，这些情况的出现都会迫使随迁入城接受教育的子女不得不随同新生代农民工父母频繁地更换地方、更换学校乃至临时返回农村留守接受教育等困境。在无法将子女随迁入城接受教育后，客观后果之一就是选择让子女留守农村接受教育，这一类型占比约为 30% 左右。[①]雷万鹏调查发现，61.7% 的新生代农民工子女在农村老家上学。[②]这种后果的弊端较之单纯地留守在农村接受教育或单纯的随迁入城接受教育要严重得多。另外，新生代农民工大多属于双子女或单子女家庭，他们成家以后与其父母的"分家"比较模糊，主要采取形式上"分家"但实质上

① 王晓慧：《新生代农民工对子女的教育选择及应对策略研究》，《华中农业大学学报》（社会科学版）2015 年第 1 期。
② 雷万鹏：《新生代农民工子女教育调查与思考》，《华中师范大学学报》（人文社会科学版）2013 年第 5 期。

仍有较大程度的"共财"成分。新生代农民工的父母一般都在五六十岁左右，父辈大多仍年富力强。与老一辈农民工相比，新生代农民工更有条件将子女放在家中由老人"隔代抚养"。如此一来，新生代农民工的父辈既要承担家庭农活重任，又要负责"孙辈"的抚育，往往出现力不从心的局面。在农村"上学远"普遍存在的情况下，很多家庭倾向于选择寄宿制学校教育。由此可见，新生代农民工的生存方式和生活环境的变化，直接影响其子女教育抉择，从而使低龄寄宿儿童生存质量面临严峻挑战。

第六节　影响寄宿儿童生存质量的关键因子及效度分析

本书从基本情况、住宿情况、饮食情况、学习情况、课余活动、心理健康、安全卫生、回家情况八个维度选择了95个项目，全方位考察了寄宿生生活学习状况。农村低龄寄宿儿童生存境遇基本判断部分，在计算80个项目单项得分的基础上，通过加权方法最终估算出生存质量综合评分，从宏观上得出低龄寄宿儿童生存状况处于中下等水平的结论。为了进一步弄清楚影响寄宿儿童生存质量的关键因子及其影响效度，本书选取农村低龄寄宿儿童"在学校生活过得是否开心"作为因变量，选取反映生活学习状态的83个项目作为自变量，利用SPSS 21.0进行多元线性回归分析，找出影响农村低龄寄宿儿童生存质量的关键因子，并通过系数判断其影响效度。

一　变量说明

（一）因变量

农村低龄寄宿生对自己学校生活的主观感受是本书研究的因变量。对问题"你觉得在学校过得开心吗？"设计四个答案：非常开心、比较开心、不开心、很不开心，通过"4点记分法"分别赋值1分、2分、3分、4分，分值越高，则开心程度越低。

（二）解释变量

本书将影响农村低龄寄宿儿童生存质量的可能因素分为基本特征、住宿情况、饮食情况、学习情况、课余活动、心理健康、安全卫生、回家情况八类，主要选取了 83 个变量，各变量说明如表 5-13 所示，描述统计结果见表 5-14。

表 5-13　　　　　　　　　　　　　　变量相关说明

变量		说明
基本特征 （11 个）	性别	二分变量，0 = "男"，1 = "女"
	年龄	连续变量，单位：岁
	年级	定序变量，"1—6 年级"分别赋值 1—6 分
	民族	二分变量，0 = "汉族"，1 = "少数民族"
	父母职业	定类变量，0 = "外出务工"，1 = "其他"
	父母文化程度	定序变量，"没上过学、小学毕业、初中毕业、高中及以上毕业"分别赋值 1、2、3、4 分
	家校距离	定序变量，4 点记分法，值越大越近
	住校历史	连续变量，单位：年
	回家频率	连续变量，4 点记分法，单位：周
	往返时长	定序变量，3 点记分法，分越高时间越长
	是否寄宿生	二分变量，0 = "走读生"，1 = "住校生"
住宿情况 （14 个）	寝室人数	连续变量，单位：人／间
	宿舍卫生	定序变量，4 点记分法，降序赋值
	厕所远近	定序变量，3 点记分法，越远值越大
	床铺情况	定序变量，3 点记分法，值越大越拥挤
	起夜习惯	二分变量，0 = "有"，1 = "没有"
	尿床经历	定序变量，3 点记分法，1 = "经常"
	睡眠质量	定序变量，4 点记分法，值越大质量越差
	换洗衣物	二分变量，0 = "有"，1 = "没有"
	洗热水澡	二分变量，0 = "方便"，1 = "不方便"
	室友关系	定序变量，3 点记分，取值越大越差
	寝室纪律	定序变量，4 点记分，取值越大越差
	宿舍欺凌	定序变量，3 点记分，取值越小越严重
	睡眠时间	连续变量，单位：小时
	铺床叠被	定序变量，4 点记分，取值越大越差
饮食情况 （17 个）	就餐地点	二分变量，0 = "食堂餐桌"，1 = "其他"
	菜肴种类	定序变量，3 点记分，值越大菜肴种类越多

续表

变量		说明
饮食情况 （17个）	荤菜次数	连续变量，单位：次/周
	能否吃饱？	定序变量，4点记分法，值越大越差
	饿了怎么办？	二分变量，0="买零食"，1="饿着"
	就餐秩序	定序变量，3点记分法，值越大越差
	饭菜质量	定序变量，4点记分法，值越大越差
	拉肚子经历	定序变量，3点记分法，值越小越严重
	食堂卫生	定序变量，4点记分法，取值越大越差
	口味比较	二分变量，0="喜欢食堂"，1="喜欢家里"
	生活费	连续变量，单位：元/周
	饭菜油水	定序变量，4点记分法，值越大油水越少
	服务态度	定序变量，4点记分法，值越大越差
	开水供应	定序变量，3点记分法，值越大越差
	饮食指导	定序变量，3点记分法，值越大越差
	花钱计划	定序变量，4点记分法，值越大越没计划
	饮水习惯	定序变量，4点记分法，值越大越差
学习情况 （10个）	晚自习	定序变量，4点记分法，值越小上课越多
	成绩自评	定序变量，4点记分法，值越大越不满意
	课后作业	定序变量，3点记分法，值越大学校越没优势
	成绩排名	定序变量，4点记分法，值越大名次越低
	晚自习次数	连续变量，单位：节
	期望自习数	连续变量，单位：节
	学习负担	定序变量，值越大越轻松
	成绩变化	定序变量，3点记分法，值大表示降低
	晨读习惯	二分变量，0="有"，1="无"
	课堂精神	定序变量，4点记分法，值越大越好
课余活动 （5个）	封闭管理	定序变量，3点记分法
	教师指导	定序变量，3点记分法
	开展球赛	定序变量，4点记分法，值越大越差
	文娱活动	连续变量，单位：次
	课余活动愿望实现度	定序变量，4点记分法，值越大实现度越高

	变量	说明
心理健康 （10个）	想家程度	定序变量，4点记分法，值越小越严重
	亲情疏离	定序变量，4点记分法，值越大越亲近
心理健康 （10个）	教师关心	定序变量，3点记分法，值越大越关心寄宿生
	外村上学	二分变量，0="本村"，1="外村"
	外村上学失落感	定序变量，3点记分法
	精神状态	定序变量，4点记分法，值越大越差
	结交朋友	定序变量，4点记分法，值越大越多
	生病处理	定序变量，5点记分法，值越大越得当
	是否有人关心	定序变量，3点记分法，值越大越差
	生活开心程度	定序变量，4点记分法，值越大越差
安全卫生 （7个）	往返交通	定序变量，4点记分法，值越大越安全
	洗漱刷牙	定序变量，3点记分法，值越大越差
	洗脚习惯	定序变量，3点记分法，值越大越差
	晒被子	定序变量，3点记分法，值越大越差
	夜间巡逻	定序变量，3点记分法，值越大越差
	就寝点名	二分变量，0="有"，1="没有"
	宿舍被盗	定序变量，3点记分法，值越大越少
回家情况 （9个）	辅导作业	二分变量，0="有"，1="没有"
	督促作业	定序变量，3点记分法，值越大越差
	看电视	定序变量，3点记分法，值越大越不合理
	玩手机	定序变量，3点记分法，值越大越好
	家和学校谁更好玩？	定序变量，3点记分法，值越大越好
	社会风气	定序变量，3点记分法，值越大越好
	长辈关注	定序变量，4点记分法，值越大越差
	家庭氛围	二分变量，0="和睦"，1="相处不愉快"
	回家和谁在一起？	二分变量，0="父母"，1="其他"

表5-14　　　　　　　　　　　描述性统计量

	均值	标准偏差	N
你觉得在学校过得开心吗？	1.79	0.644	327
你的性别是	0.53	0.500	327

续表

	均值	标准偏差	N
你今年几岁?	11.44	1.264	327
你现在上几年级?	5.06	1.015	327
你是汉族吗?	0.37	0.484	327
你爸爸的职业	0.49	0.501	327
你妈妈的职业	0.65	0.479	327
爸爸上学的情况	2.60	0.780	327
妈妈上学的情况	2.43	0.907	327
你家离学校远吗?	1.98	0.761	327
你已经有几年的寄宿历史了?	3.03	1.686	327
你多长时间回家一次?	2.02	0.240	327
你步行上学要花多长时间?	1.79	0.861	327
本学期你和几位同学住一个寝室?	11.38	8.265	327
你们宿舍的卫生怎么样?	1.57	0.714	327
厕所离宿舍有多远?	2.05	0.966	327
寝室床铺情况	1.39	0.548	327
你有起夜的习惯吗?	0.61	0.488	327
你有尿过床吗?	2.94	0.252	327
你觉得自己睡眠状况怎样?	1.64	0.717	327
睡眠时间	9.5676	1.43430	327
你每周带换洗的衣服到学校吗?	0.13	0.332	327
学校洗热水澡方便吗?	0.46	0.500	327
你与室友的关系	1.43	0.587	327
你觉得学校就寝纪律好吗?	1.54	0.610	327
你在学校受到过同学欺负吗?	2.31	0.565	327
你每天早上起床后叠被子吗?	1.07	0.416	327
食堂开饭时你一般在哪里就餐?	0.16	0.366	327
学校食堂每天提供	1.85	0.530	327
你每周在学校能吃到几次荤菜?	6.87	5.246	327
你觉得在学校能吃饱饭吗?	1.51	0.839	327
如果你在学校肚子饿了怎么办?	0.54	0.499	327
学校就餐秩序	1.37	0.612	327

	均值	标准偏差	N
你怎样评价学校饭菜质量？	1.78	0.608	327
你在学校有过拉肚子的情况吗？	2.21	0.521	327
你觉得食堂的卫生情况	1.60	0.613	327
和家里饭菜相比你更喜欢	0.84	0.369	327
每周家里给你多少钱？	18.6911	18.67331	327
你觉得学校的菜里面油放得多吗？	1.93	0.579	327
你觉得学校食堂服务人员态度怎样？	1.88	0.856	327
学校食堂提供开水吗？	1.49	0.771	327
老师嘱咐过你不要挑食少吃零食吗？	1.25	0.537	327
每周生活费你一般怎么花？	1.75	0.896	327
你每天饮水的情况	1.53	0.832	327
晚自习老师讲课吗？	2.05	1.189	327
你对自己的学习成绩满意吗？	2.37	0.780	327
你觉得在哪儿完成课外作业更轻松？	1.62	0.769	327
你的成绩在班上处在什么位置？	2.50	0.916	327
本学期你们每天晚上安排了几节课？	1.82	0.569	327
你觉得每晚上几节课合适？	1.58	0.636	327
家里有人帮你辅导作业吗？	0.45	0.498	327
你觉得学习负担重吗？	2.51	0.828	327
你觉得自己寄宿后学习成绩	1.91	0.833	327
你有晨读的习惯吗？	0.20	0.397	327
你上课打瞌睡吗？	3.07	0.931	327
住校期间想爸爸妈妈吗？	1.61	0.713	327
你觉得住校后与家人的感情	2.38	1.147	327
老师对待寄宿生与走读生有区别吗？	2.10	0.413	327
你是在本村上学还是在外村上学？	0.58	0.495	327
有"被当作外人"的失落感吗？	2.59	0.699	327
你感觉自己精神状态怎么样？	1.68	0.713	327
你在学校有几个好朋友？	3.74	0.680	327
你在学校生病后一般会怎么做？	3.72	1.354	327
你一般怎么上学？	2.49	1.200	327

续表

	均值	标准偏差	N
你每天刷几次牙？	1.33	0.509	327
每天睡觉前坚持洗脚吗？	1.14	0.408	327
本学期你晒过被子吗？	2.03	0.719	327
值班人员夜间是否对宿舍进行巡视？	1.16	0.411	327
睡觉前是否对宿舍人员进行晚点名？	0.25	0.436	327
你放在宿舍的物品有被盗过吗？	2.18	0.604	327
周末回家爸妈督促你做作业吗？	1.37	0.627	327
周末在家一般什么时候看电视呢？	1.10	0.371	327
周末回家玩手机或电脑游戏吗？	2.11	0.648	327
你觉得家里还是学校好玩？	1.79	0.719	327
你见过村里的长辈打牌赌钱吗？	2.25	0.759	327
回家后长辈会问你的学习情况吗？	1.56	0.719	327
你觉得自己的家人	0.09	0.285	327
周末回家一般都和谁住在一起呢？	0.41	0.492	327
课余活动愿望实现度	2.66	0.742	327
学校允许课外时间出校园吗？	1.61	0.650	327
下午放学后的课余活动有老师参加吗？	2.06	0.709	327
学校班级组织寄宿生开展各种球赛吗？	2.71	0.998	327
班级组织寄宿生开展了几次文艺活动？	2.45	2.076	327

二　数据处理

本书主要采用 SPSS 21.0 对数据进行处理，具体分析方法主要为描述统计和多元线性回归，采用逐步回归法，建立了 12 个回归模型。

（一）变量输入或者移去的情况

表 5-15 给出了变量进入回归模型或者退出模型的情况，因为采取的是逐步回归法，所以表中显示为依次进入模型的变量以及变量进入与剔除的判别标准。

表 5-15　　　　　　　　　　　　　　输入／移去的变量[a,b]

模型	输入的变量	移去的变量	方法
1	X₁＝你怎样评价学校饭菜质量？	—	步进（准则：要输入的 F 的概率 ≤ 0.050，要移去的 F 的概率 ≥ 0.100）。
2	X₂＝你感觉自己精神状态怎么样？	—	步进（准则：要输入的 F 的概率 ≤ 0.050，要移去的 F 的概率 ≥ 0.100）。
3	X₃＝你在学校有几个好朋友？	—	步进（准则：要输入的 F 的概率 ≤ 0.050，要移去的 F 的概率 ≥ 0.100）。
4	X₄＝你觉得家里还是学校好玩？	—	步进（准则：要输入的 F 的概率 ≤ 0.050，要移去的 F 的概率 ≥ 0.100）。
5	X₅＝你有晨读的习惯吗？	—	步进（准则：要输入的 F 的概率 ≤ 0.050，要移去的 F 的概率 ≥ 0.100）。
6	X₆＝你现在上几年级？	—	步进（准则：要输入的 F 的概率 ≤ 0.050，要移去的 F 的概率 ≥ 0.100）。
7	X₇＝你每天早上起床后叠被子吗？	—	步进（准则：要输入的 F 的概率 ≤ 0.050，要移去的 F 的概率 ≥ 0.100）。
8	X₈＝寝室床铺情况？	—	步进（准则：要输入的 F 的概率 ≤ 0.050，要移去的 F 的概率 ≥ 0.100）。
9	X₉＝睡眠时间？	—	步进（准则：要输入的 F 的概率 ≤ 0.050，要移去的 F 的概率 ≥ 0.100）。
10	X₁₀＝学校班级组织寄宿生开展各种球赛吗？	—	步进（准则：要输入的 F 的概率 ≤ 0.050，要移去的 F 的概率 ≥ 0.100）。
11	X₁₁＝你在学校有过拉肚子的情况吗？	—	步进（准则：要输入的 F 的概率 ≤ 0.050，要移去的 F 的概率 ≥ 0.100）。
12	X₁₂＝你在学校生病后一般会怎么做？	—	步进（准则：要输入的 F 的概率 ≤ 0.050，要移去的 F 的概率 ≥ 0.100）。

注：a. 因变量：Y＝你觉得在学校过得开心吗；b. 模型仅基于"你是住校生吗？"="是"的案例。

（二）模型拟合情况

表 5-16 给出了随着变量依次进入形成的 12 个模型拟合情况，可以发现 12 个模型修正的系数在依次递增，最后在 0.5 以上，具有较好的拟合度。

表 5-16　　　　　　　　　　　　　　模型汇总

模型	R 你是住校生吗 = 是（已选择）	R^2	调整 R^2	标准估计的误差
1	0.481[a]	0.231	0.229	0.565

续表

模型	R 你是住校生吗 = 是（已选择）	R^2	调整 R^2	标准估计的误差
2	0.578[b]	0.334	0.330	0.527
3	0.623[c]	0.388	0.382	0.506
4	0.637[d]	0.405	0.398	0.499
5	0.647[e]	0.419	0.410	0.494
6	0.660[f]	0.436	0.425	0.488
7	0.672[g]	0.452	0.440	0.482
8	0.683[h]	0.467	0.453	0.476
9	0.691[i]	0.477	0.462	0.472
10	0.699[j]	0.488	0.472	0.468
11	0.705[k]	0.498	0.480	0.464
12	0.712[l]	0.506	0.487	0.461

注：a. 预测变量：（常量），X_1。

b. 预测变量：（常量），X_1，X_2。

c. 预测变量：（常量），X_1，X_2，X_3。

d. 预测变量：（常量），X_1，X_2，X_3，X_4。

e. 预测变量：（常量），X_1，X_2，X_3，X_4，X_5。

f. 预测变量：（常量），X_1，X_2，X_3，X_4，X_5，X_6。

g. 预测变量：（常量），X_1，X_2，X_3，X_4，X_5，X_6，X_7。

h. 预测变量：（常量），X_1，X_2，X_3，X_4，X_5，X_6，X_7，X_8。

i. 预测变量：（常量），X_1，X_2，X_3，X_4，X_5，X_6，X_7，X_8，X_9。

j. 预测变量：（常量），X_1，X_2，X_3，X_4，X_5，X_6，X_7，X_8，X_9，X_{10}。

k. 预测变量：（常量），X_1，X_2，X_3，X_4，X_5，X_6，X_7，X_8，X_9，X_{10}，X_{11}。

l. 预测变量：（常量），$X1$，X_2，X_3，X_4，X_5，X_6，X_7，X_8，X_9，X_{10}，X_{11}，X_{12}。

（三）方差分析

表 5-17 是随着变量进入依次形成的 12 个模型的方差分解结果。可以发现 P 值都为 0.000，所以，模型是显著的。

表 5-17　　　　　　　　　方差分析（Anova[a,b]）

模型		平方和	df	均方	F	Sig.
1	回归	31.206	1	31.206	97.697	0.000c
	残差	103.809	325	0.319		
	总计	135.015	326			

	模型	平方和	df	均方	F	Sig.
2	回归	45.133	2	22.566	81.345	0.000d
	残差	89.883	324	0.277		
	总计	135.015	326			
3	回归	52.329	3	17.443	68.138	0.000e
	残差	82.687	323	0.256		
	总计	135.015	326			
4	回归	54.741	4	13.685	54.894	0.000f
	残差	80.275	322	0.249		
	总计	135.015	326			
5	回归	56.554	5	11.311	46.275	0.000g
	残差	78.461	321	0.244		
	总计	135.015	326			
6	回归	58.804	6	9.801	41.152	0.000h
	残差	76.211	320	0.238		
	总计	135.015	326			
7	回归	61.011	7	8.716	37.570	0.000i
	残差	74.005	319	0.232		
	总计	135.015	326			
8	回归	63.012	8	7.877	34.786	0.000j
	残差	72.003	318	0.226		
	总计	135.015	326			
9	回归	64.434	9	7.159	32.155	0.000k
	残差	70.581	317	0.223		
	总计	135.015	326			
10	回归	65.892	10	6.589	30.123	0.000l
	残差	69.124	316	0.219		
	总计	135.015	326			
11	回归	67.179	11	6.107	28.359	0.000m
	残差	67.836	315	0.215		
	总计	135.015	326			

续表

	模型	平方和	df	均方	F	Sig.
12	回归	68.352	12	5.696	26.829	0.000n
	残差	66.664	314	0.212		
	总计	135.015	326			

注：a. 因变量：Y＝你觉得在学校过得开心吗；
b. 模型仅基于"你是住校生吗？"＝"是"的案例。
c. 预测变量：（常量），X_1。
d. 预测变量：（常量），X_1，X_2。
e. 预测变量：（常量），X_1，X_2，X_3。
f. 预测变量：（常量），X_1，X_2，X_3，X_4。
g. 预测变量：（常量），X_1，X_2，X_3，X_4，X_5。
h. 预测变量：（常量），X_1，X_2，X_3，X_4，X_5，X_6。
i. 预测变量：（常量），X_1，X_2，X_3，X_4，X_5，X_6，X_7。
j. 预测变量：（常量），X_1，X_2，X_3，X_4，X_5，X_6，X_7，X_8。
k. 预测变量：（常量），X_1，X_2，X_3，X_4，X_5，X_6，X_7，X_8，X_9。
l. 预测变量：（常量），X_1，X_2，X_3，X_4，X_5，X_6，X_7，X_8，X_9，X_{10}。
m. 预测变量：（常量），X_1，X_2，X_3，X_4，X_5，X_6，X_7，X_8，X_9，X_{10}，X_{11}。
n. 预测变量：（常量），X_1，X_2，X_3，X_4，X_5，X_6，X_7，X_8，X_9，X_{10}，X_{11}，X_{12}。

三 研究结果

（一）模型构建

表 5-18 给出了回归方程的系数以及系数检验结果，随着变量进入依次形成的 12 个模型的自变量系数是非常显著的，最后的模型是模型 12，也就是以"寄宿生学校生活的开心程度"Y 为因变量，以 X_1＝"学校饭菜质量"、X_2＝"寄宿生精神状态"、X_3＝"寄宿生好朋友人数"、X_4＝"家里与学校哪里更好玩"、X_5＝"晨读习惯"、X_6＝"寄宿生所处年级"、X_7＝"起床后是否叠被子"、X_8＝"寝室床铺情况"、X_9＝"睡眠时间"、X_{10}＝"班级组织各种球赛情况"、X_{11}＝"是否有过拉肚子的经历"、X_{12}＝"生病后是否会得到关心"12 个变量全部作为自变量，最终的模型表达式为：

$$Y=0.837+0.322X_1+0.2X_2-0.214X_3-0.076X_4+0.206X_5+0.127X_6+0.217X_7-0.135X_8+0.052X_9+0.077X_{10}-0.127X_{11}-0.046X_{12}$$

表 5-18　　　　　　　　　　系数 [a,b] 及检验结果

模型		非标准化系数		标准系数	t	Sig.
		B	标准误差	试用版		
1	（常量）	0.883	0.097		9.136	0.000
	你怎样评价学校饭菜质量？	0.508	0.051	0.481	9.884	0.000

模型		非标准化系数		标准系数	t	Sig.
		B	标准误差	试用版		
2	（常量）	0.544	0.102		5.337	0.000
	你怎样评价学校饭菜质量？	0.415	0.050	0.393	8.359	0.000
	你感觉自己精神状态怎么样？	0.301	0.042	0.333	7.085	0.000
3	（常量）	1.447	0.196		7.365	0.000
	你怎样评价学校饭菜质量？	0.390	0.048	0.369	8.134	0.000
	你感觉自己精神状态怎么样？	0.282	0.041	0.312	6.881	0.000
	你在学校有几个好朋友？	−0.221	0.042	−0.234	−5.302	0.000
4	（常量）	1.709	0.211		8.085	0.000
	你怎样评价学校饭菜质量？	0.363	0.048	0.343	7.526	0.000
	你感觉自己精神状态怎么样？	0.270	0.041	0.300	6.671	0.000
	你在学校有几个好朋友？	−0.214	0.041	−0.226	−5.194	0.000
	你觉得家里还是学校好玩？	−0.123	0.040	−0.138	−3.110	0.002
5	（常量）	1.679	0.210		8.007	0.000
	你怎样评价学校饭菜质量？	0.358	0.048	0.339	7.508	0.000
	你感觉自己精神状态怎么样？	0.255	0.041	0.282	6.281	0.000
	你在学校有几个好朋友？	−0.210	0.041	−0.222	−5.152	0.000
	你觉得家里还是学校好玩？	−0.116	0.039	−0.130	−2.945	0.003
	你有晨读的习惯吗？	0.191	0.070	0.118	2.724	0.007
6	（常量）	1.291	0.242		5.329	0.000
	你怎样评价学校饭菜质量？	0.330	0.048	0.312	6.873	0.000
	你感觉自己精神状态怎么样？	0.251	0.040	0.278	6.271	0.000
	你在学校有几个好朋友？	−0.225	0.041	−0.238	−5.546	0.000
	你觉得家里还是学校好玩？	−0.092	0.040	−0.103	−2.326	0.021
	你有晨读的习惯吗？	0.244	0.071	0.151	3.416	0.001
	你现在上几年级？	0.088	0.029	0.139	3.073	0.002
7	（常量）	1.051	0.252		4.176	0.000
	你怎样评价学校饭菜质量？	0.327	0.047	0.309	6.891	0.000
	你感觉自己精神状态怎么样？	0.249	0.040	0.276	6.301	0.000
	你在学校有几个好朋友？	−0.231	0.040	−0.244	−5.758	0.000
	你觉得家里还是学校好玩？	−0.096	0.039	−0.107	−2.454	0.015
	你有晨读的习惯吗？	0.236	0.071	0.146	3.346	0.001

续表

模型		非标准化系数		标准系数	t	Sig.
		B	标准误差	试用版		
7	你现在上几年级?	0.101	0.029	0.159	3.536	0.000
	你每天早上起床后叠被子吗?	0.201	0.065	0.130	3.084	0.002
8	(常量)	1.205	0.254		4.746	0.000
	你怎样评价学校饭菜质量?	0.334	0.047	0.316	7.125	0.000
	你感觉自己精神状态怎么样?	0.232	0.039	0.256	5.862	0.000
	你在学校有几个好朋友?	−0.225	0.040	−0.238	−5.674	0.000
	你觉得家里还是学校好玩?	−0.095	0.039	−0.106	−2.450	0.015
	你有晨读的习惯吗?	0.243	0.070	0.150	3.482	0.001
	你现在上几年级?	0.110	0.028	0.173	3.859	0.000
	你每天早上起床后叠被子吗?	0.197	0.064	0.127	3.063	0.002
	寝室床铺情况	−0.146	0.049	−0.124	−2.973	0.003
9	(常量)	0.702	0.321		2.186	0.030
	你怎样评价学校饭菜质量?	0.353	0.047	0.334	7.500	0.000
	你感觉自己精神状态怎么样?	0.237	0.039	0.263	6.047	0.000
	你在学校有几个好朋友?	−0.233	0.039	−0.246	−5.904	0.000
	你觉得家里还是学校好玩?	−0.094	0.038	−0.105	−2.453	0.015
	你有晨读的习惯吗?	0.231	0.069	0.143	3.341	0.001
	你现在上几年级?	0.116	0.028	0.182	4.087	0.000
	你每天早上起床后叠被子吗?	0.201	0.064	0.130	3.145	0.002
	寝室床铺情况	−0.145	0.049	−0.124	−2.987	0.003
	睡眠时间	0.048	0.019	0.106	2.527	0.012
10	(常量)	0.484	0.329		1.469	0.143
	你怎样评价学校饭菜质量?	0.344	0.047	0.325	7.348	0.000
	你感觉自己精神状态怎么样?	0.219	0.039	0.243	5.555	0.000
	你在学校有几个好朋友?	−0.232	0.039	−0.245	−5.929	0.000
	你觉得家里还是学校好玩?	−0.080	0.038	−0.090	−2.097	0.037
	你有晨读的习惯吗?	0.202	0.070	0.125	2.909	0.004
	你现在上几年级?	0.127	0.028	0.200	4.471	0.000
	你每天早上起床后叠被子吗?	0.192	0.063	0.124	3.032	0.003
	寝室床铺情况?	−0.158	0.048	−0.135	−3.264	0.001
	睡眠时间	0.049	0.019	0.110	2.638	0.009
	班级组织开展各种球赛吗?	0.072	0.028	0.112	2.581	0.010

模型		非标准化系数		标准系数	t	Sig.
		B	标准误差	试用版		
11	（常量）	0.734	0.342		2.145	0.033
	你怎样评价学校饭菜质量？	0.333	0.047	0.314	7.116	0.000
	你感觉自己精神状态怎么样？	0.210	0.039	0.232	5.330	0.000
	你在学校有几个好朋友？	−0.224	0.039	−0.237	−5.754	0.000
	你觉得家里还是学校好玩？	−0.078	0.038	−0.088	−2.059	0.040
	你有晨读的习惯吗？	0.210	0.069	0.130	3.040	0.003
	你现在上几年级？	0.127	0.028	0.200	4.501	0.000
	你每天早上起床后叠被子吗？	0.211	0.063	0.136	3.327	0.001
	寝室床铺情况	−0.144	0.048	−0.123	−2.970	0.003
	睡眠时间	0.049	0.019	0.109	2.648	0.009
	班级组织开展各种球赛吗？	0.069	0.028	0.108	2.494	0.013
	你在学校有过拉肚子情况吗？	−0.126	0.051	−0.102	−2.445	0.015
12	（常量）	0.837	0.343		2.442	0.015
	你怎样评价学校饭菜质量？	0.322	0.047	0.305	6.919	0.000
	你感觉自己精神状态怎么样？	0.200	0.039	0.221	5.082	0.000
	你在学校有几个好朋友？	−0.214	0.039	−0.226	−5.508	0.000
	你觉得家里还是学校好玩？	−0.076	0.038	−0.085	−2.023	0.044
	你有晨读的习惯吗？	0.206	0.069	0.127	3.006	0.003
	你现在上几年级？	0.127	0.028	0.200	4.538	0.000
	你每天早上起床后叠被子吗？	0.217	0.063	0.140	3.449	0.001
	寝室床铺情况	−0.135	0.048	−0.115	−2.786	0.006
	睡眠时间	0.052	0.018	0.116	2.814	0.005
	班级组织开展各种球赛吗？	0.077	0.028	0.119	2.752	0.006
	你在学校有过拉肚子情况吗？	−0.127	0.051	−0.103	−2.486	0.013
	在学校生病后一般会怎么做？	−0.046	0.020	−0.097	−2.350	0.019

注：a. 因变量：Y＝你觉得在学校过得开心吗；b. 模型仅基于"你是住校生吗？"＝"是"的案例。

（二）研究结论及解释

由于因变量"寄宿生学校生活的开心程度"为定序变量，按照 4 点记分法赋值，且取值越大开心程度越低。X_1＝"学校饭菜质量"取值越大，质量越低，因此，X_1 每增加 1 分 Y 就增加 0.322 分。也就是说，饭菜质量每降低一个单位，寄宿生生活开心程度就下降 0.322 个单位。同理，X_2 = "寄宿生精神状态" 每降低一个单位，寄宿生生活开心程度就下降 0.2 个单位；X_3 = "寄宿生好朋友人数" 每增加一个朋友，Y 就减少 0.214 分，表示每增加一个朋友，开心度就增加 0.214 个单位；X_4 = "家里与学校哪里更好玩" 表示寄宿生越认为学校好玩些，学校生活开心程度就越高；X_5 = "晨读习惯" 是一个定类变量，解释结果时仍然可以看作 0—1 是连续的，值越大表示越没有晨读习惯，每增加 1 个单位，Y 就增加 0.206 分，表示开心度下降；X_6 = "寄宿生所处年级" 每增加 1 级，Y 就增加 0.127 分，说明年级越高越不愿意住校。这说明高年级学生对寄宿生活的敏感度要比低龄寄宿生高，这主要是因为年龄越大，自主性越强。反过来说，即使学校条件艰苦，低龄儿童也难以自己感受到，说明低龄孩子需要成人更多的呵护。X_7 = "起床后是否叠被子" 是学校养成教育的方法，取值越大习惯越差，每增加 1 个单位，Y 要增加 0.217 分，表示习惯越差，开心程度越低。所以，加强养成教育虽然约束了学生的某些行为，但却能使寄宿生感受到快乐。X_8 = "寝室床铺情况" 值越大越表示寝室越拥挤，而该变量取值越大 Y 的得分就越小，学生快乐程度增加。可能是因为低龄儿童喜欢热闹，感觉人多很有趣。显然，"大通铺" 的寝室空气质量、卫生等各方面都较差，对儿童睡觉的舒适度会产生负面影响。但是，低龄儿童只需要伙伴多就开心，进一步说明孩子的世界需要成年人帮助。X_9 = "睡眠时间" 是连续变量，结果显示：睡眠时间越长对学生的开心程度有微弱的负面影响。这一结果暂无合理解释，可能是因为延长睡眠时间就会要求学生早睡，过早休息并不是低龄所期望的，这只是一种假设，具体还需在以后的研究中深入探索。X_{10} = "班级组织各种球赛情况" 对 Y 是正向影响，而 X_{10} 值越大说明开展活动越少，说明多开展球赛等能增加生活开心度。X_{11} = "是否有过拉肚子的经历" 值越大越少有拉肚子经历，每增加 1 单位会降低 Y 值 0.127，表明饮食卫生对生活具有正向影响。X_{12} = "生病后是否会得到关心" 取值越大越表示得到教师的关心较多，从而降低 Y 值，提高生活开心度。

显然，回归得到的 12 个因素是影响农村低龄寄宿儿童生存质量的关键因素。上述因素影响力大小排序为：X_1 = "学校饭菜质量" > X_7 = "起床后是否叠被子" > X_3 = "寄宿生好朋友人数" > X_5 = "晨读习惯" > X_2 = "寄宿生精神状态" > X_8 = "寝室床铺情况" > X_6 = "寄宿生所处年级">X_{11}="是否有过拉肚子的经历">X_{10}="班级组织各种球赛情况">X_4="家里与学校哪里更好玩">X_9="睡眠时间">X_{12}="生病后是否会得到关心"。研究发现：①低龄寄宿儿童生活满意度高低并不取决于过于奢华的硬件设施，而在于受到老师和同伴的关心和关注。②低龄寄宿儿童对环境影响的敏感度不高，生活自理能力不强，其主观感受到的快乐与其所处的环境优劣并不一致，需要成年人更多的关心照料。基于以上两点，未来低龄寄宿儿童生存境遇干预需要将更多的经费投入人力资源保障方面，如配备生活教师，提高后勤服务人员的素质，补偿教师新增劳动量，激励教师关心照料学生等。

第六章

构建农村低龄寄宿儿童生存境遇国家干预机制

农村低龄儿童住校读书是政府与家庭的一种"无奈"选择,其直接影响就是未成年人过早与父母长时间分离。由于缺少父母的呵护,加上地方政府所办学校基本条件参差不齐,农村低龄寄宿儿童群体生活普遍"艰辛"。由于背离了"快乐生活、健康成长"的基本目标,生活的"艰辛"又直接影响了学生学习效果。举办农村寄宿制小学是一种"自下而上"的行为,一段时间以来,县级教育行政部门甚至乡级政府迫于生源锐减和财政压力,因陋就简,大规模撤点并校并集中举办寄宿制小学。量变必然引起质变,随着低龄寄宿规模的不断扩大,原来的个别矛盾上升为普遍矛盾,亟待国家层面采取自上而下的行政干预。国家干预应该客观面对乡村教育"衰败"的现实,尊重低龄儿童身心发展特点,以儿童为主体,以儿童生活为中心,以教育资源配置为抓手,着力构建涵盖供求机制、激励机制、评估机制、社会参与机制等国家干预机制,确保农村低龄寄宿儿童发展综合保障体系形成。

第一节 构建国家干预机制的基本理念

农村低龄寄宿儿童生存境遇的改善与农村小学教育的价值取向息息相关。努力缩小城乡教育差距、积极维护社会公平是新时代我国教育政策的主旨,农村教育整体衰败已成为不争的事实,振兴乡村教育是缩小城乡教育的切入点和有效路径。乡村教育衰败的重灾区在小学教育,农村小学未能在"风起云涌"的形势变化中及时调整自我状态是其衰败的根本原因。

农村小学教育衰败的最主要表现在生源凋敝，这一问题直接催生了规模庞大的低龄寄宿儿童。农村小学教育的发展方向直接影响农村寄宿制小学的办学目标，如何平衡分数与生命的价值是所有教育要面临的问题，更是农村小学教育必须回答的问题。

一　关于农村小学教育价值取向的理性反思

思考农村寄宿制小学的价值取向，必须理性反思农村小学教育的价值取向。正确的价值导向会直接影响学校办学目标、管理方式、教育教学方法，从而影响儿童的生存质量。农村教育何去何从？目前存在"离农说""为农说""统一说"三种主张，这些主张往往又夹杂着"应试教育"与"素质教育"之争，使农村小学教育问题越发复杂化。其实，不同的主张最终都绕不开"分数"与"生命"孰轻孰重的问题。

（一）农村教育须超越"离农"与"为农"的对立

"离农说"认为，农村教育应顺应现代化发展的潮流，遮蔽农村教育的文化熏陶，以先进的城市文化作为农村教育发展的向导，以先进的城市教育作为农村教育追逐的榜样，在学校管理、课程设置以及教学组织等各方面要以城市教育为标准，从而使农村教育逐步城市化，以至最终实现农村教育城市化。葛新斌认为，农村教育发展的根本宗旨应该是推动农村社会的现代化尤其是农村人口的城市化。农村教育问题就会在农村人口城市化之后，被现代化的历史进程自然而然地"消解"掉。[1] 杨帆认为，农村教育的目的要和现代化的目的一致，就是通过教育来推动农村社会现代化，推进农村人口的城市化。农村学校当前的教育方法和体系无法承担传承乡土文化的重任。应该将农村学校定位为塑造学生人格、健全学生心智、培养学生技能、拓宽学生视野的教育机构，而非文化平台。[2]

"为农说"认为，农村教育的发展务必凸显农村文化特色，发扬农村文化传统，在教育的课程设置、学校管理、教学组织等各方面要依据农村特有的文化来安排，从而使农村教育保持农村化，使农村教育更像农村教育。典型的如梁漱溟、陶行知等。梁漱溟主张，乡农学校的所有教育内容

---

① 葛新斌：《关于我国农村教育发展路向的再探讨》，《中国农业大学学报》（社会科学版）2015年第2期。

② 杨帆：《我国农村教育发展路向的再探究》，《继续教育研究》2017年第12期。

强调服务于乡村建设，密切适合农村生产、生活需要。陶行知认为，农村教育不应该学习城市中的生活习惯和生产方式，应该教化农民应有的农村文化素养，形成具有农村特色的淳朴民风，否则对农村的发展有害无益。杨海燕认为，农村教育是农村地区面向区域内多种人群传递普遍性与地域性的生产和生活经验，传承人类文明和乡村文化，促进农村社会转型和农村地区多种产业协调发展，培养具备现代生产生活能力和持续学习能力之人的社会活动。村落文化的多元性，必然导致乡村学校在办学理念、课程内容、教学方式、学生活动等诸多方面表现出鲜明的差异。[1]

"统一说"认为，无论城市还是农村，都要培养学生的科学精神和创新思维习惯，培养他们处理信息、获取知识、分析解决问题、语言文字表达以及团结协作和从事社会活动的能力，增强适应和融入现代社会的能力。所不同之处在于，城乡依托儿童的生活经验与资源优势不一样。凡勇昆、邬志辉认为，城市化和乡土化都略显武断，文化自觉要求我们在全面认识城乡文化的基础上，在城乡文化中选择符合学校教育发展规律的合理性因素，摒弃落后的障碍性因素，并积极地进行文化创新，选择一条"综合性"的文化道路。未来的农村将在地缘、结构、形态和功能上与当前农村有着极大差别，教育的未来也更加开放、自由和多元，它的最终目的是培养具有现代思想、态度和生活方式的现代人。[2]蔡志良认为，乡村教育需要扩大教育内容与乡村生活经验之间的融合，使乡村文化的意蕴在乡村学校教育中真正得到体现，使乡村文化与乡村教育互为循环。让教育无论在城市还是乡村，都真正成为培养儿童具有完整生命人格的教育本身。[3]邬志辉认为，无论是城市教育还是乡村教育，如果是现代的，那么两者在现代化的精神上就应该是一致的，但走向现代化的路径和方式可能有所不同。我们所需要的乡村教育现代化应该就是基于乡村资源优势和儿童经验特点的乡村且现代的教育。激发乡村教育人的主体内生动力，从而挖掘乡村社会空间的资源禀赋优势，主动以现代精神为指引，从实际出发开展深度变革，探索基于乡村儿童经验的教育教学模式和基于乡村社会文化的管

① 杨海燕：《农村教育的价值、特征与发展模式》，《教育研究》2017年第6期。
② 凡勇昆、邬志辉：《我国农村教育发展方向的困境与出路——基于文化的视角》，《华东师范大学学报》(教育科学版)2012年第12期。
③ 蔡志良：《撤点并校运动背景下乡村教育的困境与出路》，《清华大学教育研究》2014年第4期。

理治理模式。[①]

实际上，"为农"目标定位不合实际。城镇化的浪潮既是社会发展的必然，教育城镇化也是趋势。城镇化是工业文明的结果，工业文明、城市文化已是社会的主流价值体系。乡村文明的衰落和退守与城市文化的强势渗入息息相关。乡村教育城镇化给予农民一条通往理想彼岸的道路，也是农民及其子女奋斗的原始动力。面对现实，经过社会筛选的乡村孩子能够升学的比例较小，绝大部分将面临就业和就读层次较低的职业学校。如何让这些孩子有一段幸福快乐的学校生活，培养他们吃苦耐劳、积极向上的品质，引导他们建立自信，进入职业学校学习，学习一门技术作为安身立命之本，既是乡村学校的应尽之责，也是学校兴盛的基础。乡村教育需满足多样化需求。新乡村教育发展目标设计，满足学生为升学、为城市化、为农村的多样化需求。农村教育不仅要满足人民对职业和经济回报的需求，还必须同时培养受教育者的态度和价值观，通过教育实现受教育者在城市和乡村的自由选择。因此，城市与乡村教育不应该区别对待，农村孩子未来也可能到城市生活，即使不到城市生活，城市的生活方式也会影响乡村。同样，城市孩子也需要乡村的自然、和谐与宁静。城乡儿童需要掌握适应现代社会、融入现代社会的能力。未来城乡融合发展，大量的城市居民会融入乡村中，消融城乡隔阂，使城乡儿童共同掌握一套生存、生活规则至关重要。我们所要探究的是基于乡村儿童经验的教育教学模式与学校生活方式，秉承城乡教育"统一说"更具有现实意义，更能够实现分数与生命的辩证统一。

（二）选拔功能视角下城乡教育同质化的实践逻辑

从理论上讲，学校教育具有选拔与社会化两项基本功能，社会化功能服务于个体的成长，选拔功能服务于社会人力资源配置。实践中，稀缺的工作机会决定学校教育的选拔功能长期占据主导地位，优质教育资源稀缺强化了学校教育的选拔功能，相反，促进个体成长的社会化功能成为选拔功能实现的工具，城乡教育同质化的实践就是在此逻辑下展开的。

选拔功能视域下乡村教育实际上是一个伪命题。统一的高考出口决定了乡村教育实际上只有地域划分的意义，其与城市教育并无本质区别。中

---

① 邬志辉：《乡村教育现代化三问》，《教育发展研究》2015 年第 1 期。

华人民共和国成立至今，城乡一直实行统一的高考试卷（全国或省内）、统一的教材、统一的教学内容、统一的学制安排、统一的选拔方式、统一的录取标准。近年来，高考录取指标向农村倾斜也是基于教学水平差异，并非否认城乡教育的同质化。如此推论不难发现，城乡学校实质成为政府举办的重点学校与普通学校。近年来，我国实行了随迁子女教育政策、城乡户籍制度改革、农村城镇化的推进、义务教育阶段生均公用经费基准定额资金随学生流动可携带等政策，城乡教育二元分割的壁垒逐渐打破。乡村学生择校已经成为合法行为，再加上主动择校学生向城性流动，无控制甚至是鼓励学生流动导致乡村学校生源面临数量与质量的双重危机。生源向城性流动伴随着优质师资的向城性流动，城镇办重点校，乡村办普通校的格局基本形成。允许学生流动是经济社会发展大局的要求，短期内期望学生回流并不现实，避免在应试教育轨道上与城市"龟兔赛跑"，要以办好普通校的心态理智对待城乡教育。事实上，知识点与思维训练并无城乡之分，学校完全可以利用城乡儿童不同的生活经验认知事物运行的规律，从而形成统一的看法。城乡统一的知识体系，城乡儿童未来自由择业是最公平的制度安排，人为构造城市与农村两个隔离的世界只会加大城乡"鸿沟"。让可能升学的孩子升学，尽可能引导不能升学的孩子有一个快乐的学校生活，使农村孩子各尽其能，各按其所，城乡教育均可达成此目标。

实践中，各类农村学校都必须尊重与挖掘教育对象的特殊优势。乡村学校教育必须尊重乡村儿童生活经验。乡村儿童与大自然深度融合，没有城市的喧嚣，拥有难得的宁静。乡村儿童没有更多电子设备制造的虚拟世界，更能在现实中感受真善美。乡村儿童还需要承担很多家务劳动，在劳动中寻得乐趣。就是这样的"山路历程"就综合了自然、社会和人文等多种要素，这些直观体验构成了孩子们重要的学习经验基础。而城镇社区为孩子们提供更多的是"人化"素材。关于自然要素，孩子们在城镇感受更多的是经过人为设计的现象，孩子们在城镇感受更多的是竞争、守法、民主等，是在设计好的社会活动中体验的。因此，乡村学校必须利用自然资源优势，拆除樊篱，还原真实场景，在封闭式管理中扩大活动范围。乡村学校要引导学生利用自然素材领会现代知识，利用自然世界充实自己的生活，让学校成为最好玩的地方，在玩的过程中掌握现代知识，启迪思维，激发热爱家乡、热爱祖国的情怀。

二 关注儿童生存质量的寄宿制教育新思路

寄宿制学校在普通学校基础上增加了生活设施设备及生活服务的相关人员，承担着家庭抚育缺失的补偿责任。除完成教育教学任务外，寄宿制学校还必须负责学生的生活照料。提供相应的人力、物力、财力及管理保障，寄宿制学校教育模式不仅能实现家庭抚育缺失的替代功能，而且还能提升农村学生生活品质与综合素质。农村寄宿制小学更为特殊，低龄儿童住校更加需要呵护。如果忽视低龄儿童的生活照料，既会影响学生健康成长，又会对学业成绩产生负面影响。因此，对低龄儿童来说，办学理念应从"学习中心"转向"生活中心"，在保障身心健康发展的基础上提升教学质量。农村寄宿制小学的管理理念应从"管制"转向"服务"。为此，客观分析农村寄宿制教育与非寄宿制教育的本质区别，在尊重儿童生活经验与身心特征的前提下，确立农村低龄寄宿儿童学校生活服务目标，落实生活管理与服务的内容。

（一）农村寄宿制教育与非寄宿制教育的本质区别

第一，寄宿制教育延长了学校影响学生的时间，将大部分属于家庭活动的时间移至学校。寄宿制学校延长了学校对学生社会化的时间，将原本属于家庭活动的时间移至学校。每周星期一至星期五，从17时左右放学至次日7时左右，约有14个小时属于学生因住校而增加的时间，一周将新增近70小时，这段时间里，走读生将接受家庭及社区的影响。实行寄宿制，住校生几乎完全受学校影响。

第二，寄宿制教育增加了学校管理的内容，将学生生活服务纳入了职责范围。一般来说，学校的基本任务是教育教学，并没有向学生提供食宿的功能和义务。当学生因为各种原因需要在校食宿才能有效地完成学业时，原来由家庭承担的抚育责任转移至学校，学生食宿、娱乐及养成教育就成为学校教育及管理主要内容。同时，寄宿制学校还被赋予承担农村留守儿童教育的社会责任。

第三，寄宿制教育将真实生活场景转移至学校，为开展全方位养成教育提供了机会。寄宿制教育在解决部分学生上学远及留守儿童问题时，自然地实现了农村儿童真实生活场景的转移，无形中为学校提供了弥补农村家庭教育弱势的机会。农村地区的相对封闭、观念落后及农民阶层的群体特征阻碍了农村儿童的现代化，寄宿制学校集体生活更有利于学生的养成教育。

第四，寄宿制学校与非寄宿制学校相比，具有高成本、高风险的特征。受生活服务设施设备、娱乐活动场地及器材、后勤服务人员、生活教师、心理健康教师以及专任教师工作量的增加等因素影响，寄宿制学校教育成为一种高成本办学模式。寄宿制教育将原本分散于各家庭的安全责任集中于学校，集体安全隐患明显增加，具体包括饮食安全、人身安全、交通安全、心理健康等方面。

（二）尊重儿童生活经验与身心特征的制度设想

第一，农村儿童的生活经验源于田园与农事，低龄儿童的身心特征明显表现在不成熟性。保障农村低龄儿童生活条件、加强寄宿生生活照料是提升农村孩子生存质量与学业成绩的关键。目前，农村寄宿制小学的最大问题在于：按照中学的模式办学，一味以学生的学习为中心安排整个活动，忽视低龄儿童生活照料；为了安全而限制儿童的自由，封闭在狭小的校园内而失去了接触大自然的机会，从而失去了农村地区最优势的教育资源；按照非寄宿制学校办学模式与理念举办寄宿制学校，很多政策笼统针对农村小学而不是寄宿制小学。由于认识上存在偏差，导致农村寄宿制小学既不能承接家庭抚育缺失功能，又不能提高学生成绩。为此，我们必须重新认识小学教育的重点、寄宿制小学与非寄宿制小学的最大区别、生活照料对儿童生活质量的意义。

第二，理性回归教育的本真可以从乡村学校开始，保障儿童健康成长、快乐生活可以从乡村学校"突围"。当乡村学校在与城市学校较量中彻底失败的当下，转换思维方式，充分发挥农村教育资源优势，有可能实现整个基础教育的"解咒"。就寄宿制教育谈寄宿制教育，所有政策条文均无实现根基，只有在客观认识乡村教育处境的基础上重新设计乡村学校，才能重构农村寄宿制小学运行机制。城镇化的推进、外出务工人员子女随迁、城乡义务教育发展失衡等因素将长期存在，学生向城性流动还将持续。同时，乡村内部也会因为办学质量问题而出现择校现象，特别是小学阶段。现阶段，乡村学校如何留住孩子已经成为主要矛盾，关注生活，还孩子们一个快乐童年，或许能够取得意想不到的收获。面对已经层层"选拔"的"弱势学生"，与城镇学生进行"龟兔赛跑"式竞争并无多大意义，这种做法会直接伤害乡村的学生与教师。转换思路，不耽误"升学有望"

学生的前程，不辜负"升学无望"孩子当下的生活。教育回归生活，更容易在乡村实现。

（三）国家干预农村低龄寄宿儿童生存境遇的目标

国家干预的总体目标概括为："提供优于家庭的生活环境，提升农村儿童的生活品质；提供丰富多彩的课余生活，提高农村儿童的综合素质。"提供优于当下农村家庭的生活环境是增强农村寄宿制小学吸引力的关键，随着农村生活条件的改善，农村学生对学校生活条件的要求也相应提高了，寄宿制学校要达到优于家庭生活条件的难度也增加了很多。因此，要实现寄宿制小学完成家庭抚育缺失的替代，必须加大投入，更新观念，创新管理制度，提供更高水平的生活环境。在此基础上，利用生活管理强化养成教育，提升儿童生活品质。提供丰富多彩的课余活动是寄宿制教育育人优势的体现，也是提升农村儿童综合素质的突破口，国家要从课余活动设施设备和人力配备等方面入手，支持学校开展课余活动，在活动中提升综合素质。[1] 可以将总目标分为三个层次的具体目标：

第一层次目标为"弥补农村家庭抚育缺失"，这一目标有三个基本要求，即"提供基本的生活服务设施""提供可靠的生活物资来源""配备一定数量的生活教师甚至是保育人员"。第二层目标为"提升农村儿童生活品质"。农耕文化中保守的"基因"与未来生活的城市主导趋势短时期难以扭转，乡村儿童融入现代社会的前提是融入现代文明。农村寄宿制小学在保障学生基本生活的基础上，有条件培养学生良好的生活习惯，提升其生活品质。这一实现目标也要满足三个要求：一是创新性提供生活服务设施；二是提供自助餐式课余活动；三是配备高素质的生活教师或保育人员。第三层目标是"提高农村学生综合素质"。实现这一目标，要求学生最终具有文明的行为习惯、优秀的学习表现以及健康的身心状态。前已述及，农村教育不能撇开学校教育的选拔功能而不顾，精心照料生活的首要目标是保障学生"轻装上阵"，提高学业成绩，不以提高教学质量为目标的生活关照难以持久，也不是农民家庭的需求。农村寄宿制小学的发展历程说明，由于生活服务缺失导致寄宿生成绩改进并不明显，甚至还有下降

---

[1]　董世华：《西部农村寄宿制小学功能定位及实现路径研究——基于义务教育均衡发展视角》，中国社会科学出版社 2016 年版，第 192 页。

的趋势，由此导致很多学校失去了吸引力。最理想的目标是"快乐生活、健康成长、学业进步、行为文明"，这些要求正是综合素质提升的表现。

第二节 创新农村低龄寄宿儿童生活服务供给机制

为了提高农村低龄寄宿儿童的生活品质，提高学生综合素质，各级政府必须坚持以儿童生活为中心，以资源配置为抓手，创新人力、物力及财力供给方式，确保儿童基本生活需要，促进儿童身心健康发展。《国务院办公厅关于全面加强乡村小规模学校和乡镇寄宿制学校建设的指导意见》（国办发〔2018〕27号）明确提出："对于寄宿制学校，要在保障基本教育教学条件基础上，进一步明确床铺、食堂、饮用水、厕所、浴室等基本生活条件标准和开展共青团、少先队活动及文体活动所必需的场地与设施条件。各省（区、市）要统筹制定寄宿制学校宿管、食堂、安保等工勤服务人员及卫生人员配备标准，满足学校生活服务基本需要。"可以看出，国家层面已经从对农村义务教育阶段寄宿儿童生活服务的硬件设施及人力配备提出了有力的保障措施，不足之处在于忽视了低龄段儿童寄宿学习的特殊性。因此，构建低龄寄宿儿童生活服务供给机制必须创新人力、物力、财力供给机制。

一 创新以生活教师为主的生活服务人员供给机制

低龄儿童生活自理能力差，吃、住、学、乐、行等方面均需特殊关照，促进儿童健康成长与快乐生活也是教育回归生活的根本要求。历史经验表明，提供优于家庭的生活与学习环境能够增强寄宿制学校的吸引力，相对优越的生活条件对生活教师的依赖胜于硬件设施。[①] 为了提供生活服务，农村寄宿制小学需要新增生活教师、后勤服务人员、保安、医疗保健、心理健康等方面的人员，以分担因寄宿学习而新增的生活照料工作量。近年来，随着农村教育投入力度的加大，后勤服务模式逐渐成熟，校园安保工作备受重视。但是，为低龄儿童配备生活教师的问题一直没有引

---

① 董世华：《西部农村寄宿制小学功能定位及实现路径研究——基于义务教育均衡发展视角》，中国社会科学出版社2016年版，第82页。

起关注，致使学校对家庭让渡的儿童关爱与生活照料功能承接不力。因此，农村低龄寄宿儿童生活服务人力保障机制构建的关键在于生活教师的供给。生活教师的来源、质量、数量、供给方式等是国家干预机制构建必须涉及的问题，为此，顶层设计应考虑供给高素质且数量充足的生活教师，用人单位要考虑如何保证生活教师发挥专业积极性的问题。

（一）鼓励职业技术院校开设相关专业定向培养生活教师

前已述及，农村低龄寄宿儿童生活照料必须专业化，生活教师的主要职责应聚焦于儿童保育方面，宿舍管理只是生活教师的职能之一，用宿管员代替生活教师并不能真正解决低龄寄宿儿童生存境遇不佳的现状。为了完成低龄儿童学校保育任务，弥补家庭抚育功能缺失，生活教师不仅要具备基本育儿知识、教育学与心理学知识，还必须具备以"爱"为引领的职业道德。显然，高素质的生活教师绝不是临时低薪聘用能解决的问题。随着低龄寄宿儿童的规模扩大，高素质的生活指导教师供不应求，加大供给侧结构性改革势在必行。

一般来说，满足人类闲暇生活与精神世界服务需求，更多需要以贴心、敬业、责任等工作品质为主的低技能需求职业，安排职业技术院校培养和培训相关专业人才既契合学校人才培养层次目标，又可以使未来的生活教师能够扎根基层。中等职业学校的生源大多来自农村中没有进入普通高中学生，他们中部分学生属于学困生，文化基础相对薄弱。这类学校可以面向低技术技能需求的服务行业培养人才，主要以培养学生勤劳、善良、敬业、诚实、爱心、责任等品质，辅之以人文素养适当提升。学校要面对现实，适当减少文化课，代之以丰富多彩的文娱活动及实习实训，使学生快乐学习，快乐生活，培养积极向上的心态，力争帮助学生从差生的阴影中摆脱出来，积极的人生态度培养本身就是综合素质的重要组成部分。因此，农村寄宿制学校生活教师的定向培养可以依托中等职业学校，采取定向招录的方式，签订就业协议，确保学生毕业后能够真正服务低龄寄宿儿童生活照料。

长期以来，农村寄宿制小学的管理受制于生活服务专业人员配备缺乏，基本停留在"看管"的层面。关于生活教师的职责定位也走过了从"保育员—宿管员—生活教师—宿管员"的倒退路径。事实上，要充分发挥寄宿制教育的优势，提高农村低龄寄宿儿童生活服务专业水准十分关键。生活教师的专业化主要体现在质量、职责及数量三个方面。就质量而言，生活教师必须具备教育学、心理学、营养卫生及基本育儿等知识。从职责设计来看，应秉承宿舍为"家"、生活教师为代理"家长"、维系学生生活完整性的理念，构建以宿舍为中心、以高素质的生活指导教师为主体的寄宿生生活服务于业余活动管理体系，基本目标是构建以宿舍为载体的"第二家庭"。生活教师具体职责包括寄宿生宿舍管理、生活照料、组织寄宿生傍晚课余活动、负责寄宿生晚间自习与活动安排及开展寄宿教育等。学生在校主要开设育儿的基本知识、教育学、心理学等文化课，辅之以音体美劳为主的综合实践课，强化职业道德教育，使学生成为具备爱心，具有一定保育能力，扎根基层的中等专业人才。另外，在定向培养实施前的过渡期，既可以通过统筹现有教师编制，调剂结构性超编的教师充当生活教师，也可以面向社会招聘具备以上素质的人员，并组织相应的培训。

（二）赋予低龄寄宿儿童生活教师专业技术岗位性质

通过职业技术学院定向培养生活教师只是解决了专业化人员的来源问题，如何激励生活教师热爱本职工作，长期从事儿童生活照料工作，还需要相应的激励机制。构建激励机制需要从生活教师的身份地位与经济待遇着手。

首先，生活教师的工作与专任教师的工作同等重要，应该与专任教师具有同等的身份地位。2007年人事部、教育部出台的《关于义务教育学校岗位设置管理的指导意见》规定："义务教育学校岗位分为管理岗位、专业技术岗位和工勤技能岗位三种类别。专业技术岗位指从事专业技术工作，具有相应专业技术水平和能力要求的工作岗位。义务教育学校的专业技术岗位分为教师岗位和其他专业技术岗位。其他专业技术岗位主要包括学科实验、图书资料、财务会计、电化教育、卫生保健等具有教学辅助工作职责的专业技术岗位。"小学寄宿生，特别是四年以下的超低龄寄宿儿童，其生活照料具有保育性质。也就是说，负责低龄寄宿儿童生活照料具有专业技术岗位性质，临聘廉价劳力难以胜任。实践中，各地基本上将生活教师归属于工勤技能岗，采取低薪、低要求、临聘的方式，基本职能大都定位为宿舍管理员，负责维持学生就寝纪律，负责简单的安全工作。要保障低龄寄宿儿童生活照料的质量，生活教师必须专业化。因此，农村寄宿制小学岗位设置中必须提高生活教师的地位，将其与后勤服务人员、保安及其他人员区别对待。鉴于农村寄宿制小学生活教师工作的专业性，将其划归为"其他专业技术岗",归属教师编制更符合实际。

其次,在目前的制度体系里,编制是身份地位的标志。如果将低龄儿童保育工作与教学工作同等对待,农村寄宿制小学工作量会明显增加,人员编制就必须增加。实际上,《关于全面加强乡村小规模学校和乡镇寄宿制学校建设的指导意见》(国办发〔2018〕27号)提出:"对寄宿制学校应根据教学、管理实际需要,通过统筹现有编制资源、加大调剂力度等方式适当增加编制。"未来政策并没有考虑增加寄宿制学校教师编制,仅仅在现有编制中调剂并没有明确承认新增工作量。工勤人员、保安等其他后勤服务人员工作的教育性不明显,采取向社会购买服务的方式配备并无不妥,作为儿童生活照料和行为习惯养成教育的主体,其身份属于"准教师",是完成特殊地区、特殊人群义务教育的必要保障,提供的是公共服务,必须由财政全额承担相应费用,纳入正式编制。

另外,生活教师数量标准目前尚无定论,还需进一步探索。课题组调研发现,95.3%的生活指导教师认为能管理25—30人。英国公学宿舍管理配备标准:60人一栋宿舍,配备1名舍监,1名保姆,另外还有2名左右的辅助人员。山西朔州一至三年级寄宿生配备标准为30∶1,四至六年级为50∶1;湖南省沅陵县对低龄寄宿儿童按15∶1配备保育员。2012年10月甘肃省出台的《义务教育学校办学基本标准》规定:"农村寄宿制学校每30名小学生配备1名学生生活管理员,并将之纳入教师编制管理。"关于生活教师的生师比,本书认为须区别对待,一至四年级,可按20—25∶1配备,五至六年级可以按40—45∶1配备,保证一个班有一个生活教师并兼顾寄宿生性别比例。为了提升低龄儿童生活服务品质,将生活教师纳入教师考核范围,有利于改善低龄寄宿儿童生存状况。农村寄宿制小学的专任教师、生活教师供给需要建立长效机制,绝非几个专项计划就能解决。

二 构建以生活服务设施设备为主的物力供给机制

相对于非寄宿制学校,学生的吃饭、睡觉、课余活动是因为寄宿而新增的服务内容,当寄宿学习成为农村学生学习的主要方式时,国家应当出台寄宿制学校生活设施标准,并逐步落实相关规定。相对于寄宿制中学乃至大学而言,低龄寄宿儿童寄宿生活设施设备有更高的要求,囿于儿童生理、心理的不成熟性,农村寄宿制小学的生活服务设施设备应更具人文关怀。因此,农村寄宿制小学物力保障应围绕低龄儿童生活的特殊性,出台相应标准。

（一）单独制定农村寄宿制小学生活设施基本标准

低龄儿童对家庭的依赖远胜中学生，除了配备生活教师充当"代理家长"角色外，打造"乡村温馨校园"至关重要。因此，农村寄宿制小学中提供食宿保障的生活服务设施应该更多聚焦儿童生活保育性，将低龄儿童寄宿条件等同于高学段小学生寄宿生甚至初高中生，难以确保儿童身心发展的基本需求。客观分析低龄寄宿儿童成长的特殊性，提供保育式生活服务设施设备势在必行。

梳理改革开放以来的政策发现，国家先后出台了与寄宿制学校办学条件相关的文件30余个，其中涉及生活设施的主要文件有12个（见表6-1）。从已有文件不难发现，无论是宿舍、食堂、厕所等的组成还是具体面积，小学生与初中生并无多大区别。已有标准大多基于传统理念下以教师为中心的教学模式而设计，"教学功能用房"是以往学校普遍认为的核心，由此导致建筑内部空间形式单一、呆板。现代教育则要求以加强交往空间甚至以开放空间为核心规划学校建筑，以便为师生提供多层次、多导向的空间形式。从低龄寄宿儿童的心理特征和行为特点出发，塑造有亲切感、归属感的校园空间环境，农村寄宿制小学校园空间设计应当具有较强的场所感，体现"场所精神""家的感觉"。寄宿制小学的校园、校舍还可以把民族特色、地域特色融入环境设计中，从而打造出"乡村温馨校园"，以此弥补低龄儿童家庭呵护不足的缺憾。

表6-1　　　　　　国家层面涉及农村寄宿制学校的主要文件及内容

年份	文件名称	关于学生生活设施的主要规定
1987	《中小学校建筑设计规范》（GBJ99—86）	学生宿舍宜由居室、管理室、盥洗室、厕所、贮藏室及清洁用具室组成。学生宿舍的居室，应设贮藏空间，每室居住人数不宜多于7~8人
1997	《农村普通中小学校建设标准（试行）》	生均宿舍居住面积为2.4平方米，生均食堂使用面积1.5平方米
2008	《农村普通中小学校建设标准》（建标109—2008）	小学寄宿生生均宿舍使用面积3平方米，生均食堂使用面积1.2平方米
2008	《国家学校体育卫生条件试行基本标准》	学生宿舍的居室人均使用面积不应低于3.0平方米。应保证学生一人一床。食堂加工操作间最小使用面积不得小于8平方米

续表

年份	文件名称	关于学生生活设施的主要规定
2011	《农村寄宿制学校生活卫生设施建设与管理规范》（教体艺〔2011〕5号）	系统地对饮用水设施、宿舍、食堂、浴室、厕所、垃圾和污水设施等学校生活卫生设施的建设与管理提出要求。生活用水每天不少于20升，饮用水不少于2升；学生宿舍用房一般由居室、管理室、盥洗室、厕所、贮藏室及清洁用具室组成。人均居室使用面积不宜小于3平方米。贮藏室宜为生均0.3—0.45立方米。学生宿舍应保证一人一床。学校食堂一般应由工作人员更衣间、原料存放间、食品加工操作间、食品出售场所、就餐场所等。独立式厕所距学生宿舍宜在200米以内
2012	《中小学校设计规范》（GB 50099—2011）	寄宿制学校生活服务用房应包括学生宿舍、食堂、浴室。寄宿制学校的食堂应包括学生餐厅、教工餐厅、配餐室及厨房。学生宿舍应包括居室、管理室、储藏室、清洁用具室、公共盥洗室和公共卫生间，宜附设浴室、洗衣房和公共活动室。学生宿舍每室居住学生不宜超过6人。居室每生占用使用面积不宜小于3平方米
2012	《国务院办公厅关于规范农村义务教育学校布局调整的意见》	按照国家或省级标准加强农村寄宿制学校建设，为寄宿制学校配备教室、学生宿舍、食堂、饮用水设备、厕所、澡堂等设施
2013	《关于加强义务教育阶段农村留守儿童关爱和教育工作的意见》	改善教室、宿舍、食堂、厕所、浴室等办学条件，保障安全卫生的饮用水，确保每名寄宿生有一个标准床位
2013	教育部、国家发展改革委、财政部《关于全面改善贫困地区义务教育薄弱学校基本办学条件的意见》（教基一〔2013〕10号）	保障寄宿学生每人1个床位，消除"大通铺"现象。根据实际需要配备必要的洗浴设施和条件。食堂或伙房要洁净卫生，满足学生就餐需要。设置开水房或安装饮水设施，确保学生饮水安全便捷。厕所要有足够厕位。北方和高寒地区学校应有冬季取暖设施
2014	教育部办公厅、国家发展改革委办公厅财政部办公厅《关于印发全面改善贫困地区义务教育薄弱学校基本办学条件底线要求的通知》	学生宿舍不设在地下室或半地下室。寄宿学生每人1个床位，消除"大通铺"现象。寄宿制学校或供餐学校具备食品制作或加热条件。有条件的地方，新建校舍一般设置水冲式厕所。厕位够用，按1∶3设置男女蹲位。旱厕应按学校专用无害化卫生厕所设置。除特别干旱地区外，寄宿制学校应设置淋浴设施
2016	《国务院办公厅关于加快中西部教育发展的指导意见》	标准化建设寄宿制学校。"一人一床位""满足室内就餐需求""水冲式厕所""淋浴设施"
2018	《国务院办公厅关于全面加强乡村小规模学校和乡镇寄宿制学校建设的指导意见》	对于寄宿制学校，要进一步明确床铺、食堂、饮用水、厕所、浴室等基本生活条件标准

制定基本办学标准要开展广泛调研，充分尊重各地寄宿制办学实践经验。2010年《国家中长期教育改革和发展规划纲要（2010—2020年）》颁布以后，各省纷纷出台了《义务教育学校基本办学标准》，对农村学校的规模设置、办学条件、学校管理、教育教学等做出了具体规定，这些规定在遵照国家底线标准的基础上，根据各省实际情况做出了部分调整，很多省份针对农村寄宿制学校做出了特殊规定。截至2018年年底，广东、湖北、江苏、浙江等20余省已经出台了较为全面的《关于全面加强乡村小规模学校和乡镇寄宿制学校建设的实施意见》，对国务院提出的标准加以细化与落实。关于生活设施的标准基本统一，如小学生生均宿舍使用面积不低于3平方米，食堂生均使用面积不低于1.5平方米，农村寄宿制学校生均公用经费按寄宿生数提高200元等。当然，也有一些重要指标没有达成一致，如宿舍每间居室住宿人数，国家标准规定不能超过6人，各省大多规定在6人以上，有的省甚至规定10人/间。而实际调研发现，6人标准偏高，10人以上不利于学生身心发展，各学校大多采用8人/间的标准。2017年，马云公益基金会启动了"马云乡村寄宿制学校计划"工程，项目前期主要以改造乡村寄宿制小学宿舍为主要内容。浙江淳安县梓桐镇中心小学是首批受助的学校之一，学校共有260名学生，其中超过一半的学生住校，大多是留守儿童。马云团队聘请了专门的设计师，依据小学生的身心发展特点，从宿舍的空间布局、室内的床铺、书桌、储物柜、宿舍的色调等方面进行了精心设计，还在每层楼的中间部分专门设计了一个休闲空间，供学生饭后阅读和娱乐。人性化的设计得到了学生的高度赞同，增加寄宿生活乐趣。截至2019年，马云公益基金会在全国9所乡村学校开展了乡村寄宿制试点改造。到2019年10月，4所试点学校完成改造，1180多名寄宿生入住了新宿舍。总之，农村寄宿制小学基本标准制定必须要考虑低龄儿童特征，宿舍设计不能与中学、大学一样，最好采用院落式宿舍，像一个家，可以支持社会公益机构打造这样的典型，配备爸爸妈妈——生活教师，放学后可以回家休息。为了使国家层面的指导意见切合实际，农村寄宿制学校基本办学条件的制定必须遵循"自上而下"与"自下而上"的反复验证。

（二）拓展农村低龄寄宿儿童校园课余活动空间

把农村学校办出农村风格是农村教育振兴的基本信条，充分挖掘与利用农村资源优势开展教育教学工作是学生快乐高效学习的理想途径。农村小学没有升学的压力，小学教育具备了在轻松愉快的氛围中完成的基础。营造轻松愉快的氛围需要尊重儿童的天性与其具有的场域经验。与城市儿童相比，亲近自然、就地取材、自由自在就是最大优势，然而，出于安全考虑，目前的农村学校均实行封闭式管理。农村学生既不能拥有像城市学校那样丰富的人造学习与娱乐活动资源，又失去了大自然赐予的各种便利条件，使学校和学生"灵性"弱化，日渐凋敝。因此，要充分考虑寄宿生封闭管理的实际情况，尽量扩大活动范围，可以充分利用乡村学校周边农户闲置土地，采取租赁等方式提供劳动实践基地，集中组织劳动，拓展活动空间。

2019 年 6 月 23 日，中共中央、国务院出台的《关于深化教育教学改革全面提高义务教育质量的意见》提出："加强劳动教育，创建一批劳动教育实验区，农村地区要安排相应田地、山林、草场等作为学农实践基地。"建立劳动实践基地是拓展农村小学生活动空间的最佳途径。与农村寄宿制初中相比，大多数农村寄宿制小学都根植于乡村，具有获得土地使用权的天然优势。农村寄宿制初中一般都地处集镇，土地资源紧缺。农村小学却是乡村相对比较完整的公共组织，农民外出务工撂下了大量荒地，学校完全可以将土地"廉价"承包过来，建成劳动实践基地。环校土地虽在围墙之外，但相对安全。加上乡村学校一般地处偏僻，没有太多过往车辆带来的交通安全隐患，学生完全可以利用课余时间参加"农事"活动。只是实践基地劳动内容可以与时俱进，创新设计。四川广元市的范家小学是一所仅有 80 余人的村级寄宿制完小，学校承包了周围十余亩土地，花了不到 2 万元，承包期无限，学校想种到什么时候都可以。用村民的话说，学校能帮他们把地看着，撂荒不好看，也不忍心，钱不钱是小事。校长准备带领全校师生种花，既能够丰富学生的课余生活，提供学习素材，拓展了活动空间，做到了"封闭管理"与"自由活动"的平衡，又能带来经济收益，改善生活，还能培养孩子的劳动习惯，一举多得。湖北宜昌市夷陵区的南垭小学是一所农村保育寄宿制学校，2018 年秋季学期，全校共有 323 名学生，从一年级开始就住校，共有寄宿生 244 名。为了丰富课余活动，培养学生劳动习惯，该校打造了以"农耕文化"为主体养成教育品牌。其中，与学校附近农户合作，结合乡村旅游优势，种植油菜成为一大亮点。每年春季，该校所在村庄有很多城里人过来赏油菜花，学校便与村民达成协议，由学校组织学生利用课余时间种地，将农民土地变为学生劳动实践基地，油菜花开时，学校组织学生维护管理"花园"，供游客欣赏。待油菜成熟之后，菜籽归农户收割，各取所需，相得益彰。在办学实践中，我国历来有为农村寄宿制学校划拨勤工俭学基地的传统。开展勤工俭学活动，一方面，可以为学校食堂提供蔬菜、肉类、蛋类等，改善师生生活；另一方面，可以通过劳动锻炼培养热爱劳动的情感，体验收获的喜悦与幸福。各级政府可以利用勤工俭学基地已有的条件，创新思路，为农村寄宿制学校提供广阔的活动空间，实现"封闭"与"自由"的统一。

三 完善农村低龄寄宿儿童生活服务经费供给机制

目前，我国农村寄宿制学校成本计量主要关注因学生寄宿而新增的物力成本，忽视了新增人力成本。对于农村寄宿制学校的物力供给又倾向于以工程形式推进，忽视了硬件设施设备的长效经费保障机制构建。学生生活资助的逻辑起点是贫困而不是因寄宿带来的家庭新增成本。以上关于农村寄宿制学校的经费保障模式不利于寄宿制学校的发展，也难以真正改善农村寄宿儿童的生存境遇。为此，国家必须改革目前经费供给方式，集中解决教师新增工作量、基础建设经费无稳定来源、寄宿生资助面窄等重点问题，加强农村低龄寄宿儿童生存境遇改善的干预力度。

（一）设立农村寄宿制学校教师新增工作量专项津贴

农村寄宿制小学将低龄儿童的学习与生活同时纳入管理范围，一方面，配备专任教师负责学习，安排生活教师负责生活照料，聘请工勤人员提供生活保障，分工明确才能做到各司其职；另一方面，专任教师与生活教师又必须互相配合，确保学习与生活有机结合。换句话说，寄宿制学校的专任教师有别于非寄宿制学校，即使新增生活管理与服务的任务全部安排专人负责，专任教师也必须融入寄宿生的管理。因此，农村寄宿制小学专任教师工作量增加就在所难免。新增工作量主要体现在晚自习作业辅导、活动组织、值日、安全维护等方面。设立寄宿制学校教师津贴既是尊重客观事实，也是尊重教师劳动。寄宿制学校教师津贴应等同于边远山区教师津贴。

2018年4月25日，国务院出台的《关于全面加强乡村小规模学校和乡镇寄宿制学校建设的指导意见》提出："对乡镇寄宿制学校按寄宿生年生均200元标准增加公用经费补助政策，中央财政继续给予支持。"虽然承认了农村寄宿制学校成本增加的事实，但是，笼统提高公用经费并没有真正触及农村寄宿制学校经费短缺的"痛点"。2006年1月19日，财政部、教育部印发的《农村中小学公用经费支出管理暂行办法》第3条规定："公用经费开支范围包括教学业务与管理、教师培训、实验实习、文体活动、水电、取暖、交通差旅、邮电、仪器设备及图书资料等购置，房屋、建筑物及仪器设备的日常维修维护等。不得用于人员经费、基本建设投资、偿还债务等方面的开支。"寄宿制办学新增食、宿、娱乐及安全管理等事务支出仅反映在文体活动、水电、取暖等方面，其新增成本主体部分并不属于公用经费。新增事务要么安排专业人员负责，要么由专任教师分担，其成本主体恰恰是人员经费。实地调查表明，乡镇寄宿制学校经费短缺痛在"打酱油的钱不能买醋"。一方面，专任教师新增生活服务与寄宿管理的劳动量得不到合理报酬；另一方面，基层学校又经常出现"钱花不出去"的情况。显然，新增生均200元经费以公用经费的形式出现并不合理。农村寄宿制学校教育是义务教育的一种特殊形式，其经费支持仍然要置于义务教育经费保障体制框架之下。新增人员成本应该纳入教育事业费中的"人员经费"，新增生活服务设施应该纳入"基本建设费"中核算，两项内容统一纳入省级统筹范围。针对寄宿制教育的特点，安排专业人员负责学生生活照料效率更高，更能够保障寄宿制教育优势的发挥。

一般来说，要求农村学生住校，教师必须住校。对很多农村中小学教师来说，学校的"家"往往就是办公的地点，学校的食堂就是家。因此，教师住得安心，学生的安全就更加有保障。除了工资中增加津贴外，加大乡村教师周转房建设力度也是承认教师新增劳动的有力措施。目前，农村教师虽然也有住房公积金，部分教师也在县镇购买了商品房，但是，那只是作为普通公民享有的福利。作为农村寄宿制学校教师，在学校安一个"家"更有社会价值。农村学校没有权利要求教师在没有教学和值日任务时留在学校，只能通过提供优越条件的方式吸引教师住校，特别是年轻教师。提供周转房只是留住教师的基础，各级政府还可以通过改善教师食堂条件，提高农村寄宿制学校生活教师伙食补贴的方式吸引教师住校。近年来，随着城镇公共服务设施的不断升级，城乡生活条件差距越来越大，加上城乡交通条件的改善，农村教师进城越来越方便，可以轻松实现"早出晚归"，这对寄宿制学校管理极为不利。因此，要留住寄宿制学校教师，在提供生活补助的基础上，还要创造条件，提供丰富的业余活动。20世纪八九十年代的农村寄宿制学校，在物质条件比较匮乏的时代，晚饭后学校篮球场上总少不了教师的身影，学校的条件一般比家庭优越，教师们与学生同步，一周回家一次，有事请假。有了教师的守候，即使当时的学校地处乡野，没有围墙，但学生住得踏实。如今，货币成为衡量人们劳动的尺度，期望无私奉献并不符合市场经济逻辑，要重现昔日景象，必须加大对农村寄宿制学校的新增工作量补贴力度。诚然，最好的办法是减轻专任教师工作量，以保证其专心于教学，未来寄宿制学校的人员经费要逐步归口到生活教师的配备方面。但是，生活教师的培养需要一定周期，在没有足额配备生活教师的前提下，必须正视专任教师新增劳动量及其补偿问题，设计相应的过渡政策以保障寄宿制学校正常运行。

（二）构建农村寄宿制学校基本建设费长效供给机制

在中国现行的教育经费统计体系中，教育经费支出分为事业性支出与基本建设支出两部分。教育基本建设支出反映各级发展和改革部门集中安排用于学校购置固定资产、土地和无形资产，以及基础设施、大型修缮所发生支出以及与之配套完成上述项目的非财政预算内资金支出。教育事业费包括个人和公用两部分，其中，公用经费包括反映学校或单位购买商品和服务的支出（商品和服务支出），以及反映非各级发展和改革部门集中安排用于学校购置固定资产、土地和无形资产，构建基础设施、大型修缮所发生的"其他资本性支出"。[1]可以看出，在"基本建设支出"与"公用经费"之间交叉的内容主要是"购置固定资产、土地和无形资产，构建基础设施、大型修缮等"，两者区别在于是否由"发展与改革部门集中安排"，建设部门一般还将10万元以上的支出作为基建支出。按照这些标准，我国学校中，只有高等学校每年才有比较稳定的基本建设拨款，中小学的建设拨款大多是一次性的，根据学校需要和财力可能采取一次性投入。而且，中小学日常基础建设中，10万元以上的项目很少，即使这些支出属于基础建设内容，也只能划归公用经费支出。如此一来，公用经费中基建支出比例过大，舍本逐末，改变了公用经费"办公支出"的本意，不利于真实反映学校的成本结构。

相对于非寄宿制小学来说，农村寄宿制小学新增了食堂、宿舍、娱乐

---

① 陈伟光：《中国教育经费统计年鉴（2011）》，中国统计出版社2012年版，第28—29页。

活动设施设备等重要内容，一次性投入之后，如果没有长效补充机制，寄宿生的生活条件往往难以保障。现行做法中，农村寄宿制学校的生活服务设施设备基本依靠工程推进，每次专项建设并非全覆盖，很多已经有住校生的学校也不一定能够获得资金支持。因此，尽管很多学校不具备基本寄宿条件，也能够因陋就简，地方政府也没有理由追求责任，人为降低了寄宿制学校准入门槛。由于没有固定的资金来源，基层学校也没有校园建设的长远规划，学校建成什么风格合适，也往往由上级部门决策。现行农村学校，不管什么时候修建，不管在哪儿修建，其建筑大多相似，甚至与大学一样。其实，农村寄宿制小学往往地处偏远，在校学生具有较强的地域特征，学校的建筑风格、设施设备等具有民族性等特征。学校是接近真实信息的一方，将一些基础建设交给学校统筹更科学。关于农村寄宿制学校基建费标准设置，可以作为农村寄宿制学校基本办学标准的重要内容之一。

　　鉴于农村寄宿制学校增加了生活与娱乐设施设备的实际情况，重新调整经费支出结构并重构基建费长效供给机制意义重大。重构农村寄宿制学校基建费长效保障机制，首先，要重新界定农村中寄宿制学校公用经费与基建费的范围，将《农村中小学公用经费支出管理暂行办法》（财教〔2006〕5号）规定的"公用经费开支范围"中的"仪器设备及图书资料等购置，房屋、建筑物及仪器设备的日常维修维护等"划归"基本建设支出"，并按年拨付基建费，严格学校的设备购置及房屋建设与大型修缮工程审批手续。其次，针对农村学校实际，可以适当降低基本建设支出的判定标准，原来规定10万元以上的绝对数值过于武断，可以采用相对数值判断，以设备购置、房屋及设备维修的费用占教育经费的比例作为判断依据。学校可以根据实际情况决定何时进行增添设施设备，年度基建费可以累积使用，这样既可以激励基层学校长远规划，又能保证基建费全数用于基础建设。类比工业企业的基本建设，学校的图书馆及其藏书、体育活动器材、娱乐活动设施设备、宿舍的床铺、食堂的设备等相当于工厂的厂房、机器设备，不管数量多少，划归为基本建设费更为合理。同时，公用经费也可以回归"办公所用"的本意。办公的主体是学校教职员工，为了开展教育、教学、科研及生活管理与服务等活动而使用的易耗物品和设施设备可以仍然保留在公用经费之中。重新划清公用经费与基建费界限之后，人员经费、公用经费、基建费都可以采取年度拨款的方式进行，人员经费、公用经费实行年度预决算，而基建费则可以采取一定建设期内决算。

（三）实现寄宿小学生生活补助从"贫困"转向"全覆盖"

中国政府长期关注农村学生的健康成长，出台了很多资助政策。为了解决"三农"问题，促进农村义务教育持续健康发展，自2006年起，国务院决定实施农村义务教育经费保障机制改革，全面实施"两免一补"政策，免除农村义务教育阶段学生的学杂费、书本费，补助家庭经济困难寄宿学生生活费。该政策的出发点并非基于农村寄宿制学校教育的特殊性，但客观上保障了寄宿制学校运行。2011年10月26日，国务院决定启动实施农村义务教育学生营养改善计划。从2011年秋季学期起，在集中连片特殊困难地区，启动农村义务教育学生营养改善计划试点工作。时至今日，营养改善计划已经远远超出特殊困难地区，逐步向全国农村扩展。"营养改善计划"涉及了改善就餐条件、完善补助家庭经济困难寄宿学生生活费政策、规范供餐模式和供餐内容等方面。各地将此政策与贫困寄宿生生活补助政策整合，对农村寄宿制学校产生积极影响。两项政策指向都是"贫困"，相比农村家庭的贫困，农村低龄寄宿儿童的"弱势群体"特征更为明显，很多孩子住校并非资源，"撤点并校"和"农民工经济"是低龄寄宿需求的助推剂。小学寄宿生生活自理能力、饮食习惯自控能力缺乏，如何保障低龄寄宿儿童群体一日三餐科学进食，成为农村寄宿制办学的重点。为了保障近1000万农村小学寄宿生健康成长、快乐生活与学习，在家庭抚育功能缺失的情况下，借鉴"两免一补""营养改善计划"等政策思路，国家担负起业已形成的低龄寄宿儿童群体抚育责任，功在当代，利在千秋。

农村寄宿制小学寄宿生生活补助全覆盖包括两层意思：一是全员补助，即农村寄宿制小学的寄宿生均可享受；二是实现全天补助，包括一日三餐，甚至还可以安排晚上"点心"。"全员补助"既可以达成扶持弱势的目的，又可以避免"逆向歧视"家庭经济条件较好的学生，其政策指向不是"贫困"，而是寄宿所带来的成本变化。"全天补助"基于提升农村儿童生活品质，充分发挥寄宿制教育的优势，缩小城乡儿童成长条件差距的政策初衷。全员全天补助农村小学寄宿生生活费具有政策基础，政策实施以后，可以将家庭经济困难寄宿生生活补助政策与营养改善计划整合，寄宿生只能享受"寄宿生生活补助"一项政策。按照目前的补助标准，各地贫困寄宿小学生生活补助标准为每天4元，一年按照250天计算，即1000元/年·生，西部地区大部分寄宿制学校补助覆盖率达到30%左右。2014年11月，中央财政对699个国家试点县农村义务教育学生营养膳食补助标准从每生每天3元提高到4元（全年按在校时间200天计算），寄宿生加上"一补"后达到每天8—9元。截至2017年，全国共有29个省（京、津、鲁单独开展了学生供餐项目）1590个县实施了营养改善计划，覆盖学校13.4万所，受益学生总数达到3600多万人。全国超过50%的县实施了营养改善计划，超过50%的义务教育学校提供营养餐，近25%的义务教育阶段学生享受营养膳食补助。[①]2017年，全国农村小学寄宿生有934.6万人，占农村小学生总数的14.1%。如果按照现行补助标准，午餐4元、晚餐4元、如果早餐补助3元，则每天只需11元，按每年250天计算，全员补助农村寄宿制小学寄宿生生活费只需投入资金约为257亿元，根据不重复享受的基本原则，按照20%左右的寄宿生享受了贫困寄宿生生活补助，所有学生都享受营养午餐，每年需要投入112亿元。因此，实行农村小学寄宿生生活全员补助每年只需新增投入145亿元左右。实际上，营养改善计划的目标也是"全覆盖"，如果将"一补"政策、"营养改善计划"与"农村小学寄宿生生活补助"三项政策整合，新增资金需求并不会带来太重的财政负担。

第三节　构建农村低龄寄宿儿童生活服务需求干预机制

低龄寄宿存在诸多弊端，必须坚持满足需求而不是创造需求的理念。近年来，农村低龄儿童寄宿率有增无减，给寄宿制学校的管理带来极大压力。要从根本上改善低龄寄宿儿童生存状况，一方面必须改善已经住校的低龄儿童的生活条件，另一方面还必须从减小低龄住校生总规模。从长远考虑，减小低龄住校生规模更为重要。因此，高质量满足已经形成的低龄儿童寄宿需求，控制低龄寄宿增量，才能提升农村低龄寄宿儿童生活服务水平。依据低龄寄宿需求形成的原因，可以从科学合理布局乡村小规模学校、乡镇寄宿制学校和乡村完全小学三类学校、提升小规模学校质量和鼓

①《关于农村义务教育学生营养改善计划实施情况的报告》，教育部网，http://www.moe.edu.cn/jyb_xwfb/gzdt_gzdt/s5987/201703/t20170302_297934.html。

励低龄儿童随父母就读三个方面入手，从源头上逐步消除低龄寄宿现象。

一 优化三类小学布局，解决低龄儿童上学难问题

中华人民共和国成立以来，我国农村中小学布局调整的历史可划分为四个阶段，即普及初等教育时期（1949—1986 年）、普及九年义务教育时期（1986—2000 年）、全面撤点并校时期（2001—2012 年）和后撤点并校时期（2012 年至今）。第一阶段是在"调整、充实、整顿、提高"的背景下开展的常态调整，并没有带来明显的上学远的矛盾，此后的三次调整都直接将举办寄宿制学校作为其配套措施。换句话说，农村强劲的寄宿制教育需求主要来自学校布局调整。因此，要减小寄宿制教育需求，缓解低龄儿童生活服务给政府、学校、家庭带来的压力，还得从科学布局乡村小规模学校、乡镇寄宿制学校和乡村完全小学三类学校入手。毫无疑问，农村小学布局调整必须充分考虑本地人口分布、地理特征、交通资源、城镇化进程、学龄人口变化趋势、行政区划、办学历史、学生身心发展等因素。现阶段，我国农村地区学校教育环境变化呈现出时代特征，需要决策者科学研判农村小学教育环境，前瞻性规划布局调整路径。

（一）突破城乡"二元分割"布局学校的思维樊篱

国家发改委《2019 年新型城镇化建设重点任务》提出："推动城市群和都市圈健康发展，构建大中小城市和小城镇协调发展的城镇化空间格局。建立健全城乡融合发展体制机制和政策体系，切实推进城乡要素自由流动、平等交换和公共资源合理配置，重塑新型城乡关系。"未来城镇布局将形成"差序格局"状态，城市中小学布局也将会由中心向城乡结合部渐次推进，人口分布也将会发生相应变化。城乡要素自由流动必将促成"逆城镇化"，由此将会改变学龄人口单向向城性流动的窘境，为将城市优质教育资源渐次导向城乡结合部直至乡村创造了条件。目前，各地实践依然坚持城乡分头施策思路，难以真正化解"城挤乡空"的矛盾，未来中小学布局调整必须秉承城乡联动的理念。

在城乡二元分割的思维定式中，学龄人口归属地域仍然坚持户籍区分。因此，农村学龄儿童一旦进城，就不属于农村学校管辖的范围了，秉承同样理念的城市教育行政部门潜意识里也会将农民工随迁子女看作农村人口。如此一来，大批农民工随迁子女就被搁置在两不管的地带。在化解

城镇大班额的政策推动下，大批随迁农民工子女失去了在城市公立学校就读的机会，他们要么选择城市层次较低的私立学校，要么回到老家成为留守儿童，同时也成为寄宿制教育需求的潜在人群。城镇的学校布局规划坚持以户籍人口作为基数，农村学校布局规划多以常住人口作为依据，两者皆没有把大批流动儿童真正纳入规划体系。教育部统计数据显示，2018年，全国义务教育阶段在校生中进城务工人员随迁子女共有1424.04万人。其中，在小学就读1048.39万人，在公办学校就读的占82.2%，还有180多万人没有机会进入公办学校。湖北省某市在化解城镇大班额时就明确提出："城镇公办学校首先满足户籍人口接受义务教育，剩余学位采用电脑随机排位的方式分配给随迁儿童，公办学校满额后，政府逐年在城乡结合部新建公办学校满足随迁儿童就读，在没有学位保障的情况下，随迁儿童只能选择回户籍所在地就读。"一般来说，在新学校未建成之前，很多农村家庭会选择县城附近的乡镇就读，很少有家庭选择回农村老家。这是典型的自发打破县域内乡村行政区划界限形成的新格局。因此，在城乡融合发展的背景下，未来学校布局会自然形成以城镇为中心的"差序格局"，行政区划将会逐渐失去约束力。把握上述规律，前瞻性布局农村小学，能最大限度减少低龄寄宿需求，减轻各级政府提供寄宿儿童生活服务的财政压力。

（二）突破传统时空观念设计中小学布局调整路径

传统学校布局的上学时间基于儿童步行速度计算，家校距离也是依据家离学校的直线距离。对小学生而言，一般走读学校设计的覆盖半径以步行半小时，或者家校距离不超过1.5公里。最新指导农村中小学布局调整的文件《国务院办公厅关于全面加强乡村小规模学校和乡镇寄宿制学校建设的指导意见》（国办发〔2018〕27号）仍然坚守："原则上小学一至三年级学生不寄宿，就近走读上学，路途时间一般不超过半小时。"实际上，借助日益成熟的交通体系和发达的交通工具，依托日益精进的信息技术水平，农村地区的时空结构已经发生了深刻变化。全国农业普查2016年数据显示，全国通公路的村已经达到99.3%，通村主要道路路面水泥路面（含柏油路面）达到86.6%，村内主要道路路面89.5%属于水泥路或柏油路。全国农村平均每百户拥有小汽车24.8辆，摩托车、电瓶车101.9辆，其中，西部地区农村都已经达到平均每百户拥有小汽车18.8辆、摩托车（含电瓶车）72.9 辆的水平。通信方面，全国农村有 89.9% 的村通宽带互联网，农村家庭每百户拥有电脑 32.2 台。[1] 这些条件大大缩小了家校空间距离，加快了信息传播速度。换句话说，制定学校服务范围标准时，应该突破传统的空间观念，综合考虑学生上学的交通状况与时间更切合实际，学校选址也需要把乡村公路布局作为重要依据。

传统学校的空间布局多依托村委会、社区中心所在地，这种布局方式具有特殊的历史渊源。普及初等教育期间，生产队负责小学低年级段，大队办小学高年级段，公社办初中，学校位置一般都选在大队、小队办公点。普及九年义务教育时期，小学依然没有摆脱这种布局方式。2001 年以后，义务教育学校管理层级上移，农村中小学与乡村区划逐步分离，农村初中早已脱离乡级政府管辖，农村小学也已经与行政村没有直接联系。很多学校因为没有生源而自然消失，农村地区行政区划也开始合并，很多乡村政府所在地也逐渐废弃，加上交通状况逐年改善，部分农户也将住宅建在交通方便的公路边，农村人口分布实际上已经打破了原有的行政区划。农村常住人口大幅减少，农村家庭分布逐渐摆脱原有的乡村行政中心位置而向交通便利位置集中，乡村人口分布呈现新特征，再加上农村义务教育学校由乡村管理上升为"省级统筹，以县管理为主"，历史形成的小学与村委会所在地绑定的思维模式必须改变。未来的乡镇寄宿制学校应该集中到乡镇行政中心位置，而村级完全小学和小规模学校布局则应摆脱原来村级行政区划束缚，依据人口分布、交通体系及交通工具的变化趋势重新规划，在交通条件成熟的地区，可以借助校车实现较远距离上学，适度实现低龄段学生集中而不实行寄宿制，最终实现就近入学与提高教育教学质量的统一。

二 提升小规模学校质量，吸引低龄儿童就近入学

科学合理地布局村级完全小学、小规模学校，为农村低龄段小学生提供就近入学的空间条件，并不能完全保证学生家庭就愿意在家门口上学。为了保证孩子接受优质教育，农村家庭既可以勉为其难地选择携带子女外出务工，或以务工的名义择校进城，还可以择校进入教学质量较高的农村

---

[1] 《第三次全国农业普查主要数据公报》（第三号），国家统计局网，http://www.stats.gov.cn/tjsj/tjgb/nypcgb/qgnypcgb/201712/t20171215_1563589.html。

小学。有研究发现，西部农村小学四年级和五年级有 25% 左右的学生由家长租房陪读。[①] 贵州省黔西南州兴仁市 TF 小学从一所曾经衰落到仅有 75 人的学校，如今已经吸引了四邻八乡 1000 余人，成为一所大型农村寄宿制小学，其招生范围已经扩大到周围很多行政村，证明了农村择校行为确实存在。因此，合理布局各类学校只是学生选择就近入学必要条件而不是充要条件。强行要求四年级以下孩子就近进入质量得不到保障的小规模学校并不公平，为了确保低龄儿童就近入学，尽量减少低龄寄宿生规模，提高农村小规模学校质量至关重要。如何才能在生源数量和质量均处于劣势的前提下实现质量提升呢？

（一）创新乡村小规模学校教师队伍建设思路

教师的数量和质量是提升学校质量的关键，乡村小规模学校一般地处偏远，学校周边公共服务设施不完备，优质教师资源面临"下不去、留不住、教不好"的困境。究其根本原因，还在于现行的教师补充机制缺乏创新、教师素质提升内生动力不足、政府激励措施力度不足。为此，乡村小规模学校教师队伍建设应从以下小规模学校教师的培养和补充两方面着手。

第一，创新乡村小规模学校教师培养机制，最大限度保证"专业对口"。小规模学校有自身的特点，应该对口培养专门负责小规模学校的专职教师。由于生源不足，小规模学校难以产生规模效益。然而，义务教育阶段学生所应接受的基本教育内容却必须一致，这就使教学工作量与教师数需求之间产生了矛盾。为了解决这一矛盾，全科教师是目前的最佳选择。作为刚性需求的全科教师培养，为的是满足农村小规模学校的内涵发展以及尊重农村儿童身心发展的基本规律。全科教师则是专门培养能够同时承担语文、数学及其他部分科目教学的教师，可以采用"双科多能"模式进行全科培养。其中，"双科"是指语文和数学两门学科，"多能"是加强音、体、美方面的训练。[②] 为了能够留住全科人才，可以采取定向培养适应小规模学校特殊需求的本土优秀教师的模式。为了达到"专业对口"的目的，

① 庞晓鹏、龙文进：《农村小学生家长租房陪读与家庭经济条件——学校布局调整后农村小学教育不公平的新特征》，《中国农村观察》2017 年第 1 期。
② 余小红：《以全科教师培养突破农村小规模学校"超编缺岗"困境》，《教育发展研究》2017 年第 12 期。

小规模学校教师职前职后培训还应提高教师对农村社区、自然环境、生产劳动课程化的能力，提高挖掘小规模班级教学优势、尊重与利用小规模班级教学特点的能力，提高全科、复式教学能力。[1] 在现有教师培训的基础上，在"国培计划"中单列"农小校教师培训计划"，有计划地组织实施农小校教师进行全员培训，并建立定期培训机制；扩大对农小校音、体、美等紧缺学科教师的培训机会；注重农小校全科型教师的培训，注重通过培训将部分单学科教师转向全科型教师；在培训中适当增加复式教学和小班化教学的相关内容。[2]

第二，创新中小学教师编制规则，化解小规模学校"超编缺岗"的困境。我国中小学编制历来按照"生师比"指标核定，随着乡村学校生源减少，这种配额方式开始向"班师比""校师比"转变，客观上缓解了部分小规模学校编制不足的问题。但是，现有编制核定方式仍然是在原来制度上细枝末节的修改，只是从学校在校生数、班级数（年级数）、课程数、教师课前课后工作量等某一个方面设法突破，缺乏综合考量。因此，在政府供给仍以生师比控制总量的前提下，区域内的小规模学校很难真正实现"班师比""校师比"足额配备教师。为此，乡村学校编制核定应转向通过计算学校教师工作总量来确定学校教师数，基于区域内教师工作量相等原则核算小规模学校教师编制。这种方式建构的教师编制标准能够综合考虑师生比、班师比、课时数等因素，实现因校进行师资配置。[3] 在创新编制核算方式的基础上，针对小规模学校生源的多样性，还可设置一定比例的机动编制、专业化特色编制，向社会购买服务补齐专项计划配套服务人员缺口，精准设计弹性多元的教师补充机制。[4] 另外，编制落实需进一步规范，避免县城学校、乡镇学校"层层截留"，保证分配后的教师切实到岗。

（二）秉承联盟与共享的小规模学校发展理念

农村小规模学校的规模效益低，按生均配置原则使农村小规模学校教育资源缺乏。在开放劳动力市场背景下，农村小规模学校教师岗位吸引力

---

[1] 秦玉友：《农村小规模学校发展的基本判断与治理思路》，《教育研究》2018年第12期。
[2] 周晔：《农村小规模学校教师队伍专业水平结构的问题与对策——基于甘肃省X县的调研》，《教育研究》2017年第3期。
[3] 周兆海、邬志辉：《工作量视角下义务教育教师编制标准研究——以农村小规模学校为例》，《中国教育学刊》2014年第9期。
[4] 刘善槐、王爽：《我国农村小规模学校教师队伍建设研究》，《教育研究》2017年第9期。

低，难以吸引留住优质师资。优质生源流失，导致农村小规模学校在学业表现上缺乏竞争力。经过多重筛选，农村小规模学校只能服务于农村处境不利群体，农村小规模学校在学业表现上更加缺乏竞争力。[①]要想摆脱劣势的束缚，单个小规模学校显然是无能为力，必须秉持"联盟与共享"的理念，在"联盟与共享"的模式上创新，才能提高小规模学校的品质。

改变自上而下的行政联盟方式，激发自下而上的自发组团动力。前已述及，由于单个小规模学校无法形成规模效益，社会投入教育的资源必须有上限，依托外部力量就成为必然。传统的联盟大多依靠行政力量协调和调配下的外部资源补偿模式，属于自上而下的行政联盟方式。如对口交流制度、学区内教师轮岗制度、高专业性学科教师小规模学校走教制度、强校带弱校的学区化发展模式等。由于没有最终突破现行体制的束缚，要么流于形式，优势资源一方根本无法也没有动力输出优质教师资源，要么不仅没有将小规模学校扶持起来，还打乱了小规模学校和优势学校的教学秩序。为了激发小规模学校内生动力，农村小规模学校联盟形式可资借鉴。农村小规模学校的联盟发展是基于农村小规模学校寻求内生式发展的强烈意愿、学校多元发展模式的创新需求以及提升办学质量的现实需要。通过联盟发展，农村小规模学校抱团取暖，在整合学校资源的过程中，取长补短，实现了校际的合作与共赢。[②]乡村小规模学校可以邻近组群，构建起经费、设施、师资、管理、课程教学、文化等资源共享的集群发展模式，从而达到成本节约和质量提升的双重目的。[③]通过建立共同愿景，推动联盟内学校共同发展。通过搭建资源共享平台，化解联盟内学校资源短缺。这是一种自下而上的联盟模式，学校之间处于平等地位，行政力量处于旁观者地位，采用支持与协调的手段，属于松散型组织。这种自由联盟的方式还可以推广至其他部门，整合农村小规模学校与其他服务部门的公共服务，使公共服务部门产生系统效应。还可以统筹农村小规模学校与幼儿园办学，建立"农村小学低年级＋幼儿园"的农村小规模学校。[④]

---

① 秦玉友：《农村小规模学校发展的基本判断与治理思路》，《教育研究》2018 年第 12 期。

② 安晓敏、邬志辉：《农村小规模学校联盟发展模式探究》，《中国教育学刊》2017 年第 9 期。

③ 赵丹、范先佐：《乡村小规模学校教育质量提升——基于集群发展视角》，《教育研究》2019 年第 3 期。

④ 秦玉友：《农村小规模学校发展的基本判断与治理思路》，《教育研究》2018 年第 12 期。

（三）确保农村小规模学校公用经费专款专用

受农村人口出生率下降、农村城镇化和农村学龄人口向城性流动等因素的影响，我国农村小学适龄人口短时期难以回升，小规模学校还将呈持续增加态势。教育部统计数据显示，2011—2017 年，乡村教学点从 60972 所增加至 90293 所，增加了 29321 所；乡村小学校数从 169045 所减少至 96052 所，减少了 72993 所，说明其中 43672 所乡村小学被撤并了，29321 所因为生源减少而成为小规模学校。不仅乡村如此，镇区教学点也从 2011 年的 5630 所上升至 2017 年的 11023 所。一般来说，绝大部分教学点的人数都会低于 100 人，属于小规模学校。以贵州省为例，2015 年有教学点 3267 所，其中低于 100 人的有 2958 所，占比 90.5%。因此，小规模学校建设不仅仅是权宜之计，而是今后乡村小学的"新常态"。问题在于，随着原来的村级小学变为教学点，这些小规模学校便失去了独立地位，成为村级完全小学或乡中心学校附属，没有了独立财权和人事权，严重地制约了小规模学校的发展。

义务教育是一种制度性公共产品，所有承担义务教育的学校，不论规模大小，都应该获得充足的公共财政支持。农村小学阶段教育从足额足班的学校逐步演变为乡镇寄宿制学校、乡村完全小学和乡村小规模学校三种形式，既是学龄人口减少所致，也是未来学校向小班化教学发展的方向。因此，三类学校都应该成为独立核算的单位而享受财政支持。2012 年 9 月 6 日，国务院办公厅印发的《关于规范农村义务教育学校布局调整的意见》（国办发〔2012〕48 号）明确提出："办好村小学和教学点，对保留和恢复的村小学和教学点，要采取多种措施改善办学条件，着力提高教学质量。提高村小学和教学点的生均公用经费标准，对学生规模不足 100 人的村小学和教学点按 100 人核定公用经费，保证其正常运转。绩效工资分配向村小学和教学点专任教师倾斜，鼓励各地采取在绩效工资中设立岗位津贴等有效政策措施支持优秀教师到村小学和教学点工作。"2018 年 4 月 25 日，国务院办公厅出台的《关于全面加强乡村小规模学校和乡镇寄宿制学校建设的指导意见》（国办发〔2018〕27 号）进一步强调："切实落实对乡村小规模学校按 100 人拨付公用经费的政策。各地在编制乡镇中心学校年度预算时，严禁乡镇中心学校挤占小规模学校经费。各地要完善小规模学校经费使用管理办法，根据实际在小规模学校间合理统筹安排公用经费，实行账目单列、规范管理、合理统筹，确保足额用于小规模学校，不得滞留或挪用。"实际执行中，有的地方政府要么以乡为单位，按生均公用经费标准统一拨付，并没有考虑小规模学校按 100 人拨付的规定；要么统一拨付到乡中心学校，由中心学校按照实际情况实行二次分配。其间，往往会出现被截留的现象。为了提高小规模学校教学质量，必须严格执行中央规定，确保小规模学校公用经费专款专用，杜绝挪用或截留。义务教育是一种全国性公共产品，小规模学校作为完成义务教育的一种特殊形式，办学成本高，往往出现超出县级财力的支付能力，未来还需要从制度上赋予小规模学校独立的一级法人地位，将其公用经费核算纳入国家层面的统计口径，并确定符合其实际需求的核算标准，保障公用经费投入。[①]

三　强化农民监护责任，确保低龄儿童随父母就读

农村留守儿童是低龄寄宿的主要来源之一，从源头上逐步减少儿童留守现象可以减少低龄寄宿需求，从而减轻政府照料儿童生活的压力。一般来说，农民外出务工都会慎重权衡利弊，但并非所有农民工的决策都是理性的。绝大部分人选择外出务工主要基于经济目的考虑，子女接受义务教育往往也仅仅被看作"私事"。孩子将来能通过读书"跳农门"则会重点考虑，如果孩子资质平平，家长一般不会选择将孩子带在身边。适龄儿童接受义务教育既是一种权利，也是一种义务，作为监护人有责任提供条件保障儿童接受义务教育。因此，从源头减少留守儿童现象除了强调国家和社会的责任外，还必须强化农民本身肩负的责任。

（一）依法监督外出农民工履行未成年人监护职责

将未成年子女带在身边既是家长履行监护职责的最佳方式，也是法律赋予公民的义务。《中华人民共和国未成年人保护法》第 16 条规定："父母因外出务工或者其他原因不能履行对未成年人监护职责的，应当委托有监护能力的其他成年人代为监护。"《中华人民共和国预防未成年人犯罪法》第 19 条、第 20 条规定："未成年人的父母或者其他监护人，不得让不满16 周岁的未成年人脱离监护单独居住。未成年人的父母或者其他监护人对未成年人不得放任不管。"2016 年 2 月 4 日，国务院出台的《关于加强农

---

① 赵丹：《农村小规模学校公用经费投入体制研究》，《中国教育学刊》2017 年第 8 期。

村留守儿童关爱保护工作的意见》(国发〔2016〕13号)明确提出:"强化家庭监护主体责任。父母要依法履行对未成年子女的监护职责和抚养义务。外出务工人员要尽量携带未成年子女共同生活或父母一方留家照料,暂不具备条件的应当委托有监护能力的亲属或其他成年人代为监护,不得让不满十六周岁的儿童脱离监护单独居住生活。外出务工人员要与留守未成年子女常联系、多见面,及时了解掌握他们的生活、学习和心理状况,给予更多亲情关爱。父母或受委托监护人不履行监护职责的,村(居)民委员会、公安机关和有关部门要及时予以劝诫、制止;情节严重或造成严重后果的,公安等有关机关要依法追究其责任。"由此可见,履行未成年子女监护职责是公民的法律义务,并非"私事"。

农民工监测调查报告数据显示,2014—2018年,农民工中"31—40岁"年龄段人口占比分别为22.8%、22.3%、22.0%、22.5%和24.5%。2018年,全部农民工中有配偶的占79.7%。31—40岁的农民工的孩子基本都处于九年义务教育阶段,属于未成年人,农民工是否选择外出务工必须考虑孩子的监护问题。现实中,很多年轻的父母缺乏法律意识,外出务工时往往草率地将孩子交给年迈的爷爷奶奶看护,常年外出不归者比比皆是,各地执法部门对此也是充耳不闻,造成农村留守儿童事故频发。改革开放初期,城市经济发展短时期内急需大批产业工人,权衡轻重,鼓励农民不计代价进城务工,忽视儿童监护尚可理解。时至今日,城市经济已基本步入正轨,农村经济社会明显衰退,引导农民工理性外出务工势在必行。从长远考虑,放弃义务教育阶段特别是小学阶段孩子的陪护外出务工,以牺牲孩子的未来换取眼前利益往往是得不偿失。从法律角度来看,将孩子交给年迈老人监护甚至放任不管已经触犯法律。为此,建议将《未成年人保护法》第16条中"应当委托有监护能力的其他成年人代为监护"修改为"必须",在未成年子女就读小学期间,禁止父母同时外出。在有法可依的基础上坚持执法必严,保护未成年人健康成长,基于农村全局规范农民外出务工的行为。

(二)加大农村低龄儿童随父母就读的支持力度

从源头上减少低龄留守儿童必须采取"堵疏结合,以疏为主"的方式,其中,疏导应以服务支持为主,加大政策执行力度,创新帮扶机制,最大限度确保农民将未成年子女带在身边接受义务教育。为此,可以从保证农民工随迁子女在城市就读和引导扶持农民工返乡创业就业两方面着手。

　　第一，继续完善现有农民工随迁子女异地接受义务教育的支持政策，对小学阶段随迁子女应予以特殊关照。小学生独立生活能力不强，对父母有着强烈的情感依赖，父母与子女长期分离会影响孩子未来对人生与社会的态度。如果放任农村家庭低龄子女留守，将会大大增加低龄寄宿的概率。因此，要对父母同时外出务工的家庭提供特殊帮助。2008年8月12日，国务院出台的《关于做好免除城市义务教育阶段学生学杂费工作的通知》（国发〔2008〕25号）规定："进城务工人员随迁子女接受义务教育要以流入地为主、公办学校为主解决。地方各级人民政府要将进城务工人员随迁子女义务教育纳入公共教育体系，根据进城务工人员随迁子女流入的数量、分布和变化趋势等情况，合理规划学校布局和发展。"教育部统计数据显示，2011年，农民工子女小学阶段随迁人数9327416人，小学阶段农村留守儿童14368088人，可以推算出该年小学阶段农民工子女随迁率仅39.4%；2018年，农民工子女小学阶段随迁人数10483928人，小学阶段农村留守儿童9986919人，小学阶段子女随迁率51.2%。[①] 可以看出，大部分农民工子女根本没有条件和父母在一起，无形中增加了小学生寄宿教育需求。2019年3月31日，国家发改委印发的《2019年新型城镇化建设重点任务》（发改规划〔2019〕0617号）进一步强调："推进常住人口基本公共服务全覆盖。2019年年底所有义务教育学校达到基本办学条件'20条底线'要求，在随迁子女较多城市加大教育资源供给，实现公办学校普遍向随迁子女开放，完善随迁子女在流入地参加高考的政策。"这一政策对于农民工子女随迁异地就读进一步表现出利好倾向，令人担忧的是，很多城市在化解城市大班额政策的推动下，很多地方将农民工随迁子女挤出城市公办学校，转移至政府购买服务的民办学校或城乡结合部的公办学校，甚至鼓励随迁子女返回原籍的趋势明显。因此，下一步还需各级政府在"两为主"政策与化解城镇大班额政策之间寻找平衡，至少确保继续扩大低龄随迁子女城市就读的机会。

---

　　① 义务教育阶段农民工子女随迁率，即义务教育阶段随迁子女数占义务教育阶段农民工子女数的比例。计算公式为：随迁率=某学段随迁子女数/（某学段随迁子女数+留守儿童数）×100%；相应地，留守率=某学段留守子女数/（某学段随迁子女数+留守儿童数）×100%。（参见邹志辉《农民工随迁子女在城市接受义务教育的现实困境与政策选择》，《教育研究》2016年第9期。）

　　第二，引导扶持农民工返乡创业就业，创造条件使父母回到留守儿童身边。一般来说，跨省外出务工人员的工作和生活规律基本上是春节前返乡，节后继续外出务工，一年回家一趟，甚至两三年才回家一趟。省内务工情况稍好，但每年在外务工时间也大多超过 9 个月，且不少是夫妻双双外出，这就造成庞大的留守儿童群体长期缺乏家庭关爱和照护。《国务院关于加强农村留守儿童关爱保护工作的意见》（国发〔2016〕13 号）明确提出："人力资源社会保障等有关部门要广泛宣传农民工返乡创业就业政策，加强农村劳动力的就业创业技能培训，对有意愿就业创业的，要有针对性地推荐用工岗位信息或创业项目信息。"各省在执行相关政策时，创造性地将农民工返乡创业就业与精准扶贫政策结合。贵州省 2015 年开始实施"雁归兴贵"行动计划，该省的水城县通过开展农民工就业创业培训、小微企业扶持、提供公益性岗位，大力发展农业产业提供就业岗位以及微型企业扶持等政策，搭建好留守儿童父母回乡创业就业平台，回引外出务工人员，减少留守儿童数量，解决留守儿童缺少父母关爱问题。截至 2017 年 8 月，全县创业就业培训 5280 人次，共有返乡创业 2302 人，创办大小企业 237 家，带动就业 3012 人，5663 名儿童不再留守。[①]2015—2017 年，全省累计精准帮扶留守儿童困境儿童家庭劳动力返乡创业就业 12.8 万人，有效缓解了农民工长期背井离乡带来的"留守儿童""空巢老人"等社会问题。[②]返乡创业让许多打工者在家乡就地就业，他们的孩子从此告别了留守儿童的孤单生活，部分离学校距离较近的孩子也就无须住校就读了，即使学生回归了正常家庭生活，又减小了学校照料寄宿儿童生活的总体压力。

　　第三，农民工就近务工趋势明显，低龄寄宿儿童生存状况有望向利好方向发展。农民外出务工客观上造成了父母与子女长时间分离，由此导致家长难以尽到抚育职责，这是经济粗放型发展阶段的客观必然。随着乡村振兴战略的纵深推进，农村经济的发展将会吸引大批农民工返乡就业创业，届时留守儿童数量将会随之下降，因父母抚育缺位而引致的低龄儿童生活困境也将会逐步破解。按照现行统计口径，农民工包括本乡镇以外从

---

　　① 陈春艳：《水城县：农民工返乡就业创业　留守儿童不再"留守"》，人民网，http://gz.people.com.cn/n2/2017/0816/c194849-30615946.html。

　　② 《贵州省全力推进农民工返乡创业就业》，中华人民共和国农业农村部网，http://www.moa.gov.cn/ztzl/scw/dxjync/201708/t20170809_5779565.htm。

业6个月以上的外出农民工和本乡镇内从事非农产业6个月以上的本地农民工两部分。2008—2018年，农民工中本地农民工占比呈逐年上升趋势，外出农民工占比呈小幅下降趋势（见图6-1）；外出农民工中，跨省流动人员占比逐年下降而省内流动人员占比却出现较大幅度增加（见图6-2）。由此可见，就近务工已经逐步成为农民的偏好，客观上增加了父母与子女交流沟通的概率。

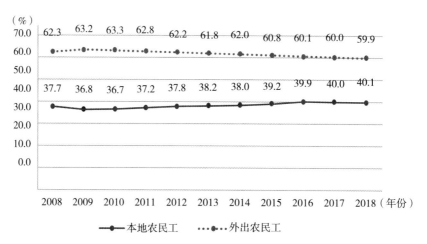

图6-1　2008—2018年本地农民工与外出农民工占比变化趋势比较

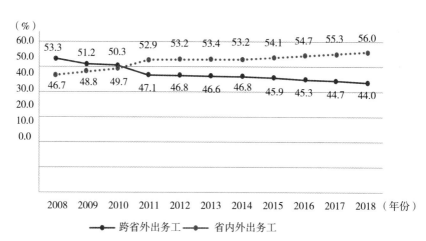

图6-2　2008—2018年外出农民工中跨省流动与省内流动占比情况比较

资料来源：根据国家统计局《农民工监测调查报告》（2009—2018）的相关数据整理而得。

第四节 构建农村低龄寄宿儿童生活保障的激励约束机制

广义的激励既包括激发、鼓励、以利益来引导之意，也包括约束和归化之意，其目的是调动被激励对象的积极性，以提高组织绩效和效率。"约束"是指不允许某种行为发生，一旦发生则对行为主体进行惩罚，这些惩罚就是"约束因素"。没有约束力的激励，激励很难达到目的。[①] 激励中含有约束，但激励不等于约束。激励与约束是一个过程，一般概念至少包括五个基本要素，即激励与约束的主体、客体、方法、目标和环境条件。因此，构建激励约束机制就是要明确谁去激励约束，对谁激励约束，用什么方式实现激励约束，在什么条件下进行激励约束，以及要达到怎样的激励约束效果等问题。[②] 就具体内容而言，激励约束机制就是为实现组织目标，应该提倡什么，鼓励什么，抑制什么，反对什么，各种行为的奖惩内容、力度以及如何操作，都需要规范化、制度化。[③] 本书所指激励主体是中央政府或上级政府，激励的客体是地方政府或下级政府、家庭、学校、社会，激励约束的目标就是保障客体围绕低龄寄宿儿童生活服务配置资源。

一 中央政府对地方各级政府的激励约束机制

就资源配置而言，代表中央政府的国务院、省级政府形成一级委托代理关系，省级政府与地州市政府、县级政府、乡级政府、学校之间又形成委托代理关系。委托代理理论认为，由于委托人与代理人的信息不对称，代理人的行动不可能直接让委托人观察到，从而产生委托代理的主要问题：事先的信息不对称导致的"逆向选择"和事后的信息不对称导致的"道德风险"。应当在委托人与代理人之间按一定的契约分配剩余索取权，并将剩余分配与经营绩效挂钩，解决"道德风险"和"逆向选择"。因此，如何设计契约，分配剩余索取权，解决"道德风险"和"逆向选择"问题，

---

① 王志芳：《上市公司经营者激励约束机制研究》，博士学位论文，四川大学，2003 年。
② 杨淑君：《所有者与经理人双向激励约束机制研究》，博士学位论文，天津大学，2004 年。
③ 王组成：《世界上最有效的管理激励》，中国统计出版社 2002 年版，第 87 页。

就构成了现代激励约束研究的核心。①

（一）上级政府对下级政府的激励内容与方式

公共管理理论认为，各级政府也具有理性经济人的特征，存在追求"政绩最大化"的偏好。因此，上级政府对下级政府的激励必须遵循"激励相容"原则。如果一种制度安排能使地方政府追求政绩最大化的同时，也正好与中央政府实现组织价值最大化的目标相吻合，就是"激励相容"。低龄寄宿儿童生活照料缺乏的问题属于义务教育问题的分支，中央政府通过制度安排确保地方政府提供优质生活服务是总体目标。为此，中央政府必须制定相应政策，激励地方政府在生活设施设备、人力配备、财力支持等方面围绕低龄儿童生活服务展开。

1. 中央政府采取"专项投入 + 省级配套"模式，领衔实施乡镇寄宿制小学标准化建设工程

2004—2007 年，中央政府领导实施了第一轮西部农村寄宿制学校建设工程。中央财政投入 100 亿元，采取配套激励的措施，拉动了地方政府积极参与投入，改善了西部和部分中部地区农村寄宿制初中的办学条件。西部农村寄宿制学校建设工程主要针对西部农村初中，内驱力为"普九攻坚"，基本行动逻辑是教育扶贫。其后十余年，农村小学生寄宿率逐年增长，小学寄宿制教育发展滞后成为全国农村义务教育的主要矛盾。农村寄宿制小学普遍存在生活设施简陋、生活服务水平不高、财力供应远远不能满足寄宿需求等问题。以中央财政专项投入为撬动省级财政配套，实施乡镇寄宿制小学标准化建设工程，集中完成乡镇寄宿制小学生活服务设施标准化配备。

首先，中央财政有能力和理由加大农村义务教育的特殊投入。义务教育是全国性公共产品，涉及国民基本素质提升，对于维护国家稳定具有战略性意义。《中华人民共和国义务教育法》第 46 条规定："国务院和省、自治区、直辖市人民政府规范财政转移支付制度，加大一般性转移支付规模和规范义务教育专项转移支付，支持和引导地方各级人民政府增加对义务教育的投入。"寄宿制教育已经成为农村义务教育的主要形式之

---

①　隋慧：《金融国有资产管理中的激励约束机制研究》，博士学位论文，财政部财政科学研究所，2013 年。

一，在小学阶段，已经呈现乡镇寄宿制学校、村级完全小学、小规模学校三足鼎立的局面。然而，小学寄宿制教育模式并不成熟，其高成本性往往被忽略，致使各级政府直接把这种办学模式作为撤并小规模学校的配套保障。究其原因，主要是地方政府普遍忽略低龄儿童生活照料的成本，生活设施设备因陋就简，将新增成本转嫁到农村家庭和学校教师所致。教育部统计数据显示，2018 年，全国小学生总数 103392541 人，其中，农村小学生总数 26664138 人，占比 25.79%；全国普通小学生均一般公共预算教育经费 11328.05 元，农村小学生生均一般公共预算教育经费 11328.05 元，可以推算出农村小学一般公共预算教育经费占全国普通小学一般公共预算教育总经费的 24.01%。农村小学在没有规模效益的前提下，财政性教育经费支持相反还低于学生数占比，说明农村小学依然在按照生均教育经费标准执行，对于低于 100 人按 100 人核算，加大寄宿制学校投入力度等规定执行不到位。2018 年，中央财政教育经费支出 5007.72 亿元，一般公共预算教育经费支出 31992.73 亿元，一般公共预算支出 220904.13 亿元，中央财政教育经费支出仅占教育财政总投入的 15.65%，中央财政教育经费支出占一般公共预算教育经费支出的 14.48%。2018 年，中央财政预算收入 85456.46 亿元，占整个一般财政预算收入 183359.84 亿元的 46.6%。显然，中央财政对教育总体投入还有很大的增加空间。目前，农村教育是整个教育的"短板"，小学教育又是短板中的"短板"，以提升寄宿制小学办学条件，改善低龄寄宿儿童生存境遇为突破口，加大专项投入，实施新一轮农村寄宿制学校建设工程，具备可能性和必要性。

其次，省级政府具备配套投入责任、能力和内生动力。《中华人民共和国义务教育法》第 7 条规定："义务教育实行国务院领导，省、自治区、直辖市人民政府统筹规划实施，县级人民政府为主管理的体制。"第 44 条规定："农村义务教育所需经费，由各级人民政府根据国务院的规定分项目、按比例分担。"因此，为了补齐农村教育"短板"，在中央政府实施专项投入时，各级地方政府有责任配套投入。地方各级政府中，省级财政收入与支出同样存在不对称问题。2017 年，四川省一般公共预算教育经费（包括教育事业费、基建经费和教育费附加）为 1397.19 亿元，省级财政教育经费 190.2 亿元，仅占 13.61%。2018 年，全省一般公共预算教育经费 1470.00 亿元，一般公共预算支出 9707.5 亿元，占比 15.14%。省级财政一般公共预算教育经费支出力度低于中央财政支出。2018 年，四川省普通小学教育生均一般公共预算教育经费为10682.82元。其中，农村为10780.1元。城乡小学教育一般公共预算教育经费表面上已经城乡一体化了，实际上，农村小学的规模远远小于城市学校，其财政投入充足度远远不及城市。因此，省级财政对教育的投入还有很大增长空间，加大农村小学教育投入具有现实意义。因此，中央财政专项投入配套资金应该主要由省级财政承担。中央政府以专项工程项目的方式，吸引地方政府配套，增大资金投入总量，最终使各地农村寄宿制小学按照国家底线标准完成硬件设施标准化，为改善农村低龄寄宿儿童生活服务质量奠定坚实的物质基础。

2. 省级政府采用"以奖代补"方式，领衔实施乡镇寄宿制小学生活服务人员标准化配备工程

义务教育经费"省级统筹"决定了省级财政的轴心地位，一方面，省级财政需要通过资金配套方式获取中央财政的专项投入，做大本省"蛋糕"；另一方面，又要采取"四两拨千斤"之法鼓励地州市及县级政府投入。根据信息对称原理，中央政府获取县级政府的真实信息难度较大，更适宜把握硬件设施一类的客观性较强的项目。而且，各地出台的《义务教育学校标准》以及教育部2011年出台的《农村寄宿制学校生活卫生设施建设与管理规范》《全面改善贫困地区义务教育薄弱学校基本办学条件底线要求20条细化标准》等已经有较为明确的客观标准。各省也有相应标准，有的还很具体。如四川省就规定：对于寄宿制学校，原则上小学生均学生宿舍建筑面积不低于5平方米，食堂（伙房）生均建筑面积1—1.2平方米；寄宿学生每人1个床位；有开水供应和淋浴设施。如此一来，乡镇寄宿制学校标准化建设就更容易实施与验收评价。与生活服务硬件设施不同，农村寄宿制小学生活服务人员配备标准暂无定论，还处在探索阶段，是具有个性化特征的需求，基层政府更易获得学校的真实情况。因此，生活服务人员配备应该因地制宜，渐次推进，以奖励的方式激发基层的积极性与创造力。省级政府可以采取"底线＋弹性"的方式提供指导意见，以地（州、市）政府和县级政府为激励对象，鼓励基层政府满足寄宿生生活服务多样化需求。

2012年9月6日，国务院办公厅出台的《关于规范农村义务教育学校布局调整的意见》（国办发〔2012〕48号）提出："学校撤并后学生需要寄宿的地方，要按照国家或省级标准加强农村寄宿制学校建设，为寄宿制学校聘用必要的管理、服务、保安人员。有条件的地方应为学校配备心理健康教师。"2018 年 4 月 25 日，国务院办公厅下发《关于全面加强乡村小规模学校和乡镇寄宿制学校建设的指导意见》(国办发〔2018〕27 号)进一步强调："各省(区、市)要统筹制定寄宿制学校宿管、食堂、安保等工勤服务人员及卫生人员配备标准，满足学校生活服务基本需要。各地要针对乡镇寄宿制学校实际需要，严格按照政府购买服务的有关规定，探索将属于政府职责范围且适宜通过市场方式提供的学校安保、生活服务等事项纳入政府购买服务范围，所需资金从地方财政预算中统筹安排。"2019 年 6 月 23 日，中共中央、国务院出台的《关于深化教育教学改革全面提高义务教育质量的意见》明确提出："各地要按照中小学教职工编制标准做好编制核定工作，并制定通过政府购买服务方式为寄宿制学校提供生活服务的实施办法。"分析三个中央政府文件可以看出，寄宿制学校生活服务人员主要包括宿舍管理员、食堂工友、保安、卫生人员、心理健康教师等，人员配备方式为"政府购买服务"，至于按什么比例配备相应人员目前尚无统一标准，各省在落实中央文件时也都实行模糊表述。2018 年，全国 31 个省(市、自治区)都出台了关于全面加强乡村小规模学校和乡镇寄宿制学校建设的实施意见，绝大部分均援引中央文件，表述为"对寄宿制学校应根据教学、管理实际需要，通过统筹现有编制资源、加大调剂力度等方式适当增加编制"。仅有湖北省提出了具体标准："寄宿制学校至少配备 2 名以上专职安保人员，在校生超过 1000 人的学校每增加 500 人增配 1 名安保人员；寄宿生人数在 200 人以内的学校至少配备 2 名专职宿管人员，每增加 200 人寄宿生增配 1 名；学校食堂餐饮服务人员按小学 80∶1。"由此可见，落实农村寄宿制小学生活服务人员还需鼓励基层政府和学校努力探索，至于将生活指导教师纳入教师编制则须待时日。而生活服务人员中"专职生活指导教师"尚存争议，不仅存在数量标准，还需考虑质量标准，是省级政府"以奖代补"政策需攻坚的部分。食堂工友、保安可随市场行情实行政府购买服务，心理健康教师可以由教师兼任，卫生服务人员可以依托学校所在地卫生所。

(二)上级政府对下级政府的约束与问责方式

各地举办寄宿制学校的内生动力并非源于教育模式的先进性，而是作为撤点并校的补救措施。因此，撤并学校、节约成本以及方便管理等才是推动寄宿制教育需求攀升的根本原因，而这一切的背后又与农村城镇化、人口政策、农民工经济等因素有着千丝万缕的联系。也就是说，我们仅仅利用了寄宿制教育的工具价值。实际上，只要满足寄宿制办学的基本条件，妥善处理生活服务问题，寄宿制教育本身具有养成教育、集体教育等本体价值优势。问题在于，已经建成的大多数农村寄宿制小学并没有充分考虑低龄儿童住校的生活服务问题，将低龄住校与中学生甚至大学生住校等同，有意无意地忽视了寄宿制小学的高成本问题。由于办学门槛低，加上官员集中办学的偏好，导致"只管撤，不管建"的现象频频发生。2018 年10 月 17 日，广东省政府办公厅出台的《关于全面加强乡村小规模学校和乡镇寄宿制学校建设的实施意见》提出："要因地制宜做好生源极少的乡村小规模学校的撤并工作，吸引乡村小规模学校学生集中到寄宿制学校就读，使之能够享受公平而有质量的教育，促进学生健康成长。"表述本身并无问题，也符合农村家庭的需求。问题在于，一旦被判定为"生源极少"，下一步就是集中办寄宿制学校。为了防止地方政府为了撤并学校而出现"逆向选择""败德行为"，最有效的办法就是通过一系列约束措施规范政府集中办学的行为，对于纯粹以行政和经济逻辑的集中办学行为要加大问责力度。

1. 强化生活服务资源配置，提高寄宿制办学准入门槛

寄宿制与非寄宿制教育的最大区别在于是否承担生活条件与服务，低龄寄宿更要重视儿童生活照料。寄宿生学校生活服务内容涉及吃饭、睡觉、娱乐、安全卫生等诸多方面，既需要食堂、宿舍、课余活动场所与器材、卫生室等硬件设施的支撑，又必须配齐配足生活教师、食堂工友、安保人员、卫生保健人员等相关人力保障。提供优质生活服务，营造温馨校园，提升农村儿童生活品质，既能弥补低龄儿童家庭抚育功能缺失的手段，又可以实现全员育人目标，并能为教学工作顺利实施创造条件，最终达成提高教育教学质量之目的。可见，提高儿童生活照料水平是低龄寄宿制办学的关键所在。如若不然，因陋就简，必将给儿童身心健康带来极大危害。因此，新办寄宿制小学应在满足基本办学条件的基础上，围绕儿童生活服务制定准入标准。已经实施寄宿制的学校要对标自检，查漏补缺，制订达标计划，限时完成；对于新建寄宿制小学要严格执行标准，宁缺毋滥。

那么，农村寄宿制小学办学标准谁来定？具体涉及哪些具体内容？如何将散见于义务教育学校办学标准、义务教育均衡发展验收标准、寄宿制学校生活设施要求等政策中的标准整合呢？本书认为，中央政府层面应该出台普适性指导意见，主要制定激励约束制度，完整的农村寄宿制学校办学标准应该由省级政府统一制定，并向国务院备案，地（州、市）、县级政府遵照省级标准制定具体实施方案并最终落实。省级标准采用"底线＋弹性"模式，给基层政府预留创新空间。就具体内容而言，与教学相关的标准应与各省制定的义务教育学校办学标准一致，不同之处在于生活服务设施设备与人员配置。硬件设施应对宿舍建筑及室内设施配备提出明确的底线要求，在室内陈设与布置方面预留创新空间。食堂方面，各地在营养午餐计划实施过程中已经形成了许多较为成熟的标准，不足之处在于学生餐厅面积不足，餐桌有限，应该予以重点考虑。课余活动设施设备存在普遍简陋、数量不足、品种单一等问题，底线标准可以与义务教育学校办学标准统一，需要拓展的主要在晚间活动和校外空间两方面。特别是校外空间拓展可以考虑与农村土地撂荒治理结合起来。此外，学生往返学校的交通问题也应纳入标准，可以通过政府购买服务的方式解决。关于人员配备标准，综合考虑低龄儿童、留守儿童家庭抚育缺失的问题，本研究始终主张配备专业化的生活指导教师扮演代理家长角色，食堂、安保可以通过政府购买服务实现。为了保证义务教育阶段的整体性，低龄寄宿制办学标准可以与农村寄宿制小学整合，农村寄宿制小学办学标准又可以作为农村寄宿制学校办学标准的一部分，最后成型的办学标准以《农村寄宿制学校办学标准》出台，办学标准单独颁布，独立于《义务教育学校办学标准》之外，以示重视。制定科学合理的低龄寄宿办学标准，严格按照标准要求现有农村寄宿制小学整改达标，对新建农村寄宿制小学严格执行按标准先建后撤，才能真正提高低龄寄宿儿童生存质量。

2. 严密生活服务质量监控，加大不良后果的问责力度

首先，标准化的硬件设施、充足的后勤服务人员只代表学校具备了提供生活服务的条件，"以生为本"的生活管理与服务还有赖于日常管理。其中，加大生活服务过程监控乃重中之重。上级部门不定期地抽查、学校自查、家长委员会监督、社会力量监督、学生自我监督等形成监督体系，方能确保生活服务质量提升。上级教育行政部门要加强对寄宿制学校食堂运行情况的监督，确保原材料供给、食品加工安全规范。学校要定期自查生活服务与管理是否到位，特别要关注宿管员（生活教师）对低龄段寄宿儿童的管理方式，突出服务意识，可以采取个别谈话、集体座谈等方式了解真实情况。通过自查反思，不断完善以生活教师为核心的低龄儿童生活服务模式，实现家庭抚育替代功能。学校要动员成立家长委员会，负责收集家长诉求，上达学校以求改进。低龄儿童生活自主能力不强，社交能力较弱，很多关于学校生活的不如意不敢说出来，只会告诉家长。因此，家长也会间接了解到学生寄宿生活的真实情况，设计家校对话平台，有利于保障学校生活服务质量。社会力量监督方面，新闻组织要关注低龄寄宿儿童生存状况，如实报道学生和学校面临的困难，宣传学校典型事例，以期扩大影响，引起全社会关注。妇联、工会、共青团等群团组织可以从关注留守儿童、关注贫困等形式参与低龄寄宿儿童生活服务质量的监督。最后，寄宿生是一切行动的最终评判者，学生的主观满意度是判定学校生活服务质量的关键指标，因此，学校要定期召开生活会，收集学生意见。总之，只有充分政府、学校、家庭、社会及学生的监督作用，形成严密的生活服务质量监控体系，才能保证低龄寄宿儿童健康快乐的成长。

其次，要真正落实各项标准，改善低龄寄宿儿童生存状况，必须加大相关不良后果的问责力度。所谓问责就是追究政府官员的责任，官员所辖区域的学校布局规划、寄宿制学校的标准化决定着农村儿童是否选择寄宿制教育。学校布局调整的根本目的是在农村生源减少的客观现实情况下，科学布点，最大限度地保障低龄儿童就近入学。布局规划会涉及撤点并校，科学合理的布局规划会赢得民众支持，如果布局规划思虑不周，引发群体事件，必须追究相关人员责任，以此倒逼政府科学决策。2012年出台的《关于规范农村义务教育学校布局调整的意见》（国办发〔2012〕48号）规定："多数学生家长反对或听证会多数代表反对，学校撤并后学生上学交通安全得不到保障，并入学校住宿和就餐条件不能满足需要，以及撤并后将造成学校超大规模或'大班额'问题突出的，均不得强行撤并现有学校或教学点。"2018年出台的《关于全面加强乡村小规模学校和乡镇寄宿制学校建设的指导意见》（国办发〔2018〕27号）进一步强调："学校撤并原则上只针对生源极少的小规模学校，并应有适当的过渡期，视生源情况再作必要的调整。要严格履行撤并方案制订、论证、公示等程序，并切实做好学生和家长思想工作。"至于地方政府造成了既定事实，目前政策只是提出恢复已经撤并的小规模学校，并没有规定要对相关人员问责，实际上约束作用有限。人群聚居，导致学校食品饮食安全、往返学校的交通安全、生命财产安全、突发事件等风险加大，学校及相关部门必须高度重视，防患于未然，如果发生相应事故，必须追究相关官员及学校领导的责任。只要加大追责问责力度，各级政府部门、学校管理者、教职员工才会关注寄宿儿童生存状况，不断改进服务质量。

二 创新政府对农村家庭和学校的激励制度

除了生活自理能力差带来的不便外，因长时间脱离家庭呵护而产生的"思家"情绪困扰着寄宿小学生，而且，年级越低，因想家带来的负面心理影响就越大。尽管寄宿制学校能够在一定程度上弥补亲情缺失带来的影响，但终究难以代替家庭的功能。因此，低龄儿童住校学习需要父母（或监护人）的积极配合。现实问题在于，很多家长将孩子送到学校之后就心安理得地做起了"甩手掌柜"，农村义务教育阶段学校从免费上学到营养午餐计划，家长的经济负担越来越轻，随之而来的是学生家长也逐渐减少甚至放弃了与孩子的情感沟通。因此，基层政府应该创造条件，激励寄宿生家长增加与孩子沟通的机会。

（一）为农村家庭提供交通补贴，鼓励学生借助交通工具走读学习

目前，我国农村地区通村公路已经覆盖了大多数区域，从理论上讲，即便是几个村联办完小，也可以借助交通工具在半小时之内到达学校。很多通村公路都是硬化道路，交通安全系数相对较高，安全隐患小，只要降低学生家庭上下学交通成本，完全可以减少低龄寄宿需求。《国务院办公厅关于规范农村义务教育学校布局调整的意见》（国办发〔2012〕48号）曾提出："各地人民政府要认真落实《校车安全管理条例》，切实保障学生上下学交通安全。要通过增设农村客运班线及站点、增加班车班次、缩短发车间隔、设置学生专车等方式，满足学生的乘车需求。公共交通不能满足学生上学需要的，要组织提供校车服务。"将发展校车系统作为化解撤点并校带来矛盾的另一条出路。为什么地方政府偏好举办寄宿制学校而不选择校车呢？主要是发展校车会带来交通成本增加、管理责任增大等问题。如果说2012年提出解决撤并学校后上下学交通问题不现实，主要是因为当时农村公路体系不健全。时至今日，农村地区公路已经通村通组，甚至已经延伸至每家每户，再提解决上下学交通问题，技术条件已经基本成熟，哪怕是西部山区也没问题。2017年第三次全国农业普查主要数据公报显示，西部地区通公路的村都已经达到98.3%，通村主要道路路面为水泥

路和柏油路共占了 92.7%，村内主要道路路面 81.7% 为水泥路或柏油路。[①]换句话说，除了极少数偏远地区交通闭塞外，大部分地区的农村人口活动范围已经大大增加了，这就为远距离走读提供客观物质基础，也为大部分农村家庭将孩子带在身边提供了条件。

在交通便捷的情况下，政府既可以选择发展校车系统，也可以采取交通补贴的方式将选择权交给农民，这就需要对两者进行利弊权衡。从学生家校距离来看，情况十分复杂，有的自然村落相对集中，便于发展校车，而我国农村绝大部分地区村民属于散居，交通服务个性化需求更明显，发展校车成本更高。校车需要配专属司机，每天只能在上下学的时候使用，维修保养成本高，基层政府难以承担。况且，乡村公路质量较以往虽然大幅度提升，但安全隐患依然高于平原地区，学生集中乘车的重大交通事故风险增加，所以，山区发展校车并不现实。相对而言，农村家庭交通工具开始普及，居住相对较偏远且分散的学生可以选择由父母接送，或者邻居轮流接送；相对集中的地方可以由农民组团联系有资质的营运车辆接送。既降低了大型交通事故风险，又具有灵活性。地方政府可以采取交通补贴的方式，激励农村家庭选择这种方式上学。统计数据显示，2017 年，我国农村地区家庭每百户拥有小汽车 24.8 辆，其中，西部地区这一指标值为 18.8 辆/百户；摩托车、电瓶车 101.9 辆/百户，西部地区也达到了 72.9 辆/百户。课题组问卷调查显示，农村学校家长自己骑车或其他私家车接送孩子的比例达到了 27.8%。在补贴交通成本政策激励下，还会有更多家庭选择自行接送孩子上学。20 世纪初，美国农村学校也同样经历过大规模合并运动，各州政府大多选择了提供交通保障的方法化解远距离上学的矛盾。在因地制宜的四种方案中，一种就是为人口稀少地区儿童上学提供交通补助，交通工具由家长自己安排；另一种方式就是交通车私人所有，与学区签订使用合同，相当于政府向社会购买交通服务。[②]课题组调查发现，低龄寄宿面临着很多困难，化解学生上学远的矛盾必须"多管齐下"，尽量减少低龄寄宿需求才能从根本上解决问题。因此，美国之法可资借鉴。

　　① 《第三次全国农业普查主要数据公报》（第三号、第四号），国家统计局网，http://www.stats.gov.cn/tjsj/tjgb/nypcgb/qgnypcgb/201712/t20171215_1563634.html。
　　② 王强：《20 世纪美国农村"学校合并"运动述评》，《外国中小学教育》2007 年第 8 期。

（二）为家庭搭建亲子互动平台，鼓励父母与孩子加强情感沟通

对于寄宿生来说，无论父母外出务工还是在家务农，都无法解决亲情缺失的矛盾，唯一的办法就是鼓励家长与子女常联系、多见面，及时了解掌握他们的生活、学习和心理状况，给予更多亲情关爱。搭建亲子互动平台可以从实体活动和网络平台两方面展开。

首先，鼓励寄宿生家长参加学校组织的运动会、节日庆典等活动，并在活动中提供亲子互动机会。近年来，农民外出务工的情况发生了新变化，就近务工趋势明显。国家统计局农民工监测调查报告数据显示，2008年，省外务工占比79.7%，省内仅占20.3%，到2018年，跨省务工农民占比下降到44.0%，省内务工农民占比上升至56.0%。越来越多的农民工选择就近务工，拉近务工父母回家看望孩子的距离。2013年交通运输行业发展统计公报显示，我国铁路路网密度107.4公里/万平方公里，公路密度为45.38公里/百平方公里；到2018年，铁路路网密度增加到136.0公里/万平方公里，高铁营业里程达到2.9万公里，公路密度为50.48公里/百平方公里。交通状况的改善为学校邀请家长参加孩子的活动提供了可能性，寄宿生家长参加孩子的集体活动所激发的爱足以融化儿童长时间离开父母的孤独。学校可以根据实际情况灵活邀请家长积极参与，政府可以发起阳光行动，寻求社会支持，募集资金，支持学校和家庭经济状况不佳的家庭积极参与。与此同时，基层政府还可以支持寄宿制学校举办家长学校，让家长明白亲子互动促进孩子成长的道理。贵州省黔西南州兴仁市塘坊小学是一所寄宿制学校，学校经常举办丰富多彩的文体活动，每次都坚持邀请一部分家长参与，共商、共做孩子的教育，既增加了孩子与父母的亲情沟通，又架起了学校与家庭沟通的桥梁，一举两得。不仅如此，学校还成功劝返一部分留守儿童家长回家照顾低龄孩子，待孩子小学毕业后再外出务工。每年举办大型活动需要经费支持，很多孩子的家长参加学校活动苦于条件制约，鉴于此，构建县乡政府为主体，积极动员社会力量支持这种活动，有着深远的社会意义。

其次，政府还可以通过搭建虚拟网络平台的方式鼓励亲子互动。具有留守儿童和低龄寄宿儿童双重身份的学生是学校管理的难点。一方面，这些寄宿生长期缺乏与父母的亲情互动，心理健康受到不同程度的影响；另一方面，外出务工父母多以给零花钱的方式弥补感情亏欠，这个群体经济

状况相对较好，远离父母控制，行事方式相对自由。寄宿留守儿童之所以产生心理及行为问题，主要是由于家长与孩子长期不在一起，双方信息沟通少，家长并不清楚学生在校的情况，学生对父母在外的状况也不了解。第三次全国农业普查数据显示，2016 年年末，99.5% 的村通电话，89.9% 的村通宽带互联网，手机拥有量 244.3 部 / 百户。从技术层面看，家长与孩子可以实现随时通电话、视频、语音聊天、微信、QQ 等，只是学生拥有手机等通信工具又会出现"玩手机"的问题。为了方便学生与家长联系，很多寄宿制学校都安装亲情电话，设置了视频聊天室。调查发现，由于电话、电脑的数量少，无法满足更多人的需求，这些办法效果并不明显，很多地方的亲情电话最后成了摆设。为了方便家长和学生信息沟通，地方政府可以支持学校配备较为高端的电脑设备，组织力量开发家校通 AAP，免费给寄宿生父母或监护人安装。如此一来，学校可以将学生在校的学习、生活状况随时传递给家长，家长每天可以刷屏了解孩子的动态；寄宿生有心里话也可以随时以语音、文字、图片的方式发送到 APP 上，供父母随时查阅，必要时，还可以约定时间视频对话。以 APP 的方式进行信息沟通，既方便家长了解学生的心理动态、生活状况，又克服了家长与学生交流时间不同步带来的不便。学校可以借助这个平台建立寄宿生日常生活小广播站，组织寄宿生编辑发布公共信息，学生同时也可以发布点对点的个人信息，让家长全方位了解学校和自己的孩子。家长还可以将自己工作状况以视频、语音、图片、文字等方式传给学生。平台的开发、维护可以以县为单位进行，既可以保持个性化特色，又能够节约成本。总之，信息技术突飞猛进的时代，需要创新家校沟通方式才能有效达成亲情沟通目的。学校是寄宿生生活服务的主体，激发学校创新精神才能提供多样化的生活服务。教育行政主管部门应该出台激励措施，鼓励学校在低龄寄宿生生活照料方面出新招、出奇招。

第五节　构建县域农村寄宿制小学生活服务评估机制

农村寄宿制小学是低龄儿童生活的主要场所，为了确保各地按照标准配备低龄儿童生活服务的基本设施设备和服务人员，加强生活服务与管理，提高低龄寄宿儿童学校生活质量，必须建立较为完善的评估机制，对农村寄宿制小学定期评估认证,并将评估结果作为考核学校和政府的重要依据。评估机制应涵盖评估主体或评估机构、评估内容、评估方式或评估流程、评估指标或评估标准以及评估结果的应用等内容。

一 组建多元主体协同参与的评估机构

依据义务教育学校"以县为主"的管理体制,农村寄宿制小学的评估应以县为单位开展,县级教育行政部门及其所管辖的农村寄宿制小学是评估对象,通过评估学校来反映教育行政部门的工作。既然县级教育主管部门为评估对象,那么评估主体至少为地(州、市)教育主管部门。由于县域内各类寄宿制小学差异较大,乡镇寄宿制小学可由县教育局负责组织自评,由地(州、市)教育局组织抽查复核,村级寄宿制完全小学及其他小规模寄宿制学校可以交由乡中心学校组织自评,县教育局抽查复核。由于评估内容主要涉及生活服务的水平与质量,关于饮食卫生、营养、防疫、安全保卫等方面具体内容评估专业化要求较高,评估机构组成必须多元化。

(一)评估主体与评估对象界定

20世纪90年代中期至今,国家先后组织了三项针对义务教育的评估验收工作,即"两基"评估验收、义务教育均衡发展评估认证以及近期启动的"义务教育优质均衡发展评估认证"。三次大型评估认证的主体都是中央和省级政府,评估对象为县级以下地方政府。由于"两基"验收期间,我国义务教育的管理实行"地方负责,分级管理",农村中小学的实际管理责任落到了乡级政府,小学甚至下放到了村委会管理。所以,"普九"评估验收实际执行主体是县级政府,县级及以上政府均采取抽查的方式复核验证。"两基"攻坚时期,义务教育管理体制为"由地方政府负责、分级管理、以县为主",评估验收主体和对象逐步上移。2006年以后,义务教育管理体制进一步上移为"省、自治区、直辖市人民政府统筹规划实施,县级人民政府为主管理的体制",义务教育均衡发展验收的主体上升至中央政府,县级政府虽然仍为评估单元,评估对象实际上已经变成了省级政府。农村寄宿制小学生活服务质量提升所需经费虽然属于省级统筹范围,实际上属于县域内义务教育经费的分配问题,其直接责任主体是县级政府。因此,县域农村寄宿制小学生活服务评估验收的主体应该是省级政府,评估对象应该是县级政府,县域内以各类农村寄宿制小学为评估验收单元。

（二）评估机构组成的多元化

农村寄宿制学校生活服务质量评估涉及硬件设施配备、人员配置、食品卫生、营养结构、消防安全、周边社会环境、防疫、环保、寄宿生课业负担等诸多方面，很多内容需要专业机构和人员才能做出合理判断，需要由多个机构共同协作才能完成。硬件条件评估方面，需要教育主管部门按照教育部、卫生部联合出台的《农村寄宿制学校生活卫生设施建设与管理规范》要求进行评估。评估涉及饮用水设施、宿舍、食堂、浴室、厕所、垃圾和污水设施的具体要求，因此，除了教育行政部门参加外，还需要卫生部门、环保部门派人协助评估。人员配置涉及食堂工友、保安人员、卫生保健人员政府社会购买服务的问题，还涉及生活教师（宿管员、保育员）编制配备问题，需要卫生部门、编制部门予以协助。消防安全、周边社会治安等需要公安消防部门参与，食品卫生、食品营养、防疫需要卫生防疫部门、营养专家支持。农村寄宿制小学的生活服务设施设备是否能够满足基本要求？生活服务质量与态度是否让人满意？回答这些问题还需要调查作为消费者和被服务对象的寄宿生及家长的主观感受。因此，多元化的评估机构需要以地（州、市）和省级政府部门为主体，吸纳卫生部门、食品部门、消防、公安、防疫、学生家长等参加，组成一支多样化成分的评估验收机构，以便能全面、客观、专业地评价农村寄宿制小学的生活服务能力与水平。

二　按照保育式服务要求设定评估内容

农村寄宿制小学生活服务评估应坚持"以评促建、以评促改、以评促管、评建结合、重在建设"的基本原则，评估内容就是学校建设的导向，对寄宿制学校后续建设和发展起着至关重要的作用。受农民工经济的影响，新生代农民工的后代普遍对田间劳动和家务比较陌生，生活自理能力及情感承受力整体下降，即便是小学高段的学生也需要更贴心的保育式生活服务。同时，农村寄宿制小学必须提供优于家庭的生活环境才能保证学生安心学习。为此，评估内容必须以各省制定的《义务教育学校办学标准》《农村寄宿制小学办学标准》为依据，遴选评估指标，并在人力、物力、财力和管理等方面针对低龄寄宿特征提出特殊要求，将特殊性融合在资源配置、政府保障及社会认可度等指标体系中。

（一）人力资源配置评估要凸显生活教师作用

人力资源配备涉及数量、质量和结构等内容。寄宿制教育对人员配备的要求有别于非寄宿制教育，寄宿制小学教育有别于中学和大学寄宿制教育，现代儿童整体的"迟熟性"决定了小学寄宿生生活照料更接近幼儿园。从教职工配备数量来看，农村寄宿制小学要合理核算新增非教学工作量，完善编制配备标准，多渠道增加编制总量。教学工作量方面，学生下午放学至次日出操之前属于新增部分，必须配备以生活教师为主、辅之以宿舍管理员承担相应任务，评估内容应该明确生活教师岗位性质和编制标准。新增后勤服务工作量可以采取政府购买服务的方式配备人力资源，包括宿管员、厨师、营养师、食堂一般服务人员、保安等。县级教育行政部门必须统一上述人员配备标准，出台明确规定并严格执行。人员质量要能达成"全员育人"目标。要提高宿舍管理员、食堂工友、安保人员的待遇，增强岗位吸引力。后勤服务人员要求身体健康、品行端正、技术过硬、富有爱心，能够配合生活教师开展寄宿生养成教育。要凸显生活教师"代理家长"身份，全面统筹寄宿生生活、课余活动、晚间辅导及养成教育等具体工作。生活教师必须具备教育学、心理学、育儿等方面基本知识，人力资源配备要凸显其重要位置，杜绝低薪聘请非专业人员。要把寄宿制学校人员编制单列作为评估验收的主要指标之一。

（二）硬件设施评估应凸显打造"温馨家园"

农村寄宿制小学的硬件设施评估内容涉及教学楼、宿舍、食堂、厕所、浴室、课余活动场所与器材、图书馆（室）、家校沟通平台、学农实践基地、卫生保健室等。共性化评估注重底线标准，个性化评估主要考察低龄儿童身心特征的针对性。具体来说，教学楼的标准要符合各省制定的《义务教育学校办学标准》，宿舍底线要求要涵盖生均宿舍面积、床铺、室内储物柜、取暖或降温设备。消防、电器、楼梯、台阶等不能存在安全隐患，应符合国家相应的安全要求；装修材料要符合环保要求。食堂、厕所、浴室、饮水设施、垃圾处理等要符合《农村寄宿制学校生活卫生设施建设与管理规范》中的基本要求。在满足底线要求的基础上，各级还应根据区域特征创新宿舍风格，尽量体现地方建筑风格特色，让学生宿舍呈现出"家"的感觉。课余活动场所与器材在满足《义务教育学校办学标准》

中对音体美设施设备的要求基础上，也要与当地民族民间文化相结合，组织学生开发娱乐活动器材，特别是少数民族地区更应该渗透民族元素。课余活动场所可以与学农实践基地结合，拓展学生晚饭后的活动范围，把课余活动内容与劳动教育结合起来，弥合农耕文化断层。图书馆（室）应从图书数量、适读性及开放程度开展评估，特别要关注图书的适读性，避免注重数量而忽视质量的问题。家校沟通平台要尽量利用"互联网＋"技术，创新学校、寄宿生与家长沟通手段，提高沟通的效率和有效性，破解低龄住校生心理健康的困境。总之，硬件设施评估要坚持"实用、够用、安全、节俭"的原则，凸显地方特色，体现家的元素，在物质环境方面营造"温馨家园"的氛围。

（三）财力保障评估应考察生活服务支出比例

充足的财力支持既是寄宿制学校正常运转的保障，也是未来可持续发展基础。大多数寄宿制小学是在撤并村小和教学点的基础上集中举办的，县级财政不能因此节约经费，应该尽可能将原来学校经费的总和悉数用于寄宿制学校建设。在教育事业经费拨付方面，要在坚持教师平均工资收入水平不低于当地公务员平均工资收入水平，足额核定教师绩效工资总量的基础上，加大对寄宿制学校教职工的补助力度，使因学生寄宿而新增工作量得以体现。生均公用经费要突破城乡基准定额统一的规定，实现城乡倒挂，在农村无法形成规模效益的情况下，通过优先投入实现城乡公用经费在实际上达成均衡目标。经费保障评估要考察"乡镇寄宿制学校按寄宿生年生均 200 元标准增加公用经费补助"的政策是否落到实处，从总量上增加公用经费。不仅如此，新增公用费必须全部用到寄宿生生活服务方面。评估标准还要鼓励地方政府加大寄宿生公用经费补助力度，使教师新增劳动量取得合理补偿。除了对资源配置、政府保障情况设置指标纳入评估体系外，还要对寄宿生、家长、教师、校长、人大代表、政协委员及其他群众进行调查，了解社会对农村寄宿制小学照料低龄寄宿儿童生活的社会认可度。

三　采用"自评＋评估＋认定"的评估流程

农村低龄寄宿儿童生活服务质量评估属于专项评估，是义务教育评估的延伸，其主要目的是检查县级人民政府对义务教育的执行情况。"两基"

评估验收、县域义务教育均衡发展评估验收主要从整体和宏观层面评估义务教育执行情况，两项评估验收合格的县仍然会存在很多个性化问题，需要地方政府加大投入力度，在后期工作改进。因此，专项评估工作同样重要。由于农村低龄寄宿儿童生活服务质量评估验收仍属于义务教育办学水平的考察，从评估程序上要与前两次基本保持一致，只是在评估认证级别上可以整体下移一级。"两基"评估验收、均衡发展评估的基本流程是县级政府自查、市级政府复核、省级政府评估、国家教育部认定。农村低龄寄宿儿童生活服务质量专项评估可以按照县级政府自查——地（州、市）政府评估——省级政府认定的程序进行，省级教育督导团对市级评估工作进行指导和监督。

（一）县级政府组织学校开展自评工作

寄宿制学校办学条件的评估本质上属于对义务教育的督导，我国现行义务教育实行"国务院领导，省、自治区、直辖市人民政府统筹规划实施，县级人民政府为主管理"的体制，县级政府是义务教育管理的主体，低龄寄宿儿童生活服务专项评估的对象必须为县级政府。自评工作以乡为单元进行，自查必须做到乡乡查、校校查。各县在自查后，向地（州、市）申报评估验收的同时，要采取适当方式在县内进行公示主要指标合格程度，接受社会的监督。根据"以评促进"的基本宗旨，各校自查的过程就是查漏补缺的过程，学校将自查情况向县级教育行政部门汇报，县级政府汇总全县情况，根据实际情况决定申报时间。

（二）市级与省级政府的评估及认定工作

县级政府教育督导机构认真复核县域内材料后，向地（州、市）级政府申请评估。市级教育督导机构根据县级人民政府申请，组织开展市级评估。评估前向社会公告，评估结果向社会公布，接受社会监督。通过市级督导评估的县，由市报送教育厅申请审核认定。省教育厅对省报送的申请及相关材料进行审核，并根据需要组织实地检查。根据审核结果，省教育厅提请省级教育督导委员会对县级政府进行认定并予以公布。

（三）开展评估结果的监测复查与应用

省政府建立专项评估监测和复查制度，对省内县域农村低龄寄宿儿童生活服务状况进行监测，对已通过认定的县进行复查。市级教育督导机构也要建立监测和复查制度，对全市通过省级认定的县进行监测和复查。开展评估的目的就是要全面了解低龄寄宿儿童生活服务质量，强化县级政府的管理责任，因此，只有强化结果运用，才能起到督促作用。具体而言，上级行政部门要建立奖励、问责、约谈、通报等制度。要把评估结果作为对县级人民政府及其主要负责人履行义务教育职责和政绩的重要依据，应对先进县予以表彰，并将先进经验加以推广；对监测复查结果达不到规定要求的县，根据相关规定进行问责。

第六节　构建国家引导的儿童生活服务社会参与机制

从理论上讲，保障义务教育阶段所有儿童接受教育的权利是政府的职责。农村寄宿制学校教育属于义务教育，按主流理论推演，其责任和义务全在政府，社会力量参与并非义务。然而，低龄寄宿生组成的复杂性产生决定其需求的多样化，政府投入长于解决宏观共性问题，对于学生个性化需要却难以满足，或难以高效率满足。显然，政府介入低龄寄宿儿童个性化需求并不经济，往往会面临"低效"或"失灵"困境。第三部门理论将政府作为第一部门，企业作为第二部门，政府和企业存在责任边界缝隙，即是第三部门。提供个性化服务恰恰是第三部门的强项，政府失灵或低效的领域由社会力量介入可以节约社会资源。财政责任与具体实施可以分离，政府可通过购买服务等方式吸引社会力量参与，实现共性化服务与个性化的有效结合，从而提高财政资金使用效率。

一　社会参与主体

社会组织参与公共服务能够提供多元服务，满足社会需求；改善民生福利，促进公共服务；缓解矛盾冲突，促进社会和谐。侯志阳认为，从社会福利组织视角划分，社会参与主体可分为政府、政府化的社会团体、民间化的社会团体和普通民众四类。[①]詹承豫等将社会参与主体划分为公民

---

① 侯志阳：《社会福利工作的社会参与机制研究》，《社会福利》2004年第8期。

个体、非营利组织、新闻媒体和医疗机构等。[1]贾利亚将社会参与的主体界定为政党、政府之外的公民组织或个人，包括公民个人、社区组织、社会团体、私人组织等。[2]本书主要考察社会团体、企业、社区组织及公民个人对农村低龄寄宿儿童福利性援助。

社会团体分为政府化的社会团体和民间化的社会团体，政府化的社会团体政府待遇和财政资源分配上与政府部门享有同等地位的团体，如共青团、全国妇联、全国总工会、红十字总会、残疾人联合会、老龄协会等。其中，共青团、全国妇联、红十字会、残疾人联合会均可以通过立法及各种宣传活动，维护农村低龄寄宿儿童群体的权益并给予必要的援助。民间化的社会团体半民间化和纯粹民间化社会团体，半民间化由政府推动成立，如中国青少年发展基金会、中华慈善总会、中国社会工作者协会等，纯粹民间化的社会团体，包括宗教服务团体、自发服务团体和自助团体，它的最大特点在于根于基层社会服务领域，贴近民众，以专业方法解决政府尚无力触及的社会问题。[3]企业参与低龄寄宿儿童生活服务的支持功能主要表现在捐赠、资助等方面，捐赠和资助的对象既面对学校，也针对个人。农村地区的主要社区组织是村民委员会，这是一种准政府组织，村级寄宿制小学一般都在其辖区内。村委会通过维护学校周边治安、协调村民与学校的关系、提供用地便利等方式为学校提供援助。公民个人主要包括社工和志愿者，其中，社工可以凭借服务理念、专业化的工作方法有效助力寄宿学生的健康成长。就志愿者而言，在从计划经济体制向社会主义市场经济体制转变的过程中，虽然民众对福利服务的参与强度弱化了，但是由组织动员的社会服务和因亲属连带而引发的服务仍在起作用。

二 社会参与内容

社会参与寄宿制学校教育的切入点是公共服务"失灵"或"低效"的领域，可以分为共性化需求和个性化需求两个方面。共性化需求指寄宿制学校有别于非寄宿制学校的特殊内容，包括课余活动开展、学生阅读保

---

[1] 詹承豫等:《食品安全突发事件预警中的社会参与机制》,《山东社会科学》2011年第5期。

[2] 贾利亚:《当代中国反腐败社会参与机制构建研究》,博士学位论文,北京科技大学,2015年。

[3] 侯志阳:《社会福利工作的社会参与机制研究》,《社会福利》2004年第8期。

障、营养膳食纠偏、宿舍疾病防预及交通安全隐患等。共性化需求属于举办寄宿制学校必须配套解决的问题，涉及面较广，部分地方财政力有不逮，短时期内难以及时跟进，需要社会及时广泛介入。个性化需求指农村寄宿制学校内部的处境不利儿童的特殊需求，包括寄宿留守儿童的管理、低龄寄宿儿童的照料、经济特困儿童的帮扶、心理问题儿童的辅导、少数民族儿童的语言、单亲家庭儿童的关怀、三类残疾儿童的特教等。个性化需求涉及面相对较窄，但是针对每一个体的情况各不相同，每一个特殊儿童需要一套特殊的解决方案，满足特殊人群的个性化教育需求，非政府服务之长，恰为社会力量所长，需要社会力量深度介入。

提供丰富多彩的课余活动既可以增强寄宿制学校教育的吸引力，又能够开阔农村儿童大视野，提高其综合素质。目前，农村寄宿制小学课余活动器材存在"不足"与"闲置"并存的现象。一方面，学校生均活动器材严重不足，很多学生下午放学后只能自由玩耍；另一方面，学校又闲置着很多高档器材，如电子琴、架子鼓等，这种尴尬局面主要是缺乏相关专业技术人员所致。学校在音体美教师都紧张的情况下基本无力解决专业人员的问题，急需社会力量援助。除了课余活动，阅读也是填充寄宿制教育腾出时间的有效办法，不仅如此，学校可以借此培养学生阅读的习惯。但是，寄宿制学校普遍同样存在"不足"与"闲置"并存的现象，图书室很多书不适宜小学生阅读，"适读性"课外书的需求本身属于个性化需求，教育局或中心校统一配备的模式难以实现个性化需求，社会力量介入具有更高效率。低龄儿童的营养膳食也是个性化极强的需求，可谓"众口难调"，很多学校提供的营养午餐受制于经费不足而出现"名实难副"现象，社会力量在低龄寄宿生营养干预方面大有可为。所有学校层面的共性化需求由于涉及面太广，政府一时间还难以全面关照，而儿童的成长却需要社会力量弥补政府投入之不足。从寄宿生结构来看，低龄寄宿的留守儿童属于情况最为复杂的一个群体，学校的集体行为往往难以深入每个孩子的方方面面，而社会工作者恰恰可以将其作为工作对象。经济特困儿童可以受益于政府的资助政策，而平均资助的做法往往难以从根本上解决特困问题，社会力量可以对少数特困儿童进一步实施个性化资助。寄宿儿童中问题儿童、少数民族学生、单亲家庭的孩子、残疾儿童同样有不同于一般低龄寄宿生的特殊困难，政府及学校无力企及，而社会力量则可以"游刃有余"。

三 社会参与方式

社会力量参与公共服务具有灵活性、短期性、应景性，采取工程项目的方式较为适合。为此，政府可以引导社会力量整合教育精准扶贫与社会参与资源，针对个性化需求设计一系列专项工程。如农村低龄寄宿儿童适读书籍支持工程、基于营养改善计划的食育干预工程、低龄寄宿儿童宿舍个性化配套设施捐赠工程、处境不利低龄寄宿儿童社工嵌入服务项目、低龄寄宿生家校往返交通政府购买服务、倡导游戏活动设施设备企业捐赠、离退休人员代理家长对口支持计划、低龄寄宿儿童保育员培训计划等项目，精准发力处境不利儿童个性化服务。

"适读书籍支持工程"主要为解决农村小学缺乏适合低龄儿童阅读的书籍的问题。经过农村薄弱学校改造工程、义务教育均衡发展的推进，农村寄宿制小学的图书室藏书量明显增加。但是，图书的多样性、适读性没有引起高度重视。公益基金组织，如新浪公益基金会，长期通过扬帆计划捐赠平台为乡村儿童募捐图书。农村学校营养改善计划的覆盖范围有待进一步扩大，政府财政资金应尽力将这项工程推广至所有农村学校，如果要使该计划能够对低龄寄宿儿童饮食深度干预，还需要社会力量提供个性化服务。宿舍不仅是低龄寄宿儿童，还是课余"歇脚"的地方，宿舍建筑设施、室内物品配置等，除了满足提供睡觉的基本条件外，还可以在"童趣"上下功夫，尽量营造"家"的氛围，这些属于个性化的改进工程，公共财政难以顾及，社会力量可以深度介入，如浙江马云基金会实施的"马云乡村寄宿制学校计划"在宿舍改造方面增加了现代空间元素，使小学生的宿舍变得更有趣。该项工程在浙江淳安县梓桐镇中小学、贵州省黎平县寨头民族小学、河北青龙、云南昭通等地取得较为明显的效果。社会工作介入学校实务的工作模式主要有个案辅导服务、小组及团体活动、社工课堂、希望小书吧、希望电影院、主题联欢活动等一系列服务，这些活动都适合帮助处境不利的低龄寄宿儿童。在全面建设社会主义时期，由于劳动力缺乏，妇女也积极参加劳动，出现了小孩无人照顾的困难，农村的老人在照顾农村小学寄宿儿童生活方面发挥了很大作用。当下，当大量农民工外出支援工业发展时，离退休人员代理家长同样可以通过志愿参加农村寄宿儿童生活照料的工作方式发挥作用。政府也可以将"银龄计划"推广至农村寄宿制小学。总之，社会公益组织经济基础雄厚，社会影响力大，在社会福利各个领域发挥着作用，社会组织针对各类特殊人群更具有专业的支持技术。社会参与农村寄宿制学校教育是其实现价值的新途径，也是为政府公共责任分压的着力点，其结果必然是社会组织与政府"双赢"局面。

四　构建低龄寄宿儿童关爱服务社会联动机制

做好农村低龄寄宿儿童关爱服务工作，关系到未成年人健康成长，关系到乡村教育振兴的大局。农村低龄寄宿儿童是被忽视的社会弱势群体，低龄寄宿儿童生存处境不利是一个社会问题，对其关注必须超越学校，上升至国家层面。为此，政府顶层设计必须明确各利益相关主体的责任与分工，在此基础上构建各主体之间的联动机制。

政府、家庭、学校和社会是农村寄宿制小学的利益相关主体，关爱服务体系构建必须坚持政府主导、家庭尽责、学校主体、全社会关爱的基本原则。农村寄宿制学校教育是义务教育的特殊形式，政府始终是关爱服务体系构建的轴心，调动一切社会力量弥补自身公共事务失灵或低效领域，仍然是自身职能的延伸。政府在增加生活教师编制、后勤服务人员工资、食堂建设、宿舍条件改善、娱乐活动开展及安全卫生保障等方面具有不可推卸的责任。同时，政府还要充当激励机制、联动机制和动员机制的主体。社会力量是政府与学校工作的有力补充，社会参与的领域应集中在农村低龄寄宿儿童的个性化服务方面。"以县管理为主"的体制最终将财政压力转给了财力最弱的县级政府，而农村寄宿制学校教育已经逐步承担起了劳动力转移和乡村衰败的全国性责任，中央与省级财政的转移支付成为最终的依靠。即使财政能解决"学校""教职工"的问题，特殊儿童的个性化需求却是政府难以关照的部分。因此，自下而上的配合将成为解决问题的新思路，发动社会组织的力量帮扶寄宿制学校教育势在必行。学校管理者必须充分利用各级政府和社会力量提供的教育资源，围绕低龄寄宿儿童生活照料问题创新管理模式，改善寄宿生生存环境，为寄宿生健康成长与快乐生活提供保障。学校还可以创新管理方式，充分利用高年级学生力量展开互动。目前，很多学校采取了"高年级关照低年级"学生的办法。如湖北省 YC 市 YL 区 HY 小学在安排学生床位时，就采取"上铺睡六年级学生，下铺睡低年级学生"的办法，实行结对帮扶，同时，宿管员还精心挑选能力强、责任心强的寄宿生充当室长，协助其管理。这些做法既能锻炼寄宿生自我管理的能力，又能缓解目前生活教师不足的困境。贵州省 HP 县 SK

小学安排床位时，尽量将兄弟、姐妹安排在一起，让哥哥姐姐照顾弟弟妹妹。广西壮族自治区 SS 县 NP 小学安排宿舍，在坚持以班级为单位的前提下，尽量将同村的孩子安排到一个宿舍，实行邻居互相照顾。学校还可以加强与家长的联系，尽量得到家长支持，贵州省 XR 县 TF 小学每次举行活动都尽量邀请学生家长参加，加强感情联络，学校在征地、安全保卫方面都能得到附近农户的积极支持。学校还成功劝返了很多外出务工人员回乡发展，动员家长在小学阶段不要外出务工，等到孩子上初中之后再出去，尽量从源头上减少低龄寄宿需求，效果十分明显。家庭尽责应集中在儿童情感沟通方面，乡政府、村委会与学校要动员家长在孩子就读小学期间尽量减少外出务工时间，从源头上降低低龄寄宿率。已经外出务工人员也要创造条件，加强与住校孩子的感情联络。政府、学校及社会力量还应在搭建亲子交流的平台方面助力农村低龄寄宿儿童情感关怀。

农村低龄寄宿儿童关爱服务体系的重点在于构建农村寄宿制教育社会参与机制。农村寄宿制学校教育本属于义务教育的特殊形式，公共财政应全额承担，中央与地方各级财政也为此付出了艰辛的努力。但是，农村寄宿制学校教育又是一种高成本办学模式，各地经济发展不平衡，省际之间、县域内经济基础差距也很大，提升农村低龄寄宿儿童生活品质需要社会力量介入。同时，农村寄宿制学校中处境不利儿童多，如留守儿童、低龄儿童、少数民族、单亲家庭、特困家庭等，政府对于农村寄宿制学校教育中处境不利儿童关爱介入失灵或效率不高，社会力量参与效率更高，效果更好。社会力量主要包括国际组织，如联合国儿童基金会、联合国教科文组织、国际红十字会、世界卫生组织等；准政府性质的社会团体，如共青团、妇联、总工会、红十字会、残联、关工委、村委会等；非营利性质的社会团体（NGO），如青基会、慈善总会、社会工作者协会、宗教服务团体、自发服务团体等。除此之外，社会力量还包括各类企业、志愿者、社工等。社会力量参与农村低龄寄宿儿童关爱工作的着力点有两个：一是共性化需求。寄宿制学校有别于非寄宿制学校的全体寄宿生的共性化需求，主要包括课余活动开展、学生阅读保障、营养膳食纠偏、宿舍疾病防预及交通安全隐患等。二是个性化需求。农村寄宿制学校内部的处境不利儿童的个性化需求，主要包括寄宿留守儿童的管理、低龄寄宿儿童的照料、经济特困儿童的帮扶、心理问题儿童的辅导、少数民族儿童的语言、单亲家庭儿童的关怀、三类残疾儿童的特教等。个性化需求的满足是社会力量介入的重点领域。社会参与的形式主要包括针对共性化需求捐赠、社工嵌入式个性化服务、政府购买社会服务、专业部门对口援建、志愿者个性化服务、村委会等基层自治组织与辖区学校互动等。

完善政府、社会力量、学校及家庭的联动机制是构建农村低龄寄宿儿童关爱服务体系的关键。就政府与社会力量的关系而言，政府仍是建设标准化寄宿制学校建设的法定承担者，继续提供共性化服务。除此之外的社会力量起补充作用，满足政府失灵或低效的个性化需求。社会力量与学校之间的互动关系主要表现在：捐赠与受赠；派驻专业人员（音体美、支教、社会工作者、生活指导、心理健康、卫生防预等）嵌入式参与，服从学校统一安排，提供个性化服务。村民委员会与学校的互动关系主要体现在辖区安全、学校与村民关系协调、劳动实践基地土地协调，学校要成为社区文化传承的载体。政府作为责任主体，可以成立专门组织，负责宣传、募捐与联络社会力量，整合教育精准扶贫与社会参与力量，出台税收优惠等激励政策，积极支持各类公益组织专项介入。采取诸如寄宿制学校阅读支持工程、食育干预工程、高校志愿者对口专项援助、特殊寄宿儿童社工嵌入服务、低龄寄宿儿童心理健康干预、寄宿生家校往返交通政府购买服务、倡导课余活动设施设备企业捐赠、医疗志愿者学校传染病防预行动、离退休专业人员对口援助计划等具体推进措施。

第七节　丰富农村低龄寄宿儿童学校生活的典型案例

尊重儿童天性与其生活经验是农村小学教育与寄宿制办学必须坚持的基本原则。农村寄宿制学校规模逐年扩大，千斤重担压向基层学校，国家层面还没有统一的办学标准，目前处于"摸着石头过河"、各自为政的局面。实践中，一些颇具规模的学校设有寄宿部，由一名副校长主管，下设办公室分管住宿、安全保卫、生活服务、自修学习、心理辅导及医疗保健等各项工作。一般农村中小学则由总务处负责寄宿生住宿、生活管理等事项，政教处（德育处）负责学生晚上就寝及安全，管理人员多为教师兼职，班主任承担了主要责任。生活教师多由教学一线优化下来的教师和临聘人员担任。没有统一模式，只有百花齐放的探索。本书整理了两个学校案例，希冀通过两种管理风格给决策者以启迪。

一 "自由浪漫"——贵州省兴仁县塘坊小学

塘坊小学位于贵州省黔西南州兴仁县巴铃镇牛场坪村，距县城30公里，距镇政府驻地13公里，是典型的村级寄宿制完全小学。2004年，学校仅有78名学生，3名教职工。2009年开始实行寄宿制，经过近10年的发展，学校成为具有一定影响力的大型寄宿制学校。2018年秋季学期，在校生总数达到1002人，寄宿生521人，邻近村的学生纷至沓来，被誉为"山旮旯里的奇迹"。该校走出了一条有别于城市办学道路，学生自由快乐成长，学业成绩位居全县前列，在自由自在地玩耍中达成了提高教学质量的目的，塘坊小学的成功得益于尊重儿童天性与依托乡村优势资源。

该校坚持"让学生喜欢就是学校的最大追求""学校是学生最好玩的地方"等办学理念，围绕师生"吃、住、学、乐"开展管理与服务工作。在学校管理架构中，没有政教处和班主任，只有教育中心和教学中心，由副校长负责，直接管理年级。实行"年级主任负责制下的团队合作"模式，年级之内，人人都是班主任，没有一个人是班主任，全员负责，充分调动了团队中每个人的积极性。在开展"四在学校·幸福学校"的活动中，该校有很多创新之处。在"吃"的方面，学校积极组织学生定期参与厨房做饭，食堂所用食材大多从学生家中采购。如此做法，既保证了食材的安全性，又让学生在就餐中感受到"家"的味道，从一定程度上弥补了与父母分离期间的"乡思苦"。同时，购买农户产品，方便了群众，拉近了家校感情。正因如此，学校在兴建足球场、扩建校园时，得到了周围村民积极支持。在"住"的方面，学校对特殊借宿生实行特殊关爱，引导学生互相关爱，高年级住校生对口帮助低龄寄宿生，采取"大带小""大帮小"等措施，解决了低龄儿童生活自理能力差带来的不便问题。设置校园生活工具箱，放置日常生活小工具，方便学生随时取用，培养学生用完即还的习惯。设立班级银行，指导学生合理使用零花钱。为解决学生晚上就寝前吵闹的问题，学校争取北京歌路营慈善基金会的支持，在学生寝室安装了小广播，睡前和早上起床播放经过歌路营精心挑选的"一千零一夜"睡前故事，此举极大地缓解了学生睡前想家的负面情绪。在"学"的方面，该校充分利用新增时间，认真辅导高年级完成作业，积极组织低年级寄宿生看电视、看电影、做游戏。建设文化长廊，丰富校园文化生活。先后建起了棋廊、体育走廊、英语角、安全走廊、礼仪走廊、文化苑、小学生法制走廊等。

坚持每天开展丰富的课余活动是该校的最大亮点。学校加大娱乐设备的配备，让学生课间及晚饭后能尽情地玩耍，实现在喜欢学校的基础上喜欢老师，进而达到喜欢学习的目的。建立学生卡拉 OK 室、舞蹈室，让孩子们课余唱歌、跳舞，消除孤独感。学校正在筹建数字卡拉 OK 室、露天舞台，准备开展露天舞台"大大演"活动。学校开设了中国象棋娱乐活动。建成了学校棋廊和露天棋吧，组织指导队伍培训学生，使象棋成为"校棋"，成为学校师生娱乐主打项目，普及率在 80% 以上。学校还组织了校园篮球赛，坚持每天一场篮球赛，激励班级竞争，培养学生裁判员，篮球赛和乒乓球大赛贯穿全学期。学校每天组织开展不少于 60 分钟的大课间活动和少年宫活动。包括球类、歌舞类、体育游戏类、体操类、棋类、美术书法类、手工制作类、语言类、摄影类、阅读类等。学校给学生提供充足的自由选择空间，学校的图书和各类娱乐活动器材放置在校园各个角落，没有上锁，没有烦琐的签字，自由取还。学校就是共同的家，学生也从没有将学校图书和器材拿回家的现象。让学生觉得有做不完的事，使不完的劲儿，累却快乐着。我们所担心的无所事事，校园欺凌等安全问题自然消失。

另外，该校积极拓宽家校沟通思路，在坚持走访学生家庭的基础上，动员、安排同一个寨子的学生家长互相配合，周末接送孩子上下学采取轮流值班方式，确保寄宿生路途安全。学校丰富多彩的文体活动首先邀请家长参与，共商、共做孩子的教育。学校还成功劝返一部分留守儿童家长回家照顾低龄孩子，待孩子小学毕业后再外出务工。正是由于营造了一个良好的"玩耍"环境，在其他农村学校逐渐凋敝的情况下，该校学生不减反增，留住了本村的孩子，招来邻村的学生。

其实，乡村学校最大的优势就是能让学生在"玩中学"，关注寄宿生生活，除了提供较好的食宿条件外，就是营造自由自在的活动氛围。解决了思想禁锢，正常智力的儿童都能较为轻松地接收书本信息，有了真实而丰富的生活经验，数学就有了载体和生活原型，文章就有了内容与灵魂。遗憾的是，很多寄宿制学校过分担忧学生安全问题，严格实行封闭式管理与行为管控，学生在狭小的活动空间郁闷过活，失却了孩童稚气。塘坊小学并没有践行多么高深的教育理论，唯回归农村教育本真而已。[①]

---

① 资料来源：访谈兴仁县塘坊小学吴雄校长。

二 "农耕文化"——湖北省宜昌市南垭小学

南垭小学位于以"金棠大米"闻名的金竹和棠垭之间的南垭村，服务区范围面积 150 平方公里，服务区人口约 2 万人。2018 年秋季学期，学校 9 个教学班，教职工 35 人，在校生总数 323 人，住宿生 265 人，寄宿率达到 82.0%，是一所全寄宿制学校。学校师生每天都能看到"日出而作，日落而归"的农村生活场景。学校秉承"从孩子的需求出发，办适合孩子发展的教育"为办学理念，以"面向未来，敬耕善读，培养全面发展的人"为育人目标，培养孩子爱农村、爱农民、爱农业的感恩情怀，打造融德育、体艺、校本、乡土地域特色为一体的耕读文化。

学校以地域环境为根，以孩子的发展为本，历经五年，建构了包括敬仰廊、耕作廊、农娃廊、耕读廊、田园诗词廊、践行园、悦读吧在内的"五廊一园一吧"的文化格局。校园外围墙打造成一条"敬仰廊"，用以展示以神农氏为首的耕读名人，如黄道婆、袁隆平等的事迹。耕作廊包括农活廊、田嬉廊、诗词廊三部分。操场堡坎墙上做成耕作廊，以独具耕读乡土气息的艺术形式，设计耕作画面。通道堡坎墙上设计以古代农村孩童游戏为主题文化墙，表现富于乡村风采，适合田间地头的运动，如踢毽子、跳绳、打腰鼓等乡村健身图案。大操场面朝生活区的墙壁上做一块田园诗词展墙。耕读廊包括农娃图、农谚广场和耕读园三部分。学校拟在"后山"开辟"耕作园"，供学生耕作农活实践。林荫小道、条椅、石器、农庄（农舍、农具）及农园，目的让学生学以致用，理论与实践相结合，形成各种技能，达到"农非农，非农似农"的境界，从而培养一批立足农村，热爱农业，放飞理想的新型人才。

学校还开设了三类"耕读"课程：体验性课程、技能性课程和拓展性课程。体验性课程根据时节变换，每学年组织四次主题明确的观农活动，在南垭村千亩肥沃农田亲身体验农活场面。一观四季变化，了解不同时令要开展哪些农活；二观农活场面，让学生走进陇头田间，观看农民伯伯的劳作场面，深感一粥一饭来之不易；三观农村，看农村生活有哪些特点，从衣食住行各个方面体验农村生活与城市生活的迥异之处。让学生初步接触农村、农业、农民，激发他们的敬农意识。技能性课程以园艺课程、养殖课程以及生活课程为主。园艺课程要求每个学生都有一盆属于自己的小花苗，在后期我们将继续教给学生如何对花苗施肥、何时给花苗浇水等。

养殖课程要求学生在家选择自己感兴趣的一种家禽来养殖，诸如鸡、鸭、牛、猪、蝉等，观察它们的成长历程，为自己养殖的动物写成长日记，用照片、日记、绘画等多种多样的形式记录动物们的每一个成长瞬间。生活类课程的开设同学生的"六会"教育结合在一起，教会学生会吃饭、会洗澡、会洗衣、会整理内务。这类课程主要由两名保育老师承担，各班主任利用晨会和晚上查寝的机会辅助保育老师。每学期在餐厅进行一次会吃饭评比活动，在寝室组织一次大型的内务整理展评活动。拓展性课程主要以学校的校本社团为抓手，开设了经典诵读、书法、军乐、舞蹈、篮球、足球、乒乓球、乡土文化八类十一个社团，充分结合了学生兴趣和"耕读"课程特色。其中，农耕歌舞围绕农耕活动，添加地方特色，进行编曲编词编舞。2016年3月，学校编导的油菜花节农耕舞在乡村赏花旅游过程中大获赞誉。

该校充分利用乡村教育资源优势，将农耕文化贯穿于学生生活学习的全过程，既达到了不让学生忘记农事、农耕、农村、农民的目的，又激起了农村孩童勤奋苦读的热情。没有城市学校高大上的现代化玩具与音、体、美等器材，朴素中显出华贵。沐浴在"农耕文化"之中，用农村特有的生活经验诠释人和事的普遍道理，学得更轻松、更快乐，更具有乡村教育的气息。寄宿制教育以农耕文化为载体，成功地传承了农民的勤劳、善良的品质，成功地承接并强化了家庭教育功能。[1]

三 "多彩宿舍"——浙江省淳安县梓桐镇中心小学

马云乡村寄宿制学校计划是马云基金会从2018年起实施的公益项目，旨在通过"企业—基金会—教育系统"三方合作模式，在不同地区的项目试点学校打造品质宿舍、温暖浴室、卫生厕所、营养食堂、乡村少年宫、平安校车等寄宿制学校生活空间样板，以及开展快乐创新和课后活动、家庭式宿舍生活管理、建立教师培训管理激励体系，探索和积累寄宿制学校建设和管理的有效经验。项目的最终目标是希望借助梳理和总结项目经验，形成寄宿制学校的建设模式和执行标准，最终通过政策倡导、公众传播等手段进行推广，提升农村寄宿制学校整体建设水平和管理水平，让寄宿制学校的儿童健康生活、阳光成长。梓桐镇中心小学是马云乡村寄宿制学校

---

① 资料来源：通过南垭小学校本课程方案、访谈材料及视频材料整理而得。

计划试点学校之一，该校位于浙江省淳安县西部山区的梓桐镇，距县城约40公里。学校创办于1938年，2008年因办学规模扩大而整体搬迁至梓桐镇黄村环山北路。学校占地面积已经达到33.2亩，建筑面积近10200平方米，有教学楼3幢，师生宿舍楼1幢，食堂1幢，食堂容量为280人，基本够用，拥有200米跑道的运动场。2018年，学校共有14个教学班，学生总数273人，其中住校生165人，寄宿率达到60.4%，生源为梓桐镇所辖19个行政村的适龄儿童。学校有在编教工45名，44名教师居住在校。梓桐镇中心小学是一所典型的山区农村寄宿制小学。

2018年12月18日，作为马云乡村寄宿制学校计划首批5所试点学校之一，梓桐镇中心小学的孩子们搬入了新宿舍，新宿舍围绕寄宿生生活进行了精心设计和改造。首先，宿舍一楼开辟了"趣玩中心"。第一批改建了8间样板房，按照基金会的设计理念，宿舍楼的每层都要有供学生小憩的空间。学校结合自己的实际情况，将一楼的8间宿舍全部改造成"趣玩中心"。改造十分用心，进寝室的台阶改造成了防滑斜坡，宿舍入口大厅按照酒店大堂的理念设计，左边是主题墙，绘制了学校服务范围19个行政村的分布图，每个村由很多正六边形方框组成，每个方框代表一个学生，学生在上面自画像。从主题墙上可以看出，靠近县城的西湖村，没有学生在该校就读，学生都进入县城就读了。进门右手边改造成了休闲吧，最外面一间里呈放着机器人、科技馆、阅读等，有大屏幕电视，墙壁上写着"童年需要玩耍"六个大字。休闲吧里第一间是水吧，专门供学生喝开水、纯净水；第二间是图书室，正中间陈列着建校以来教师们使用过的用具，包括刻蜡纸用的钢板、图书箱、算盘等老旧物品，摆放了老的教学设备。图书室里面有一间房子专门用来展示太阳能的应用体验。整个房间的颜色使用了阿里橙颜色，专修设计由湖畔三期提供。里面还有两间阅读吧，一间是"榻榻米"座位，脱鞋上床阅读。阅读吧里还配置了阅读机器人、电子阅读书、"帐篷+座椅"，提高丰富的阅读体验。不同板块，老师充当吧主。书画室板块：墙上软木板，学生作品可以自行及时上墙。整个趣玩中心比较整洁，每天安排家长义工打扫清洁卫生。亲情吧：每天三餐之后都开放，配备了5台电脑，5部手机，5个微信账号，学生登录与家人视频聊天。基本理念是"想你就能看到你"，亲情吧里到处悬挂着学生在校生活的照片，父母能看到，尽量营造家的感觉。电影吧能容纳30个学生同时看电影，是最受学生欢迎的地方。棋艺室里有围棋、象棋、国际象棋、军棋、跳棋、小游戏等，还专门设有乐高室（老师做吧主、乐高教育捐赠），秉承"想玩就玩，好玩会玩"的理念。其次，宿舍一楼还专门设计了生活自理能力训练区，里面放置了2台洗衣机，设计了5个洗衣平台，有冷热水，可以方便学生洗衣服。在洗衣房的外面建有"阳光房"，里面装有很多晾衣竿，专供学生晾晒衣物。阳光房里面还设计了能够同时供100多人使用的简易洗衣台，方便集体活动之后同时洗衣物。最后，宿舍房间的人性化设计。每间宿舍达到6人/间的国家标准，地面铺有白色地砖，色彩搭配以阿里橙为主色调，比较温馨。宿舍内设计有两个独立卫生间，每个卫生间里面有洗浴的喷头，专门设计放洗漱用品的位置，门后面有挂钩，安装了排气扇。宿舍外边的盥洗室还按照当地习俗设计了"搓衣板"，方便学生搓洗内衣内裤。宿舍配备较为齐全，每人一个储物柜、一个阅读书桌、一盏台灯，床上墙壁还装有阅读书架。每个寝室装有4个电风扇，窗户装有窗帘。标准化的床铺配有居然之家捐赠的床垫。每个寝室还安装了"歌路营"为农村寄宿制学校专门设计的睡前故事广播。室内物品定点定位放置，生活用品、床铺等统一编号。宿舍外有鞋柜，鞋柜上面是凳子，下面是放鞋的柜子。比较新旧宿舍学生在宿舍晚阅读发现，新改造宿舍的学生坐在书桌前做作业、看书，灯光明亮，安静有序，而没有改造的宿舍学生大都躺在床上看书。另外，由于教师都住在学校，学校也专门为他们设计了住房，教师可以拎包入住，留住了教师的心，也给晚间宿舍管理增添了力量。

附 录

农村小学寄宿生生活学习状况调查问卷

（学生卷）

亲爱的同学：

    我们是国家社科基金课题"农村低龄寄宿儿童生存境遇及国家干预机制"的研究人员，受国家社科规划办及教育部委托，对农村小学寄宿生生活及学习状况开展调查研究。你的意见对于课题研究和政府决策具有重要的参考价值，希望如实填写。调查以匿名方式填答，所有信息仅供研究使用。你只需在选项的序号上打"√"或在"_____"填写相应信息。衷心感谢你的支持！

一　基本情况

1. 你是：①男生　②女生
2. 你今年____岁；现在上____年级。
3. 你的民族是：①汉族　②少数民族　③不知道
4. 你爸爸的职业：①在家干农活　②外出打工　③其他
5. 你妈妈的职业：①在家干农活　②外出打工　③其他
6. 爸爸上学情况：①没上过学　②小学毕业　③初中毕业　④高中及以上　⑤不知道
7. 妈妈上学情况：①没上过学　②小学毕业　③初中毕业　④高中及以上　⑤不知道

8. 你家离学校远吗？①非常远　②比较远　③不远　④很近

9. 你是寄宿生吗？①是　②不是　③租住在校外（或亲戚朋友家）

10. 你已经住校____年了。

11. 你寄宿的最主要原因：①上学太远　②父母打工　③提高成绩　④父母要求　⑤学校要求　⑥自己想住校

12. 你觉得走读还是寄宿好？①走读　②住校　③差不多

13. 你多长时间回家一次？①每天　②一周一次　③两周一次　④其他

14. 你习惯学校寄宿生活吗？①非常习惯　②比较习惯　③不习惯　④很不习惯

15. 你步行上学要花多长时间？① 1 小时以内　② 1—2 小时　③ 2 小时以上　④不清楚，感觉很长　⑤不清楚，感觉不长

16. 走读和寄宿哪个更能提高学习成绩？①走读　②寄宿　③差不多　④不好说

二　住宿情况

1. 本学期你的寝室共住了____位同学（别忘了自己哟）。

2. 你感觉寝室卫生情况怎样？①很好　②一般　③较差　④非常差

3. 厕所离宿舍远吗？①宿舍内　②宿舍外，离得很远　③宿舍外，离得较近

4. 寝室床铺情况：① 1 人 1 铺　② 2 人 1 铺　③很多人挤在一起（通铺）

5. 你有起夜的习惯吗？①有　②没有

6. 你有尿过床吗？①经常　②偶尔　③没有　④不好意思说

7. 你觉得自己睡眠状况怎样？①很好　②一般　③比较差　④经常失眠

8. 你对学校的住宿条件满意吗？①非常满意　②满意　③比较满意　④不满意

9. 你每周带换洗的衣服到学校吗？①有　②没有

10. 学校洗热水澡方便吗？①方便　②不方便

11. 你与室友的关系：①非常好　②一般　③经常吵架　④偶尔打架

12. 你觉得学校就寝纪律怎样？①很好　②一般　③不好　④很差

13. 你在学校受到过同学欺负吗？①经常　②偶尔　③很少　④从没有

14. 你一般____点入睡，____点起床。

15. 你每天起床后叠被子吗？①每天坚持　②偶尔忘记　③经常忘记　④很少叠

三　饮食情况

1. 食堂开饭时你一般在哪里就餐？①食堂餐桌　②寝室　③教室　④操场　⑤其他

2. 学校食堂每天提供：①1到2个菜　②3到5个菜　③5个以上

3. 你每周在学校能吃到＿＿次荤菜（鸡蛋或肉类）。

4. 你觉得在学校能吃饱饭吗？①可以　②勉强可以　③偶尔吃不饱　④经常吃不饱

5. 如果你在学校肚子饿了怎么办？①吃零食　②到校外吃　③饿着

6. 学校就餐秩序：①排队就餐，很好　②排队就餐，一般　③比较混乱

7. 你怎样评价学校饭菜质量？①非常满意　②比较满意　③不满意　④很不满意

8. 你在学校有过拉肚子的情况吗？①经常　②偶尔　③从来没有

9. 你觉得食堂的卫生状况怎样？①很好　②一般　③比较差　④很糟糕

10. 和家里的饭菜相比，你更喜欢：①学校食堂　②家里

11. 每周家里给你＿＿＿＿＿元钱。

12. 你觉得学校的菜里面油放得多吗？①很多　②一般　③很少　④特别少

13. 你觉得食堂服务人员态度怎样？①非常好　②比较好　③不太好　④非常凶

14. 学校谁最关心你？①班主任　②生活教师　③任课教师　④同学　⑤没人关心

15. 学校食堂提供开水吗？①每天提供　②偶尔提供　③不提供

16. 老师有嘱咐过你不挑食或少吃零食吗？①经常　②偶尔　③没有

17. 你每周的生活费一般怎么花？①每天计划着花　②前几天就花很多　③每周有结余　④基本没计划

18. 你每天饮水的情况：①常喝开水　②常喝自来水　③很少喝水　④常喝饮料

四　学习情况

1. 晚自习老师讲课吗？①经常　②偶尔　③不讲课，只管纪律　④只是辅导作业

2. 你对自己的学习成绩满意吗？①非常满意　②比较满意　③不满意　④很不满意

3. 你感觉在哪儿完成作业更轻松？①学校　②家里　③都差不多

4. 你的成绩在班上处于什么位置？①前几名　②中上等　③中等　④很不理想

5. 本学期每天晚上安排了____节课，你觉得每晚上____节课比较合适。

6. 家里有人帮你辅导作业吗？①有　②没有

7. 你觉得学习负担重吗？①很重　②比较重　③不重　④比较轻松

8. 你觉得寄宿后学习成绩：①提高了　②降低了　③没什么变化

9. 你有晨读的习惯吗？①有　②没有

10. 你上课打瞌睡吗？①经常　②偶尔　③很困，但能克服　④从不打瞌睡

五　课余活动

1. 课余时间你最想干什么？（最多选3项）①体育运动　②上网　③看课外书　④学乐器、舞蹈、绘画等　⑤看电视　⑥自由玩耍　⑦组织班级活动　⑧学习　⑨其他_____

2. 你每天放学后主要做什么呢？（最多选3项）：①自由玩耍　②看课外书　③玩手机　④体育活动　⑤和同学聊天　⑥参加文娱活动　⑦写作业　⑧学乐器、舞蹈、绘画等　⑨其他_____

3. 学校允许课外时间出校园吗？①从不允许　②偶尔允许　③特殊情况才允许

4. 每天下午放学后的课余活动有老师参加吗？①经常　②偶尔　③基本没有

5. 学校（班级）组织寄宿生开展各种球赛吗？①经常　②偶尔　③很少　④没有

6. 本学期班级组织寄宿生开展了____次文艺表演活动。

7. 你最想增添什么课余活动设施设备？（最多选3项）①兵兵球台　②篮球场　③羽毛球场　④音乐器材　⑤电视电影设备　⑥体育馆　⑦图书馆（室）⑧其他_____（自填）

六　心理健康

1. 你上学期间想爸爸妈妈吗？①非常想　②偶尔想　③基本不想　④从来不想

2. 你一般在什么时候最想家？（最多选3项）①生病　②被同学欺负　③被老师批评　④没钱　⑤害怕　⑥饮食不好　⑦心情不好　⑧其他_____

附 录 361

3. 你觉得住校后与家人的感情：①疏远了　②更亲近了　③没有变化　④说不清楚

4. 你觉得老师更关心寄宿生还是走读生？①差不多　②关心走读生　③关心寄宿生

5. 你是在本村还是外村上学？①本村　②外村

6. 如果你在外村上学，有"被当作外人"的失落感吗？①有　②没有　③说不清楚

7. 你寄宿期间的最大困难（选3项）：①不会洗衣服　②没有开水喝　③上厕所害怕　④饭菜不好　⑤住宿条件差　⑥不安全　⑦想家　⑧课外生活单调　⑨晚自习太长

8. 你感觉自己精神状态怎么样？①很好　②一般　③不太好　④很不好

9. 你在学校有几个要好的朋友？①基本没有　②1个　③2个　④3个以上

10. 你在学校过得开心吗？①非常开心　②比较开心　③不开心　④很不开心

七　安全卫生

1. 你在学校生病后一般会怎么做？①自己上医院　②班主任送医院　③生活老师送医院　④同学送医院　⑤自己忍着不说　⑥请假回家找爸爸妈妈　⑦很少生病

2. 你一般怎么上学（回家）？①走路　②家长骑车送　③乘坐简易车（三轮车等）　④乘坐客运汽车　⑤乘校车　⑥其他＿＿＿＿＿＿（请注明）

3. 你每天刷几次牙？①早晚各一次　②只刷一次　③经常忘记

4. 每天睡觉前都坚持洗脚吗？①是　②偶尔不洗　③经常忘记　④不好意思说

5. 本学期你晒过被子吗？①经常　②偶尔　③没有

6. 学校值班人员夜间是否对宿舍进行巡视？①经常　②很少　③没人巡视

7. 学校是否对宿舍学生进行晚点名？①是　②没有　③偶尔

8. 你宿舍的物品有被盗过吗？①经常　②偶尔　③很少　④从来没有

八　回家情况

1. 周末放假回家爸爸妈妈督促你做作业吗？①经常　②偶尔　③没有

2. 周末在家看电视吗？①做完作业后　②看很长时间　③家人不让看

3.周末回家玩手机或电脑游戏吗? ①经常　②偶尔　③不玩

4.周末回家一般都做什么呢? (最多选3项)①做作业　②玩手机(或电脑)游戏　③看电视　④与小伙伴玩　⑤做家务　⑥干农活儿　⑦和家人聊天 ⑧＿＿＿

5.你觉得在家里还是在学校好玩? ①家里　②学校　③差不多

6.你见到过村里的长辈打牌赌钱吗? ①经常看到　②偶尔看到　③没看到

7.周末回家后周围的长辈会问你的学习情况吗? ①经常　②偶尔　③从来没有

8.你觉得自己的家人: ①很好　②很快乐　③喜欢埋怨人　④总是吵架　⑤在家会有压力　⑥和家人相处不愉快

9.周末回家一般都和谁住在一起? ①爷爷奶奶　②爸爸妈妈　③其他

农村小学寄宿生生活学习状况调查问卷

（教师卷）

尊敬的老师：您好！

我们是"农村低龄寄宿儿童生存境遇及国家干预机制研究"课题组的研究人员，受国家社科规划办委托，对农村小学寄宿制小学寄宿生相关问题开展调查。此次调查旨在了解贵校寄宿生生活及学习等方面的真实信息，您的意见对于我们的研究和政府的决策具有重要的价值。调查以匿名方式填答，所有信息仅供研究使用。您只需要根据实际情况在选项上打"√"或在"＿＿＿＿＿"填写相应信息。衷心感谢您的支持！

A_1 您的性别是：1. 男　2. 女

A_2 您的年龄是：＿＿＿＿＿岁，您的教龄：＿＿＿＿＿年。

A_3 您的身份或职务是：1. 中层干部　2. 班主任　3. 专任教师　4. 生活教师

A_4 您的最高学历是：1. 高中（中专）及以下　2. 专科　3. 本科　4. 研究生

A_5 您的职称是：＿＿＿＿＿＿＿＿＿＿

B_1 您所在的学校是：1. 教学点　2. 村完小　3. 镇中心小学　4. 其他

B_2 您所在的学校从哪年开始实行寄宿制？＿＿＿＿＿＿＿＿＿＿

B_3 您所任教的班级一共有＿＿＿＿名学生，其中寄宿生大约有＿＿＿＿名。

C_1 贵校寄宿生每天的学习时间大约为＿＿＿＿＿小时。

C_2 寄宿生业余时间活动是如何安排的？ 1. 学生自由活动　2. 偶尔由老师安排　3. 主要由班主任负责安排　4. 由宿管员负责　5. 其他＿＿＿＿＿＿

C_3 您认为寄宿生晚饭后的时间应该：1. 学生自由活动　2. 上晚自习　3. 学校统一安排上正课　4. 班主任灵活安排　5. 组织丰富的课外活动　6. 其他＿＿＿＿＿＿＿＿

D_1 贵校为寄宿生配备了生活教师（宿管员）吗？ 1. 没有　2. 有

D_2 学校共有＿＿＿＿名宿管员（生活教师），一名生活教师大约负责＿＿＿＿名学生。

D₃ 学校生活指导教师的来源是：1. 教师转岗　2. 临聘人员　3. 教师家属
　　4. 其他

D₄ 您认为生活指导教师应该充当什么角色？（最多选 3 项）1. 代理家长
　　2. 就寝秩序的维持者　3. 学生寝室文化的引导者　4. 学生寝室行为的
　　监控者　5. 学生课余生活的负责人　6. 宿舍安全保卫人员　7. 其他____

D₅ 您赞成为低龄寄宿生配备正式编制的生活教师吗？1. 赞成　2. 没有必要

E₁ 您在学校有周转房吗？①有　②没有

E₂ 您一般多长时间回家一次？1.1 周 1 次　2.2 周 1 次　3. 每天　4. 住在学校

E₃ 学校对教师有住校的要求吗？1. 必须住校　2. 值日时有住校要求　3. 没
　　有要求

E₄ 您觉得住校对自己家庭生活有影响吗？1. 影响很大，很少照顾到家
　　庭　2. 影响不大　3. 有影响，但是能克服

E₅ 您一周的工作量是____课时，比没有实行寄宿前大约增加了____课时。

E₆ 您一般____点起床，____点休息，平均每天在校时间大约是____小时。

E₇ 您一学期要参加____次维持学生就寝秩序的工作。

E₈ 学校对老师维持学生就寝秩序的任务有相应补助吗？1. 有　2. 没有

E₉ 您认为值周（或值日）管理寄宿生任务是：1. 教师的额外负担　2. 教师
　　的应尽职责　3. 习惯了，没有感觉　4. 应该配备专门人员管理

F₁ 您认为学生从____年级开始寄宿比较合适；贵校从____年级开始寄宿。

F₂ 您认为管理寄宿生和走读生工作量：1. 两者没有多大差别　2. 有区别，
　　管理 1 名寄宿生相当于管理____名走读生

F₃ 根据您的经验，寄宿生与走读生成绩相比：1. 寄宿生明显强于走读生
　　2. 走读生明显强于寄宿生　3. 两者没有多大差别　4. 不好说

F₄ 您觉得寄宿生与非寄宿生在以下哪些方面有差异？（最多选 3 项）
　　1. 性格　2. 人际交往　3. 健康状况　4. 情绪　5. 学习习惯　6. 处理问题
　　的能力　7. 两者没有明显的区别

F₅ 您认为低龄儿童寄宿面临的主要困难有：（在每题的 4 个选项中选一个
　　最符合的打"√"）

题　目	不赞成	不太赞成	比较赞成	完全赞成
1. 低龄学生生活自理问题	1	2	3	4
2. 学生想家，学习分心	1	2	3	4

题　目	不赞成	不太赞成	比较赞成	完全赞成
3. 学生安全问题	1	2	3	4
4. 寄宿生心理健康问题	1	2	3	4
5. 学生个人卫生问题	1	2	3	4
6. 集体生活营养跟不上，影响儿童健康成长	1	2	3	4

F_6　您认为农村小学实行寄宿制的好处在于：（在每题的 4 个选项中选一个打"√"）

题　目	不重要	不太重要	比较重要	很重要
1. 解决上学远的问题，增加了有效的学习时间	1	2	3	4
2. 便于教育资源集中，提供优质教育	1	2	3	4
3. 有利于培养学生独立生活能力	1	2	3	4
4. 有利于解决留守儿童教育问题	1	2	3	4
5. 有利于师生及同学间交流与共处	1	2	3	4
6. 有利于促进农村儿童社会化	1	2	3	4
7. 有利于农村儿童养成良好的生活习惯	1	2	3	4
8. 能够提供比家里更好的学习生活环境	1	2	3	4
9. 缩小了学生家庭之间的文化背景差异	1	2	3	4

F_7　您认为本校实行寄宿制以后最大的问题是：（在每题的 4 个选项中选一个打"√"）

题　目	完全不符合	比较符合	基本符合	完全符合
题　目	完全不符合	比较符合	基本符合	完全符合
1. 低年级学生生活不方便	1	2	3	4
2. 家长的经济负担加重	1	2	3	4
3. 老师的工作量增加	1	2	3	4
4. 缺少专门的宿舍管理人员	1	2	3	4
5. 安全隐患明显加大	1	2	3	4
6. 学生与家长缺少情感交流	1	2	3	4
7. 学生食宿条件跟不上	1	2	3	4
8. 学生学习时间过长	1	2	3	4
9. 寄宿生营养状况令人担忧	1	2	3	4

续表

题　目	完全不符合	比较符合	基本符合	完全符合
10. 业余活动少，寄宿生活枯燥	1	2	3	4
11. 学校开支增加，经费紧张	1	2	3	4

F₈ 您认为解决农村寄宿制小学现存问题的途径是：（在每题的 4 个选项中选一个打"√"）

题　目	不赞成	不太赞成	比较赞成	完全赞成
1. 增加必要的配套经费	1	2	3	4
2. 增加保育人员（或生活指导教师）编制	1	2	3	4
3. 加大对贫困家庭学生的资助	1	2	3	4
4. 构建学生与家长感情交流的机制	1	2	3	4
5. 大力改善寄宿条件	1	2	3	4
6. 合理安排学习和业余活动时间	1	2	3	4
7. 提高寄宿生伙食质量	1	2	3	4
8. 提高教师待遇，使超额劳动得到相应报酬	1	2	3	4

F₉ 您认为政府对寄宿制小学的投入应该重点放在：（在每题的 4 个选项中选一个打"√"）

题　目	不重要	不太重要	比较重要	很重要
1. 宿舍、食堂、业余活动等硬件设施	1	2	3	4
2. 生活指导教师的配备，减轻专任教师负担	1	2	3	4
3. 提高教师待遇	1	2	3	4
4. 对寄宿生实行全员补助	1	2	3	4
5. 增加学校办公经费	1	2	3	4
6. 寄宿小学生的营养补助方面	1	2	3	4
7. 加大农村寄宿制小学娱乐设施建设	1	2	3	4

农村寄宿制小学基本情况访谈提纲

（校长卷）

1. 学校基本情况

在校学生总数：____人；寄宿学生数____人；留守儿童数____人。各年级学生数／寄宿生数：一年级____／____；二年级____／____；三年级____／____；四年级____／____；五年级____／____；六年级：____／____。

2. 学生宿舍建设情况

宿舍栋数____；房间数____；床位数____，学生宿舍总面积____平方米，每间房面积____平方米，每间房住____人。是否做到了按需就住、一人一床？____

3. 学校人员配备情况

学校专任教师数____；宿舍管理人员（生活教师）____，其中，教师转岗____人；保安____；食堂员工____。

4. 学校财力保障情况

生均公用经费____；全年公用经费支出____。寄宿生生活补助每人每年____元，覆盖面____；贫困寄宿生还有其他受助方式吗？如果有，受助金额和资金来源情况是怎样的？学校营养午餐情况介绍。食堂工勤人员、宿管人员及保安工资来源情况介绍。

5. 学生食堂是否自办自管？学校是否为自带粮油、副食品的学生提供加热加工条件？在校用餐的学生每日生活费最低____元；学校食堂总面积____平方米；食堂餐桌____个。

6. 学校是否设立了卫生室并配备了专职医务人员和必需的急救器材药品？师生饮用水情况？学校浴室情况介绍。

7. 学校有哪些业余活动设施设备？有哪些日常业余活动？学校采取何种方式丰富学生在校期间课余生活的？

8. 对周末回家（或长期住校）的学生是如何管理的（吃、学、活动安排）？学校是否建立了"留守儿童之家"？是否设置了亲情电话？是否配备了语音或视频聊天室？

9.学校体育设施设备配备情况，学生每日体育活动是否达到1小时？学校是否定期召开运动会？

10.学校是否设立了心理咨询室并配备了心理辅导教师？是否定期对学生尤其是寄宿学生进行心理辅导？

11.学校是否有校车？学校采取何种措施减少寄宿学生返校、回家乘车安全隐患的？

12.学校在寄宿制学生管理过程中的成功经验和做法（吃、住、学、乐），以及创新举措。

13.学校在加强寄宿学生管理和提高寄宿学生学习生活质量过程中遇到了哪些困难？

14.本校有在校外亲戚朋友家寄宿的学生吗？

15.学校开课情况。（总课表、作息时间表、教师值日表）

16.学校寄宿生日常管理情况。（收集文件资料）

参考文献

一 中文文献

安晓敏:《农村小规模学校联盟发展模式探究》,《中国教育学刊》2017年第9期。

卜文军:《农村贫困地区中小学布局结构调整存在的问题与对策》,《教育与经济》2007年第4期。

[法]布尔迪约、帕斯隆:《继承人:大学生与文化》,商务印书馆2002年版。

陈建平:《农村小学寄宿制对学生综合素质发展影响的调查与研究》,《基础教育研究》2004年第11期。

曹宇:《内蒙古乡镇寄宿制学校学生心理健康状况调查及干预措施》,《北京教育学院学报》(自然科学版)2015年第9期。

陈凤英:《农村寄宿制小学学生孤独感的现状调查》,《基础教育研究》2013年第10期。

陈佳:《学校社会工作介入农村寄宿制小学的探讨》,《赤峰学院学报》(科学教育版)2011年第9期。

程代娟:《安徽省农村寄宿制学校学生伤害发生情况》,《中国学校卫生》2008年第9期。

陈平:《推行寄宿保育制度,形成联办初小格局》,《中小学管理》1997年第7期。

陈化育:《强化管理,勤工助学,质量为本——兴海县河卡寄校持续发展管窥》,《青海民族研究(季刊)》1997年第4期。

蔡志良:《撤点并校运动背景下乡村教育的困境与出路》,《清华大学教育研究》2014年第4期。

杜艳芳:《农村寄宿制小学生活管理现状的调查与分析——以山西省

榆社县农村小学为例》，《基础教育研究》2013 年第 12 期。

段一凡：《我国农村寄宿制学校学生营养知识现状分析》，《中国学校
卫生》2010 年第 9 期。

丁步洲：《农村寄宿制小学如何解决内部管理问题》，《中小学管理》
2009 年第 9 期。

杜红蓉：《贫困地区低龄寄宿制儿童心理焦虑研究》，《教育现代化》
2017 年第 9 期。

董世华：《我国农村寄宿制学校问题研究》，博士学位论文，华中师范
大学，2012 年。

董世华：《西部农村寄宿制小学功能定位及实现路径研究——基于义
务教育均衡发展视角》，中国社会科学出版社 2016 年版。

杜红蓉：《云南民族贫困地区低龄寄宿儿童学校适应状况研究》，《教
育教学论坛》2017 年第 8 期。

杜屏：《西部五省区农村小学寄宿生的学业成绩与学校适应性研究》，
《教育学报》2010 年第 12 期。

范先佐：《义务教育均衡发展与农村教育难点问题的破解》，《华中师
范大学学报》（人文社会科学版）2013 年第 3 期。

范明林：《社会工作方法与实践》，上海大学出版社 2005 年版。

范先佐：《教育经济学》，人民教育出版社 2003 年版。

凡勇昆：《我国农村教育发展方向的困境与出路——基于文化的视
角》，《华东师范大学学报》（教育科学版）2012 年第 12 期。

葛丰交：《从马背小学到寄宿制学校的跨越发展——新疆牧区教育 60
年发展巨变》，《中国民族教育》2009 年第 6 期。

葛丰交：《伊犁州牧区教育现状及对策研究》，《民族教育研究》1999
年第 3 期。

高福寿：《青藏高原现代教育与党的民族教育政策》，《青海民族研究
（季刊）》1998 年第 3 期。

国家发展和改革委员会国土开发与地区经济研究所：《中国西部开发
信息百科·综合卷》，中国计划出版社 2003 年版。

高选艳：《寄宿对农村儿童心理健康状况的影响——基于教育救助的
视角》，硕士学位论文，首都经济贸易大学，2018 年。

葛新斌：《关于我国农村教育发展路向的再探讨》，《中国农业大学学

报》（社会科学版）2015 年第 2 期。

黄启明：《生活教育视域下的寄宿制学校生活管理——基于桂东山区寄宿制小学的调查》，《教育研究与实验》2015 年第 4 期。

黄启明：《农村寄宿制学校生活教育的有效生成——基于桂东山区寄宿制小学的调查》，《教育导刊》2017 年第 1 期。

黄颖：《人口流动背景下农村小学生心理及行为发展的追踪干预实践——以四川省 30 所农村寄宿制学校为例》，《中国农村教育》2014 年第 3 期。

黄爱逊：《百色地区发展寄宿制民族小学的思考》，《中国民族教育》1994 年第 8 期。

怀柔县教科所：《怀柔县兴办山区寄宿制小学经验报告》，《教育科学研究》1996 年第 3 期。

黄加文：《农村小学寄宿制管理模式综合实验研究报告》，《教育研究》1998 年第 8 期。

贺武华：《透过孩子眼睛看农村寄宿制小学：办学现状及发展建议——基于山东蒙阴县 8 所小学的调研》，《教育学术月刊》2012 年第 7 期。

黄晓婷：《农村寄宿制学校同伴侵害对内化行为的影响：一个有调节的中介模型》，《华东师范大学学报》（教育科学版）2017 年第 1 期。

何东昌：《中华人民共和国主要教育文献》，海南出版社 1998 年版。

猴崇喜：《以素质教育为目标，办出山区学校的特色》，《中小学管理》1996 年第 12 期。

侯海波：《低龄寄宿与农村小学生人力资本积累——来自"撤点并校"的证据》，《中国农村经济》2018 年第 7 期。

侯志阳：《社会福利工作的社会参与机制研究》，《社会福利》2004 年第 8 期。

贾建国：《农村寄宿制学校建设分析：制度互补性的视角》，《教育发展研究》2009 年第 7 期。

教育部民族教育司：《寄宿制民族中小学》，《中国民族》2001 年第 2 期。

教育部财务司：《国家贫困地区义务教育工程管理手册（三片地区）》，高等教育出版社 1999 年版。

贾利亚：《当代中国反腐败社会参与机制构建研究》，博士学位论文，北京科技大学，2015 年。

课题组:《贫困地区农村寄宿制学校学生课余生活管理研究——基于广西壮族自治区都安县、河北省丰宁县的调研》,《教育研究》2008年第4期。

李慧敏:《农村寄宿生生活现状及改善对策探究》,《教学与管理》2017年第12期。

李德新:《国内外寄宿制学校生活空间特征分析研究》,《安徽建筑》2012年第2期。

刘欣:《农村中小学布局调整与寄宿制学校建设》,《教育与经济》2006年第3期。

李文:《贫困地区农村寄宿制小学儿童膳食营养状况评估》,《中国农村经济》2008年第3期。

李艳:《贫困地区小学寄宿生与非寄宿生的营养状况对比》,《广西医学》2017年第9期。

刘建平:《全寄宿制小学生贫血监测及营养干预》,《中国学校卫生》1997年第6期。

刘玉平:《寄宿制学校学生膳食科学管理模式》,《中国学校卫生》2002年第6期。

李晓辉:《四川省西部山区农村寄宿制学校食育干预效果评价》,《预防医学情报杂志》2015年第3期。

吕昆池:《抓住特点办出特色——寄宿制民族小学学校管理点滴》,《中国民族教育》1997年第8期。

廉恒鼎:《农村寄宿制学校留守儿童的课余活动研究——基于山西平遥、河北丰宁的调研》,硕士学位论文,北京邮电大学,2012年。

李红:《农村寄宿制学校学生课余生活管理的"忧"与"思"》,《教学与管理》2014年第5期。

刘雪珍:《农村寄宿小学生主观生活质量与心理健康研究——基于环江县4所农村小学的调查分析》,《内蒙古师范大学学报》(教育科学版)2012年第6期。

李钰:《西北农村地区寄宿制学校问题研究——基于甘肃省S县的调查与分析》,《学术探索》2017年第9期。

黎琳:《寄宿制民族学校刍议》,《民族论坛》1985年第1期。

林祥:《寄宿制小学:农村教育资源优化配置的好形式》,《人民教育》2005年第2期。

刘诗波：《农村寄宿制学校留守儿童家庭教育功能补偿探索——以江西 A 县 B 小学的实践为例》，《中国教育学刊》2014 年第 10 期。

李勉：《农村寄宿制小学的学校资源、学校氛围状况及其对学生学业成绩的影响：与非寄宿制小学的对比》，《中国心理学会发展心理专业委员会第十三届学术年会摘要集》2015 年第 7 期。

李勉：《国外中小学寄宿制学校的办学管理经验及其影响》，《河北师范大学学报》（教育科学版）2017 年第 9 期。

刘建平：《寄宿制小学生在校患病时间及频度》，《中国校医》1998 年第 4 期。

梁利花：《河南省农村寄宿制中小学校宿舍卫生学评价》，《现代预防医学》2011 年第 8 期。

陆伟：《农村寄宿制学校中的校园霸凌研究》，《北京师范大学学报》（社会科学版）2017 年第 5 期。

刘玉兰：《从寄养到教养：让住校生幸福成长——北京小学寄宿制教育的全面探索》，《中小学管理》2016 年第 11 期。

林娜：《社会工作在农村寄宿制学校的介入——基于中国青少年发展基金会希望社区项目的前期服务经验》，硕士学位论文，西北大学，2015 年。

林崇德：《发展心理学》，人民教育出版社 1995 年版。

李忠波：《全面发展的赤峰市教育事业》，《奋进的内蒙古（1947—1989）》，中国统计出版社 1989 年版。

李雪婷：《"开往春天的校车"在塔县》，《交通世界》2012 年第 16 期。

李钟庆：《促进合作与交往的寄宿教育》，社会科学文献出版社 2002 年版。

黎煦：《寄宿对贫困地区农村儿童阅读能力的影响——基于两省 5 县 137 所农村寄宿制学校的经验证据》，《中国农村观察》2018 年第 2 期。

李兴旺：《农村寄宿制学校教师的"不能承受之重"》，《中国民族教育》2016 年第 4 期。

李晓东：《小学生心理学》，人民教育出版社 2003 年版。

雷万鹏：《新生代农民工子女教育调查与思考》，《华中师范大学学报》（人文社会科学版）2013 年第 5 期。

刘善槐：《我国农村小规模学校教师队伍建设研究》，《教育研究》2017 年第 9 期。

孟丽苹:《陕西省两县农村寄宿制学生营养干预的效果评价》,《中国儿童保健杂志》2013 年第 6 期。

马存芳:《青海藏区寄宿制学生心理健康状况及社会支持关系研究》,《民族教育研究》2017 年第 2 期。

倪建雯:《西北农村地区寄宿制学校建设存在的问题与发展建议——基于甘肃省 A、B 两县的调查》,《基础教育研究》2012 年第 1 期。

南川县妇联:《南川县保教事业发展、巩固和提高的经验》,《人民教育》1960 年第 5 期。

内蒙古自治区教育局:《额仁淖尔寄宿小学》,《中国民族》1981 年第 3 期。

欧少亭:《教育政策法规文件汇编》,延边人民出版社 2001 年版。

蒲培勇:《论农村留守儿童寄宿制学校室内设计空间模式》,《江西科学》2010 年第 6 期。

蒲培勇:《乡村教育发展留守儿童寄宿制学校建设问题与对策研究》,《科学·经济·社会》2012 年第 6 期。

蒲培勇:《中西部地区农村寄宿制学校宿舍现状与对策研究》,《江西科学》2017 年第 4 期。

朴玮:《农村寄宿制学校学生能量和宏量营养素摄入状况调查及分析》,《卫生研究》2016 年第 5 期。

评论员:《一个好幼儿园》,《湖南教育》1958 年第 9 期。

评论员:《寄宿制学校是共产主义教育的萌芽》,《湖南教育》1958 年第 8 期。

庞晓鹏:《农村小学生家长租房陪读与家庭经济条件——学校布局调整后农村小学教育不公平的新特征》,《中国农村观察》2017 年第 1 期。

齐良书:《营养干预与贫困地区寄宿生人力资本发展——基于对照实验项目的研究》,《管理世界》2012 年第 2 期。

青海省教育局:《从民族地区的实际出发办好民族教育》,《人民教育》1979 年第 12 期。

屈维英:《甘南探索藏族普及教育的途径》,《瞭望周刊》1989 年第 12 期。

秦玉友:《农村小规模学校发展的基本判断与治理思路》,《教育研究》2018 年第 12 期。

盛荣永:《关于江苏省大丰市农村小学实行"寄宿制"的调查与思考》,

《江苏教育》2003 年第 10 期。

时维娟：《金堂县农村寄宿制小学学生膳食与营养状况调查》，《预防医学情报杂志》2014 年第 10 期。

苏林强：《关于山西省吕梁地区兴办寄宿制小学的调查与思考》，《教育理论与实践》1995 年第 10 期。

孙长灏：《营养与食品卫生学》，人民卫生出版社 2008 年版。

孙旭：《坏心情与工作行为：中庸思维跨层次的调节作用》，《心理学报》2014 年第 11 期。

宋伟：《基于农村人口承载力的乡村振兴多维路径》，《农业经济问题》（月刊）2019 年第 5 期。

隋慧：《金融国有资产管理中的激励约束机制研究》，博士学位论文，财政部财政科学研究所，2013 年。

田丹婷：《人的现代化视角下本地农民工的生存境遇研究——以河北省高阳县乡村纺织业工人为例》，硕士学位论文，黑龙江大学，2016 年。

王利：《内蒙古农村寄宿制学校学生管理中的问题分析及对策研究——基于凉城县六所学校的调查》，《内蒙古师范大学学报》（教育科学版）2014 年第 12 期。

魏丽艳：《中国寄宿制学校初一学生膳食营养及贫血状况》，《中国学校卫生》2017 年第 5 期。

汪三贵：《贫苦地区农村寄宿制学校儿童营养状况和干预政策的效果评估》，中国发展出版社 2009 年版。

王栋：《重视开展寄宿制学校课外活动，促进学生健康成长》，《中国民族教育》2011 年第 5 期。

武海英：《农村寄宿制小学儿童个性与社会性发展状况研究》，《河北师范大学学报》（教育科学版）2011 年第 7 期。

王粉东：《寄宿制小学学生心理问题及对策》，《中国农村教育》2011 年第 12 期。

王玲：《寄宿制小学生行为与父母教养方式的研究》，《中国心理卫生杂志》2008 年第 8 期。

武海英：《农村寄宿制小学儿童心理发展状况调研报告》，《河北北方学院学报》（社会科学版）2011 年第 4 期。

王春平：《中部地区农村小学寄宿生社交焦虑研究》，《中国健康心理学杂志》2011 年第 3 期。

王定伟:《民族地区寄宿制小学学生心理品质现状调查》,《学校党建与思想教育》2012 年第 9 期。

王海英:《驻校社工"嵌入"农村寄宿制学校:问题与策略》,《当代教育科学》2015 年第 11 期。

新疆哈巴河文教科:《筹建牧区寄宿制小学的做法和体会》,《人民教育》1982 年第 12 期。

吴方文:《校园欺凌:让农村寄宿生更"受伤"——基于 17841 名农村寄宿制学校学生的实证研究》,《中小学管理》2016 年第 8 期。

吴要武:《校园欺凌的影响与对策——来自农村寄宿制小学的证据》,《劳动经济研究》2017 年第 6 期。

王建民:《农村小学生"低龄寄宿"现象的成因、影响与对策》,《创新》2010 年第 2 期。

芜湖市教育局:《共产党领导好,渔民也能办学校——一所渔民子弟小学的创办经过》,《安徽教育》1959 年第 9 期。

王铁志:《新中国民族教育政策的形成与发展》(上),《民族教育研究》1998 年第 2 期。

吴明先:《凉山三类寄宿制民族班"瓦吉瓦"》,《民族教育研究》1997 年第 4 期。

王帅:《农村义务教育普及中的学校布局调整研究》,博士学位论文,北京理工大学,2016 年。

吴霓:《农村寄宿制学校学生课余生活研究综述》,《河北师范大学学报》(教育科学版)2010 年第 12 期。

王极盛:《中国中学生心理健康量表的编制及其标准化》,《社会心理学》1997 年第 4 期。

王善迈:《教育投入与产出研究》,河北教育出版社 1996 年版。

王晓慧:《新生代农民工对子女的教育选择及应对策略研究》,《华中农业大学学报》(社会科学版)2015 年第 1 期。

邬志辉:《乡村教育现代化三问》,《教育发展研究》2015 年第 1 期。

王志芳:《上市公司经营者激励约束机制研究》,博士学位论文,四川大学,2003 年。

王组成:《世界上最有效的管理激励》,中国统计出版社 2002 年版。

王强：《20世纪美国农村"学校合并"运动述评》，《外国中小学教育》2007年第8期。

徐海泉：《农村义务教育营养改善计划寄宿生膳食行为及营养状况分析》，《中国学校卫生》2014年第12期。

谢治菊：《边远贫困山区农村寄宿制学校建设研究——基于贵州省黔东南州"两山"地区的实证调查》，《中国教育学刊》2012年第8期。

肖利敏：《安徽省农村寄宿制学校学生抑郁焦虑症状及其影响因素分析》，《中国学校卫生》2008年第9期。

徐永生：《对当前农村寄宿制学校校园安全的思考》，《中国农村教育》2005年第5期。

湘阴县教育科：《走全托制的道路　洞庭围人民公社幼儿教育办得好》，《湖南教育》1958年第7期。

夏昌艺：《关于兴办山区保育寄宿制小学的思考》，《教学与管理》2000年第10期。

邢俊利：《西藏寄宿制学校教师工作满意度实证研究》，《西藏大学学报》（社会科学版）2018年第2期。

叶敬忠：《农村小学寄宿制问题及有关政策分析》，《中国教育学刊》2008年第2期。

杨兆山：《农村寄宿制学校生活教师队伍建设研究》，《教育探索》2012年第6期。

袁玲俊：《西南农村寄宿制学校教师满意度现状及其原因分析》，《教师教育研》2014年第5期。

叶庆娜：《农村中小学布局调整的评价：家长视角》，《教育发展研究》2012年第12期。

姚姿如：《丰富农村寄宿制学校生活的思考》，《东北师大学报》（哲学社会科学版）2011年第3期。

叶敬忠：《农村寄宿制小学生的情感世界研究》，《教育科学研究》2007年第9期。

杨兆山：《农村寄宿制学校低龄学生的适应问题与对策——基于中西部三省区的调查》，《现代教育管理》2012年第7期。

于晓康：《义务教育群体均衡视角下农村低龄寄宿生的问题与对策》，《领导科学论坛》2015年第7期。

杨卫安：《农村学校布局调整后寄宿制学校利弊的总体判断与政策选择》，《教育导刊》2014 年第 9 期。

杨昌富：《规训与惩罚——浅谈低龄寄宿生行为习惯的养成》，《基础教育研究》（A 版）2011 年第 9 期。

杨凤明：《前进中的北京市山区第一所寄宿制小学——记密云县石城镇寄宿小学》，《教育设备信息》2002 年第 8 期。

叶平：《基础教育生均预算内公用经费基尼系数的再考察——兼与杨颖秀教授商榷》，《教育研究》2007 年第 2 期。

姚松：《大规模兴建寄宿学校能更好促进农村学生发展吗？》，《教育与经济》2018 年第 4 期。

杨帆：《我国农村教育发展路向的再探究》，《继续教育研究》2017 年第 12 期。

杨海燕：《农村教育的价值、特征与发展模式》，《教育研究》2017 年第 6 期。

余小红：《以全科教师培养突破农村小规模学校"超编缺岗"困境》，《教育发展研究》2017 年第 12 期。

杨淑君：《所有者与经理人双向激励约束机制研究》，博士学位论文，天津大学，2004 年。

朱忠琴：《农村寄宿制学校生活指导教师研究——基于河北省青龙县的调研》，《教学与管理》2013 年第 8 期。

张芯：《我国农村寄宿制学校学生食物消费现况》，《中国学校卫生》2010 年第 9 期。

赵宏：《寄宿制学校学生营养知识及饮食行为调查》，《中国公共卫生》2014 年第 9 期。

张高产：《低龄寄宿对儿童心理健康的影响》，《2016 年第一届今日财富论坛论文集》2016 年第 3 期。

展顺俊：《办好农村寄宿制小学不失为解决留守儿童问题的一条途径》，《中国社会报》2017 年 5 月 23 日第 3 版。

詹承豫：《食品安全突发事件预警中的社会参与机制》，《山东社会科学》2011 年第 5 期。

曾富生：《社会工作介入农村寄宿制学校的模式建构》，《江苏师范大学学报》（教育科学版）2014 年第 5 期。

郑会霞：《社会组织参与公共服务的机制研究》，《社会研究·学理论》2014 年第 8 期。

张竹星：《我国农村寄宿制学校低龄寄宿生管理研究》，硕士学位论文，华中师范大学，2013 年。

赵丹：《农村小学低龄寄宿生学校适应性及影响因素研究——基于陕西省两县的实证分析》，《教育科学研究》2017 年第 5 期。

赵丹：《乡村小规模学校教育质量提升——基于集群发展视角》，《教育研究》2019 年第 3 期。

赵丹：《农村小规模学校公用经费投入体制研究》，《中国教育学刊》2017 年第 8 期。

周彩珍：《异化与复归：生命哲学视域下教师生存境遇研究》，硕士学位论文，华中师范大学，2018 年。

祝士媛：《徐水人民公社幼儿园考察报告》，《北京师大学报》（社会科学版）1959 年第 1 期。

张俊芳：《绿色的云岭，青翠的事业——云南民族教育书简》，《云南教育》1984 年第 8 期。

朱解琳：《曼尔玛乡藏族寄宿制小学的调查报告》，《西北民族研究》1988 年第 1 期。

朱景忠：《一个山区县是怎样普及小学教育的——浙江省临安县普及教育的调查报告》，《杭州大学学报》1984 年第 9 期。

曾宪宗：《告别咸菜罐》，《人民政坛》2004 年第 9 期。

张昌寿：《寄宿制学校——新农村建设的奠基工程——景宁县寄宿制小学保育工作的改革尝试》，《浙江教育科学》2006 年第 5 期。

钟秉林：《农村义务教育学校公用经费支出实证研究——基于对我国 9 个省份 107 所农村学校的调查分析》，《中国教育学刊》2012 年第 8 期。

周晔：《农村小规模学校教师队伍专业水平结构的问题与对策——基于甘肃省 X 县的调研》，《教育研究》2017 年第 3 期。

周兆海：《工作量视角下义务教育教师编制标准研究——以农村小规模学校为例》，《中国教育学刊》2014 年第 9 期。

二　外文文献

Ali Gunes, Gulsen Gunes, "The Epidemiology and Factors Associated with

Nocturnal Enuresis among Boarding and Daytime School Children in Southeast of Turkey: A cross Sectional Study," *BMC Public Health* , 2009, 9:357, http://www.biomedcentral.Com/1471-2458/9/357.

Ashkanasy, N. M., Emotionsinorganizations: Amultilevelperspective. In F. Dansereau & F.J.Y. Ammarino(eds.), *Research in Multi-level Issues, Multi-level Issues in Organizational Behavior and Strategy*, Oxford, UK: Elsevier Science pp.9–54.

Ameilia V. Katanski, Learning to write "INDIAN": The Boarding School Experi-ence and American Indian Literature, University Oklahoma Press: Norman, 2006.

Pfeiffer, Jens P., "Social Relationships, Prosocial Behaviour, and Perceived Social Support in Students from Boarding Schools", *Canadian Journal of School Psychology*, Vol.31 No.4 pp.279-289, Dec. 2016. 11.

Emmanuel Armand Kouotou, "Prevalence and Drivers of Human Scabies Among Children and Adolescents Living and Studying in Cameroonian Boarding Schools", Kouotou etal., *Parasites & Vectors*, (2016) 9:400.

Eric Shane, Military Boarding School Perspectives of Parent Choice: A Qualitative Inquiry, http://www.eric.ed.gov/contentdelivery/servlet/ERICServlet?accno=ED496565.

Gajdoš Kljusurić, "Establishing Energy-nutritional Variety of Boarding School Daily Menus as a Result of Regional Differences Using Multivariate Analysis", *Journal of Food Composition & Analysis*, Aug. 2016, Vol. 51, pp.61-68.

Gaztambide-Fernsndez, R.A., The Best of the Best: Becoming Elite at an American Boarding School , Cambridge MA: Harvard University Press, 2009, p.153.

Julie Hodges, "Staff and Boarders Perspectives of the Boarding Environment", *Journal of Child and Family Studies*, April 2016, Vol. 25, Issue 4, pp.1045–1056.

Joy Schaverien J., "Boarding School: The Trauma of The 'Privileged' Child", *The Journal of Analytical Psychology* , 2004 Nov., Vol. 49 (5), pp. 683-705.

Khaleelee, Olya, "Boarding School, Brexit, and Our Leaders' Judgement", *Organisational & Social Dynamics*, 2016, Vol. 16 Issue 2, pp.271-276.

Luo Renfu, "Malnutrition in China's Rural Boarding Schools: The Case of Primary Schools in Shaanxi Province", *Asia Pacific Journal of Education*, Vol.29, No.4 , pp.481-501, Dec. 2009. 21.

Luc Behaghel, Clément de Chaisemartin, "Ready for Boarding? The Effects of a Boarding School for Disadvantaged Students", *American Economic Journal: Applied Economics*, 2017, 9(1): 140–164.

Lisa R. Bass., "Boarding Schools and Capital Benefits: Implications for Urban School Reform", *The Journal of Educational Research*, 107:16–35, 2014.

Mander, David J., "A Longitudinal Study Into Indicators of Mental Health, Strengths and Difficulties Reported by Boarding Students as They Transition From Primary School to Secondary Boarding Schools in Perth, Western Australia", *Journal of Psychologists & Counsellors in Schools*, Dec. 2017, Vol. 27, Issue 2.

Okamay, G.Avdar, D. & OK, F., "Students' Developmental Needs and Life Conditions in Regional Boarding Schools: An Investigation Based on Teachers' Views", *Journal of Faculty of Educational Sciences*, 2014,7(1):19-42.

Pfeiffer, Jens P., "Bullying in German Boarding Schools: A Pilot Study", *School Psychology International*, Vol.35 No.6 pp.580-591, Dec. 2014.12.

Siddiqi, Anam, "Forgiveness, Resilience and Compassion as Measures of Personal Growth Among Bullied Boarding School Students", *Indian Journal of Positive Psychology*, 2016, Vol. 7 Issue 2, pp.218-220.

Sarah L. Surface-Evans, "A Landscape of Assimilation and Resistance: The Mount Pleasant Indian Industrial Boarding School", *Int J Histor Archaeol*, 2016, p.210.

Sun Yu, "Eating Behavior Survey of Western Minority Pupils", *Journal of Kunming Medical University/Kunming Yike Daxue Xuebao*, 2015, Vol.36, Issue 11.

Takeshi Akiyama, "Mental Health Status among Burmese Adolescent Students Living in Boarding Houses in Thailand:A Cross-sectional Study", *BMC Public Health*, 2013, 13:337.

Ursula Running Bear, "Boarding School Attendance and Physical Health Status of Northern Plains Tribes", *Applied Research Quality Life*, July(2017).

Ursula Running Bear,Calvin D., CroyCarol E., Kaufman Zaneta M., Thayer Spero M.Manson, "The Relationship of Five Boarding School Experiences and

Physical Health Status among Northern Plains Tribes", *Quality of Life Research*, January 2018, Vol. 27, Issue 1, pp.153–157.

　　Yue Ai, "Dormitory Management and Boarding Students in China's Rural Primary Schools", *China Agricultural Economic Review*, 2014,Vol.6, Issue 3.